DAS LEHRBUCH DER STUNDENASTROLOGIE

Überarbeitete Ausgabe

DAS LEHRBUCH DER STUNDENASTROLOGIE

Überarbeitete Ausgabe

John Frawley

Übersetzt aus dem Englischen von Volkhard Röseler

APPRENTICE BOOKS

Copyright der englischen Originalausgabe © John Frawley 2005, 2014

Copyright der überarbeiteten Ausgabe in deutscher Übersetzung © John Frawley 2016

Veröffentlichung der englischen Originalausgabe unter dem Titel *The Horary Textbook* durch Apprentice Books 2005

Veröffentlichung der überarbeiteten englischen Ausgabe durch Apprentice Books 2014

Veröffentlichung dieser deutschen Übersetzung der überarbeiteten Ausgabe durch Apprentice Books 2016

Die deutsche Übersetzung der ersten Ausgabe ist 2009 unter dem Titel *Die wahre Stundenastrologie – Das Lehrbuch* im arte poetica Verlag erschienen.

www.johnfrawley.com

ISBN 978 83 940003 2 5

Alle Rechte vorbehalten. Ohne die vorherige schriftliche Einwilligung der Rechteinhaber darf kein Teil dieses Buches abgebildet, in ein Datenbanksystem eingeführt oder gespeichert oder in irgendeiner Form oder auf irgendeine Weise (elektronisch, mechanisch, als Mitschnitt oder auf sonstige Weise) weitergegeben werden.

Umschlagsfoto: Sergio Bondioni, Yellow Brick Studios

Schriftsetzung: Beata Kibil

Gestaltung und Schriftsetzung der ursprünglichen englischen Ausgabe: John Saunders Design & Production

INHALT

Vorwort zur überarbeiteten Ausgabe	ix
Vorwort	xi
Danksagungen	xiii
Legende der Horoskopsymbole	xv

TEIL 1

Horoskop: Wo ist der Kater?	xvi
1. Einführung in die Stundenastrologie	1
2. Fangen wir an	9
3. Die Häuser	18
4. Die Planeten	40
5. Die Zeichen	55
6. Essenzielle Würden	61
7. Akzidentielle Würden	74
8. Rezeptionen	99
Horoskop: Hat er mich wirklich geliebt?	109
9. Aspekte	116
10. Antiszien	139
Horoskop: Warum ruft er nicht an?	146
11. Die Fixsterne	149
12. Arabische Punkte	156
13. Zeitbestimmung	172
14. Wie lautet die Frage und wer stellt sie?	185

TEIL 2

15. Fragen zum ersten Haus	192
Das Schiff, in dem ich segle	192
Körperliche Erscheinung	193

16. Fragen zum zweiten Haus	198
Verloren, gestohlen und verlegt	198
Horoskop: Wo ist mein Schal?	212
Geld	213
Horoskop: Soll ich Silber kaufen?	221
17. Fragen zum dritten Haus	223
Wahr oder falsch?	223
Briefe, Telefonanrufe, Besucher	225
18. Fragen zum vierten Haus	228
Immobiliengeschäfte	228
Andere Fragen zum Verkauf	238
19. Fragen zum fünften Haus	239
Schwangerschaft	239
Adoption	248
20. Fragen zum sechsten und zum achten Haus	249
Medizinische Fragen	249
Fragen zum Tod	254
Horoskop: Wird meine Freundin leben?	261
Ärzte, Behandlung und Operation	263
Personal einstellen	265
21. Fragen zum siebenten Haus	267
Liebe und Ehe	267
Soll ich bleiben oder soll ich gehen?	282
Sport und Wettkämpfe	285
Gerichtsverfahren	293
Horoskop: Werden wir gewinnen?	297
Politik	299
Horoskop: Wann wird sie stürzen?	302
22. Fragen zum neunten Haus	304
Wissen, Reisen und Träume	304
23. Fragen zum zehnten Haus	313
Berufliche Fragen	313

24. Fragen zum elften Haus | 327
    Wird mein Wunsch in Erfüllung gehen? | 327
    Wie hoch ist meine Steuerbescheid? | 327
    Visen und Genehmigungen | 328

25. Fragen zum zwölften Haus | 330
    Hexerei und Gefangenschaft | 330
    Horoskop: Wird Deirdre ins Gefängnis geschickt? | 335

26. Das Wetter | 337
    Horoskop: Wie wird das Wetter auf meiner Party sein? | 339

27. Terminwahl mit der Stundenastrologie | 341

TEIL 3

28. Astrologe und Klient | 344

ANHÄNGE

1. Horoskopberechnung | 351
2. Hausbedeutungen | 353
3. Wie man einen Aspekt erkennt | 359
4. Wie man ein quadratisches Horoskop liest | 364

Register | 367

Vorwort zur überarbeiteten Ausgabe

Seit ich dieses Buch schrieb, habe ich viel gelernt. Es ist an der Zeit, das, was ich gelernt habe, in eine erweiterte und verbesserte zweite Ausgabe aufzunehmen. Es gibt Passagen, bei denen mir meine Schüler gezeigt haben, dass sie eine Präzisierung erfordern. Es gibt fehlende Themen, die sinnvollerweise einbezogen werden können, und andere, bei denen die Behandlung ausführlicher sein sollte. Es gibt Abschnitte, in denen das, was ich geschrieben habe, falsch ist und eine Korrektur erfordert.

Statt das Buch umzuschreiben, um die Korrekturen und Erweiterungen einzufügen, fand ich es besser, den Originaltext unangetastet zu lassen und die Aktualisierungen getrennt einzufügen. Das hat zwei Gründe. Der eine ist, dass das Buch, in Englisch wie in seinen vielfältigen Übersetzungen, ein häufig genutztes Arbeitsmittel ist. Es ist wichtig, dass der Schüler den Abschnitt, auf den ihn der Lehrer verweist, leicht finden kann. Zweitens ist es im Allgemeinen lehrreicher, die Punkte, bei denen ich mich geirrt habe, zu erwähnen und sie zu diskutieren, statt sie wie stalinistische Politiker, die von der Parteilinie abgewichen sind, stillschweigend herauszuretuschieren. Es ist nicht verkehrt, die Entwicklung der Erkenntnis zu zeigen. Dieses Wissen ist nicht etwas, das uns einfach über unsere Schultern fällt, fertig von der Stange und perfekt sitzend. Vielmehr muss es Stück für Stück mit der Münze aus Zeit und Anstrengung erkauft werden.

Da dem so ist, werde ich zweifellos bald Veranlassung dazu finden, das, was in der neuen Ausgabe steht, zu überarbeiten und zu erweitern. Derartige weitere Korrekturen werden, sobald ich sie vornehme, auf meiner Website erscheinen. Wie in jedem Bereich des Wissens, das komplexer als eine Multiplikationstabelle ist, ist auch in der Astrologie immer noch mehr zu lernen. Welche Freude, dass das so ist! Denn wo bliebe der Spaß, wenn wir alles wissen könnten?

Wenn Sie diese Erweiterungen und Korrekturen lesen, werden Sie sehen, dass sich meine Vorgehensweise zunehmend vereinfacht hat. In der Stundenastrologie – tatsächlich aber in jeder astrologischen Deutung – ist weniger wirklich fast immer mehr. Bei den Dingen, die ich gelernt habe, handelt es sich nur selten um arkane Leckerbissen der Komplexität, sondern vielmehr um Dinge, die in ihrer Einfachheit so offensichtlich sind, dass ich sie übergangen habe. Prägnanz und Sparsamkeit der Mittel bilden den absoluten Kern der Stundenastrologie.

Sie werden bemerken, dass viele der von mir festgestellten Fehler aus einer übergroßen Ehrfurcht vor den Schriften unserer berühmten Vorfahren herrühren. Die Beziehung zu diesen Autoritäten muss eine des hinterfragenden Dialogs sein, nicht der gedankenlosen Gefolgschaft. Unglücklicherweise ist es in der Welt der traditionellen Astrologie verbreitet zu denken, dass das Zitieren einer Autorität jede Diskussion beendet. Tatsächlich ist es häufiger ein Zeichen dafür, dass derjenige, der zitiert, nicht versteht, um was es in der Diskussion geht. Die eine Aussage, die bedenkenlos zitiert werden kann, ist Nicky Culpepers weiser Rat, unsere Hirne in unseren Köpfen und nicht in unseren Büchern zu belassen, weil dies der Ort ist, den Gott ihnen zugewiesen hat.

Praxis der Stundenastrologie, der Begleitband zu dem hier vorliegenden, dessen Veröffentlichung im ursprünglichen *Lehrbuch* für 2005 angekündigt worden war, wird am Ende folgen. Bis dahin verweise ich jene, die eifrig danach streben zu lernen, auf meine *Sportastrologie*. Zwei der vier Hauptkapitel darin sind der Stundenastrologie gewidmet und führen den Leser Schritt für Schritt durch eine lange Liste von Horoskopdeutungen. Dort war es mein Ziel, alle Fragen zu beantworten, die ein Student dem Lehrer gerne stellen würde, aber einem Buch gewöhnlich nicht stellen kann. Soweit ich damit erfolgreich war, ist das Buch ein nützliches Hilfsmittel, unabhängig davon, ob der Leser irgendein Interesse an Sport hat oder nicht.

Die neuen Abschnitte wurden gelesen und sorgfältig kommentiert von Fotini Christodoulou, Anne Coralie, Gabrielle Dunn und Kathryn Silvestre. Noch verbliebene Fehler und Unglücke gehen allein auf mein Konto.

Die neu hinzugefügten Abschnitte sind zwischen ◆ und ◇ eingeschlossen. Verweise im Originaltext wurden stillschweigend geändert, damit sie zu den neuen Seitenzahlen zu passen. Das Thema der Tradition und der Autorität von Büchern, das ich oben kurz gestreift habe, wird auf meiner Website www.johnfrawley.com ausführlicher behandelt.

Die Horoskope in dieser Ausgabe wurden mit Hilfe der, von Bernhard Bergbauer programmierten, Software Mercurius erstellt.

Vorwort

Mit dem *Lehrbuch der Stundenastrologie* verfolge ich das Ziel, einen klar verständlichen und umfassenden Führer in das Handwerk der Stundenastrologie vorzulegen. Teil 1 lehrt die Techniken, die benutzt werden. Teil 2 zeigt, wie diese Techniken angewandt werden, um Antworten zu den gebräuchlicheren Fragen zu finden, die der Astrologe gebeten wird zu deuten.

Die unendliche Vielfalt von Fragen, die gestellt werden, macht es unmöglich eine Methode vorzustellen, mit der man jede von ihnen angehen kann. Wenn Sie sich je gefragt haben, wie reich der Teppich des Lebens wirklich geknüpft ist: Bieten Sie Ihre Dienste als Stundenastrologe an! Immer wenn ich denke, dass ich nun wirklich alles gehört habe, kann ich mir sicher sein, dass hinter der nächsten Ecke etwas noch Seltsameres auf mich wartet. Aber ein sorgfältiges Studium dessen, was hier vorgestellt wird, wird Sie in die Lage versetzen, alles, was nicht darunter fällt, solide zu deuten.

Die Veröffentlichung eines Begleitbands zu diesem Buch, *Praxis der Stundenastrologie,* ist für den Herbst 2005 geplant. Darin wird eine lange Reihe von Horoskopen zu allen möglichen Fragen vorgestellt werden, die den Studenten Schritt für Schritt durch den Prozess der Deutung leitet – so nahe wie möglich der Erfahrung, die man macht, wenn man dem Meisterastrologen bei der Arbeit über die Schulter schaut. Diese Bände werden jeden Leser, der bereit ist, die notwenige Anstrengung zu erbringen, zur Sachkenntnis in diesem lohnendsten aller Gewerke führen.

Danksagungen

Beim Schreiben des *Lehrbuchs der Stundenastrologie* stehe ich am tiefsten in der Schuld von William Lilly, dem Meisterastrologen, *magister meo*, der mich so viel gelehrt hat und weiterhin lehrt.

Jeder, der traditionelle Astrologie studiert, steht in der Schuld von Olivia Barclay, die so hart dafür gearbeitet hat, dass Lillys *Christliche Astrologie* wieder den ihr gebührenden Platz im Herzen des astrologischen Kanons einnimmt. Ich hatte das Glück, bei Olivia Stundenastrologie zu studieren, und sie war es, die mich ermutigte, über dieses Thema zu schreiben, zu sprechen und es zu lehren.

Andere zu unterrichten, hat mich sogar noch mehr gelehrt als selbst unterrichtet worden zu sein. Es ist nur zu wahr, dass man nicht ein Thema lehrt, sondern Menschen. Es sind die Jahre der Neuformulierung des Wissens, um es dem eifrigen Verstand eines jeden dieser Menschen zugänglich zu machen, die diesem Buch den Wert verleihen, wenn es einen besitzt. Mein Dank gilt meinen Schülern.

Meine Dankbarkeit gilt wie immer Victor Laude und Despina Giannokopulou, ohne die die Straße vielleicht im Nichts verlaufen wäre, lange bevor sie diesen Punkt erreicht hat.

Branka Stamenkovic und Tijana Marinkovic waren höchst wirksame Cheerleader, die mich ermutigt haben weiterzumachen, wann immer die Aufgabe zu entmutigend schien. Branka, Yasmin Bolland, Nina Holly, Dolores Quiddington, Richard Redmond und Carol Walsh haben das Manuskript gelesen und lieferten unschätzbare Anregungen und Korrekturen. Was an Fehlern übrig geblieben ist, geht allein auf meine Kappe.

Viele Male ist mir die stundenastrologische Frage gestellt worden: „Kann ich von dem, was ich als Stundenastrologe verdiene, leben?", und die Antwort auf diese Frage lautet in der Regel: „Nein" – weniger wegen der dazu notwendigen Fertigkeiten, die man sich aneignen kann, als wegen der Opfer, die man erbringen muss. In meinem Fall ist der Großteil dieser Opfer von meiner Frau Anna erbracht worden, die mir entschlossen zur Seite stand, als ich meine Karriere aufgebaut habe. Wäre sie in irgendeiner Weise weniger außergewöhnlich, wäre ich nicht in der Lage gewesen, dieses Buch zu schreiben. Mein Dank an sie ist grenzenlos.

Legende der Horoskopsymbole

♈	Widder	wird beherrscht von Mars
♉	Stier	wird beherrscht von Venus
♊	Zwillinge	wird beherrscht von Merkur
♋	Krebs	wird beherrscht vom Mond
♌	Löwe	wird beherrscht von der Sonne
♍	Jungfrau	wird beherrscht von Merkur
♎	Waage	wird beherrscht von Venus
♏	Skorpion	wird beherrscht von Mars
♐	Schütze	wird beherrscht von Jupiter
♑	Steinbock	wird beherrscht von Saturn
♒	Wassermann	wird beherrscht von Saturn
♓	Fische	wird beherrscht von Jupiter
♄	Saturn	
♃	Jupiter	
♂	Mars	
☉	Sonne	
♀	Venus	
☿	Merkur	
☽	Mond	
☊	Nördlicher Mondknoten	
☋	Südlicher Mondknoten	
⊗	Glückspunkt	
☌	Konjunktion	gleicher Grad, gleiches Zeichen
☍	Opposition	gleicher Grad, gegenüberliegendes Zeichen
△	Trigon – 120°	gleicher Grad, vier Zeichen entfernt
□	Quadrat – 90°	gleicher Grad, drei Zeichen entfernt
✶	Sextil – 60°	gleicher Grad, zwei Zeichen entfernt
℞	Rückläufig	Planet läuft scheinbar zurück

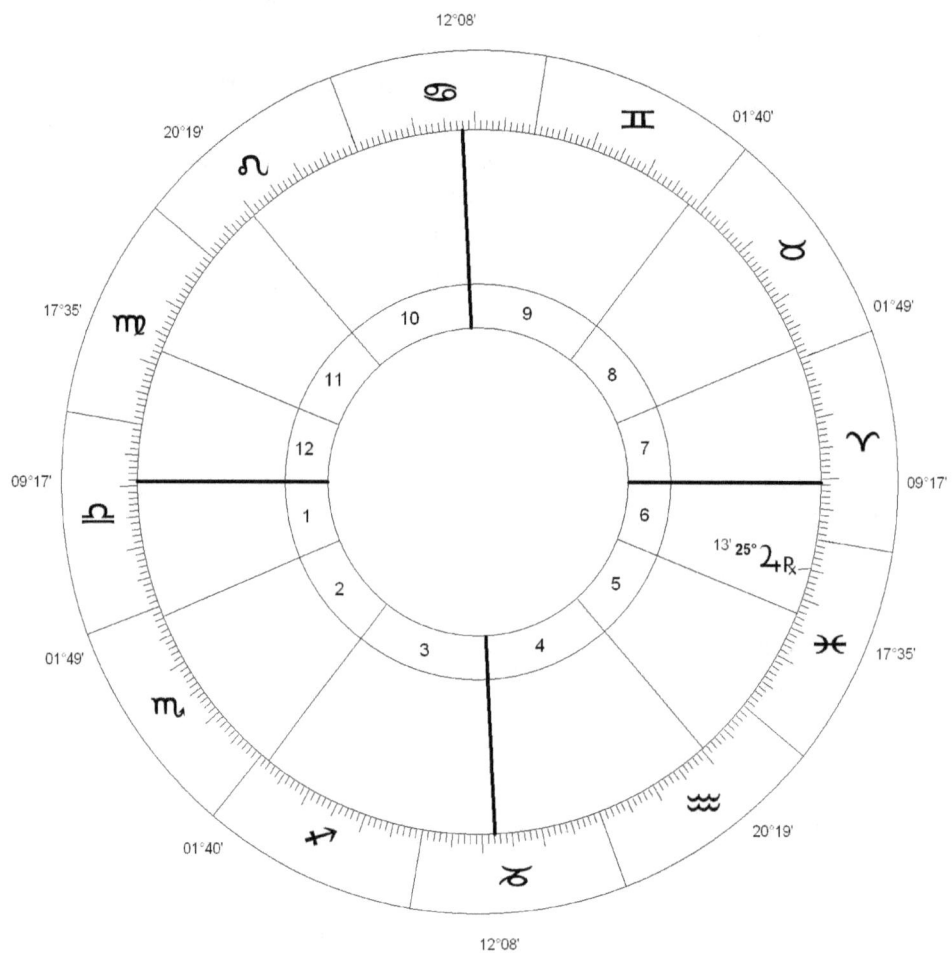

Wo ist der Kater? 30. August 1998, 9.20 Uhr Britischer Sommerzeit, London.

1

Einführung in die Stundenastrologie

Die Stundenastrologie ist die Kunst, konkrete Antworten auf konkrete Fragen zu geben, und zwar anhand eines astrologischen Horoskops, erstellt für den Zeitpunkt, an dem die Frage gestellt wird. Sie arbeitet schnell, einfach und effektiv und liefert konkrete, überprüfbare Antworten.

„Wie schnell? Wie einfach?"

Schauen Sie sich dieses Beispiel an. Sie werden vermutlich viele der technischen Begriffe, die ich gebrauche, noch nicht verstehen, aber das Prinzip der Deutung sollte klar werden. Der Kater des Nachbarn war peu à peu in mein Haus eingezogen. Als er seit einigen Tagen nicht mehr vorbeigeschaut hatte, machte ich mir Sorgen um seine Sicherheit und stellte deshalb die Frage: „Wo ist der Kater?"

Ich erstellte für den Zeitpunkt, da ich diese Frage gestellt hatte, und den Ort, an dem ich mich dabei befand, ein Horoskop. Ich drucke es hier ab und lasse dabei alles weg, was wir für die Deutung nicht brauchen.

Ich frage nach einem Kater. Das ist ein kleines Tier und wird deshalb vom 6. Haus des Horoskops dargestellt. Der Planet, der das Zeichen an der Spitze dieses Hauses beherrscht, wird uns den Kater zeigen. An der Spitze des 6. Hauses befindet sich das Zeichen Fische, also steht sein Herrscher, Jupiter, für den Kater.

Wo befindet sich Jupiter? Im 6. Haus, im Haus des Katers. Wo ist der Kater also? In seinem eigenen Haus: zu Hause.

Geht es ihm gut? Jupiter, der wohltätigste aller Planeten, steht in seinem eigenen Zeichen, hat also viele essenzielle Würden. Der Kater wird von einem Wohltäter in hohen Würden dargestellt: Dem Kater geht es sehr gut.

Jupiter (der Kater) befindet sich in einem Wasserzeichen, also könnte er an irgendeinem feuchten Ort sein. Aber Wasserzeichen stellen auch Orte dar, die behaglich sind, was hier – in Anbetracht des Charakters des Tieres und der Tatsache, dass es da, wo es ist, eindeutig glücklich ist (Wohltäter in hohen Würden) – die wahrscheinlichere Wahl ist. Also liegt der Kater vermutlich zusammengerollt auf dem Sofa oder Bett.

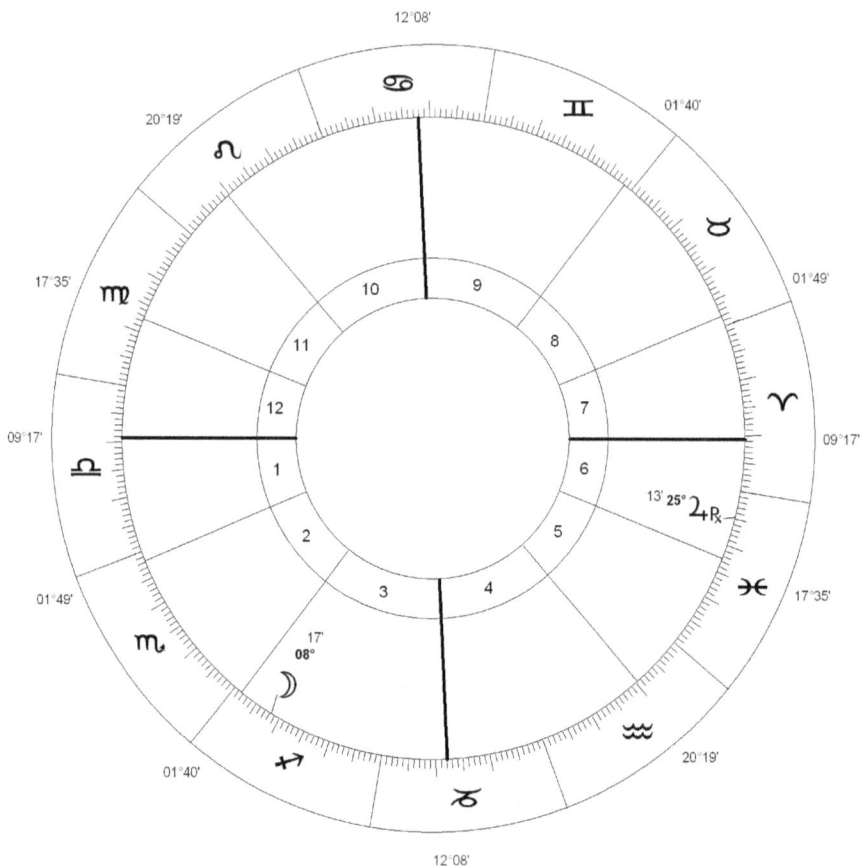

Wo ist der Kater? 30. August 1998, 9.20 Uhr Britischer Sommerzeit, London.

Wird er zu mir zurückkommen? Jupiter ist rückläufig: Er geht dahin zurück, wo er vorher war. Also ja, er wird zurückkommen.

Das Horoskop hat eine konkrete, überprüfbare Antwort auf die Frage gegeben. Und zwar, indem wir nur einen Planeten benutzt haben! Die Stundenastrologie ist schnell; die Stundenastrologie ist einfach.

Wir können die Antwort noch präzisieren, indem wir die Zeit vorhersagen, zu welcher der Kater zurückkommen wird. Dafür brauchen wir eine Verbindung zwischen dem Signifikator des Katers und etwas, das entweder mich oder mein Zuhause darstellt. In diesem Horoskop macht Jupiter keinen derartigen Kontakt, also müssen wir einen zweiten Planeten hinzuziehen. Der Mond ist der natürliche Herrscher aller verlorenen Objekte, vor allem lebendiger Objekte.

Die Person, die die Frage stellt, wird durch den Aszendenten und seinen Herrscher dargestellt. Der Mond läuft auf ein Sextil zum Aszendenten zu. Genauso wie das 6. Haus buchstäblich als das Haus des Katers verstanden werden kann, ist das erste Haus buchstäblich mein Haus. Der Mond muss fast genau ein Grad laufen, um diesen Aspekt perfekt zu machen. Also wird der Kater in fast genau einer Zeiteinheit zurückkehren. Zeichen und Haus, in denen sich der Mond befindet, wenn er den Aspekt macht, sagen uns, welche Zeiteinheit es ist. Mit dem Mond in einem veränderlichen Zeichen und einem fallenden Haus, muss es sich um einen Tag handeln. Also wird der Kater fast genau 24 Stunden nach dem Zeitpunkt, für den das Horoskop erstellt wurde, zurückkehren. Und so geschah es.

Selbst jetzt haben wir erst zwei Planeten im Horoskop aufgeführt. Dennoch haben wir eine genaue, zeitlich bestimmte und zutreffende Vorhersage. Stundenastrologie ist einfach.

Wie zu erwarten, ist nicht jedes Horoskop so einfach wie dieses. Aber viele sind es. Eine ganze Menge der Stundenhoroskope können – mit Wissen und Erfahrung – auf einen Blick gedeutet werden. Die Stundenastrologie war die wichtigste Technik, mit der die Astrologen des 17. Jahrhunderts gearbeitet haben, und es ist verbürgt, dass eine astrologische Beratung mittels der Stundenastrologie nur etwa 15 Minuten dauerte.[1] Dieser Zeitraum umfasste: die üblichen Freundlichkeiten der Begrüßung; der Klient erläutert, was er wissen möchte und nennt alle dafür wichtigen – oder häufiger unwichtigen – Details der Situation; die Verhandlung über ein akzeptables Honorar; das Anpassen des Horoskops, das der Astrologe zum Beginn seines Arbeitstags erstellt hatte, für die Zeit, da die Frage gestellt wurde; die Deutung des Horoskops durch den Astrologen und die Übermittlung des Ergebnisses an den Klienten; die sehr wahrscheinliche, ungläubige Reaktion des Klienten, wenn die Antwort nicht dem entsprach, was er erhofft hatte: „Ach! Was wissen Sie schon?"; der Astrologe schaut noch mal auf das Horoskop und antwortet: „Ich weiß, dass Sie ein großes rotes Muttermal auf Ihrem linken Oberschenkel haben", um ihn zu überzeugen. All das in 15 Minuten. Selbst die komplexesten Horoskope werden nicht mithilfe irgendwelcher geheimnisvollen oder komplizierten methodischen Tricks gedeutet, sondern durch einige wieder und wieder angewandte einfache Operationen.

Es waren nicht nur die Schnelligkeit und der ökonomische Arbeitseinsatz, welche die Stundenastrologie zum Kernbereich der astrologischen Praxis machten: Für die meisten Anfragen war und ist sie noch immer das angemessene

---

[1] vgl. Keith Thomas: *Religion and the Decline of Magic,* London 1971, Wiederauflage London 1991, S. 364.

Instrument. Um welche Situation es auch immer geht: Arbeiten Sie mit der Stundenastrologie, wenn der Klient etwa Konkretes über sie wissen möchte. Die meisten Antworten können schneller und zuverlässiger einem Stundenhoroskop entnommen werden als dem Studium des Geburtshoroskops. Und viele Antworten können im Geburtshoroskop überhaupt nicht gefunden werden, egal wie ausführlich und ausgedehnt die Untersuchung oder wie fähig der Astrologe ist. Das Geburtshoroskop wird nicht offenbaren, ob es am Tag, an dem Sie ein Grillfest planen, regnen wird, ob Sie ihre Dollars verkaufen und Silber kaufen sollten, was Ihr Schatz wirklich für Sie empfindet – oder wo der Kater sein könnte. Und dennoch sind es diese und ähnliche Dinge, die, ineinander verwoben, den Stoff unseres Lebens ausmachen.

Die meisten Menschen, die einen Astrologen für eine Beratung aufsuchen, haben eine spezielle Frage im Kopf. Es ist natürlich viel einfacher, sich ein Horoskop anzuschauen, in dem es um diese Frage und nur um diese Frage geht, als zu versuchen, die Knochen dieser Frage aus einem Geburtshoroskop herauszutrennen, welches uns den Schatz an Fragen eines ganzen Lebens zusammengeschnürt offeriert.

Traditionell wurde die Stundenastrologie als Eintrittspforte des Studenten in das Studium der Astrologie angesehen. Ein Grund dafür besteht darin, dass sie viel einfacher als andere Zweige der Astrologie, wie etwa die Geburts- oder mundane Astrologie, ist. Dadurch versetzt sie den Studenten in die Lage, vergleichsweise leicht eine Meisterschaft in den Techniken zu erlangen, die den Großteil derjenigen ausmacht, die, mit größerer Ausführlichkeit, in den anderen Zweigen benutzt werden. Man kann es mit der Beherrschung der Tonleitern gleichsetzen, wenn man ein Musikinstrument erlernt: Sie ist eine notwendige Vorstufe zu den fortgeschritteneren Studien. Anders als die musikalischen Tonleitern, ist die Stundenastrologie jedoch von unmittelbarem praktischem Nutzen.

„Dient die Stundenastrologie ausschließlich der Vorhersage?"

Ganz und gar nicht. Sie ist vor allem für ihre Fähigkeit bekannt, zutreffende Vorhersagen zu liefern. Sie kann aber auch zur Untersuchung der Vergangenheit benutzt werden („Hat der Bauarbeiter meinen Ring gestohlen?"). Die interessanteste Anwendung liegt jedoch in der Analyse einer Situation. Statt zu fragen: „Läuft meine Ehe auf die Scheidung zu?", ist es weitaus nützlicher, die analytische Frage zu stellen: „Was läuft in meiner Ehe schief und was kann ich dagegen tun?" Auch das kann man mit der Stundenastrologie machen.

William Lilly und die Grundregeln

Der Großmeister der Stundenastrologie ist William Lilly, ein englischer Astrologe, der von 1602 bis 1681 gelebt hat. Seine *Christliche Astrologie*, erschienen 1647, ist und bleibt das Standardlehrbuch.[2] Das Buch, das Sie in der Hand halten, stützt sich zu großen Teilen darauf. Worin es sich von Lilly – neben dem Umstand, dass es in einem modernen Englisch für moderne Leser geschrieben ist – unterscheidet, ist der größere Nachdruck, der auf die Grundregeln gelegt wird. Klarheit über die Grundregeln verhindert die Notwendigkeit jener langen Listen mit kleineren, oft empirisch begründeten Zeugnissen, die Lillys Werk über weite Strecken prägen.

Kleinere Zeugnisse ergeben für sich allein noch keine Deutung und können normalerweise übergangen werden. Überlegen Sie mal: Wenn wir fragen: „Wer gewinnt das Fußballspiel?", ist alles, was uns interessiert, das Hauptzeugnis: Wer hat die meisten Tore geschossen. Wer den meisten Ballbesitz hatte oder die meisten Ecken oder wessen Spieler die Zuschauer am meisten begeistert haben: All das sind kleinere Zeugnisse, die das Resultat nicht direkt beeinflussen. In der stundenastrologischen Methode, die ich hier vorstelle, liegt der Schwerpunkt auf den erzielten Toren. Dies ist ein Beispiel für die Regel aller Regeln: *Keep it simple!* Halten Sie es einfach!

Der Leser, für den die Stundenastrologie neues Terrain ist, möge mir jene Passagen verzeihen, in denen ich Lillys Aussagen diskutiere, erkläre oder anfechte. Sie sind für jene Leser notwendig, die mit seinem Werk vertraut sind.

Vorbemerkungen

Zunächst: Schreiben Sie diese Worte Jerôme Cardans tief in Ihr Herz ein:

Der, welcher sich zuviel auf sich einbildet, wird dazu neigen, in seinen Deutungen viele Fehler zu machen; wer jedoch, andererseits, zu zaghaft an die Sache herangeht, ist für diese Wissenschaft nicht geeignet.[3]

---

[2] Die beste moderne englischsprachige Ausgabe der *Christian Astrology* ist jene in der Reihe Astrology Classics, herausgegeben von The Astrology Center of America, Abingdon, 2004. Auf Deutsch ist Lillys Werk, unter dem Titel *Christliche Astrologie*, im Chiron Verlag, Tübingen, 2007/08, erschienen. Auf diese Ausgabe wird im Folgenden unter *Lilly* verwiesen. (Anmerkung des Übersetzers)

[3] Aus Guido Bonatus: *The Astrologer's Guide*, London, 1676, Kapitel über Cardano, Aphorismus 2. Auf dieses Buch wird im Folgenden mit *Bonatus* verwiesen.

Dieses Studium erfordert Demut. Sie können die Astrologie nicht nach Ihren eigenen Vorstellungen neu erschaffen. Vielleicht entdecken Sie hier einiges, das sich von dem unterscheidet, was Sie früher gelernt haben, von Konzepten, die Ihnen ans Herz gewachsen sind. Legen Sie diese Konzepte für eine Weile zur Seite, statt sie dem überzustülpen, was gelehrt wird, und versuchen Sie es mit dem, was Ihnen hier gesagt wird, bis Sie merken, dass es funktioniert.

Das Studium erfordert etwas Mut. Die Stundenastrologie versetzt uns in die Lage, klare und detaillierte Antworten zu geben. In ihr gibt es keine hilfreichen Wolken der Zweideutigkeit, hinter der wir uns verstecken können, wenn wir danebenliegen. Wir lesen das Horoskop; wir deuten es; wir werden bestätigt oder widerlegt – und das manchmal sehr schnell. Die Regeln, die Ihnen hier an die Hand gegeben werden, sind Ihr solider Rückhalt. Kein Astrologe ist jemals unfehlbar gewesen, aber wenn Sie diese Regeln befolgen, wird die Zuverlässigkeit Ihrer Deutungen stetig wachsen.

Der Leser, der bereits über einiges astrologisches Wissen verfügt, mag versucht sein, die ersten Kapitel zu überspringen. Machen Sie das nicht! In meinen Seminaren habe ich festgestellt, dass selbst Schüler mit Zertifikaten der angesehensten Astrologieschulen oft überraschende Lücken in ihrem Wissen der Grundlagen aufweisen. Diese verstanden zu haben, ist absolut wesentlich. Wenn Sie die grundlegenden Bausteine nicht verstehen, wird das, was Sie mit ihnen bauen, nicht solide sein.

Dies ist ein Buch, um damit zu arbeiten, nicht eins, das man in einem Zug durchliest. Seine Ränder sind breit gehalten, um Raum für Anmerkungen zu lassen. Nehmen Sie die Beispiele solange auseinander, bis Sie sicher sind, dass Sie verstehen, warum ich gesagt habe, was ich gesagt habe. Fragen Sie sich beständig: „Warum sagt er dieses?" und „Warum hat er jenes nicht berücksichtigt?" Und dann üben Sie, üben Sie, üben Sie. Stellen Sie sich Ihre eigenen stundenastrologischen Fragen. Auch wenn die Stundenastrologie, einmal gemeistert, lieber sparsam angewandt werden sollte, können Sie, solange Sie lernen, jede noch so banale Frage stellen, die Ihnen in den Sinn kommt. Dinge, mit denen Sie normalerweise keine Zeit verschwenden würden: „Wann wird der Postbote kommen?" „Wird mich meine Mutter heute anrufen?" Das ist alles Schrot für die Mühle. Schauen Sie sich Ihre Deutungen hinterher noch mal an. Nehmen Sie, wenn eine falsch war, das Horoskop solange auseinander, bis Sie wissen warum.

Zwingen Sie sich dazu, immer zu einer Deutung zu kommen und schreiben Sie diese auf. Speichern Sie das Horoskop, damit Sie es untersuchen können, sobald das Resultat bekannt ist. Wenn man seine eigenen Fragen beantwortet, ist es leicht, zu schummeln und die Deutung im Ungefähren zu belassen. Genauso einfach ist es aufzugeben und zu denken, dass dieses Horoskop jenseits Ihrer Möglichkeiten liegt. So werden Sie nichts lernen. Egal wie sachkundig Sie einmal sein werden, die Stundenastrologie wird Sie beständig dazu auffordern, sich über das hinauszuwagen, was Sie zu wissen glauben. Für den Astrologen wie für den Sportler gilt: Es ist die Erweiterung der Grenzen, welches Spitzenleistungen ermöglicht. Treiben Sie sich dazu an, die Grenzen Ihres Wissens zu überschreiten, und Sie werden überrascht sein, was Sie schaffen. Denken Sie daran, dass selbst William Lilly sich als einen „Studenten" der Astrologie bezeichnet hat.

Sie müssen nicht einmal eine Frage haben, um ein Frageohoroskop zu deuten. Nehmen Sie irgendein Horoskop, ob ein eigenes oder eins aus einem Buch, und erfinden Sie eine neue Frage dafür. Haben Sie einige derartige Fragen vorrätig, bei denen der Fokus auf anderen Menschen als „Ich" liegt (z. B. „Wird die Ehe meines Bruders Bestand haben?" „Wird mein Chef den neuen Job annehmen?" „Wann wird mein Hund eine Freundin finden?"). Nehmen Sie die Deutungen zu diesen erfundenen Fragen nur nicht ernst! Das ist eine hervorragende Übung: Sie lernen eine Sprache; Sie werden diese nur dann irgendwann fließend beherrschen, wenn Sie immer wieder versuchen sie zu sprechen.

Fragen Sie sich, bevor Sie ein Horoskop erstellen, was Sie in ihm zu sehen erwarten. Wie wird die Situation dargestellt sein? Sie werden oft falschliegen, aber indem Sie so vorgehen, werden Sie Ihr Denken Schritt für Schritt an die Funktionsweise des Horoskops anpassen.

Wenn ich ein Horoskop deute, finde ich es hilfreich, in den einfachsten Begriffen zu denken, so wie ich es in den Beispielen hier gezeigt habe. „Ist er ein guter Kerl oder ein böser Kerl?" „Ist es gut, egal oder igittigitt?" Das mag manchmal klingen wie *Lerne zu lesen, Grundstufe 1*, aber so vorzugehen wird Sie davon abhalten, sich in abstrakten Konzepten zu verheddern. Das Horoskop wird Sie zu aller erforderlichen Komplexität führen; indem Sie jeden Schritt so einfach halten, werden Sie in die Lage versetzt, die Komplexität dann zu verstehen, wenn Sie bei ihr angelangt sein werden. Bleiben Sie immer mit den Füßen auf der Erde.

Vor allem kasteien Sie sich nicht dafür, dass Sie mit Ihren Deutungen falsch gelegen haben. Selbst der beste Fußballspieler kann mal einen Elfmeter verschießen. Daraus folgt nicht, dass aus ihm plötzlich ein schlechter Fußballer geworden ist. Es heißt auch nicht, dass es unmöglich ist, einen Elfmeter zu verwandeln. Und genauso wenig, dass Fußball Quatsch ist. Alles, was es bedeutet, ist, dass er verschossen hat.

◈ Denken Sie vor allem daran, dass das Horoskop nichts Abstraktes ist. Es ist eine Widerspiegelung der Situation in dieser Welt, genauso wie Ihr Spiegel Ihnen Ihr Gesicht widerspiegelt. Was Sie aus dem Horoskop herauslesen, muss bezogen auf diese Welt sinnvoll sein. Wenn es das nicht ist, ist das, was Sie lesen, falsch. Ich erinnere meine Schüler fortwährend an die Wirklichkeit der Situation, gesehen mit dem gesunden Menschenverstand – wie etwa die Vereinigung des Planeten, der das Baby darstellt, mit demjenigen, der den Ehemann darstellt, keine Schwangerschaft bedeutet, weil der Ehemann nicht schwanger werden wird. Behalten Sie bitte, wenn Ihr Kopf in den Sternen steckt, Ihre Füße fest auf dem Boden. ◈

2

Fangen wir an

Die Person, die die Frage stellt, ist der *Fragesteller*.
Die Person oder Sache, nach der gefragt wird, ist das *Gefragte*.

Erstellen Sie das Horoskop für den Moment, da der Astrologe die Frage versteht. Früher saß der Astrologe gewöhnlich dem Klienten gegenüber, wenn die Frage gestellt wurde. Heute werden Fragen oft aus der Distanz gestellt, sowohl zeitlich wie räumlich: via E-Mail, Telefon, Brief oder aufgenommen auf einem Anrufbeantworter. Das Horoskop wird für den Moment erstellt, da der Astrologe die Frage liest oder hört, nicht für den Zeitpunkt, an dem der Klient die Frage stellt.

Wenn ich nach Hause komme und einen Brief auf meiner Fußmatte liegen finde, ihn aufnehme, mir einen Kaffee mache und mich hinsetze, um den Brief zu lesen, dann erstelle ich das Horoskop für die Zeit, zu der ich ihn lese: nicht für die Zeit, zu der ich ihn von der Fußmatte aufgehoben habe; und auch nicht für jene, die die Klientin in ihrem Brief als Zeitpunkt angibt, da sie ihn geschrieben hat.

◈ Glauben Sie nicht, dass Sie alles andere stehen und liegen lassen müssen, sobald eine Frage eintrifft. Wenn das Geschäft geschlossen ist, ist es geschlossen. Wenn Sie mit etwas anderem beschäftigt sind, wenn der Brief oder die E-Mail eintrifft, gibt es für Sie keine Notwendigkeit, Brief oder E-Mail in diesem Augenblick zu lesen. Wenn Sie sich jedoch dazu entschließen, es gleich zu lesen, ist das der Augenblick, für den das Horoskop erstellt werden sollte. ◈

Wird die Frage am Telefon gestellt, wird das Horoskop für den Moment angefertigt, in dem die Frage gestellt wird. Das klingt einfach und meistens ist es das auch, aber manche Fragen erfordern einige Arbeit, bevor sie geboren werden. Manche Fragesteller werden zögern und sagen: „Ich möchte dies fragen... ich bin nicht sicher, ob ich es sollte... vielleicht sollte ich lieber jenes fragen...". Das kann länger dauern als eine ganze typische Beratung im 17. Jahrhundert. Wir nehmen die Zeit zur Erstellung des Horoskops, zu welcher der Klient die Frage endlich auf den Punkt gebracht hat, nicht jene, als das Gespräch begann. Es ist, als ob diese Klienten unbewusst den richtigen Augenblick spüren, an dem sie fragen sollten: der Moment, der ein Horoskop ergeben wird, das eine zutreffende Deutung der Frage erlaubt. Das kann oft durch das Aufscheinen datierbarer vergangener Ereignisse im Horoskop überprüft werden, Ereignisse, die in einem, für den Beginn des Gesprächs erstellten Horoskop nicht angezeigt worden wären.

Wurde die Frage gestellt, aber erfordert sie noch Nachfragen, bevor Sie ihren Kern verstehen, dann nehmen Sie die Zeit, zu der sie klargestellt ist, als Zeit für die Frage. Sollten Sie zunächst das Gefühl haben, die Frage gut verstanden zu haben, aber bei der Übermittlung der Deutung feststellen, dass Ihr Verständnis fehlerhaft war, dann bleiben Sie trotzdem bei der Zeit, zu der Sie dachten, dass Sie es verstanden hätten.

Stellt der Klient während Ihrer Deutung der Ausgangsfrage zusätzliche Fragen zum selben Thema, dann deuten Sie diese aus demselben Horoskop. Zum Beispiel könnte die ursprüngliche Frage lauten: „Wann treffe ich den Mann, den ich heiraten werde?", und bei der Übermittlung der Deutung könnte die Fragestellerin hinzufügen: „Wird er sich mit meiner Tochter verstehen?" Das können Sie aus dem Ausgangshoroskop lesen. Fragt die Klientin aber zusätzlich: „Wann werde ich eine anständige Arbeit finden?", dann ist das eine neue Frage, die ein neues Horoskop erfordert.

◆ Es besteht keine Notwendigkeit, den Gedanken vom Verstehen der Frage zu sehr zu betonen. Sofern Sie den Kern dessen, was gefragt wird, im Großen und Ganzen verstanden haben, reicht das aus. Der Mangel im Verständnis müsste schon überdeutlich sein, um uns zu veranlassen, für den Moment, da der Groschen endlich fällt, ein neues Horoskop zu erstellen. Wenn sie fragt: „Habe ich eine Zukunft mit Jim?", und wir stellen später fest, dass mit JIM *Japanese Imperial Motors* gemeint ist, sie also eine Frage zu ihrer beruflichen Zukunft und nicht zu ihrem Liebesleben gestellt hat, würden wir den Zeitpunkt dieser Erkenntnis nehmen. Aber wenn sie nach Jim fragt und wir zum Beispiel später herausfinden, dass sie mit Fred verheiratet ist, würden wir die ursprüngliche Zeit nehmen. Schließlich bräuchten wir das Horoskop nicht, wenn wir alles über die Situation bereits verstanden hätten. ◆

Wenn Sie Ihre eigene Frage deuten, nehmen Sie die Zeit, zu der Sie sich entscheiden, ein Horoskop zu erstellen, um die Antwort zu erhalten. Das ist das Äquivalent zu der Zeit, zu welcher der Klient seine Frage stellt. Versuchen Sie nicht, im Nachhinein den Moment zu bestimmen, an dem die Sache das erste Mal durch Ihren Kopf gewandert ist: Wir nehmen die Zeit, zu der die Frage geboren wurde, nicht die Zeit, zu der sie empfangen wurde. Die Zeit, die Sie benutzen, kann die Zeit sein, zu der Sie sich an den Computer setzen, um das Horoskop zu erstellen, oder auch nicht. Wenn Sie in der Nacht aufwachen und sich entscheiden zu fragen, notieren Sie sich die Zeit und benutzen Sie diese.

◇ Dieses Mal ist es sozusagen der Moment, in dem Sie, der Klient, zu Ihnen, dem Astrologen, sprechen. ◇

Ja, es gibt die Möglichkeit, dass ein Astrologe, der die aktuellen Positionen der Planeten aus seiner Arbeit kennt, sich sorgfältig einen Zeitpunkt auswählen kann, da die Planeten ihm die Antwort geben, die er haben möchte. Ja, es gibt die Möglichkeit, dass der Astrologe dumm genug sein könnte, der Deutung eines derart erstellten Horoskops zu glauben. Aber wir müssen unserem Astrologen ein Mindestmaß an Selbstwahrnehmung zutrauen. Der Himmel bildet gleichwohl einen Mechanismus von größter Raffinesse: Versuchen Sie mal, einen derartigen Moment zu wählen, um Ihre Frage „spontan" zu stellen, und Sie werden ausnahmslos feststellen, dass der Himmel um ein Vielfaches schlauer ist als Sie. Der schwierige Teil, wenn man eine eigene Frage deutet, liegt nicht in der Wahl des Zeitpunkts, sondern im Beiseitelassen der eigenen natürlichen Befangenheit.

Der Ort, für den das Horoskop erstellt wird, ist der des Astrologen. Früher befanden sich Astrologe und Fragesteller normalerweise im selben Raum; heute liegen oft Kontinente zwischen ihnen. Genauso wie wir die Zeit nehmen, zu der die Frage verstanden wurde, müssen wir den Platz nehmen, an dem sie verstanden wurde: den Ort des Astrologen. Nach der traditionellen Philosophie existiert die Frage solange nicht wirklich, bis sie auf das Ohr desjenigen trifft, der sie beantworten kann. Bis dahin ist sie ein Nicht-Ding.

Gebrauchen Sie einen Computer! Da gibt es jene mit asketischen Neigungen, die es als Tugend ansehen, das Horoskop mit der Hand zu erstellen. Es gibt keine Veranlassung für eine derartige Selbstkasteiung. Die Situation heute unterscheidet sich stark von jener in den Tagen, da die Fragesteller vor der Tür des Astrologen für dessen Dienste Schlange standen, weshalb er für die Zeit, da er am Morgen die Arbeit begann, ein Horoskop erstellte und es im Tagesverlauf an den Zeitpunkt, an dem die jeweilige Frage gestellt wurde, anpasste. Wenn

Sie darauf bestehen, Horoskope per Hand zu erstellen, werden Sie vermutlich nie genügend Horoskope erstellen, um die Praxis zu gewinnen, die Sie brauchen, um Sachkenntnis zu erlangen.

Für die Leser, die keinen Zugang zu einem Computer haben, zeigt Anhang 1, wie Sie das Horoskop von Hand und ohne die unnützen Komplikationen, die Ihnen üblicherweise beigebracht werden, berechnen. Diese Methode vereinfacht den Prozess und macht ihn so kurz und schmerzlos wie möglich.

„Brauche ich eine besondere Software für die Stundenastrologie?" Nein! Die meisten fortgeschrittenen Astrologieprogramme verfügen über spezielle Seiten für „Stundenastrologie", welche den Studenten mit einer Flut von Informationen überschwemmen, von denen die meisten für die Frage, um die es geht, unwichtig sind, und die in einer Weise präsentiert werden, die den Unerfahrenen in die Irre führt. Ich bitte Sie nachdrücklich, diese Seiten nicht zu benutzen, sondern nur die einfachsten Horoskopdarstellungen, die das Programm bereithält, ohne all die Listen, Tabellen und den anderen Krimskrams. Wenn Sie der in diesem Buch vorgestellten Methode folgen, werden Sie bald lernen präzise zu entscheiden, welche Informationen Sie aus dem Horoskop brauchen, um anschließend im Horoskop nach diesem, und nur diesem, zu schauen. Das ist weit schneller und viel einfacher als durch einen Morast von Zahlen zu waten, die Sie gar nicht haben wollen.

◆ Ich stelle fest, dass meine Schüler zögern, diesem Rat zu folgen – ein Widerwille, der in keinem Fall förderlich für ihre Arbeit ist. Prägnanz und Ökonomie bilden den absoluten Kern der Stundenastrologie. Je mehr Gerümpel Sie haben, desto wahrscheinlicher werden Sie über etwas davon stürzen. ◆

Eine teure Software ist nicht erforderlich. Ihr Ziel ist es, von A nach B zu gelangen; Sie müssen nicht mit dem Rolls-Royce fahren, um das zu vollbringen. Es gibt kostenlos herunterladbare Software im Netz, die vollkommen ausreicht.[4]

Die Vorbereitung der Deutung

Es ist meine tiefe Überzeugung, dass eine korrekte Deutung, egal wie erfahren wir als Astrologen sein mögen, nur durch Gnade zustande kommt. Selbst wenn sich alle erforderlichen Elemente des Wissens sich in unserem Kopf befinden,

---

[4] Auf der Website www.astrolog.org gibt es freie Software sowohl für den Windows-PC als auch für den Mac. Außerdem können Sie unter www.astro.com Horoskope erstellen und diese dann ausdrucken.

können wir sie nicht zwingen, sich so zu vereinen, wie sie es sollten: Das ist ein Geschenk. Ich empfehle deshalb dringend, dass Sie, bevor Sie sich an die Deutung machen, für diese Gnade beten.

Selbst wenn Sie nicht beten möchten, tun Sie irgendwas, und sei es nur das Waschen Ihrer Hände oder das stille Sitzen für ein paar Minuten, um Ihren Verstand zu klären. Es passiert einfach zu schnell, dass Sie den Astrologen lesen, wenn Sie eigentlich das Horoskop lesen sollten; doch das Ziel der Stundenastrologie ist ein leidenschaftsloser Blick auf die Situation. Sie müssen Ihre eigenen Ansichten und Annahmen beiseitelassen und sich dafür öffnen, was vor Ihnen liegt. Mir werden zum Beispiel oft Fragen gestellt, auf die meine unmittelbare Reaktion lautet: „Reden Sie doch keinen Unsinn", während das Horoskop mir zeigt, dass die Annahme des Klienten, wie merkwürdig sie auch immer klingen mag, zutrifft. Es ist entscheidend sich daran zu erinnern, dass nicht Sie wissen. Es ist die Astrologie, die weiß.

Sie werden merken, dass einige Horoskope, wie das mit dem Kater, glasklar sind. Viele sind es nicht. Manchmal ist dieser Mangel an Klarheit dem Astrologen geschuldet, seinem mangelnden Wissen oder weil er das Horoskop falsch angeht. Manchmal scheint das Horoskop undurchsichtig, weil die Situation, die es beschreibt, undurchsichtig ist. Viele Situationen sind zwiespältig, ohne klare Antwort. Nehmen wir als einfaches Beispiel, das so oder anders formuliert sein kann, die häufige Frage: „Ist das der Richtige?" Eine klare Antwort könnte lauten: „Ja, er ist Ihr Seelenverwandter!" oder „Nein, er ist ein Axt-Mörder!" Weit häufiger wird die Antwort sein: „Nun, er ist ganz okay; Sie könnten es sehr viel schlechter treffen, und außerdem gibt nicht viel Besseres im Angebot". Auch das ist eine Antwort.

Streben Sie nicht nach Gewissheit, bevor Sie sich an die Deutung heranmachen. Manche Horoskope sind unmissverständlich; bei anderen müssen Sie die Antwort förmlich herauskitzeln. Wenn Sie bei diesen auf Gewissheit warten, werden sie ewig warten. Aber wenn Sie sich die Grundregeln voll und ganz zu eigen gemacht haben, wird Ihre Deutung derartiger Horoskope solide sein, egal wie skrupulös Sie an sie herangehen. Nach meiner Erfahrung waren es gerade solche Deutungen, bei denen ich mich fühlte, als beträte ich eine Brücke aus Spinnweben, für die ich von meinen Klienten den größten Beifall erhalten habe, weil ich Angelegenheiten erfolgreich erhellen konnte, die viel zu verwickelt waren, um sie auf andere Weise zu entwirren.

Es gibt da einen verbreiteten Mythos, dass wir drei Zeugnisse im Horoskop finden müssen, bevor wir es deuten können. Das ist Unsinn, der von denen propagiert wird, die Angst davor haben, eine Deutung abzugeben. Wenn es nur ein halbes Zeugnis gibt, dann ist das alles, was wir haben. Wir müssen mit dem arbeiten, was uns zur Verfügung steht. Tatsächlich sind Horoskope mit drei eindeutigen Zeugnissen rar gesät. Um es mit einer Fußball-Metapher zu sagen: Wir können 6:0 gewinnen oder aber durch ein umstrittenes Tor in der letzten Minute – auch dann haben wir gewonnen.

Das Arbeitsblatt

Ich schlage vor, dass Sie sich das Arbeitsblatt kopieren und es jedes Mal benutzen, wenn Sie ein Horoskop deuten. Es wird Ihnen helfen sicherzustellen, dass Sie die Informationen haben, die Sie für die Deutung brauchen, während es Sie gleichzeitig schrittweise darin trainiert, genau die Informationen zu bestimmen, die Sie benötigen.

„Ist das nicht genau das Gleiche wie die Software-Seiten, von denen Sie mir gerade abgeraten haben, sie zu benutzen?" Nein. Jene Seiten, die vorgeben, eine arbeitssparende Einrichtung zu sein, sind reine Zeitverschwendung. Dieses Arbeitsblatt ist ein Hilfsmittel zum Lernen. Um es auszufüllen, müssen Sie das Horoskop anschauen, und zwar in einiger Tiefe. Obwohl viele der Informationen, die Sie dort eintragen, die gleichen sind, die Sie auf den stundenastrologischen Seiten finden, wird der Akt der eigenhändigen Destillation dieser Informationen aus dem Horoskop Ihnen Dinge zeigen, die Ihnen das Studium einer vorbereiteten Liste nicht zeigt. Je mehr Sie mit dem stundenastrologischen Prozess vertraut sein werden, je weiter werden Sie die Menge an Informationen, die Sie auf diesem Formular eintragen, verringern. Nach einer Weile werden Sie es ganz beiseitelegen; aber überstürzen Sie diesen Prozess nicht.

Sie mögen einige der Begriffe auf dem Arbeitsblatt noch nicht verstehen: Sie werden in den folgenden Kapiteln erklärt.

ANRUFUNG: um uns daran zu erinnern, was wir tun.

FRAGESTELLER/FRAGE: der Name des Fragestellers und die gestellte Frage.

ZEIT, DATUM, ORT: die Daten, für die das Horoskop erstellt wird.

PLANETEN DES FRAGESTELLERS/DES GEFRAGTEN: der oder die Signifikator(en) des Fragestellers und dessen, wonach gefragt wird.

MOND: die kürzlich stattgefunden habenden und die nächsten Aspekte des Mondes.

WÜRDEN: Tragen Sie das Symbol des Planeten ein, der das Zeichen, in dem der jeweilige Planet steht, beherrscht; dann dasjenige dessen, der hier erhöht ist; den Triplizitätsherrscher und so weiter. Beispiel: Wenn die Sonne in einem Tageshoroskop auf 3° Widder stünde, dann würde die Spalte der Sonne so aussehen:

♂ ☉ ☉ ♃ ♂ ♀ ♄

Wenn Sie möchten, können Sie Hinweise darauf, dass der Planet in seiner eigenen Würde oder Schwäche steht, hervorheben.

ANMERKUNGEN: alles, was im Hinblick auf den Planeten von Bedeutung ist, zum Beispiel wenn er verbrannt, rückläufig oder stationär ist.

FIXSTERNE: Listen Sie jeden wichtigen Fixstern auf, der innerhalb etwa eines Grades auf einem der Hauptsignifikatoren oder einer relevanten Hausspitze steht. Für Regulus, Spica und Algol können es auch mehrere Grade sein.

ANTISZIEN: Führen Sie alle Antiszien (im Deutschen auch Spiegelpunkte genannt – Anmerkung des Übersetzers) auf, die mit einer Toleranz von etwa einem Grad auf die Hauptsignifikatoren oder auf relevante Hausspitzen fallen.

REZEPTIONEN: Listen Sie alle wichtigen gegenseitigen Rezeptionen zwischen den Planeten auf. Rezeptionen müssen nicht gegenseitig sein, um eine Rolle zu spielen, aber starke gegenseitige Rezeptionen können allein aus sich heraus von Bedeutung sein. Mit „stark" meine ich Rezeptionen per Zeichen, Erhöhung und Triplizität. Vergessen Sie dabei nicht die negativen Rezeptionen (per Exil oder Fall): Auch das kann wichtig sein.

ARBEITSBLATT
ZUM RUHME GOTTES

Fragesteller:
Frage:

Zeit, Datum, Ort:

Planeten des Fragestellers: **Planeten des Gefragten:**

☽ vergangene Aspekte: **☽ künftige Aspekte:**

	Zeichen	Erhöhung	Triplizität	Grenze	Gesicht	Exil	Fall	Anmerkung
☉								
☽								
☿								
♀								
♂								
♃								
♄								
⊗								

Fixsterne: **Antiszien:**   **wichtige Rezeptionen:**

DIE GOLDENEN REGELN

KEEP IT SIMPLE – HALTEN SIE ES EINFACH

Egal, wie kompliziert das Horoskop ist: Verlieren Sie nicht die Nerven. Fragen Sie sich immer wieder die gleichen einfachen Dinge über Aspekte, Würden und Rezeptionen und Sie werden am Ende eine Antwort erhalten.

Widerstehen Sie der Versuchung, das Horoskop zu beschuldigen, dass es sich unkooperativ verhält, und zu denken, dass sich die Antwort schon zeigen wird, wenn Sie nur diese oder jene neue Technik anwenden – Nebenaspekte vielleicht, einen Asteroiden oder zwei. Wenn die Antwort nicht im Horoskop zu stehen scheint, dann nur deshalb, weil Sie sie noch nicht erkennen können. Konzentrieren Sie sich darauf, was im Horoskop zu sehen ist, bewerten Sie das in genau diesen einfachen Schritten und Sie werden die Antwort bald finden.

Was auf die Goldene Regel Nummer 2 verweist:

ES GIBT IMMER EINE ANTWORT IM HOROSKOP – IRGENDWO

Sie wird oft ein paar Schritte nach dem Punkt gefunden, an dem Sie sich entschieden haben, nicht aufzugeben.

VERBINDEN SIE UMSICHT MIT KÖNNEN

Das ist Lillys oft wiederholte Redewendung für: Gebrauchen Sie Ihren gesunden Menschenverstand.

SPRECHEN SIE MIT DEM FRAGESTELLER

Wenn Sie sich der genauen Bedeutung der Frage nicht sicher sind, fragen Sie nach. Sind Sie dann noch immer nicht sicher, fragen Sie erneut. Manche Klienten werden Ihnen Fragen von raunender Unschärfe stellen; stellen Sie sicher, dass Sie die Frage verstanden haben, bevor Sie das Horoskop erstellen.

Wenn Sie meinen, dass ein Planet im Horoskop wichtig ist, aber Sie wissen nicht, wofür er steht, fragen Sie den Klienten. Wenn Sie wissen müssen, wer an der Situation beteiligt ist, fragen Sie.

Es ist zum Beispiel einfach, in einer detailliert ausgearbeiteten Deutung zu dem Ergebnis zu kommen, dass der verlorene Gegenstand sich beim Ehemann befindet – um anschließend von der Fragestellerin zu erfahren, dass sie gar nicht verheiratet ist.

ES IST ERLAUBT, FALSCH ZU LIEGEN

Sie sollten natürlich danach streben, eine richtige Deutung abzugeben. Doch was wir hier tun, ist bemerkenswert: Dass wir nicht jedes Mal erfolgreich sein können, ist kein Grund zur Klage. Dass wir vollbringen, was wir vollbringen, ist schon erstaunlich genug.

3

Die Häuser

William Lilly sagt zurecht, dass – sobald der Student über die Fähigkeit verfügt, ein Horoskop zu erstellen – die wichtigste Sache, die es zu verstehen gilt, die Bedeutung der Häuser ist.[5] Alles, was existiert, kann dem einen oder anderen der zwölf Häuser des Horoskops zugeordnet werden. Wenn wir uns das falsche Haus anschauen, um das, wonach unser Fragesteller fragt, zu verorten, werden wir wahrscheinlich zu einer falschen Antwort auf die Frage des Klienten gelangen. Ein sicheres Verständnis der Häuser ist deshalb unabdingbar.

Das Horoskop ist in zwölf Abschnitte unterteilt. Technisch werden sie *mundane Häuser* (oder *irdische Häuser*) genannt, im Gegensatz zu den *himmlischen Häusern*, was ein anderer Name für die Zeichen des Tierkreises ist. Obwohl es heutzutage üblich ist, auf die himmlischen Häuser als „Zeichen" zu verweisen, ist es gut sich daran zu erinnern, dass auch sie Häuser sind. Das Wort „Haus" kann im Horoskop oft wörtlich genommen werden, indem es für einen physischen Aufenthaltsort steht, egal ob es sich dabei um ein himmlisches (Zeichen) oder mundanes Haus handelt. Die alten Texte beziehen sich sowohl auf die Zeichen als auf die Häuser als „Häuser". Obwohl das korrekt ist, kann das manchmal Verwirrung stiften.

Stellen Sie sich das Horoskop einmal als Kuchen vor. Es gibt viele verschiedene Arten, diesen in zwölf Stücke aufzuteilen, welche die zwölf Häuser des Horoskops ergeben. Teilen wir den Kuchen nach Augenmaß auf? Zählen wir die Anzahl der Kirschen in jedem Abschnitt und teilen ihn danach gleichmäßig auf? Teilen wir ihn nach dem Appetit derer, die ihn essen werden, auf um sicherzustellen, dass jeder gleich zufrieden ist? Genauso gibt es viele Arten, das Horoskop in Häuser zu unterteilen. Diese nennt man *Häusersysteme*.

Die Horoskope in diesem Buch werden mit dem *Regiomontanus*-Häusersystem erstellt. Ich bitte Sie dringend, dieses System für die Stundenastrologie zu benutzen. Es ist das System, das Lilly benutzt hat, und es funktioniert. Und zwar nicht wegen des subversiven Kriteriums: „Ich erstelle mein Geburtshoroskop lieber mit diesem System, weil es meine Venus in dieses und nicht in jenes Haus platziert",

---

[5] *Lilly*, die einleitenden Seiten unter dem Titel: An den Leser.

sondern weil wir mit diesem System – aufgrund der Häuserspitzen, die es uns nennt, welche die einzigen Variablen zwischen den Systemen sind – zutreffende Vorhersagen machen können.

Das bedeutet nicht, dass Regiomontanus das beste System für alle Zwecke ist: Ich verwende das *Placidus-System* für die Geburtsastrologie. Regiomontanus passt hervorragend zur Stundenastrologie. Wenn Sie den Himmel nach Augenmaß in gleich große Stücke teilen, erhalten Sie Regiomontanus. Es gründet auf dem Beobachter und bringt die Teilung des Himmels auf die Erde – was für die Stundenastrologie vollkommen angemessen ist, in der die Frage, gestellt von dieser Person, genau hier und jetzt, das ist, was die Wirklichkeit des Horoskops bestimmt.

„Aber warum haben die Häuser im Horoskop unterschiedliche Größen?" Haben sie gar nicht. Sie sind alle gleich groß. Nehmen Sie mal Ihr eigenes Zuhause. Das mag dem von jemand anderem in vieler Hinsicht gleichen: weil es die gleiche Zahl an Quadratmetern hat; weil es die gleiche Anzahl Schlafzimmer hat; weil es den gleichen Preis auf dem Markt erzielen kann. Genauso ist es mit den astrologischen Häusern: Sie gleichen sich in vieler Weise. Regiomontanus-Häuser erstrecken sich alle über 30°, aber 30° an Rektaszension, nicht an himmlischer Länge.[6] Da die Grade an den Häuserspitzen (5° Stier, 12° Zwillinge und so weiter) in himmlischer Länge gemessen werden, erscheinen die Häuser nicht in der gleichen Größe – genauso wie mein Haus bezogen auf die Wohnfläche nicht die gleiche Größe wie Ihres haben mag, sehr wohl aber bezogen auf die Anzahl der Schlafzimmer.

Unter jenen Astrologen, die die alten Texte studieren, ist es Mode, Stundenastrologie mit *Ganzzeichenhäusern* zu betreiben. Ganz abgesehen von ihrer philosophischen Fragwürdigkeit, opfert sie Finesse. Benutzen Sie das Regiomontanus-System: Es funktioniert, und zwar gut.

Die Unterscheidung zwischen Rektaszension und himmlischer Länge bedeutet, dass mit dem Regiomontanus-System erstellte Horoskope oft einige Zeichen

---

[6] Rektaszension bedeutet Messung entlang des Himmelsäquators. Himmlische Länge die Messung entlang der Ekliptik. Beide teilen den Himmel in 360 Grad. Stellen Sie sich einmal zwei Fernstraßen vor, die aus einer Stadt herausführen. Eine führt genau nach Osten, also fahren Sie, wenn Sie 30 Kilometer auf ihr fahren, 30 Kilometer nach Osten. Die andere führt ein wenig nach Nordosten: Wenn Sie auf dieser 30 Kilometer fahren, dann sind Sie vielleicht nur 25 Kilometer nach Osten und zusätzlich ein paar Kilometer nach Norden gefahren. Aber Sie sind wieder 30 Kilometer gefahren. Rektaszension und himmlische Länge stehen in gleicher Weise im Verhältnis zueinander.

haben werden, die auf mehr als einer Hausspitze sitzen, während andere Zeichen vollständig in einem Haus enthalten sind und keine Hausspitze in sie fällt. Diese Zeichen werden als *eingeschlossen* oder *gefangen* bezeichnet. Schauen Sie sich das Horoskop auf Seite 109 an, in dem Widder und Fische im 12. Haus eingeschlossen sind und Waage und Jungfrau im 6. Dass ein Zeichen eingeschlossen ist oder ein Planet in einem eingeschlossenen Zeichen steht, hat keinerlei Bedeutung. Das Zeichen hat einfach keine Hausspitze – das ist alles.[7]

◆ Darf ich das bitte mit sehr lauter Stimme wiederholen: Dass ein Zeichen eingeschlossen ist oder ein Planet in einem eingeschlossenen Zeichen steht, hat keinerlei Bedeutung. Es bedeutet nicht, dass ein Planet in einem solchen Zeichen isoliert ist, nicht in der Lage ist zu handeln oder unverstanden, weil er empfindsamer ist, als andere Menschen es wahrnehmen. Er steht einfach nur in einem Zeichen, in das keine Hausspitze fällt. Das ist alles.

Genauso wenig hat der Herrscher eines eingeschlossenen Zeichens Anteil an der Herrschaft über das Haus, in dem es eingeschlossen ist. So ein Tier wie einen Ko-Herrscher eines Hauses gibt es nicht. ◆

Wenn Sie Regiomontanus (oder Placidus) verwenden, wird ein Planet, der sich innerhalb von etwa 5 Grad direkt vor einer Hausspitze befindet, als im nächsten Haus stehend angesehen. Ein Beispiel: Im Horoskop auf Seite 109 steht der Mond auf 26° Krebs und die Spitze des 5. Hauses auf 28° Krebs. Der Mond befindet sich innerhalb von 5 Grad vor der Spitze und damit im 5., nicht im 4. Haus.

Diese 5 Grad-Grenze ist flexibel: Gebrauchen Sie Ihren gesunden Menschenverstand. Ist das Haus vor der Spitze ein riesengroßes, mit einem oder sogar zwei eingeschlossenen Zeichen, würden wir mit dem 5 Grad-Bereich großzügiger umgehen, als wenn es sich um ein sehr schmales Haus mit vielleicht gerade einmal 20 Grad Länge von einer zur anderen Seite handelte.

Hinweis: Um ins nächste Haus gerechnet zu werden, *muss* der Planet im gleichen Zeichen wie die Hausspitze liegen, egal wie nah er der Spitze steht. Wenn die Spitze bei 5°59' Stier läge, würden wir einen Planeten auf 0°01' Stier als im nächsten Haus stehend ansehen. Läge die Spitze auf 0°20' Stier und der Planet auf 29°50' Widder, würden wir ihn nicht als im nächsten Haus liegend ansehen.

Stellen Sie sich diesen Bereich vor einer Spitze wie den Vorgarten eines Hauses vor. Sie mögen noch nicht innerhalb des Hauses sein, aber wenn Sie im Vorgarten stehen, dann befinden Sie sich bereits auf dem Grundstück – und Sie sind

---

[7] Das Gleiche trifft auf die Geburtsastrologie zu.

ganz bestimmt nicht im Nachbarhaus. Daran ist nichts Verschwommenes oder Mehrdeutiges: Der Planet befindet sich entweder in dem einen oder in dem anderen Haus.

Die 5 Grad-Regel wird nur bei Häusern angewandt, nicht bei Zeichen. Ein Planet in den letzten 5 Grad eines Zeichens wird nicht als im nächsten Zeichen stehend angesehen.

Für das ganze Buch gilt: Wenn ich einen Planeten als *auf* der Spitze eines Hauses stehend beschreibe, meine ich damit, dass er unmittelbar, ein oder zwei Grad vor der Spitze steht. Wenn ich sage, dass er *innerhalb* der Spitze steht, dann meine ich damit, dass er in den ersten paar Graden im direkten Anschluss an die Spitze steht.

◆ Es liegt niemals irgendeine Bedeutung darin, dass eine Hausspitze in einen sehr frühen oder sehr späten Grad eines Zeichens fällt. Fällt zum Beispiel die Spitze eines Hauses auf 29°59' irgendeines Zeichens, heißt das nicht, dass die Situation in Bezug auf dieses Haus kurz davor steht sich zu ändern. Und zwar deshalb, weil sich Hausspitzen nicht bewegen. Niemals. Eine Hausspitze als sich bewegend anzusehen, wäre in etwa so, als ob man im Theater sitzt und zuschaut, wie der Balkon Romeo über die Bühne jagt. Genauso wenig bedeutet ein später Grad auf der Spitze, dass der Herrscher des nächsten Zeichens der tatsächliche Signifikator für die Angelegenheiten dieses Hauses ist. ◆

DIE BEDEUTUNGEN DER HÄUSER

Da die Häuser alles unter sich aufteilen, was es in der Welt gibt, ist eine vollständige Liste aller Bedeutungen unmöglich; diese Auflistung hier deckt die Hauptthemen ab. Teil 2 dieses Buches beschäftigt sich dann mit typischen Fragen zu jedem Haus.[8]

Wenn Sie eine Sache seinem passenden Haus zuweisen möchten, ist es entscheidend, den Unterschied zwischen der Sache selbst und ihrer Funktion zu verstehen. Die Sache ist, was sie ist; die Funktion kann variieren. Ein Beispiel: Mein Klavier ist mein Besitz und es ist beweglich, also gehört es ins 2. Haus. Es hat nichts mit dem 5. Haus der Kreativität und des Vergnügens zu tun. Das

---

[8] Für die Diskussion darüber, warum Dinge in die Häuser gehören, in die sie gehören, verweise ich auf mein Buch *Die wahre Astrologie angewandt*, Skandro Verlag, Düsseldorf, S. 203 ff. (in der Originalausgabe *The Real Astrology Applied*, Apprentice Books, London, 2002, S. 147 ff.).

Klavier dem 5. Haus zuzuweisen hieße, bedeutungslose Annahmen zu machen: dass ich es spielen kann; dass es spielbar ist; dass es mir Freude macht, es zu spielen. Mein Klavier ist mein beweglicher Besitz und deshalb ist es 2. Haus, selbst wenn mein einziger Gebrauch von ihm darin läge, einen feuchten Fleck an der Wand zu verdecken.

Das erste Haus

Seine Hauptfunktion ist es, den Fragesteller darzustellen. Es zeigt den Körper des Fragestellers, obgleich bei medizinischen Fragen das gesamte Horoskop den Körper darstellen kann. In diesem Fall zeigt das 1. Haus den Kopf. Es zeigt „das Schiff, in dem ich segle": mein unmittelbares Gefährt in Analogie zum Körper als Träger der Seele. Der Name des Fragestellers.

Das 1. Haus bin „ich", es kann auch „wir" sein. Wenn ein Ehepartner eine Frage zu etwas stellt, das das Paar gemeinsam plant, dann kann das Horoskop entweder den Fragesteller und seinen Ehepartner einzeln als 1. und 7. Haus zeigen oder beide zusammen als 1. Haus: „wir". Es zeigt auch größere Gruppen, zu denen der Fragesteller gehört („Werden wir den Vertrag bekommen?") und größere Gruppen, mit denen sich der Fragesteller identifiziert („Werden wir – in diesem Fall die Fußballmannschaft, die der Fragesteller unterstützt – am Samstag gewinnen?").

Das 1. Haus zeigt die allgemeine Situation an dem Ort, an dem sich der Fragesteller befindet. Wenn ich also frage: „Werden wir einen heißen Sommer haben?", schaue ich mir das 1. Haus an: die allgemeine Situation hier.

Das zweite Haus

Es zeigt die beweglichen Besitztümer des Fragestellers. Wenn man sie nicht bewegen kann (zum Beispiel Ihr Haus oder Ihr Grundstück) oder sie lebendig sind, kann ich sie nicht wirklich besitzen. Wenn sie Ihnen gehören und unbelebt und beweglich sind, dann gehören sie hierhin. Deshalb wird Ihr Auto vom 2. Haus dargestellt: Es gehört Ihnen und man kann es bewegen. Es gehört nicht ins 3. Haus: Erinnern Sie sich an die Unterscheidung zwischen der Sache selbst und ihrer Funktion.

Es ist das Geld des Fragestellers, in welcher Form auch immer: Zahlungsmittel, Bankkonto, Aktien und Anleihen. Es ist die Selbsteinschätzung des Fragestellers, das Selbstwertgefühl und auch die Wertschätzung für den Partner: Schätzung oder Wert als übertragbare Dinge gesehen.

Es sind Ihre engsten Berater, denken Sie an die Figur des *Consigliere* im Film *Der Pate*: derjenige, der Ihnen seinen Rat ins Ohr flüstert. In einem Duell ist es Ihr Sekundant; vor Gericht Ihr Anwalt und die Zeugen, die für Sie aussagen. Ihr Anwalt ist nur dann 2. Haus, wenn er in dem Fall, um den es geht, für Sie handelt; anderenfalls gehören Anwälte als gebildete Menschen ins 9. Haus.

Es ist der Rachen und alles, was in ihn hineingeht, also die Nahrung. Es ist das, was das 1. Haus aufrechterhält.

◆ Mund und Kiefer sollten als 2., nicht 1. Haus angesehen werden, als Teil des Rachens und was in ihn hineingeht. Der übrige Kopf ist 1. Haus. ◆

Das dritte Haus

Ihre Geschwister, Cousins und Cousinen. Ihr Alltag; die Routinereisen, die Sie wegen der weltlichen Angelegenheiten Ihres Lebens unternehmen. Diese sind gewöhnlich kürzer als die besonderen Reisen, die wir machen, daher das übliche Etikett der „kurzen Reisen" für dieses Haus. Wenn ich aber um die Ecke gehe, um einen Schrein zu besuchen, dann ist das eine Pilgerfahrt, eine Reise vom Typ des 9. Hauses, obwohl sie so kurz ist. Ihr Büro mag genau neben der Kirche liegen, in die Sie gehen, dennoch wäre die Reise in Ihr Büro 3. Haus, jene in die Kirche 9. Haus.

Das Wissen, das Sie brauchen, um Ihren Alltag zu bewältigen: Schreiben, Rechnen, Lesen. Die Grundschule, in der Sie dieses Wissen erlangen. Der Brief, den Sie senden. Der Brief, den Sie erwarten, wird normalerweise durch das 9. Haus angezeigt (das 3. vom 7. Haus); der Brief, den Sie aus sentimentalen Gründen aufbewahren, ist Ihr Besitz, also 2. Haus. Gerüchte und Klatsch.

Als Haus gegenüber dem 9. Haus (der Lehrer des Fragestellers) zeigt es die Schüler des Fragestellers.

Es stellt Nachbarn dar. Manchmal bedeutet dies im biblischen Sinne „all jene, die ich in meinem Alltag treffe"; häufiger bezieht es sich konkret auf jene, die neben meinem Zuhause leben.

Arme, Schultern und Hände.

◆ Zur Klarstellung: Der Brief, den Sie erwarten, wird gewöhnlich durch das 3. vom 7. Haus angezeigt, weil es die Sendung einer 7. Haus-Person (Geliebte,

Ehegatten, jene, mit denen wir Geschäfte machen) ist, nach der die Klienten am häufigsten fragen. Der Brief einer anderen Person würde durch das 3. Haus vom Haus dieser Person angezeigt: von meinem Chef oder meiner Mutter, das 3. vom 10. Haus; von meinem Kind, das 3. vom 5. Haus. Wie auf den Brief trifft das auch auf E-Mails, Telefonanrufe, und welche anderen Formen der Kommunikation sonst gerade zu der Zeit, da Sie das hier lesen, *en vogue* sind, zu.

Bücher und Websites sind keine Gegenstände des 3. Hauses. Wenn ich jemandem eine Mitteilung schicken möchte, schreibe ich kein Buch, um das zu tun. Das Buch, das ich geschrieben habe, ist, wie es unten steht, 5. Haus: „mein Baby". Beachten Sie, dass das Buch vom Wissen unterschieden wird, das ich in ihm niederlege, welcher Art dies auch immer sei (9. Haus). Ist die Website Werbung für Ihr Geschäft, ist sie Ihr Ladenfenster: 10. Haus. Also wird der Ertrag aus ihr das 2. vom 10. Haus sein, das 11. Haus. Die Website, auf die Sie lustige Bilder von Katzen stellen, ist 5. Haus: Unterhaltung. ◈

Das vierte Haus

Ihr Vater; Ihre Eltern im Allgemeinen; Ihre Vorfahren. Ihr unbeweglicher Besitz: Häuser und Grundstücke. Ihr Ferienhaus in Spanien ist immer noch 4. Haus: Es ist Ihr Grundbesitz, der lediglich im Ausland liegt; es hat nichts mit dem 9. Haus zu tun. Ihr Obstgarten und alles, was in ihm wächst – eingeschlossen die Topfpflanzen in Ihrem Wohnzimmer. Ihr Heimatland („Ausland" ist 9. Haus).

„Das Ende der Angelegenheit": wie die Situation am Ende ausgehen wird. Das kann normalerweise vernachlässigt werden, außer bei Fragen zu Gerichtsverfahren, in denen das 4. Haus das Urteil zeigt, und zu Krankheiten, in denen es die Prognose darstellen kann. Sollten in anderen Fällen die Zeugnisse sehr ausgewogen sein, kann es sinnvoll sein, sich den Zustand des 4. Hauses und seines Herrschers anzuschauen; aber machen Sie das nur als letzten Ausweg: Streben Sie danach, ihre Deutung über die Hauptsignifikatoren zu erstellen.

Da es am Grund des Horoskops liegt, zeigt uns das 4. Haus Bergwerke und andere Dinge unter der Erde wie zum Beispiel vergrabene Schätze.

Der Brustkasten und die Lungen.

Beachten Sie, dass das 4. Haus, obwohl es am unteren Ende des Horoskops liegt, den Norden anzeigt. Die Konvention ist hier eine andere als jene, mit der wir bei Landkarten arbeiten: Der Aszendent ist Osten, der Deszendent Westen, das 10. Haus Süden. Die dazwischen liegenden Himmelsrichtungen leiten sich aus diesen Punkten ab.

Die Spitze des 4. Haus ist auch als IC bekannt (*Imum Coeli*: der tiefste Punkt des Himmels).

◈ Bezüglich der Vorstellung, dass das 4. Haus „das Ende der Angelegenheit" anzeigt, war ich, selbst mit dem, was ich oben geschrieben habe, noch zu großzügig. Sehen Sie davon ab, es sei denn, „das Ende der Angelegenheit" spielt in der Situation eine besondere Rolle. Das ist hauptsächlich bei Gerichtsverfahren der Fall, wo es das Urteil ist, das natürlich das Ende der Angelegenheit ist. Der Gedanke, dass wir das auch in anderen Zusammenhängen benutzen können, rührt nur aus dem Wunsch des Astrologen her, einen Plan B zur Verfügung zu haben, um es sich zu ersparen, dem Klienten etwas zu sagen, was der nicht hören möchte: „Sie glauben, dass sie Sie vielleicht liebt? Sind Sie noch bei Sinnen! Aber Moment mal, wenn wir uns das Ende der Angelegenheit anschauen....". Ohne Rücksicht auf den Mangel an Wahrheit in dem, was immer Plan B anzubieten hat.

Lilly weist Städte dem 4. Haus zu, wobei er, Bonatti folgend, annimmt, dass die Stadt durch den Fragesteller belagert wird. Als solche würde die Stadt als ein Stück Land angesehen, das der Fragesteller gerne besitzen möchte. Die Stadt kann durch verschiedene Häuser dargestellt werden, je nachdem wie der Zusammenhang es bestimmt. Häufig wird sie das 1. Haus sein, als „hier" des Fragestellers. Wenn ich frage: „Wie wird das Wetter in Warschau sein?", ist die Stadt nicht 4. Haus, sondern einfach „hier", da wo ich lebe: 1. Haus. Lebe ich auf dem Lande und denke darüber nach, in die Stadt zu ziehen, wird die Stadt als 7. Haus, als „dort", wohin ich vielleicht hingehe, angesehen. ◈

Das fünfte Haus

Vergnügen und die Orte, an denen wir Vergnügen erleben: „Bankette, Wirtshäuser und Schenken", wie Lilly sagt; Theater, Partys, Sport.

Kinder und Schwangerschaft. Jedoch nicht – aufgepasst – schwangere Frauen: Eine schwangere Frau ist eine Frau, die zufällig gerade schwanger ist. Also erhält sie das gleiche Haus, das sie erhielte, wenn sie nicht schwanger wäre (das 3. Haus für meine Schwester, das 7. für meine Frau usw.). Genauso wie dies das Haus der Schwangerschaft ist, ist es auch das Haus des Sex (ausdrücklich nicht das 8. Haus!). Aber egal wie flüchtig die Beziehung des Fragestellers mit seinem Sexpartner sein mag, dieser Partner ist eine Person und gehört deshalb ins 7. Haus, nicht ins 5. Haus. Selbst wenn der Fragesteller verheiratet wäre, wäre seine Geliebte 7. Haus; was er mit ihr macht, gehört ins 5. Haus. Es ist erneut die Unterscheidung zwischen der Sache an sich und ihrer Funktion. Obwohl die Schwangerschaft 5. Haus ist, gehört das Kindbett ins 12. Haus. Das Buch, das ich geschrieben habe, oder das Bild, das ich gemalt habe, werden als „meine Babys" angesehen: 5. Haus.

Als 2. vom 4. Haus hat das 5. Haus große Bedeutung als Vaters Geld und als Gewinn aus dem Grundbesitz des Fragestellers.

Es zeigt Boten und Botschafter an.

Im Körper umfasst es Herz, Leber, Magen, Flanken und den Rücken.

◆ Der Bote ist hier im Sinne von jemandem gemeint, der für sich selbst spricht. Wie ein Botschafter mag er einen Brief bei sich tragen, aber er wird über seinen Inhalt und damit zusammenhängende Dinge informiert sein. Seine Aufgabe ist es nicht, den Brief einfach stillschweigend zu übergeben, sondern den Inhalt näher auszuführen, den Adressaten zu überzeugen oder gar etwas vorzuführen. Der Briefträger, der einen Brief überbringt, von dessen Inhalt er keine Ahnung hat, ist kein Bote, sondern ein Diener (6. Haus). Beispielsweise waren jene, die Briefe des heiligen Paulus' zu den jeweiligen Adressaten-Kirchen brachten, in diesem Sinne Boten. ◆

Das sechste Haus

Dies ist das Haus all der Unannehmlichkeiten, die die Welt für uns bereithält, die Pfeile und Schleudern des wütenden Geschicks, allen voran die Krankheiten. Es steht für Krankenhäuser – ein Krankenhaus ist buchstäblich das Haus der Krankheit. Als solche werden sie nicht vom 12. Haus angezeigt; sie sind Orte, an denen Erkrankungen behandelt werden, nicht Orte, um Frevler einzukerkern.

Das 6. Haus hat in keiner Weise etwas mit der Arbeit des Fragestellers zu tun, ganz egal wie untergeordnet und unangenehm sie auch sein mag. Es stellt die Angestellten und Diener des Fragestellers dar, wie zum Beispiel den Handwerker, der sein Auto repariert. Die Frage: „Sollte ich diesen Bauunternehmer beauftragen?", würde vom 6. Haus aus gedeutet werden.

Es sind die Untergebenen des Fragestellers bei der Arbeit. Es sind jene, die *für* ihn arbeiten, es ist nicht die Arbeit, die er selbst verrichtet. Wenn Lilly sagt, dass die Mieter des Fragestellers durch das 6. Haus angezeigt werden, geht er von einem Herr-und-Diener-Verhältnis zwischen ihnen aus. Das ist heute nicht mehr der Fall: Wenn ich eine Wohnung an jemanden vermiete, wird der Mieter durch mein 7. Haus dargestellt, nicht durch mein 6. Haus.

Es zeigt kleine Tiere. Das traditionelle Kriterium für ein kleines Tier heißt: kleiner als eine Ziege oder zu klein, um darauf reiten zu können. Also ist es das Haus der vermissten Katze oder des vermissten Hundes. Es sind unsere Onkel und Tanten (das 3. vom 4. Haus: die Geschwister unserer Eltern), außer wir wollen speziell die Geschwister unserer Mutter bestimmen. In diesem Fall wären die Onkel und Tanten 12. Haus.

Es zeigt uns den Unterbauch, die Eingeweide und Gedärme.

Das siebente Haus

Das 7. Haus zeigt die Partner des Fragestellers, ob im emotionalen oder geschäftlichen Sinn. Die Ehegatten und Geliebten, egal wie kurz die Beziehung sein mag oder wie viele der Fragesteller davon hat. Selbst wenn die Beziehung noch gar nicht existiert, sondern nur ersehnt wird („Wird Kylie mit mir ausgehen?"), oder wenn die Betreffende noch unbekannt ist („Wann werde ich die Frau treffen, die ich heirate?"), wird die Person durch das 7. Haus dargestellt. Auch der oder die „Ex" ist 7. Haus.

Das Konzept der Partnerschaft schließt auch Ärzte, einschließlich Heilpraktiker, und Astrologen ein, aber nur wenn der Arzt die Krankheit, um die es in einer medizinischen Frage geht, behandelt (und damit Partner des Patienten bei der Rückkehr zur Gesundheit ist) oder wenn der Astrologe derjenige ist, der das Stundenhoroskop, um das es gerade geht, deutet (der Partner des Fragestellers auf dem Weg zur Wahrheit). Ansonsten gehören beide als gebildete Menschen ins 9. Haus.

Wichtig: Wenn Sie Ihre eigene Frage deuten, erhalten Sie *nicht* das 7. Haus! Als Fragesteller gehört Ihnen das 1. Haus. Sie können nicht Ihr eigener Partner sein.

Sogar noch wichtiger: Obwohl das 7. Haus den Astrologen, der die Frage deutet, anzeigt, kann ich mich nicht erinnern, dass es je notwendig gewesen wäre, mich selbst in das Horoskop eines Klienten einzuführen. Obwohl es moderne Theoretiker der Stundenastrologie gibt, die zu solcher Einbeziehung ermutigen, kann ich dies als nichts anderes als invasives Geltungsbedürfnis ansehen. Das Horoskop gehört dem Klienten: Halten Sie sich und Ihre schlammverschmierten Schuhe da raus!

Auch jene sind Partner, wenn auch kurzzeitige, mit denen wir Handel treiben, jene von denen wir kaufen oder denen wir etwas verkaufen. Bei der Frage:

„Werde ich mein Haus verkaufen?", ist der zentrale Gegenstand nicht das Haus, sondern der künftige Käufer, jene Person, mit der ich das Geschäft abschließen werde: 7. Haus.

Die andere Kategorie Menschen, mit der wir uns intensive auseinandersetzen, sind unsere offenen Feinde: 7. Haus. Mein Gegner im Schachspiel; die andere Partei in einem Gerichtsverfahren; jeder, der sich um den gleichen Job wie ich bewirbt; die Mannschaft, gegen die jene spielt, die ich unterstütze: alles 7. Haus. Diebe werden als offene Feinde angesehen.

Das siebente Haus zeigt uns jene, die für uns von größter Bedeutung sind; und es zeigt jene mit der geringsten Bedeutung. Es ist das Haus „jeder x-beliebigen Person": von jedem, der nicht zu einem der anderen Häuser gehört. Folglich sind „Wird dieser große Filmstar verurteilt werden?" oder „Wird jener Typ, der vermisst wird, nach Hause kommen?" 7. Haus. Verbinden Sie das mit dem Gedanken des Geschäftemachens und schon zeigt das 7. Haus Otto Normalverbraucher, den Kunden, den Klienten. Wenn Sie praktizierender Astrologe sind, dann sind Ihre Klienten 7. Haus.

Im Körper ist es das Fortpflanzungssystem und das Becken.

Das achte Haus

Das ist das Haus des Todes, was in der Stundenastrologie genau das bedeutet: den Tod. Hier ist kein Raum für Metaphorisches. Seine gebräuchlichere Funktion, als 2. vom 7. Haus, ist allerdings das Geld der anderen Person – ob der Person, mit welcher der Fragesteller ein Geschäft macht („Wird er mich jemals bezahlen?"), des Ehemanns („Hat er wirklich so viel Geld wie er mir sagt?") oder des Gegners („Werde ich mit der Wette das Geld des Buchmachers gewinnen?").

Genauso wie das 2. Haus den Selbstwert des Fragestellers zeigt, stellt das 8. Haus die Wertschätzung durch den Partner dar, hier quasi als eigenständige Einheit betrachtet. Wenn der Fragesteller in einer Beziehungsfrage deutlich am Herrn des 8. Hauses (der Planet, der das 8. Haus regiert) interessiert ist, zeigt uns das häufig eher die Sehnsucht nach Anerkennung durch die andere Person als die Sehnsucht nach ihrem Geld.

Es ist das Haus der Testamente und der Vermächtnisse, aber nur im ganz allgemeinen Sinn („Wird mir jemals ein Vermögen hinterlassen werden?"). Bei allen spezifischen Erbschaftsfragen („Werde ich So-und-So's Geld bekommen?") schauen Sie auf das 2. Haus der gestorbenen Person.

Lilly sagt, das 8. Haus „bedeute Angst und Seelenpein".[9] Damit meint er, dass – wenn der Planet des Fragestellers ohne ersichtlichen Grund (das wären zum Beispiel Fragen über den Tod oder das Geld des Ehepartners) im 8. Haus gefunden wird – sich der Fragesteller Sorgen in dieser Angelegenheit macht. Angst für sich genommen („Kann ich meine Klaustrophobie überwinden?") ist eine Angelegenheit des 12. Hauses.

Im Körper stellt das 8. Haus die Ausscheidungsorgane dar.

Das 8. Haus hat nichts mit Sex zu tun. Gar nichts. Das ist eine Angelegenheit des 5. Hauses.

◆ Lilly sagt, dass Testamente und Vermächtnisse in dieses Haus gehören, aber das führt in die Irre.[10] Sein Ausgangspunkt ist, dass in einer allgemeinen Frage: „Werde ich jemals reich werden?", ein Wohltäter im 8. Haus einen Gewinn durch Tod anzeigen könnte, welcher natürlich sehr wahrscheinlich in der Form eines Vermächtnisses daherkommen dürfte. Genau genommen sind Vermächtnisse jedoch Geld toter Menschen: das 2. vom 8. Haus, nicht das 8. Haus selbst. In der Praxis bezieht sich ein Vermächtnis immer auf eine bestimmte Person und ist damit das 2. Haus dieser Person, ob die Person lebt oder gestorben ist. Folglich ist das Geld, das ich von meinem Vater erben könnte, das 2. vom 4. Haus. Einfach als Dokument gesehen („Wo ist das Testament?"), ist das Testament ein Besitz: 2. Haus. ◆

Das neunte Haus

Das 9. Haus zeigt unsere besonderen Reisen. Es ist das Haus Gottes, der Religion und aller spirituellen Angelegenheiten, einschließlich unserer Pilgerfahrt, unserer Reise zum Göttlichen. Da unsere besonderen Reisen gewöhnlich länger sind als unsere Routinereisen (3. Haus), gehören hier auch die meisten weiten Reisen hin. Aber es ist die Außergewöhnlichkeit der Reise, nicht ihre Länge, die hier das Unterscheidungsmerkmal bildet. Wenn ich zwei Mal pro Woche zwischen London und New York pendele, ist das eine Routinereise (3. Haus). Wenn ich mir andererseits für ein Wochenende eine Auszeit in einem, 20 Meilen von meinem Wohnort entfernten Heilbad gönne, ist das eine besondere Reise (9. Haus). Alle Ferien und Feiertage[11] sind 9. Haus, genauso wie fremde Länder.

---

[9] *Lilly*, S. 74.
[10] ebd.
[11] im Englischen *holidays* von „holy days", heilige Tage. (Anmerkung des Übersetzers)

Es ist unsere höhere Bildung: im Kern ist das jene Bildung, die jenseits dessen liegt, was wir für unsere tägliche Routine benötigen, und die uns zu Gott führt. Es zeigt uns die Schulen und Universitäten, an denen wir dieses Wissen erwerben. Es ist unser Lehrer und unser Pfarrer. Dass Klöster ins 12. Haus gehören, ist ein weit verbreiteter Irrtum: Denn bei ihnen handelt es sich nicht um Gefängnisse, sondern um Häuser des Gebets – 9. Haus.[12] Alle gebildeten Menschen gehören hier hin genauso wie ihr Wissen. Das schließt auch Astrologen ein.

Es ist das Haus der Träume, Vorhersagen und Prophezeiungen, genauso wie all jener, die vorhersagen und prophezeien. Als Haus des weisen Mannes spielt es in bestimmten Kulturen bei Heiratsfragen eine wichtige Rolle: Es stellt das Heiratsbüro dar, das heute die Rolle des weisen Mannes ausfüllt, der einst den passenden Ehepartner ausgesucht hat.

Im Körper zeigt es die Hüften und das Gesäß.

Das zehnte Haus

Das 10. Haus zeigt den König, den Chef in jeder Situation, die Regierung, den Premierminister oder Präsidenten, den Richter in einem Gerichtsverfahren (Richter, Geschworene und das ganze Gerichtssystem zusammen können als „der Richter" angesehen werden). Es stellt Ehre, Erfolg und Ruhm dar („Werde ich die olympische Goldmedaille gewinnen?"). Es zeigt uns die Mutter des Fragestellers.

Es ist die Arbeitsstelle oder Karriere des Fragestellers, welcher Art die Karriere auch ist – und egal wie geringfügig sie sein mag.

Es gibt eine Verbindung zwischen dem 10. Haus und der Ehe. In der modernen Welt ist dies *nur* bei arrangierten oder dynastischen Ehen von Belang und dann auch *nur* bezüglich der formalen Aspekte der Ehe; die tatsächliche Beziehung zwischen den beiden Partnern ist eine Angelegenheit des 7. Hauses.

Es zeigt die Oberschenkel und Knie. Wie in allen Häusern, erstreckt sich das Körperteil über das ganze Zeichen, von der Spitze abwärts. Das obere Ende des Oberschenkels wird durch die Spitze des Hauses dargestellt, das Knie durch das Ende, direkt vor der Spitze des 11. Hauses. Das Gleiche gilt zum Beispiel für das 1. Haus, wo die Spitze die Schädeldecke zeigt, das Ende des Hauses, direkt vor der Spitze 2, das Kinn. Nehmen wir mal an, wir brauchen einen Signifikator für die Knie des Fragestellers. Wir schauen auf das 10. Haus (Oberschenkel und Knie). Befände sich jedoch eine Zeichengrenze innerhalb des Hauses, was hieße,

---

[12] Wenn Lilly übrigens im Englischen von „monkery" spricht, dann meint er gewöhnlich das Zölibat, nicht den Akt des Mönchseins.

dass das Ende des Hauses unter einem anderen Zeichen stünde als die Spitze, in Richtung der Spitze 11, dann würden wir den Herrscher des zweiten Zeichens (welcher das Ende des Hauses beherrscht) als Signifikator für die Knie nehmen. Ein Beispiel: Die Spitze 10 befindet sich auf 8° Widder, die Spitze 11 auf 15° Stier. Also beginnt das Zeichen Stier mitten im 10. Haus und deckt das Ende des Hauses ab. Wir würden Venus, als Herrscherin von Stier, nehmen, um die Knie darzustellen, nicht Mars.

◈ Ich habe inzwischen erkannt, dass das Kinn ein schlechtes Beispiel ist: siehe das 2. Haus oben. Der Punkt, um den es ging, sollte trotzdem ausreichend klar sein. ◈

Das elfte Haus

Genauso wie die Hauptbedeutung des 8. Hauses darin liegt, das 2. vom 7. Haus zu sein, erhält das 11. Haus viele seiner wichtigsten Funktionen aus der Tatsache, dass es das 2. vom 10. Haus ist. Als solches zeigt es das Geld des Chefs oder das Geld meines Jobs: sehr wichtig, denn das ist mein Gehalt. Es zeigt die Berater oder Helfer des 10. Hauses. Zeigt das 10. Haus den König, dann könnte das 11. Haus den Premierminister oder Großwesir darstellen; zeigt das 10. Haus den Premierminister, würde das 11. Haus sein Kabinett darstellen. Es zeigt das Geld des Königs, also auch das „Geschenk des Königs", womit es das relevante Haus ist, wenn der Fragesteller eine Zuwendung von oben erwartet („Werde ich den staatlichen Zuschuss erhalten?"). Als Geld des Königs gibt es den Ausschlag in Fragen wie „Wie hoch wird mein Steuerbescheid sein?"

Es zeigt uns die „Sterntaler": Die Belohnung, die uns ohne Kampf oder Verdienst in den Schoß fällt – wie der Gewinn in der Lotterie oder im Fußballtoto.

Das 11. ist das Haus der „Hoffnungen und Wünsche". Das ist selten von Bedeutung, außer im negativen Sinn: Was verhindert bei der Frage „Wann werde ich heiraten?" die gewünschte Antwort? Der Herr von 11, Ihre Hoffnungen und Wünsche, kommen in die Quere: Wann immer Sie jemanden halbwegs passenden treffen, wird den der ohrenbetäubende Klang der Hochzeitsglocken verscheuchen. Man sagt dem Haus nach, solche Abstraktionen wie „Vertrauen" und „Lob" abzudecken, obwohl ich in der Praxis niemals erlebt habe, dass eine von beiden von Bedeutung war.

Es zeigt unsere Freunde. Seien Sie damit vorsichtig: Der moderne Gebrauch des Begriffs „Freund" ist, zumindest in England, sehr viel großzügiger als er einst gemeint war. Jemand, mit dem ich am Arbeitsplatz gut auskomme, ist mein Kollege (7. Haus), nicht mein Freund; eine Person, mit der ich in der Kneipe freundliche Nichtigkeiten austausche, ist mein Bekannter (erneut 7. Haus). Genauso wenig zeigt das 11. Haus „soziale Institutionen", wie es die Modernen behaupten. Gewerkschaften („Soll ich in die Gewerkschaft eintreten?") sind zum Beispiel Gruppen von Kollegen: 7. Haus. Geht es dabei um „uns" („Können wir aus unserem Boss eine Lohnerhöhung herausbekommen?"): 1. Haus. Geht es um eine Gruppe von Dienern („Wird die Gewerkschaft in der Fabrik, die mir gehört, einen neuen Anführer wählen?"): 6. Haus. Sind es offene Feinde („Kann ich die Gewerkschaft, die meine Fabrik stillgelegt hat, besiegen?"): 7. Haus. All das sind keine Gruppen von Freunden.

Hinweis: Lesen Sie sich den letzten Absatz gut durch. Achten Sie darauf, wie die gleichen Dinge in verschiedenen Häusern verortet werden können, je nachdem wer fragt und was er fragt.

Im Körper zeigt das 11. Haus die Waden und Knöchel.

◇ Für das 11. Haus als „Hoffnungen und Wünsche" gilt das Gleiche wie für das 4. Haus als „Ende der Angelegenheit": Das Konzept existiert vor allem deshalb, um dem Astrologen einen Plan B zur Verfügung zu stellen. Statt das Horoskop richtig zu deuten und den Klienten zu enttäuschen, können wir einen glücklichen Klienten haben, indem wir uns weise über das Kinn streichen und verkünden: „Ach, aber wenn wir auf Ihre Hoffnungen und Wünsche schauen – super!" Ich würde dazu raten, das Horoskop weiterhin ordnungsgemäß zu deuten. ◇

Das zwölfte Haus

Dies ist das Haus der geheimen Feinde, im Gegensatz zu den offenen Feinden im 7. Haus. Beachten Sie, dass es die Art und Weise ist, wie sie uns schaden, die unsere Feinde zu einer 12.-Haus-Angelegenheit macht, nicht ob wir sie kennen oder nicht. Hexerei, das Streuen von bösartigen Gerüchten, Denunziantentum: all das sind Anfeindungen des 12. Hauses, selbst wenn der Täter gut bekannt ist. Es ist das Haus der geheimen Sachen, Dinge, die dem Fragesteller verborgen sind.

Wir sind sehr effektiv darin, Feinde unserer selbst zu sein, weshalb das 12. Haus auch der „Ruin durch eigene Hand" ist: die törichten Dinge, die wir tun, um unsere Leben komplizierter zu machen als sie sein müssten. Unsere Laster; Sünde. Auch unsere Ängste schwächen uns, also sind Phobien hier zu verorten.

Als Erweiterung des Gedankens, dass das 12. Haus unser Selbstruin ist, in dem wir uns selbst einkerkern, regiert es auch Gefängnisse.

Das 12. Haus stellt Tiere, die größer als eine Ziege sind, dar. Im Körper herrscht es über die Füße.

Wie wir am Beispiel der Gewerkschaften im Abschnitt über das 11. Haus gesehen haben, variiert das Haus, das wir uns bezüglich einer Person oder Sache anschauen, je nach der Frage. **Es ist die Frage, welche die Wirklichkeit des Horoskops bestimmt.** Wenn der Premierminister fragt: „Werde ich wiedergewählt?", ist er 1. Haus, wie jeder andere Fragesteller auch. Wenn ich frage: „Wird der Premierminister wiedergewählt?", ist er mein König und also 10. Haus. Wenn ein Amerikaner fragt: „Wird der britische Premierminister wiedergewählt?", ist der Premierminister der König eines fremden Landes: das 10. vom 9. Haus, welches das 6. Haus ist. Fragt die Frau des Premierministers: „Wird mein Schatz die Socken mögen, die ich ihm zu Weihnachten gekauft habe?", ist seine Rolle in diesem Fall die des Ehemanns: 7. Haus.

◇ Dieser letzte Punkt ist sehr wichtig. Menschen spielen oft die verschiedensten Rollen in unserem Leben und können deshalb durch verschiedene Häuser im Horoskop dargestellt werden. Welche Rolle ist im Kontext der Frage die entscheidende? Wenn ich zum Beispiel frage: „Werde ich meinen Freund im Schach schlagen?", hat das 11. Haus damit nichts zu tun. Im Kontext des Schachspiels ist er mein Gegner: 7. Haus. Der Umstand, dass er mein Freund ist, ist für die Zielrichtung der Frage ohne Bedeutung. ◇

DAS HOROSKOP DREHEN

In der Besprechung der Hausbedeutungen habe ich mehrere Beispiele von Häusern angeführt, die von anderen Häusern abgeleitet wurden, wie zum Beispiel „der König eines fremden Landes (das 10. vom 9. Haus)" im letzten Absatz. Ein Haus von einem anderen abzuleiten, nennt man „das Horoskop drehen".

Ein Beispiel: Wenn ich die Frage stelle: „Wie wird sich die Karriere meiner Tochter entwickeln?", ist es für mich sinnlos, mir das 10. Haus des Horoskops anzuschauen, denn das ist meine Karriere, nicht ihre. Ich muss ihr 10. Haus anschauen. Dazu muss ich zunächst meine Tochter verorten (5. Haus) und dann das 10. Haus von diesem nehmen. Das 10. vom 5. Haus ist das 2. Haus des Horoskops.

Was wir hier machen ist, das 5. Haus so zu betrachten als sei es der Aszendent und von dort aus zehn Häuser weiterzuzählen – daher der Ausdruck „das Horoskop drehen".

Wenn Sie das Horoskop drehen, zählen Sie das Haus, mit dem Sie beginnen, immer als „1". Also ist das 5. Haus das 1. Haus meiner Tochter, das 6. ist ihr 2., das 7. ihr 3. Haus. Bis Sie damit vertraut sind, können Sie sich damit helfen, mit Ihrem Finger auf das Haus zu deuten, von dem aus Sie starten, „1" zu zählen und dann von dort aus weiter um das Horoskop herum. Das Horoskop, wie wir uns ihm normalerweise nähern, in dem das 1. Haus den Fragesteller zeigt, nennt man das *radikale* Horoskop (oder Radix – Anmerkung des Übersetzers). Das meint „radikal" im wörtlichen Sinn als „Wurzel". Bin ich der Fragesteller, werde ich durch das radikale 1. Haus dargestellt und meine Tochter durch das radikale 5. Haus.

Folgen Sie diesen Bedeutungen rund um das Horoskop herum, indem Sie vom 5. Haus an zählen. Lesen Sie dies nicht einfach nur durch: Schauen Sie auf das Horoskop und lassen Sie Ihre Finger wandern!

Die Halskette meiner Tochter ist ihr 2. Haus. Das 2. vom 5. Haus ist das radikale 6. Haus.
Der Nachbar meiner Tochter ist ihr 3. Haus. Das 3. vom 5. ist das radikale 7. Haus.
Der Obstgarten meiner Tochter ist ihr 4. Haus. Das 4. vom 5. ist das radikale 8. Haus.
Der Sohn meiner Tochter (also mein Enkel) ist ihr 5. Haus. Das 5. vom 5. ist das radikale 9. Haus.
Der Hund meiner Tochter ist ihr 6. Haus. Das 6. vom 5. ist das radikale 10. Haus.
Der Ehemann meiner Tochter ist ihr 7. Haus. Das 7. vom 5. ist das radikale 11. Haus.
Das Geld des Ehemanns meiner Tochter ist das 2. von *ihrem* 7. Haus. Das ist das 2. vom 11., also das radikale 12. Haus. Hier müssen wir das Horoskop zweimal drehen.
Der Klavierlehrer meiner Tochter ist ihr 9. Haus, was das radikale 1. Haus ist.
Der Bruder ihres Ehemanns ist ebenfalls das radikale 1. Haus, weil es das 3. von ihrem 7. Haus ist.

Die Karriere meiner Tochter ist ihr 10. Haus, was das radikale 2. Haus ist. Genauso ist es ihr Schwiegervater: der Vater ihres Ehemanns, welches das 4. von ihrem 7. Haus ist.

Die Freundin meiner Tochter ist ihr 11. Haus, welches das radikale 3. ist. Es ist auch das Geld ihres Schwiegervaters, das sie hoffen könnte zu erben: Als 2. vom 4. Haus von ihrem 7. Haus. (Ihr 7. Haus ist ihr Ehemann; das 4. von dort aus gesehen ihr Schwiegervater; das 2. Haus von dort wiederum dessen Geld.)

Das Pferd meiner Tochter ist das 12. Haus, was das radikale 4. Haus ist. Dies ist auch der Diener ihres Ehemanns, welcher das 6. vom 7. Haus ist.

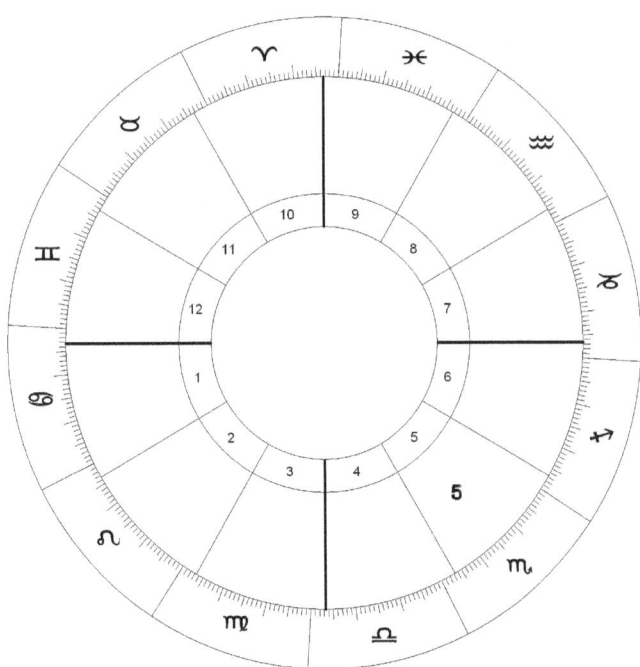

Sie haben hier auch Beispiele gesehen, bei denen das Horoskop mehr als ein Mal gedreht wurde. Sie können es so oft wie nötig drehen, aber je öfter Sie das tun, desto mehr verliert das Horoskop den Fokus: Wenn es eine Abkürzung gibt, nehmen Sie diese. Zum Beispiel ist die Mutter meiner Tochter niemals das 10. vom 5. Haus; sie ist meine Frau und damit das 7. Haus. Das wäre selbst dann so, wenn ich heute mit jemand anders verheiratet wäre oder wenn wir nie geheiratet hätten. Der Vater meiner Tochter ist nicht das 8. Haus (das 4. vom 5.); ihr Vater bin ich und ich bin der Fragesteller: 1. Haus.

Lesen Sie nicht die anderen Bedeutungen des Hauses, das Sie bei der Drehung erreichen, in die Frage hinein. Das 8. Haus (Tod) vom 4. (mein Vater) ist das 11. Haus (mein Freund). Das heißt nicht, dass mein Freund meinen Vater töten wird; es heißt nur, dass der Tod meines Vaters durch das 11. Haus dargestellt wird.

Das Horoskop drehen schließt eine Art von „gehören zu" mit ein. Vermeiden Sie es, das Horoskop zu drehen, wenn das Objekt nicht in einem tatsächlichen Sinn zu der Person gehört. Je größer die Sache ist, desto eher sollten wir das Radix, nicht das gedrehte Horoskop anschauen. Lautet die Frage: „Wie wird es meinem Bruder mit seiner neuen Arbeitsstelle ergehen?", schauen Sie nach dem 10. vom 3. Haus. Lautet sie jedoch: „Wird mein Bruder die olympische Goldmedaille gewinnen?", dann schauen Sie auf das radikale, nicht auf das gedrehte 10. Haus. Es geht immer noch um eine Angelegenheit des 10. Hauses, aber der Sieg gehört dem Bruder nicht im gleichen Sinn wie sein Job. Hieße die Frage andererseits: „Hilft der Lehrer meines Bruders meinem Bruder?", wäre der Lehrer das 9. vom 3. Haus; wenn sie hieße: „Wird mein Bruder an der Universität zurechtkommen?", wäre es das radikale 9. Haus. In gewisser Weise „gehört" der Lehrer dem Bruder auf eine Art, die nicht auf die Universität zutrifft – selbst wenn wir von „der Universität meines Bruders" sprechen.

Lautete die Frage jedoch stattdessen: „Wird mein Enkel zur Universität zugelassen?", müssten wir das Horoskop drehen. Der Enkel ist selbst 9. Haus (als Kind des Kindes, 5. vom 5. Haus), also können wir das Haus nicht auch noch für die Universität nutzen. Wir müssten das 9. vom 9. Haus nehmen.

Schauen Sie für Tod und Gefangenschaft auf *beide* Häuser, sowohl das gedrehte als auch das radikale 8. bzw. 12. Haus. Gewöhnlich ist das eine oder andere Haus eindeutig zuständig, manchmal sind es beide.

Gelegentlich gibt es keine eindeutige Antwort auf die Frage, welches Haus wir anschauen sollten: In meiner Praxis reflektiert das Horoskop, wenn es eine genuine Ambivalenz gibt, diese Uneindeutigkeit, indem es über beide mögliche Häuser die gleiche Antwort ergibt.

◆ Manchmal ist es notwendig, das Horoskop zu drehen, um zwischen verschiedenen Dingen der gleichen Art zu unterscheiden. Die Universität meines Bruders ist das radikale 9. Haus, weil sie ihm nicht gehört. Also bin ich, wenn meine Frage lautet: „Wird mein Bruder an der Universität aufgenommen?", nur am 3. Haus (ihm) und 9. Haus (der Universität) interessiert. Hieße meine Frage jedoch: „Ist die Universität meines Bruders besser als meine?", müsste ich mit dem 9. vom 3. Haus arbeiten, um die Universität meines Bruders zu verorten, weil das radikale 9. Haus bereits in Gebrauch ist – um meine Universität anzuzeigen.

Ganz ähnlich mit den Kindern aus der früheren Beziehung eines Ehepartners. Diese würden normalerweise als radikales 5. Haus angesehen, als Kinder des Fragestellers, egal ob dieser ein biologischer Elternteil ist oder nicht. Aber wenn wir unterscheiden müssen („Wer hat den ganzen Kuchen aufgegessen?"), können wir das radikale 5. Haus nehmen, um die eigenen Kinder des Fragestellers, und das 5. vom 7. Haus, um jene des Ehepartners anzuzeigen. Gelegentlich kann dem Kind des Ehegatten das 5. vom 7. Haus gegeben werden, ohne dass wir unterscheiden müssen. Das wäre nur dann der Fall, wenn die Beziehung des Fragestellers zu dem Kind sehr schwach entwickelt ist – wenn das Kind vielleicht bereits erwachsen war und das Haus verlassen hatte, lange bevor der Fragesteller seiner Partnerin begegnet ist, und der Kontakt zum Kind auf ein Minimum beschränkt ist. ◈

◈ Ich bin gefragt worden, warum ich bei der Frage nach dem vermissten Kater am Beginn dieses Buches das Horoskop nicht gedreht und das 6. vom 3. Haus benutzt habe, um den Miezekater darzustellen – als Kater des Nachbarn. Das habe ich deshalb nicht gemacht, weil ich ihn nicht als Kater des Nachbarn angesehen habe. Er befand sich im Prozess des Loyalitätsübergangs und war bereits größtenteils bei uns eingezogen. Meine Frage hieß definitiv: „Wo ist unser Kater?". ◈

Wir haben uns, vom 5. Haus aus drehend, um das ganze Horoskop herum gearbeitet. Schauen Sie sich nun einige andere, zufällig ausgewählte Beispiele an. Arbeiten Sie diese Liste durch und schreiben Sie Ihre Antworten auf. Denken Sie die Antworten nicht nur: Schreiben Sie sie auf. Anschließend schlagen Sie die Antworten im Anhang 2 nach. Für einige dieser Beispiele müssen Sie das Horoskop drehen, für andere nicht. Gehen Sie davon aus, dass Sie der Fragesteller sind, also sind Ihr Vater das 4. Haus und Ihre Katze das 6. Haus. Zu vielen dieser Themen werden Sie niemals befragt werden, aber jedes Beispiel vergrößert Ihre Fähigkeit, das Horoskop zu drehen, und damit Ihre Beherrschung der Sprache der Astrologie.

Selbst wenn Sie ein ausgebuffter Stundenastrologe sind: Machen Sie diese Übung und lesen Sie die Antworten – in ihnen steckt jede Menge wichtiger Information.

Das Hauskaninchen Ihres Sohnes
Das Haus Ihres Vaters
Ihre schwangere Schwester
Ihr neues Auto
Ihre Fahrt zur Arbeit
Ihr Chef
Der Typ, mit dem Sie sich Ihr Büro teilen
Der Traum, von dem Ihnen Ihr Freund erzählt
Ihre Brüder
Ihr jüngerer Bruder im Gegensatz zu Ihrem älteren Bruder
Ihre Kinder
Ihr jüngeres Kind im Gegensatz zu Ihrem älteren Kind
Ihr Ex-Mann bzw. Ihre Ex-Frau
Der örtliche Pfarrer
Der Bruder des Pfarrers
Die Schwägerin des Pfarrers
Der Nachbar der Schwägerin des Pfarrers
Der König von Spanien
Die Leber Ihres Vaters
Das Päckchen Reis, das Sie heute Morgen gekauft haben
Das Briefchen mit Kokain, das Sie heute Morgen gekauft haben
Das Buch, das Sie von der Bibliothek ausgeliehen haben
Das Buch, das Sie geschrieben haben
Die Person, die den Polizisten von Ihrem geheimen Leben als kriminelles Genie erzählt hat
Ihr Butler
Ihre Stelle als Butler
Bergwerke
Der Mann, der kommt, um Ihre Rohrleitungen zu reparieren
Der Mann, der Ihnen gerade einen heißen Tipp für das nächste Rennen ins Ohr geflüstert hat
Ihre Universität
Die Universität Ihrer Tochter
Die Universität Ihres Lehrers
Astrologie
Teilchenphysik
Die dänische Dogge des Bruders Ihrer Geliebten

Die Kreuzfahrt, die Sie gedenken zu machen
Das Schiff, auf dem Sie sie machen werden
Der Ball Ihres Hundes
Das Kind der Freundin Ihrer Mutter

4

Die Planeten

Planeten erlangen auf zwei Weisen Bedeutung: Einmal über die Häuser, über die sie herrschen; zum anderen durch ihre natürlichen Zuordnungen. Die erste der beiden ist in der Stundenastrologie die bei Weitem wichtigere.

Der Planet, der das Zeichen beherrscht, in das die Spitze eines Hauses fällt, herrscht über das betreffende Haus oder ist der *Herr* dieses Hauses. Wenn etwa die Spitze des 2. Hauses auf 15° Krebs fällt, wäre der Mond, Herrscher des Zeichens Krebs, der Herr des 2. Hauses oder Herr von 2. Wenn die Spitze des 4. Hauses auf 29° Jungfrau fällt, wäre Merkur, Herrscher der Jungfrau, der Herr von 4. Damit ist dieser Planet der *Signifikator* dieses Hauses. Also repräsentiert er im Horoskop die Dinge dieses Hauses – welche Dinge auch immer für die gestellte Frage relevant sind. Der Mond mag als Herr von 2 der Signifikator des Geldes des Fragestellers sein oder sein Anwalt; Merkur als Herr von 4 könnte den Vater des Fragestellers darstellen oder sein Zuhause. Welche Bedeutung der Planet annimmt, wird durch die Frage bestimmt.

Es ist egal, um welchen Planeten es sich dabei handelt: Wenn er das Haus beherrscht, ist er der Signifikator der Dinge dieses Hauses. Das gilt sogar dann, wenn der Planet nicht die Sache, um die es geht, zu beschreiben scheint. Ein Beispiel: Wenn ein Junge fragt: „Liebt mich meine Freundin wirklich?", wird seine Freundin durch den Herrn des 7. Hauses dargestellt, selbst wenn es sich dabei um Mars handelt; der Junge selbst wird durch den Herrn des 1. Hauses dargestellt, selbst wenn es sich dabei um Venus handelt. Genauso wenig würde uns das sagen, dass er verweiblicht ist oder sie Hosen trägt. Die Planeten sind die Schauspieler in dem Drama, das das Horoskop darstellt; wenn der Verantwortliche für die Besetzung die Rollen zuweist, wird er offenkundig wenig Zeit auf die Auswahl verwenden, wer welche Rolle kriegt.

◆ Der Planet ist der Schauspieler. Was uns interessiert, ist die Rolle. Uns interessiert der Schauspieler nur dann, wenn es notwendig ist, etwas zu beschreiben. Wenn die Klientin fragt: „Wann werde ich meinen Ehemann treffen und wie wird er aussehen?", brauchen wir eine Beschreibung und die können wir vom betreffenden Planeten ablesen. Fragt sie: „Wird mich mein Freund heiraten?", weiß sie, wie er aussieht, und es wäre albern, ihn aus dem Horoskop heraus zu beschreiben. Ist sein Signifikator zum Beispiel Saturn, versuchen wir sie nicht davon zu überzeugen, dass er doppelt so alt ist wie sie, sondern verschweigen das ihr gegenüber. Wie im Theater, so auch im Horoskop: In den meisten Fällen hat die Wahl des Schauspielers keine Auswirkung auf die Rolle. Sarah Bernhardt spielte Hamlet: Das sagte nichts über die Art der Gefühle, die Hamlet für Ophelia hegt. ◇

Ein Haus hat einen Herrscher und nur einen Herrscher. Das ist der Planet, der das Zeichen an der Spitze beherrscht. Das ist sogar dann der Fall, wenn die Spitze auf 29°59' des Zeichens liegt. So etwas wie einen *Mitherrscher* gibt es nicht: Das ist eine moderne Scheußlichkeit.

Gleichwohl kann der Planet, der ein anderes Zeichen in diesem Haus regiert, von Bedeutung sein; aber das ist nur dann der Fall, wenn das Konzept von *nächstes* für die Frage wichtig ist. „Wird mein nächster Job in irgendeiner Form besser sein als mein jetziger?" Der Herrscher des Zeichens an der Spitze 10 wird uns den gegenwärtigen Job zeigen; der Herr des nächsten Zeichens, gemäß der üblichen Reihenfolge der Zeichen, wird den mutmaßlichen nächsten Job zeigen. (Der *nächste* Job kann genauso gut durch den Herrn von 10 dargestellt werden, der im Begriff ist, das Zeichen zu verlassen. Das Zeichen, das er im Begriff ist zu betreten, würde dann den nächsten Job anzeigen.)

◇ Ist das Zeichen auf der Hausspitze Steinbock, wird der Herrscher des nächsten Zeichens erneut Saturn sein, derselbe Planet, der Steinbock beherrscht. Das ist kein Problem: „Wird meine nächste Arbeitsstelle besser sein als diese?" „Nein, sie werden sich mehr oder weniger gleichen."

Seien Sie in der Anwendung des Gedankens von *nächstem* konsequent, wenn Sie nach Signifikatoren für zwei Dinge Ausschau halten, die in das gleiche Haus fallen. Wenn mein Arzt mir etwas gesagt hat und ich mir jetzt eine zweite Meinung dazu einholen möchte, ist der Arzt, der sie mir geben wird, mein nächster Arzt. Werde ich von zwei Ärzten behandelt und der eine von ihnen sagt eine Sache und der andere etwas anderes, dann gibt es keine Grundlage dafür, einen von beiden als den nächsten anzusehen. Also unterlassen sie das! Es wird andere Möglichkeiten geben, zwischen ihnen zu unterscheiden. Siehe die Seiten 234, 265 und 324.

Es hat niemals eine Bedeutung, dass ein Planet über zwei Häuser herrscht, die für eine Frage von Belang sind. Das heißt nicht, dass diese Häuser miteinander verbunden sind. ⟐

Zeichenherrscher

Die Planeten, welche die Zeichen beherrschen, sind folgende:

♈	♂	♎	♀
♉	♀	♏	♂
♊	☿	♐	♃
♋	☽	♑	♄
♌	☉	♒	♄
♍	☿	♓	♃

Sie werden bemerken, dass es hier keinen Platz für Uranus, Neptun oder Pluto gibt. Wenn Ihnen Ihre früheren astrologischen Studien beigebracht haben, dass diese Planeten Zeichen regieren, legen Sie diesen Gedanken, solange Sie Stundenastrologie studieren, beiseite. Sie werden bald bemerken, dass die Verwendung der traditionellen Zeichenherrscher funktioniert.[13]

Alternativen zu den Häuserherrschern

Der Herrscher über das, entsprechend der Reihenfolge, nächste Zeichen wird nie der Mitherrscher des Hauses sein; er kann nur zum Herrscher werden, wenn der Herr des Hauses bereits mit etwas anderem beschäftigt ist. Nehmen wir an, ich frage: „Werde ich den Job bekommen?", und finde Jungfrau am Aszendenten und Zwillinge an der Spitze des 10. Hauses. Als Herrscher über beide Zeichen, würde Merkur mich (den Fragesteller: Herr von 1) und den Job (Herr von 10) darstellen. Wir können den Herrscher des nächsten Zeichens, vom Zeichen an der Spitze 10 aus gesehen, nehmen, um den Job darzustellen (indem wir der üblichen Reihenfolge der Zeichen folgen). Das wird normalerweise nur dann notwendig sein, wenn wir einen Aspekt zwischen dem Fragesteller und dem,

---

[13] Eine umfassende Diskussion der in der jüngeren Vergangenheit entdeckten Planeten finden Sie in meinem Buch *The Real Astrology*, deutsch *Die wahre Astrologie*, arte poetica Verlag, Bad Kreuznach, 2008, Kapitel 6. Auf dieses Buch wird im Folgenden unter *Wahre Astrologie* verwiesen.

wonach er fragt, finden müssen, um die Frage zu beantworten – in welchem Fall wir natürlich verschiedene Signifikatoren für die Person und den Job brauchen.

Manchmal ist es nicht notwendig, zwischen dem Fragesteller und der Sache, nach der gefragt wird, zu unterscheiden. Es ist zum Beispiel üblich zu sehen, dass die Herren von 1 und 10 identisch sind, wenn Selbständige Fragen zu ihrer Arbeit stellen. Das macht Sinn: Innerhalb des Kontexts der Frage sind Person und Arbeit tatsächlich das Gleiche. Lautet die Frage aber: „Werde ich die Stelle bekommen?", benötigen wir verschiedene Signifikatoren für die Person und die Stelle.

◆ Beachten Sie, dass das nicht meinem Zusatz oben widerspricht. Wir schließen aus der Tatsache, dass derselbe Planet das 1. und das 10. Haus regiert, nicht, dass die Person selbstständig ist. Das wissen wir bereits. Unser Fragesteller wäre immer noch genauso selbstständig, wenn diese Häuser durch verschiedene Planeten beherrscht würden. ◆

Manchmal ist der Fragesteller für die Angelegenheit weniger wichtig als das, wonach gefragt wird – also kann die Sache, nach der gefragt wird, den umstrittenen Planeten erhalten. In vielen Fragen zu dritten Parteien hat der Fragesteller keine Rolle im Drama, also muss ihm kein Planet zugeordnet werden. „Meine Freundin ist krank; wird sie wieder gesund?": Wir brauchen den Fragesteller in keiner Weise in unsere Deutung einbeziehen. „Wo ist der Kater?": Der Kater ist, wo er ist, unabhängig vom Fragesteller; wenn in diesem Fall also die Herren von 1 und 6 (kleine Tiere: 6. Haus) die gleichen sind, können wir den Planeten für den Kater benutzen. Eine derartige Frage schließt gewöhnlich ein „Werde ich ihn wiedersehen und wann?" mit ein: Wir können die Frage immer noch beantworten, indem wir den Mond als Signifikator des Fragestellers nehmen.

Statt den Herrscher des nächsten Zeichens zu nehmen, können wir auch einen anderen Planeten benutzen, wenn er – und nur dann – innerhalb einiger weniger Grade zur Spitze des betreffenden Hauses und im gleichen Zeichen wie diese steht. Das ist der *einzige* Fall, in dem man einen Planeten als Signifikator nehmen kann, weil er in dem Haus steht: Wenn der Hausherrscher schon in Gebrauch ist und der Planet genau an der Spitze steht. Ansonsten gilt: **Planeten in einem Haus beeinflussen das Haus zum Guten oder Schlechten; sie regieren das Haus nicht.**

◆ Seien Sie sich darüber im Klaren: Ein Planet übernimmt *nicht* die Natur des Hauses, in dem er steht. Wenn ich frage: „Wo ist die Katze?", und der Herr von 1 steht im 6. Haus, heißt das nicht, dass ich eine Katze bin. Genauso wenig übernimmt der Planet die Natur eines Hauses in irgendeinem anderen Zusammenhang. Nicht mal dann, wenn Sie es gerne so hätten. Die einzige Ausnahme davon bildet mein Punkt oben: Ist der Herrscher des Hauses bereits beschäftigt und benötigen wir einen anderen Signifikator für das, was durch das Haus angezeigt wird, dann kann ein, nur ein oder zwei Grad von der Hausspitze entfernt stehender Planet dafür zwangsrekrutiert werden. ◇

Wir können auch den *Almuten* der Hausspitze benutzen, aber ich rate Ihnen, dies nur im Notfall zu tun: und zwar nur dann, wenn keine der oben vorgestellten Möglichkeiten sinnvoll erscheint. Soweit ich mich erinnere, habe ich das bisher nur in einem Horoskop getan. Wie man den Almuten bestimmt, wird auf Seite 70 besprochen.

◇ Heute würde ich dringend davon abraten, Almuten in irgendeinem Zusammenhang zu benutzen, in allen Zweigen der Astrologie. Der Gedanke dahinter ist einfach nur eine weitere Variante von Plan B, mit denen der Astrologe seinen Materialschrank bis oben hin gefüllt haben musste, um in der Lage zu sein, den Klienten bei Laune zu halten, egal wie trostlos die Deutung tatsächlich hätte sein müssen. Das Konzept ist ohne jeden Sinn. Eine ausführlichere Diskussion dazu finden Sie auf Seite 71. ◇

Der Mond

Der Mond ist immer der Ko-Signifikator des Fragestellers, außer er ist der Hauptsignifikator des Gefragten. Das bedeutet, dass der Fragesteller gewöhnlich zwei Signifikatoren hat: den Herrn von 1 und den Mond. Aber wenn die Frage zum Beispiel lautet: „Werde ich die Stelle bekommen?", und der Mond das 10. Haus beherrscht, dann steht er für den Job, nicht für den Fragesteller. Wenn der Mond für das steht, wonach gefragt wird, hat das Gefragte das Vorrecht an seinen Diensten und der Fragesteller muss ohne ihn als Ko-Signifikator zurechtkommen.

In einer Frage zu einer dritten Person („Wird meine Schwester diesen Mann heiraten?") wird der Mond nicht auf die Person, nach der gefragt wird, übertragen: Er ist Ko-Signifikator des Fragestellers und von niemandem sonst. Bei derartigen Fragen ist es normalerweise nicht notwendig, die Planeten des Fragestellers einzubeziehen, aber der Mond wird häufig zeigen, wo das Interesse des Fragestellers liegt.

◆ Das „immer" in der ersten Zeile oben ist eine Übertreibung. Bei Fragen zu einigen Themen, ganz besonders bei Fragen zu Krankheit, Gerichtsfällen und Wettkämpfen, gilt: Benutzen Sie den Mond nicht als Ko-Signifikator des Fragestellers. Das wird in den betreffenden Kapiteln weiter unten näher behandelt. ◆

Obwohl sowohl der Mond als auch der Herr von 1 den Fragesteller darstellen, liegt das Schwergewicht beim Mond mehr auf den Gefühlen des Fragestellers, vor allem in Beziehungsangelegenheiten. Obwohl sowohl der Mond als auch der Herr von 1 den Fragesteller darstellen und ein Aspekt von einem von ihnen zum Gefragten üblicherweise eine positive Antwort ergibt, sind Aspekte vom Mond nie ganz so überzeugend wie jene vom Herrn von 1. In solchen Fällen ist es beruhigend, wenn wir einige unterstützende Zeugnisse haben.

Was bedeutet dieser Planet?

Wir beginnen unsere Deutung mit den Häusern, die für die Frage relevant sind, und nehmen die sie beherrschenden Planeten als Signifikatoren der Dinge dieser Häuser. Diese Planeten sind unsere Hauptakteure, die Schauspieler mit den Hauptrollen in diesem Drama. Oft wird sich jedoch ein weiterer Planet von sich aus in die Handlung einmischen, ob durch Aspekt, starke Rezeption oder durch Platzierung in einem der wichtigen Häuser. Wie kriegen wir raus, wofür so ein Planet steht?

Wir gehen mit großer Vorsicht vor. Denn genau hier sind wir mit dem größten Risiko konfrontiert, die Hauptsünde eines Stundenastrologen zu begehen, welche darin besteht: Unsere eigenen Geschichten, unsere eigenen Annahmen in das Horoskop hineinzuschreiben. Nehmen wir an, wir deuten eine Beziehungsfrage. Die Herrscher des 1. und 7. Hauses sind unsere Hauptakteure. Wir bemerken, dass ein anderer Planet in der Handlung eine Rolle spielt, und sehen, dass er das 9. Haus beherrscht. „Aha!", denken wir, „das 9. ist das 3. vom 7. Haus: der Bruder der Ehefrau!" Und so konstruieren wir geschwind eine bezwingende Fantasiegeschichte, mit dem Bruder der Ehefrau in der Hauptrolle. Nur um anschließend darüber informiert zu werden, dass die Ehefrau gar keinen Bruder hat, dass aber der Enkel des Ehepaars (das 5. vom 5. Haus = 9. Haus) in der Sache, um die es geht, eine zentrale Rolle spielt. Jedes Haus kann eine Unzahl von Dingen bedeuten, und es ist höchst unwahrscheinlich, dass wir zufälligerweise bei dem Richtigen landen.

Wenn es darum geht zu entscheiden, wofür ein unidentifizierter Planet steht, halten Sie Ihre Fantasie an der kurzen Leine und prüfen Sie Ihre Ideen mit dem Fragesteller gegen. Denken Sie daran, es ist eine Beratung: Es ist uns erlaubt, dem Klienten alle Fragen zu stellen, die wir brauchen, um das Horoskop zu entschlüsseln. Selbst eine vollkommen offene Frage kann von Nutzen sein: „Da scheint noch jemand in die Angelegenheit involviert zu sein – haben Sie irgendeine Idee, wer das sein könnte?"

Manchmal wird uns das Haus, das dieser Planet beherrscht, seine Bedeutung anzeigen. Oft kann der Planet als „irgendeine andere Person" verstanden werden, wobei seine Bedeutungen als Häuserherrscher völlig außen vor bleiben. Suchen Sie, als Grundregel, immer nach der konkretesten aller zur Verfügung stehenden Möglichkeiten. Zum Beispiel kann der Herr von 10 für Ruhm und Ehre stehen und manchmal tut er das auch; dennoch ist es wahrscheinlicher, dass er für etwas weniger Abstraktes steht: Den Chef, die Arbeitsstelle, die Mutter.

◈ Wie so oft, ist der Vergleich des Horoskops mit einer Theaterbühne zutreffend. Genauso selten, wie Schauspieler im Theater Abstraktionen wie Ehre oder Wünsche spielen, tun sie das im Horoskop.

Ein wichtiger Unterschied zwischen Bühne und Horoskop liegt darin, dass in jedem Horoskop alle Planeten auftauchen. Das bedeutet nicht, dass in jeder Deutung alle Planeten eine Rolle spielen. Fangen Sie immer mit dem schlichten Minimum an Planeten an und beziehen Sie andere nur soweit nötig mit ein. ◈

◈ Eine allgemeine Regel: GEBEN SIE EINEM PLANETEN NIEMALS MEHR ALS EINE AUFGABE, ES SEI DENN, SIE MÜSSEN DAS WIRKLICH TUN. Planeten können an unterschiedlichen Stationen der Deutung verschiedene Rollen übernehmen. Sofern nötig, ist das in Ordnung. Aber wenn Sie der Versuchung erliegen, einem Planeten eine zweite Rolle zu geben, werden Sie in den meisten Fällen feststellen, dass die Einführung der zweiten Rolle überflüssig war. Wenn Sie es ohne sie hinkriegen können, tun Sie das. ◈

Wenn Sie sich für eine plausible Zuschreibung entschieden haben, wird das Studium der Rezeptionen bezogen auf diesen Planeten – also was andere Planeten von ihm denken und was er von ihnen denkt – entweder die Zuschreibung bestätigen oder sie widerlegen. Dann können Sie entweder mit Ihrer Deutung fortfahren oder noch mal darüber nachdenken, was der Planet bedeutet.

◆ Die Nagelprobe für die Identifizierung eines umherirrenden Planeten heißt: „Passt er ins Bild?" Das heißt, passt er in das Gesamtbild, ohne dass er anderen Befunden – entweder aus dem, was wir über die Situation wissen, oder dem, was uns das Horoskop zeigt – widerspricht. Es ist wie in einem Kriminalfilm. Der Butler mag einen bösartigen Charakter und Blut auf seinem Hemd haben, aber wenn wir ein Beweisstück haben, das unserer Argumentation gegen ihn widerspricht, wissen wir, dass er es nicht getan hat. In welchem Fall wir ihn vergessen und einen anderen Verdächtigen finden müssen. Die Versuchung liegt darin, widersprechenden Beweisen gegenüber ein Auge zuzudrücken, wenn sie nicht zu unseren Annahmen passen. Aber die Stundenastrologie ist nicht dazu da, unsere Annahmen zu bestätigen: Sie ist dazu da, die Wahrheit herauszufinden. ◆

NATÜRLICHE HERRSCHAFTEN

In erster Linie interessiert uns die sogenannten *akzidentiellen Herrschaften*, die durch das Haus, über das ein Planet herrscht, bestimmt wird, aber die Planeten haben auch ihre natürlichen Zuordnungen. Alles besteht aus einer Mixtur der sieben planetaren Einflüsse, jeweils in unterschiedlichen Mischverhältnissen. Bei allen Dingen, die wir uns anschauen, werden ein oder zwei dieser Einflüsse besonders deutlich hervortreten. Welchem davon unsere besondere Aufmerksamkeit gilt, wird vom Zusammenhang der Untersuchung abhängen. Das klassische Beispiel dafür ist die Rose: Sie wird durch Venus beherrscht, wie man an ihrer Schönheit sehen kann; sie wird durch Mars beherrscht, wie man an ihren Dornen erkennen kann. Oder aber die Nacktschnecke: Sie wird von Saturn beherrscht, da sie schwarz und eklig ist und unter Steinen lebt; sie wird vom Mond beherrscht, da sie weich und feucht ist und nachts rauskommt.

Die natürlichen Regentschaften werden in Horoskopen hin und wieder wichtig sein. Wenn wir zum Beispiel nach einigen vermissten Dokumenten suchen, könnten wir uns Merkur anschauen, den natürlichen Herrscher über Dokumente. In Liebesfragen schauen wir uns die Sonne als natürliche Herrscherin über Männer und Venus als natürliche Herrscherin über Frauen an. Der Mond ist natürlicher Herrscher aller verlorenen Dinge, vor allem wenn sie lebendig sind. Manchmal werden uns diese natürlichen Herrscher zusätzliche Informationen zu denen anbieten, die uns die Häuserherrscher geben; manchmal wird das Horoskop sie so nachdrücklich hervorheben, dass wir die Angelegenheit mit ihnen allein deuten können.

Obwohl die natürliche Regentschaft im Vergleich zur akzidentiellen weniger wichtig ist, ist es nützlich, sie zu beherrschen. Das lernen Sie am besten, indem Sie die Planeten den Dingen zuweisen, die Ihnen in Ihrem Alltag begegnen, genauso wie Sie eine Sprache lernen, indem Sie alles, was Sie sehen, in diese Sprache übersetzen. Wenn wir nach den unten vorgestellten Richtlinien vorgehen, wird es Ihnen bald einfach vorkommen: „Cornflakes: Sonne, da Korn ein Grundnahrungsmittel ist; Saturn, weil sie knusprig sind; Merkur, weil sie klein sind und in großer Zahl daherkommen. Oder Milch: Mond, als Flüssigkeit und weil sie weiß ist. Zucker: Venus, weil er süß ist; Mars, wegen der Energie, die er gibt".

Wenn Sie den Herrscher für eine Sache finden müssen, orientieren Sie sich an ihrer essenziellen Natur. Überlegen Sie mal: Was ist der natürliche Herrscher für eine Kamera? Sie ist ein technischer Apparat: Merkur. Sie wird benutzt, um schöne Bilder zu machen: Venus. Sie wird für Reportagen verwendet: Merkur. Sie funktioniert, indem sie mit Licht (Sonne) schreibt (Merkur), unter Zuhilfenahme von Spiegeln (Mond). All das trifft zu. Aber was ist ihre essenzielle Natur? Was macht eine Kamera? Ihre Essenz liegt darin, was sie ist, nicht wofür sie benutzt werden kann (hübsche Fotos machen, Reportage) oder wie sie es macht (mechanisch, Schreiben mit Licht). Die essenzielle Funktion einer Kamera liegt darin, das Flüchtige einzufangen. Also liegt ihre Essenz im Einfangen und Bewahren und ihr natürlicher Herrscher ist Saturn. Folgen Sie dieser Logik bei jedem anderen Gegenstand und Sie werden nicht fehlgehen.

Eine vollständige Auflistung aller natürlichen Herrschaften ist unmöglich: Das würde bedeuten, alles, was existiert, aufzulisten. Das Folgende sollte genügend Hinweise geben, um Sie in die Lage zu versetzen, für jede Sache den angemessenen Herrscher zu finden.

Saturn

Kalt und trocken; Tagesplanet[14]; männlich.

Saturn herrscht über Dinge, die alt, schwarz, hart, schwer, tot, verfallen, beschränkend, trocken, kalt, einsam und traurig sind.

Beispiele: Wurzelgemüse, weil es unter der Erde wächst. Die schwarze Tollkirsche, wegen ihrer Farbe und weil sie tödlich ist (auch Venus wegen Ihrer kosmetischen Eigenschaften). Süßholz oder Lakritze, wegen seiner Farbe und weil es eine Wurzel

---

[14] Tagesplaneten ziehen es vor, bei Tage über und bei Nacht unter der Erde zu sein. Für Nachtplaneten gilt das Umgekehrte. Vergleichen Sie Seite 96, Hayz.

ist. Schimmel. Alle Abfallprodukte und Müll. Blei, wegen seines Gewichts; deshalb auch der Klempner, der mit Blei arbeitet. Kanalarbeiter. Leichenbestatter. Bergarbeiter. Landarbeiter. Gärtner (Saturn war der Gott der Landwirtschaft). Disziplin. Gefängnisse, Ruinen, Toiletten.

Opium, als ein Narkotikum und weil es süchtig macht und damit neue Hindernisse errichtet. Die Eibe ist außerordentlich saturnisch: Sie hat dunkles Blätterwerk; sie ist giftig; sie wird sehr alt; sie lebt auf Friedhöfen. Saturn regiert Schlösser; Merkur regiert die Schlüssel. Saturn ist der natürliche Herrscher der Väter in Nachthoroskopen.[15]

Maulwürfe, Hunde, Katzen, Aasfresser, Sachen, die unter Steinen leben. Saphire und Lapislazuli.

Im Körper herrscht Saturn über das rechte Ohr, Knochen, Zähne, Haut, Gelenke und die Milz.

Jupiter

Heiß und feucht; Tagesplanet; männlich.

Jupiter herrscht über Dinge, die groß, sich ausdehnend, teuer, luxuriös, religiös, violett, abführend (im Gegensatz zu Saturn, der bindet) und großzügig sind.

Beispiele: Obstbäume, wegen des Überflusses an guten Sachen, die sie produzieren. Reiche Leute, Adlige, Richter, Priester. Rhabarber. Feste. Gänsestopfleber. Lehrer (die Wissen haben und es verbreiten). Gurus. Efeu wird von Jupiter beherrscht, weil er sich ausbreitet, von Saturn wegen seiner dunklen Farbe und der Assoziation mit dunklen Orten und Verfall. Regen. Gnade.

Große Tiere; Tiere die sanft und von Nutzen für die Menschheit sind. Amethyst, Saphire (sie haben sowohl Jupiter- als auch Saturn-Natur), Smaragde, Kristalle, Zinn.

Im Körper herrscht Jupiter über das linke Ohr, Lungen, Leber, Blut und Sperma.

---

[15] Ein Nachthoroskop wird für eine Nachtzeit erstellt; ein Tageshoroskop für den Tag. In einem Tageshoroskop wird sich die Sonne in den Häusern 7-12 befinden; in einem Nachthoroskop ist sie unter der Erde in den Häuser 1-6. Lassen Sie einige wenige Grade zugunsten des Tages zu, sowohl am Aszendenten als auch am Deszendenten, weil es für eine kurze Weile Licht gibt, bevor die Sonne aufgeht und nachdem sie untergegangen ist.

Mars

Heiß und trocken; Nachtplanet; männlich.

Mars herrscht über Dinge, die scharf, brennend, schneidend, rot, rau, heiß und aggressiv sind.

Beispiele: Soldaten, Fleischer, Schneider, Chirurgen, Friseure, Piraten. Alle, die mit Feuer arbeiten, also Alchimisten, Köche, Feuerwehrleute. Scharfrichter. Pfeffer, Knoblauch (wird wegen seiner Farbe auch vom Mond beherrscht), Rettich (ebenfalls Mond). Nesseln, Disteln (beide auch Saturn, weil sie auf Brachland wachsen). Scheidung. Fieber. Wollust.

Tiere, die wild und feurig sind; Lebewesen, die beißen und stechen. Eisen, Blutstein, Jaspis, Korallen.

Im Körper herrscht Mars über die Gallenblase und die Geschlechtsorgane (vor allem die männlichen).

Sonne

Heiß und trocken; Tagesplanet; männlich.

Die Sonne herrscht über Dinge, die einzigartig, königlich, golden, Leben spendend und ehrlich sind.

Beispiele: Als Lebensspender beherrscht die Sonne alle Speisen im Allgemeinen und Grundnahrungsmittel im Besonderen. Zitrusfrüchte, wegen ihres Aussehens, genauso wie Sonnenblumen, Ringelblumen usw. Der König in jeder Ausprägung: Gold als König der Metalle; der Adler als König der Vögel; der Löwe als König der Tiere; der Diamant als König der Juwelen. Stolz. Wer immer die Leitung innehat. Goldschmiede, Münzpräger. Bernstein. Paläste und andere prachtvolle Gebäude. Die Sonne ist natürlicher Herrscher der Väter in Tageshoroskopen.

Im Körper regiert sie die Lebensgeister oder die Lebenskraft, das Herz, das Gehirn (im Sinne des steuernden Prinzips) und die Augen – die Augen im Allgemeinen sowie das rechte Auge des Mannes und das linke der Frau im Besonderen.

Venus

Kalt und feucht; Nachtplanet; weiblich.

Venus herrscht über Dinge, die weich, hübsch, duftend, attraktiv und angenehm sind.

Beispiele: Blumen (allgemein – jede Sorte hat ihren eigenen Herrscher). Weiche Früchte. Schokolade. Küsse. Ehe. Abkommen. Spaß. Kunst, Musik. Make-up und Parfum.

Juweliere, Musiker, die Personen, deren Hauptfunktion bei der Arbeit darin besteht nett auszusehen, Modefreaks, Prostituierte, Tuchhändler, Dekorateure. Betten, Kleiderschränke. Ehefrauen, junge Frauen.

Sanfte und knuddelige Tiere – die typischen Bewohner eines Kinderzoos. Kupfer, Messing, Karneol, azurfarbener Saphir, Lapislazuli, Beryll, Crysolith.

Venus ist die natürliche Herrscherin der Mütter in Tageshoroskopen.

Im Körper herrscht sie über die Nieren, den Geruchssinn und die Geschlechtsorgane (vor allem die weiblichen).

Merkur

Kalt und trocken; Tagesplanet, wenn er vor der Sonne aufgeht (oriental), Nachtplanet, wenn er nach ihr aufgeht (oxidental);[16] gemischt männlich-weibliche Natur, männlich, wenn er mit einem männlichen Planeten, weiblich, wenn er mit einem weiblichen Planeten im Aspekt steht.

◆ Trotz all seiner berühmten Androgynität, ist Merkur immer mit größerer Wahrscheinlichkeit männlich: Sehen Sie ihn als männlich an, es sei denn, es gibt einen triftigen Grund, es anders zu machen. ◆

Merkur herrscht über Dinge, die bunt, mehrdeutig, geschickt, trickreich oder gemischt sind.

Beispiele: süß-saure Soßen, Cocktails, Pizza. Dinge die klein sind und in großer Zahl auftreten: Beerenobst, Johannisbeeren, Anis. Dinge, die in Hülsen wachsen, in Analogie zum Gehirn innerhalb des Schädels – vor allem Walnüsse, die wie Gehirne aussehen. Bohnen, die Blähungen auslösen (Winde, ob körperlich oder atmosphärisch, werden von Merkur beherrscht). Erdbeben (Wind in der Erde). Alles, das spricht oder auf andere Art dem Menschen ähnelt: Affen, Papageien, Puppen, Bienen, Hyänen (weil sie lachen). Unbeständige Dinge wie Lavendelöl. Trockenmittel. Dinge, die den Denkprozess nachahmen, deshalb Schlüssel, welche

---

[16] Für die Erklärung von oriental und oxidental siehe die Seiten 95-96.

die Sperre eines Problems aufheben. Diebe, Diener. Trickbetrüger, Hochstapler, Taschendiebe. Vielfalt. Virtuosen. Auktionatoren, Agenten und Händler. Kaufleute. Das Wissen, das man für jede Art von Handel braucht. Witze, Humoristen. Das menschliche Wesen. Artikulation, Gespräch, Lügen. Computer. Astrologie und Astrologen. Büroangestellte, Buchhalter, Schreiber, Boten, „Medienmenschen". Ärzte, Mediziner. Rechtsanwälte (die für Sie sprechen). Jedermanns „rechte Hand". Dokumente, Papiere, Bücher, Zeitschriften.

Im Körper beherrscht Merkur die Zunge, das Gehirn (als Sitz des Verstandes), Arme, Hände und Finger.

Mond

Kalt und feucht; Nachtplanet; weiblich.

Der Mond herrscht über Dinge, die flüssig, weich, von schwachem Aroma oder schwacher Substanz, formlos, weiß und neu sind.

Beispiele: Kohlsorten, wegen ihrer Form. Gurken, Melonen, wegen ihres Wassergehalts. Babys; Hebammen; die Mutter in einem Nachthoroskop. Pilze, wegen ihrer Farbe, Form und weil sie nachts rauskommen. Kerzen, weil sie die Dunkelheit erhellen. Verlorene Dinge. Rauschmittel. Veränderlichkeit, Wankelmut. Neuheit. Die gewöhnlichen Menschen. Königinnen, aber nur als Ehefrauen des Königs (Sonne), nicht wenn sie aus eigenem Recht herrschen, dann wären sie die Sonne. Landstreicher, Pilger, Bettler, Seeleute, Barmänner, Krankenschwestern, Reinigungspersonal.

Lebewesen, die im Wasser leben: Fische, Otter, Frösche, Enten, Austern. Oder jene, die nachts herauskommen: Nachtschnecken, Eulen, Galagos (bzw. Buschbabys). Perlen, Mondsteine, Alabaster.

Im Körper herrscht der Mond über Brüste, Gebärmutter, Bauch und Därme.

Alter

Es gibt eine aufsteigende Altersskala angefangen vom Mond, der Babys beherrscht, über Merkur, Venus, Sonne, Mars und Jupiter bis hin zu Saturn, der über die Alten herrscht. Das sind „die sieben Lebensalter des Menschen".

Die äußeren Planeten

Uranus, Neptun und Pluto haben ihren Nutzen in der Stundenastrologie, aber ihre Anwendungsmöglichkeiten sind begrenzt. Sie haben nicht einmal den Bruchteil der Bedeutung, die Ihnen von den meisten heutigen Astrologen zugeschrieben wird. Für jeden gibt es ein paar wenige Dinge, mit denen er eine natürliche Beziehung zu haben scheint: Uranus mit Scheidung und anderen Diskontinuitäten wie Umzügen; Neptun mit Illusion und Täuschung; Pluto scheint allgemein und unspezifisch bösartig zu sein.

Behandeln Sie sie ziemlich so wie Fixsterne: Ignorieren Sie sie, außer sie stehen genau auf einer wichtigen Hausspitze oder in einem engen Aspekt mit einem der Hauptsignifikatoren.

Beispiel 1: Wenn die Frage lautet: „Werde ich eine Zukunft mit Cedric haben?", und Uranus sitzt genau auf dem Aszendenten, ist das ein starkes Zeugnis dafür, dass die Beziehung bald beendet sein wird. Wenn Uranus sich jedoch irgendwo in der Mitte des 1. Hauses herumtreibt, ist das ohne jede Bedeutung.

Beispiel 2: Eine Klientin stellte eine Reihe von Fragen, die sich um den Verkauf ihres Unternehmens drehten. Jedes der Horoskope hatte Neptun entweder auf der Spitze des 7. (der Käufer) oder 8. Hauses (das 2. vom 7. Haus: das Geld des Käufers). Sie wurde hereingelegt.

Die äußeren Planeten beherrschen *kein* Zeichen, und sie haben *keinen* irgendwie gearteten besonderen Bezug zu einem der Zeichen. Die Argumentation, die nahelegt, dass sie einen hätten, entbehrt absolut jeder Grundlage. Mit der modernen Astrologie vertraute Leser könnte es schwerfallen, diese Vorstellungen fallen zu lassen. Aber wenn Sie darauf bestehen, sie in Ihre Horoskope einzubeziehen, werden Sie beständig falsche Antworten erhalten. Das ist keine Ansichtssache.

Wenn die Stellung eines äußeren Planeten unsere Aufmerksamkeit auf sich zieht, kann sie uns, wie ein mächtiger Fixstern, eine direkte Antwort geben. Wir werden niemals besonders nach ihnen schauen müssen („Was macht Uranus in diesem Horoskop?"), und wir werden niemals erleben, dass sie uns irgendwas erzählen, was uns nicht genauso durch die sieben Planeten des traditionellen Kosmos' angezeigt würde.

Beispiel: Eine Klientin stellte eine Frage zu ihrer bevorstehenden Scheidung. Uranus stand auf der Himmelmitte, symbolisch auf halbem Wege zwischen dem Aszendenten (der Fragestellerin) und dem Deszendenten (ihrem Ehemann). Mars, der traditionelle Herrscher für Scheidung, stand genau im Quadrat zur Aszendent-Deszendent-Achse. Beide Planeten zeigten uns die gleiche Sache.

Chiron, Asteroiden, der schwarze Mond Lilith, Sedna: keiner von diesen spielt in der Stundenastrologie irgendeine Rolle. Egal wie sehr Sie sonst an diesen kleinen Gefährten hängen: Wenn Sie sie in Ihre Horoskope einbeziehen, wird das zu nichts außer Verwirrung bei Ihnen führen.

Freunde und Feinde

Wenn Sie die alten Bücher lesen, werden Sie Aufstellungen davon finden, welcher Planet mit welchem befreundet ist und welche miteinander verfeindet sind. Diese Aufstellungen sind für die Stundenastrologie ohne Belang, weil das „Wer mag wen" im konkreten Zusammenhang – und nur der interessiert uns – durch die Rezeptionen angezeigt wird. Ein Beispiel: Es ist schön und gut, dass Mars im Prinzip mit Venus befreundet ist. Aber wenn wir dieses spezielle Horoskop deuten, interessiert uns einzig und allein die Tatsache, das er im vorliegenden Fall diese Venus hasst.

◆ Noch einmal Schauspieler und ihre Rollen. Was uns interessiert ist, ob Romeo Julia mag. Die Ansicht des Schauspielers ist für uns ohne Belang. ◆

Superior und inferior

Die *superioren* Planeten sind Mars, Jupiter und Saturn, die *inferioren* Planeten Merkur, Venus und der Mond. Sie werden so genannt, weil die superioren Planeten, von der Erde aus gesehen, ihre Umlaufbahn über der Sonne (lateinisch *superior* = höher) und die inferioren ihre unterhalb der Sonne (lateinisch *inferior* = niedriger) haben. Diese Unterscheidung hat in der Stundenastrologie keine praktische Bedeutung.

5

Die Zeichen

Die Tierkreiszeichen werden in der traditionellen und modernen Astrologie sehr unterschiedlich behandelt. Jetzt ist es an der Zeit, dass Sie in Ihren Kopf hineingreifen, schauen, wo all das, was Sie von den Modernen über die Zeichen gelernt haben, steht, um es dann zur Seite zu legen.

Die Zeichen beschreiben die Planeten, die sich in ihnen befinden. In unseren astrologischen Sätzen sind die Planeten die Substantive, die Zeichen die Adjektive und die Aspekte die Verben. Das Zeichen *tut* überhaupt nichts: Es verfügt über keinerlei Fähigkeit zu handeln. Es beschreibt lediglich.

Das Zeichen, in dem sich ein Planet befindet, beschreibt ihn auf drei verschiedene Weisen:

1. Es sagt uns, wie viel essenzielle Stärke der Planet hat.
2. Es erzählt uns etwas über die Haltung des Planeten anderen Planeten gegenüber.
3. Das Zeichen selbst verfügt über bestimmte Qualitäten.

Punkt 1 wird in Kapitel 6 besprochen, Punkt 2 in Kapitel 8. An dieser Stelle werden wir uns mit Punkt 3 befassen: der Unterteilung der Zeichen in verschiedene Gruppen mit gemeinsamen Merkmalen.

Für die meisten Fragen wird die Mehrzahl dieser Merkmale ohne jede Bedeutung sein, genauso wie, wenn ich meinen Freund frage, ob er mir etwas Geld leiht, der Umstand, dass er humpelt, ohne Belang ist. Aber bei manchen Fragen können diese Punkte den Ausschlag geben. Wenn die Frage lautet: „Werde ich in diesem Jahr ein Baby bekommen?", und alle Signifikatoren in unfruchtbaren Zeichen stehen, ist es höchst unwahrscheinlich, dass unsere Deutung ein „Ja" ergibt, egal was für Aspekte es geben mag. Es kann leicht passieren, dass man derartige fundamentale Informationen übersieht, wenn man einem Aspekt hinterherjagt.

Hinweis: Obwohl die Zeichen einige Gemeinsamkeiten miteinander teilen, verfügen sie nicht über die zurechtgebogenen Persönlichkeiten, die ihnen die moderne Astrologie verpasst. Beispielsweise wird sich ein Planet in Löwe nicht majestätisch benehmen. Löwe ist ein wildes Zeichen, weshalb der Planet dazu neigt, sich wie ein wildes Tier zu verhalten – wenn der Zusammenhang das unterstützt. Es ist unwahrscheinlich, dass er es schafft, gleichzeitig wild und majestätisch zu sein.

Männlich und weiblich

♈ ♊ ♌ ♎ ♐ ♒ sind männlich; ♉ ♋ ♍ ♏ ♑ ♓ sind weiblich. Diese Unterscheidung ist hauptsächlich dafür nützlich, das Geschlecht eines Babys oder eines Diebs zu bestimmen. Sie kann auch helfen, wenn wir zwischen verschiedenen Optionen unterscheiden müssen, wie etwa bei: „Welchen von diesen Kandidaten soll ich einstellen?". In solchen Fragen müssen wir einen Weg finden, die verschiedenen Kandidaten auseinanderzuhalten. Da kann die Unterscheidung nach Geschlecht helfen.

Elemente

♉ ♍ ♑ sind Erde; ♊ ♎ ♒ sind Luft; ♈ ♌ ♐ sind Feuer; ♋ ♏ ♓ Wasser. Diese Unterteilung hilft uns vor allem bei der Suche nach dem Aufenthaltsort verlorener Gegenstände. Sie kann uns auch in beruflichen Fragen helfen: „Sollte ich Buchhalter (Luft, weil dieses Element in Beziehung zur Fähigkeit des Denkens steht) oder Bauer (Erde) werden?" Der Herr von 10 stark in einem Luftzeichen: ein Zeugnis zugunsten der Buchhaltung.

Erdzeichen sind kalt und trocken; Wasserzeichen kalt und feucht; Feuerzeichen heiß und trocken; Luftzeichen heiß und feucht. Diese wenigen Worte beinhalten fast alles, was man zur Vorhersage des Wetters mittels der Stundenastrologie braucht.

Kreuze

♈ ♋ ♎ ♑ sind kardinal; ♉ ♌ ♏ ♒ sind fix; ♊ ♍ ♐ ♓ sind veränderlich. Die kardinalen Zeichen zeigen Handeln an, das schnell ist, aber nicht andauert; fixe Zeichen sind langsam und beständig; veränderliche Zeichen kommen und gehen. Diese Unterscheidung ist in vielen Zusammenhängen hilfreich.

Der Signifikator einer Krankheit ist fix: Die Krankheit ist chronisch; kardinal: Sie ist akut; veränderlich: Sie wird kommen und gehen.

„Ich möchte diesen Streit gewinnen, aber ich glaube nicht, dass es sich lohnt, dafür vor Gericht zu ziehen: Kann ich gewinnen?" Der Signifikator des Gegners in einem fixen Zeichen: „Nein, er wird es ausfechten". In einem kardinalen Zeichen: „Zeigen Sie ihm, dass Sie es ernst meinen und er wird einlenken".

Veränderliche Zeichen neigen weniger dazu, verlässlich oder ehrlich zu sein.

Die kardinalen Zeichen werden im Englischen auch als *moveable signs* bezeichnet. Seien Sie hier vorsichtig: *moveable* (beweglich) und *mutable* (veränderlich) sind Bezeichnungen, die leicht durcheinandergebracht werden können.[17]

Doppelte Zeichen

Die veränderlichen Zeichen sind auch als *doppelte Zeichen* bekannt. Das unterstreicht ihre Dualität, die ein so wichtiger Teil ihrer Natur ist.

Bei Fragen, in denen jemand überlegt, ob er eine feste Stelle verlassen sollte, um frei oder Teilzeit zu arbeiten, wird die Veränderung oft dadurch angezeigt, dass der Signifikator in ein doppeltes Zeichen eintritt. Dualität: Frei zu arbeiten, heißt mehr als einen Chef zu haben und manchmal auch mehr als einem Gewerbe nachzugehen; in der Teilzeitarbeit oder beim Jobsharing wird die Zeit oder die Arbeitsstelle geteilt.

Bei manchen Fragen („Sollten *wir* das oder das tun?") ist es unklar, ob das 1. Haus dem Paar oder der Gruppe gegeben werden sollte oder ob der Fragesteller das 1. Haus erhalten und seine Partnerin oder seine Kollegen getrennt behandelt und ihnen das 7. Haus gegeben werden sollte. Wenn wir den Herrn von 1 in einem doppelten Zeichen finden, ist das ein starkes Zeugnis dafür, ihn als Signifikatoren für das Paar oder die Gruppe zu nehmen.

Bei Fragen, in denen es um die Anzahl geht (wie viele Babys oder Diebe), zeigen uns doppelte Zeichen immer mehr als eins an.

Hinweis: Doppelte Zeichen sind ♊ ♍ ♐ ♓. Diese und nur diese. Egal ob Sie die Dualität in den Bildern dieser Zeichen erkennen oder in den Abbildungen irgendeines anderen Zeichens entdecken können.

---

[17] Im Deutschen werden *veränderliche* Zeichen oft auch *bewegliche* Zeichen genannt, was zu Missverständnissen über den Charakter der Zeichen führen kann. „Veränderlich" meint hier wandelbar oder variabel, was nicht das Gleiche wie „beweglich" ist. Wenn ich mein Auto fahre, bewegt es sich, es verändert sich aber nicht. (Anmerkung des Übersetzers)

Fruchtbar und unfruchtbar

Die Wasserzeichen sind fruchtbar. Zwillinge, Löwe und Jungfrau sind unfruchtbar. Die anderen sechs Zeichen können als neutral angesehen werden.[18] Das bezieht sich natürlich auf die Fortpflanzung, aber auch auf andere Dinge. Wenn meine Geldanlagen in fruchtbaren Zeichen stehen, ist es wahrscheinlicher, dass sie wachsen, als wenn sie in unfruchtbaren Zeichen stehen.

Von den unfruchtbaren Zeichen sind Zwillinge und Jungfrau auch doppelte Zeichen, also sind sie bei Fragen wie „Werden wir Kinder haben?" Zeugnisse für ein „Nein". Ergibt die Deutung des gesamten Horoskops allerdings ein „Ja", ist ihr doppelter Charakter ein Zeugnis für mehr als ein Kind.

Stimmhaft und stumm

Die Wasserzeichen sind stumm; Zwillinge, Jungfrau und Waage sind Zeichen mit kräftiger Stimme; Widder, Stier, Löwe und Schütze mit mäßig kräftiger Stimme; Steinbock und Wassermann mit mäßig schwacher Stimme.

Diese Unterscheidung ist in beruflichen Angelegenheiten von Nutzen („Bin ich ein Sänger oder ein Songschreiber?"). Ein weiteres Beispiel: Eine Frau stellte eine Frage bezüglich ihrer Eheprobleme. Neben anderen Zeugnissen in der Analyse, liebte ihr Herz ganz offensichtlich ihren Ehemann, während ihr Kopf ihn ablehnte. Ihr Kopf befand sich in einem Zeichen mit kräftiger Stimme, ihr Herz in einem stummen Zeichen – also war alles, was er von ihr zu hören bekam, die Ablehnung.

Menschlich und tierisch

Die Luftzeichen und Jungfrau sind menschliche Zeichen. Widder, Stier, Löwe, Schütze und Steinbock sind tierische Zeichen, von denen Löwe und die zweite Hälfte des Schützen ungezähmt wild sind.

Nehmen wir an, ich frage, wie mein Nachbar reagieren wird, wenn ich mich über den Lärm, den er macht, beschwere: Steht sein Signifikator in einem menschlichen Zeichen, ist das ein Zeugnis dafür, dass er sich in vernünftiger Art und Weise benehmen wird, einem Verhalten, wie es sich für einen Menschen geziemt. Steht er in einem tierischen Zeichen, lässt das uns vermuten, dass er sich wie ein Tier benehmen wird; in einem ungezähmten Zeichen sogar wie ein wildes Tier.

---

[18] Das trifft nur in der Stundenastrologie zu. In der Geburtsastrologie unterscheiden wir die anderen sechs in leicht fruchtbare und leicht unfruchtbare Zeichen.

Die Zeichen

Verstümmelt

Widder, Stier, Löwe und Fische werden als verstümmelt beschrieben. Das kann für körperliche Beschreibungen nützlich sein.

Es gibt noch viele andere derartige Unterscheidungen, aber nach meiner Erfahrung sind dies die einzigen, bei denen ich jemals einen praktischen Nutzen festgestellt habe. Wichtig: Alle hier vorgestellten Zeugnisse setzen ein „alles andere bleibt gleich" voraus. Jedes Einzelzeugnis kann überstimmt werden. Gebrauchen Sie Ihren gesunden Menschenverstand. Beispielsweise zeigen fixe Zeichen Stabilität an, aber ein Planet am Ende eines fixen Zeichens wird uns eine stabile Situation zeigen, die sich ihrem Ende nähert. „Wird Gangster Bugsy andere verpfeifen?" und sein Signifikator am Ende von Skorpion, einem fixen, stummen Zeichen: „Im Moment nicht, aber bald doch."

Obwohl all diese Zeugnisse überstimmt werden können, wird die, durch diese grundsätzlichen Unterscheidungen zur Verfügung gestellte Information in manchen Horoskopen alles sein, was wir für die Deutung brauchen. „Ist mein Job sicher?" mit dem Herrn von 10 in der Mitte eines fixen Zeichens. Alles, was wir tun müssen, ist schnell im Horoskop herumzuschauen, um zu prüfen, ob es widersprechende Zeugnisse gibt. Wenn wir keine finden, können wir die Antwort geben: „Ja, der Job ist sicher". Die Deutung kann so einfach sein.

Der Körper

Der Körper ist zwischen den Zeichen aufgeteilt, angefangen mit Widder oben bis hinunter zu den Fischen an den Zehen.

♈: der Kopf
♉: der Hals
♊: Hände, Arme und Schultern
♋: die Brust
♌: Herz und Rippen
♍: Gedärme und zughörige Organe

♎: Harntrakt, unterer Rücken
♏: Geschlechtsorgane, Anus
♐: Oberschenkel und Gesäß
♑: die Knie
♒: Waden und Fußgelenke
♓: die Füße

◆ Die Natur des Zeichens an einer Achse oder einer Hausspitze hat niemals eine Bedeutung. Die einzige Funktion, die das Zeichen an einer Hausspitze hat, liegt darin, uns zu zeigen, welcher Planet das Haus regiert. Das gilt ohne jede Ausnahme. Alle Punkte oben beziehen sich auf das Zeichen, in dem sich der Signifikator befindet, nicht auf das Zeichen an der Hausspitze. Zum Beispiel kann der Signifikator der Person in einem Wasserzeichen ein Zeugnis für Fruchtbarkeit sein, wenn Fruchtbarkeit eine Rolle spielt, oder von Stummheit, wenn das Sprechen wichtig ist; dass die Hausspitze der Person in einem Wasserzeichen liegt, ist keiner Weise ein Zeugnis für irgendwas. ◆

6

Essenzielle Würden

Stundenastrologie wird üblicherweise so vorgestellt, als sei sie Aspekt dominiert. Bestimme deine Signifikatoren, finde einen Aspekt zwischen ihnen und schon hast du ein Ja zur gestellten Frage. Das funktioniert wunderbar – solange es Ihnen egal ist, dass Sie mit Ihren Deutungen ständig danebenliegen.

Der Aspekt ist ein wichtiger Teil der Deutung, aber er ist nur ein Teil. Was uns der Aspekt anzeigt, ist die Gelegenheit, dass ein Ereignis stattfinden kann. Keine Gelegenheit, kein Ereignis. Das ist ausreichend klar; aber wir können eine Gelegenheit ohne ein Ereignis haben oder das Ereignis entwickelt sich nicht so, wie wir es uns wünschen. Wir haben die Gelegenheit: Ich frage sie, ob sie mich heiraten will; aber sie kann mich nicht ausstehen und sagt folglich „Nein". Die Gelegenheit allein gibt uns noch nicht die ganze Antwort.

Das ist der Grund, warum Würden und Rezeptionen von äußerster Wichtigkeit sind. Sie sind die Zwillingsschlüssel zu unserer Deutung.

> **Eine Würde zeigt die Fähigkeit zu handeln.**
> **Eine Rezeption zeigt die Neigung zu handeln.**
> **Ein Aspekt zeigt die Gelegenheit zu handeln.**

Es gibt eine klare theoretische Unterscheidung zwischen essenzieller und akzidentieller Würde. In der Theorie zeigt uns die akzidentielle Würde die Fähigkeit zu handeln, während uns die essenzielle Würde zeigt, wie rein das hinter der Handlung stehende Motiv ist. Doch leben wir nicht in einer theoretischen Welt, sodass die Unterscheidung in der Praxis oft unscharf ist, sogar bis zu ihrem vollständigen Verschwinden. Wenn der Zusammenhang dieser Unterscheidung die Möglichkeit bietet, sich zu manifestieren, wird sie das tun – wie zum Beispiel bei Gerichtsverfahren, wo die essenzielle Würde uns zeigt, wer im Recht ist, und die akzidentiellen Überlegungen, wer gewinnen wird.

Mit der akzidentiellen Würde setzt sich Kapitel 7 auseinander, mit der Rezeption Kapitel 8. In diesem Kapitel geht es um die essenzielle Würde.

Das Wort „essenziell" wird hier im engen Sinn gebraucht: Das ist Würde, die zur Essenz einer Sache gehört. Essenz stammt vom lateinischen *esse*: „sein" ab. Sie ist das Sein der Sache; es ist dies und nichts anderes; das John-Sein in mir, das mich zu mir und keinem anderen macht; das Malinka-Sein in meiner Hündin, das sie zu dem macht, was sie ist, und nichts anderem; das Sie-Sein in Ihnen, das die so ungreifbare und doch so wichtige Qualität ausmacht, die Sie von allen anderen unterscheidet, die Ihre Rasse, Ihr Geschlecht, Ihre Größe, Haarfarbe, Einstellungen usw. teilen. Der Gedanke der Essenz wird in der modernen Welt nicht akzeptiert, weil wir nicht einen Klumpen Essenz nehmen und ihn wiegen oder messen können; nichtsdestotrotz ist sie, im gebräuchlichen Sinn des Wortes, essenziell.[19]

Da sie von Gott geschaffen wurden, der unendlich gut ist, sind alle Dinge gut geschaffen. Das schließt auch die Planeten mit ein. Das Böse ist nicht eine Sache für sich: Es hat keine Essenz, kein Sein. Es ist die Abwesenheit des Guten, genauso wie Dunkelheit keine Sache für sich ist, sondern die Abwesenheit von Licht. Deshalb sind auch Saturn und Mars, bekannt als Übeltäter, genauer der *große* und der *kleine Übeltäter*, in ihrer Essenz nicht bösartig. Wir mögen sie nur nicht besonders, selbst wenn sie ihr bestes Verhalten an den Tag legen. Mars herrscht zum Beispiel über Operationen: Wie notwendig eine Operation auch immer sein mag, sie ist nicht angenehm. Wenn Jupiter oder Venus – der *große* und die *kleine Wohltäter/in* – sich im Exil oder Fall befinden, wird es wahrscheinlich eine ansprechende Tünche über etwas Unangenehmem oder Schädlichem geben. Es wurde mal eine Frage zu einer Frau gestellt, die eine heftige allergische Reaktion gegen einen Softdrink erlitten hatte. Das Getränk wurde durch Venus in der Jungfrau, dem Zeichen ihres Falls, dargestellt: Das Getränk schmeckte gut (Venus), war aber schädlich (im Fall).

Je mehr essenzielle Würden ein Planet hat, desto mehr entspricht er seiner angeborenen guten Natur und kann sich deshalb von seiner besten Seite zeigen. Je mehr er geschwächt ist, desto stärker entstellt ist er gegenüber seiner angeborenen Natur und wird sich deshalb von seiner übleren Seite zeigen. Das gilt für alle Planeten:

Jeder Planet in seinem Exil oder Fall kann bösartig sein.
Jeder Planet in seinem Zeichen oder seiner Erhöhung kann sich gut benehmen.

---

[19] Für eine umfassendere Diskussion der Essenz und ihrer Bedeutung für die Astrologie, vergleiche *Wahre Astrologie*, Kapitel 7.

Das ist eine der wichtigsten Regeln der Astrologie. Obwohl es Brauch ist, Jupiter und Venus als Wohltäter und Saturn und Mars als Übeltäter zu bezeichnen, bitte ich Sie dringend, jeden Planeten, der essenziell geschwächt ist, als bösartig und jeden Planeten, der essenziell stark ist, als Wohltäter zu behandeln.

◈ Unsere Vorfahren, solche wie Lilly, waren regelrecht vernarrt in die Vorstellung, dass Mars und Saturn immer Übeltäter und Venus und Jupiter immer Wohltäter sind. Trotz des Absatzes oben, bin ich, als ich dieses Buch schrieb, da und dort immer noch in diesen Gebrauch hineingerutscht. Zum Beispiel schreibe ich auf der ersten Seite: „Der Kater wird von einem Wohltäter in hohen Würden dargestellt: Dem Kater geht es sehr gut". Aber dem Miezekater ginge es genauso gut, wenn er durch einen Saturn in hohen Würden dargestellt würde. Auch hier sind die Planeten nur die Schauspieler; was uns interessiert, ist die Rolle. Der Schauspieler, der den Macbeth gibt, könnte ein liebeswerter Kerl sein, aber das ist für das, was auf der Bühne passiert, ohne Bedeutung. ◈

Diese Stärke oder Schwäche ist normalerweise im Kontext der Frage enthalten. Eine Klientin fragte: „Werde ich diese Stelle bekommen?", und wurde durch Saturn, rückläufig in Widder, angezeigt. Unser erster Gedanke könnte sehr gut sein: „Würde irgendjemand einen rückläufigen Saturn in seinem Fall einstellen?", und dieser erste Gedanke ist ein wichtiges Zeugnis. Aber das heißt nicht, dass unsere Fragestellerin ein böser Mensch ist; es besagt, dass sie sich in einem Chaos befindet, dass sie sich eventuell aus Verzweiflung für die Stelle beworben hat und dass sie wahrscheinlich kaum dafür qualifiziert ist. Lesen Sie die Zeugnisse immer im Zusammenhang. Ganz ähnlich fragte eine andere Klientin, wann sie ihren nächsten Freund finden würde? Ihre Signifikatoren waren Venus im Stier und Mond im Krebs. Das bedeutet nicht, dass sie eine Kandidatin für die Heiligsprechung wäre, sondern lediglich dass sie sehr gut aussah und das wusste. Erneut der Kontext.

Eine, innerhalb des Zusammenhangs, eindeutig beschreibende Entsprechung kann die positiven oder negativen Anhaltspunkte jeder Würde oder Schwäche, ob essenziell oder akzidentiell, überstimmen. Ein verloren gegangener Regenschirm wurde durch Saturn im Krebs dargestellt. Das ist eine perfekte Beschreibung des Gegenstands: Er ist eine Barriere (Saturn). Was für eine Art Barriere? Eine nasse Art Barriere (Krebs). Obwohl Saturn in seinem Exil stand, kann diese Stellung als eine Beschreibung angesehen werden und bedeutet nicht, dass es sich um einen altersschwachen Regenschirm gehandelt hat.

Ein anderes Beispiel: Jupiter in Fische ist ein Planet mit starken Würden. Wenn ich aber frage, wie das Wetter am Strand sein wird, wäre Jupiter, der Gott des Regens, im Wasserzeichen Fische, im Kontext meiner Frage ein Übeltäter.

Die essenziellen Würden und Schwächen der Planeten werden in der folgenden Tabelle aufgeführt. Planeten erhalten Würden oder Schwächen dadurch, dass sie sich in bestimmten Zeichen oder in bestimmten Abschnitten dieser Zeichen befinden. Lassen Sie uns diese Tabelle von links nach rechts durchgehen. Machen Sie sich keine Sorgen – Sie müssen sie nicht auswendig lernen! Sie werden feststellen, dass es nützlich ist, die großen Würden und Schwächen auswendig zu kennen; Grenzen und Gesichter werden sich im Lauf der Zeit einprägen.

Zeichenherrschaft

Zeichen	Herrscher	Erhöhung	Triplizität Tag	Triplizität Nacht	Grenze (Term) nach Ptolemäus					Gesicht 10	Gesicht 20	Gesicht 30	Exil	Fall
♈	♂	☉ 19	☉	♃	♃ 6	♀ 14	☿ 21	♂ 26	♄ 30	♂ 10	☉ 20	♀ 30	♀	♄
♉	♀	☽ 3	♀	☽	♀ 8	☿ 15	♃ 22	♄ 26	♂ 30	☿ 10	☽ 20	♄ 30	♂	
♊	☿		♄	☿	☿ 7	♃ 14	♀ 21	♄ 25	♂ 30	♃ 10	♂ 20	☉ 30	♃	
♋	☽	♃ 15	♂	♂	♂ 6	♃ 13	☿ 20	♀ 27	♄ 30	♀ 10	☿ 20	☽ 30	♄	♂
♌	☉		☉	♃	♄ 6	☿ 13	♀ 19	♃ 25	♂ 30	♄ 10	♃ 20	♂ 30	♄	
♍	☿	☿ 15	♀	☽	☿ 7	♀ 13	♃ 18	♄ 24	♂ 30	☉ 10	♀ 20	☿ 30	♃	♀
♎	♀	♄ 21	♄	☿	♄ 6	♀ 11	♃ 19	☿ 24	♂ 30	☽ 10	♄ 20	♃ 30	♂	☉
♏	♂		♂	♂	♂ 6	♃ 14	♀ 21	☿ 27	♄ 30	♂ 10	☉ 20	♀ 30	♀	☽
♐	♃		☉	♃	♃ 8	♀ 14	☿ 19	♄ 25	♂ 30	☿ 10	☽ 20	♄ 30	☿	
♑	♄	♂ 28	♀	☽	♀ 6	☿ 12	♃ 19	♂ 25	♄ 30	♃ 10	♂ 20	☉ 30	☽	♃
♒	♄		♄	☿	♄ 6	☿ 12	♀ 20	♃ 25	♂ 30	♀ 10	☿ 20	☽ 30	☉	
♓	♃	♀ 27	♂	♂	♀ 8	♃ 14	☿ 20	♂ 26	♄ 30	♄ 10	♃ 20	♂ 30	☿	☿

In seinem eigenen Zeichen zu sein, ist die stärkste essenzielle Würde. Beispiele sind: Mars in Widder, Jupiter in den Fischen. Das wird mit einem Mann in seinem eigenen Zuhause verglichen, in dem Sinn wie vom Engländer gesagt wird: *„His home is his castle"* („sein Zuhause ist seine Burg" – Anmerkung des Übersetzers). Dort ist er der Herr und in der Lage, alles so anzuordnen, wie er es möchte, weshalb er zufrieden ist. Solch ein Planet ist bestens in der Lage, seine essenzielle Güte zu verwirklichen. Alte Bücher haben oft ein T oder N nahe dem Planetenzeichen in dieser Spalte stehen, was für Tag oder Nacht steht. Die Unterscheidung zwischen dem Tages- und Nachtzeichen eines Planeten ist gleichwohl von rein theoretischer Bedeutung; in der Praxis ist sie nutzlos und sollte deshalb nicht beachtet werden.

Erhöhung

Jeder Planet ist in einem Zeichen erhöht; einige Zeichen haben keinen erhöhten Planeten. Beispiele: Venus ist in den Fischen erhöht, Saturn in der Waage. Ein Planet in seiner Erhöhung wird mit einem Ehrengast in jemandes Haus verglichen. In mancher Hinsicht ist der Ehrengast besser dran als der Herr des Hauses: Der Gast bekommt das Beste von allem – er bekommt zum Mittag nicht die aufgewärmten Speisen des gestrigen Abendessens. Aber diese Stärke hat ihre Grenzen: Der Gast kann nicht einfach ins Schlafzimmer gehen und die Schränke durchstöbern. In Bezug auf den Ehrengast gibt es einen Hang zur Übertreibung: Wir behandeln ihn besser als er es jemals verdienen könnte. Diese Tendenz zur Übertreibung ist für das Verständnis der Erhöhung wichtig.

Stellen Sie sich mal einen Kater vor, wie er sich für einen Kampf vorbereitet. Er plustert sich auf. Das macht ihn um keinen Deut stärker, aber es lässt ihn stärker erscheinen. Er erhöht sich selbst. Es ist, als ob die Person, die durch den Planeten in seiner Erhöhung dargestellt wird, vorgibt, eine bessere Version ihrer selbst zu sein, als sie es normalerweise sein könnte. Ein Planet in seinem eigenen Zeichen ist stärker als ein Planet in seiner Erhöhung – außer in einem bestimmten Fall. In einer Frage zu einem Wettkampf, egal welcher Art, übertrumpft ein Planet in seiner Erhöhung denjenigen in seinem eigenen Zeichen. Wie der Kater weiß, kommt es nicht nur darauf an, wie hart du bist, sondern auch, wie hart du aussiehst.

Achten Sie darauf, diese Tendenz zur Übertreibung nicht zu übertreiben. Eine Erhöhung ist sehr gut; sie ist nur nicht ganz so gut wie sie vorgibt zu sein. Schüler überbewerten manchmal dieses nicht den Erwartungen Entsprechen und machen aus der Erhöhung fast eine Schwäche. Das ist sie nicht: Sie ist eine sehr große Stärkung. Ein Beispiel: Die Lieblingsmannschaft des Fragestellers hatte über ihre Verhältnisse gespielt und einen unerwartet vorderen Rang in der Liga erreicht. Der Signifikator der Mannschaft war ein Planet in seiner Erhöhung: sehr gut – aber er sieht besser aus als er wirklich ist.

Der Planet ist im gesamten Erhöhungszeichen erhöht (die Sonne zum Beispiel überall in Widder), aber es gibt einen Grad, wo er super-erhöht ist. Diesen nennt man den *Grad der Erhöhung*, welcher durch die Zahl neben dem Planetensymbol in der Erhöhungsspalte der Tabelle angezeigt wird. Hinweis: Dies ist eine ordinale, keine kardinale Zahl, also ist die Sonne im 19. Grad von Widder (18°00' – 18°59') super-erhöht, nicht von 19°00' – 19°59'; der Mond ist im 3. Grad von Stier super-erhöht (2°00' – 2°59'), nicht 3°00' – 3°59'. „Werde ich es in die Mannschaft schaffen?" mit Ihrem Planeten auf einem Erhöhungsgrad heißt: Sie werden es schaffen und zum Kapitän ernannt werden.

Die Erhöhungen der Mondknoten sind ohne jede praktische Bedeutung.

Triplizität

Die Zeichen unterteilen sich in vier Dreiergruppen (daher „Triplizität"): Erde, Luft, Feuer und Wasser. Jedes Element hat seinen eigenen Herrscher. Wie Sie sehen, ist die Triplizitätsspalte unterteilt: Es gibt einen Herrscher bei Tag und einen bei Nacht.

„Wie weiß ich, welchen ich benutzen soll?" Schauen Sie sich das Horoskop, das Sie deuten, an. Die Linie, die den Aszendenten mit dem Deszendenten verbindet, stellt den Horizont dar. Steht die Sonne über dem Horizont (in den Häusern 7–12), ist es Tag; steht die Sonne unterhalb des Horizonts (in den Häusern 1–6), ist es Nacht. Erlauben Sie jeweils einige Grade zugunsten des Tags an beiden Enden. Wenn also die Sonne nur wenige Grade unterhalb des Aszendenten oder Deszendenten steht, werden Sie das Horoskop als Tageshoroskop werten. Und zwar deshalb, weil das Sonnenlicht vor dem Sonnenaufgang und nach dem Sonnenuntergang sichtbar ist. „Einige Grade" ist die Genauigkeit, die wir hier benötigen: Die exakte Zahl variiert mit dem Breitengrad und der Jahreszeit.

Die Feuerzeichen (Widder, Löwe, Schütze) werden bei Tag von der Sonne und bei Nacht von Jupiter beherrscht. Die Erdzeichen (Stier, Jungfrau, Steinbock) von Venus bei Tag und dem Mond bei Nacht. Die Luftzeichen (Zwillinge, Waage, Wassermann) von Saturn bei Tag und Merkur bei Nacht. Die Wasserzeichen (Krebs, Skorpion, Fische) haben Mars als ihren Herrscher bei Tag und bei Nacht.

„Aber was hat Mars mit Wasser zu tun?" Das Wasser der Wasserzeichen ist kein Süßwasser, sondern der Ozean: wild, stürmisch, unbezähmbar. Es ist unsere Triebnatur – daher die Verbindung mit Mars.

Ein Planet in seiner eigenen Triplizität (wie etwa Jupiter in einem Feuerzeichen in einem Nachthoroskop oder Venus in einem Erdzeichen in einem Tageshoroskop) fühlt sich wohl. Er ist buchstäblich „in seinem Element". Die Dinge könnten noch besser sein, aber sind auch schon ziemlich gut. Der Planet befindet sich in seiner Komfortzone. Er ist mäßig stark, also haben wir eine mäßig gute Version dieses Planeten.

Es gibt noch ein System der Triplizitätsherrscher, das jedem Element drei Herrscher zuweist. Beide Systeme stammen aus der Antike: Der Gedanke, dass das Zwei-Herrscher-System ein moderner Usurpator ist, ist abwegig. Das Drei-Herrscher-System hat einen gewissen spezifischen Nutzen, wenn wir ein Geburtshoroskop deuten; für die Stundenastrologie, um die es hier geht, muss das Zwei-Herrscher-System benutzt werden.

Grenze

Der nächste Abschnitt der Tabelle unterteilt jedes Zeichen in fünf ungleich große Stücke, genannt *Grenzen*. Sonne und Mond herrschen über keine Grenzen; jeder der anderen Planeten beherrscht in jedem Zeichen eine Grenze. Der englische Begriff für Grenze „*term*" meint Grenze (*boundary*), wie man es in den Begriffen *terminus* (Endhaltestelle) oder *terminate* (beenden) erkennen kann. Im Englischen werden „*terms*" manchmal auch „*bounds*" genannt.[20]

Die Zahlen zeigen, wo die Grenze oder der Terminus des kleinen Stücks Herrschaft eines jeden Planeten liegt. Genauso wie bei der Erhöhung, handelt es sich hier um ordinale, nicht kardinale Zahlen. Schauen Sie auf die Widder-Zeile in der Tabelle. Die erste Grenze wird von Jupiter beherrscht, die mit dem 6. Grad endet: Jupiter beherrscht also diesen Teil des Zeichens Widder bis zum Ende des 6. Grads, was 5°59' Widder bedeutet. Dann übernimmt Venus von 6°00' bis zum Ende des 14. Grads, also 13°59'. Dann erstreckt sich Merkurs Abschnitt von 14°00' bis 20°59'; der von Mars von 21°00' bis 25°59'; Saturns Abschnitt von 26°00' bis 29°59'. Ein Planet muss sich in seinem eigenen kleinen Abschnitt des Zeichens befinden, um die Würde der Grenze zu haben. Ein Beispiel: Auf 7°30' Stier steht Venus in ihrem eigenen Zeichen, in ihrer eigenen Triplizität (wenn es

---

[20] Auch im Deutschen wird gelegentlich der Begriff *Terminus* für Grenze gebraucht. (Anmerkung des Übersetzers)

sich um ein Tageshoroskop handelt) und in ihrer eigenen Grenze. Auf 8°30' steht sie in ihrem eigenen Zeichen, ihrer eigenen Triplizität (in einem Tageshoroskop), aber nicht in ihrer Grenze.

Der Herrscher der Grenze kann mit den unteren Offiziersgraden einer Armee verglichen werden. Sie haben ein bisschen Macht, nichts derart Glorreiches wie die Offiziere (große Würden). Gleichwohl ist es viel besser ein Unteroffizier als ein Gefreiter (ohne jede Würde) zu sein. Die Grenzen haben ihre größte Bedeutung, wenn wir das Geburtshoroskop progressiv fortschreiben. In der Stundenastrologie sind sie weniger ein positiver als die Abwesenheit eines negativen Faktors. Genauso wie es nicht so toll ist ein Unteroffizier zu sein, aber immer noch besser als ein Gefreiter zu sein, ist ein Planet in seiner Grenze zwar nicht stark, aber besser dran, als hätte er gar keine Würde. Es ist ein sehr kleines Positivum.

Ich habe nie eine überzeugende Erklärung dafür gefunden, warum die Grenzen so sind, wie sie sind. Es gibt mehrere rivalisierende Anordnungen. Diese hier funktioniert.

Gesicht

Die Grenze ist etwas sehr kleines Positives; das Gesicht ist sogar noch kleiner. Die Gesichte teilen jedes Zeichen in drei gleich große Abschnitte von jeweils 10 Graden ein. Die Zahlen, die wiederum ordinal sind, zeigen die Grenzen jedes Gesichts. Der Widder-Spalte folgend, wird das erste Gesicht von Mars regiert. Mars' Gesicht endet bei 9°59' Widder, wo die Sonne von 10°00' an bis 19°59' übernimmt, wo wiederum Venus von 20°00' bis 29°59' übernimmt.

Ein Planet in seinem eigenen Gesicht wird mit einem Mann verglichen, der in der Eingangshalle seines Hauses steht, bevor er hinaus auf die Straße geworfen wird. Seine Position ist nicht gut, aber sie ist besser, als draußen in Wind und Regen zu stehen: Besser die Würde des Gesichts als gar keine Würde zu haben.

Exil

Ein Planet im Zeichen gegenüber demjenigen, das er beherrscht, befindet sich in seinem Exil (zum Beispiel Mars in der Waage, Venus im Skorpion). Er ist ernsthaft geschwächt. Das spricht schlecht von dem, was immer durch diesen Planeten dargestellt wird, und zwar in einer Weise, die durch den Zusammenhang bestimmt wird. Wenn zum Beispiel ein Mensch mit einer ernsten Erkrankung durch einen Planeten in seinem Exil dargestellt wird, zeigt das, dass er schwer krank ist, nicht dass er eine boshafte Person ist.

Fall

Ein Planet in dem, seiner eigenen Erhöhung gegenüberliegenden Zeichen befindet sich in seinem Fall. Entsprechend liegt dem Grad seiner Erhöhung genau gegenüber der Grad seines Falls, in dem der Planet super-geschwächt ist. Genau wie die Erhöhung, bringt der Fall das Gefühl von Übertreibung mit sich. Beim Fall handelt es sich um übertriebene Schlechtigkeit. Ob das besser oder schlechter als das Exil ist, hängt vom Zusammenhang ab: Es kann beruhigend sein zu wissen, dass die Situation nicht ganz so düster ist, wie Sie fürchten. Steht ein Planet in seinem Exil, sehen die Dinge schlecht aus, und sie sind auch wirklich so schlecht, wie sie scheinen. Steht der Planet im Fall, erscheinen die Dinge schlechter als sie sind – aber sie sind noch immer schlecht. Es gibt viele Zusammenhänge, in denen der Gedanke des „Falls" wörtlich genommen werden kann.

◆ Ibn Ezra bezeichnet das Zeichen des Falls eines Planeten als „das Haus seiner Schande". Das kann manchmal eine passende Auslegung sein. ◇

Hinweis: Es ist üblich, von Planeten in ihrem Exil oder Fall als „schwach" zu sprechen. Gemessen an den essenziellen Würden, die sie haben, trifft das zu: Ja, sie sind schwach. Aber das lässt sich nicht in eine Schwäche zu handeln übersetzen. Im Exil oder Fall sind die Planeten böse oder unglücklich; ob sie stark oder schwach sind – in der Lage oder nicht in der Lage zu handeln – sind, wird eher durch die akzidentiellen als durch die essenziellen Würden angezeigt.

Peregrin

Ein Planet, der sich weder in einer seiner Würden noch in seinem Exil oder Fall befindet, ist peregrin. Er wird mit einem unbehausten, umherziehenden Wanderer verglichen. Bonatti sagt, dass damit jemand dargestellt wird, „der wissen wird, wie er sowohl gut als auch böse handeln kann, der aber eher zum Letzteren neigt".[21] Dem Planeten mangelt es an moralischer Ausrichtung, welche die essenzielle Würde einschließt (sich gut benehmen), und selbst an jener, welche die essenzielle Schwäche impliziert (sich schlecht benehmen); er ist führungslos.

---

[21] *Bonatus*, Aphorismus 55.

Aber durch die Natur der Dinge wird der, welcher umherzieht, wahrscheinlich eher darauf verfallen, Böses zu tun als Gutes.

Dass er sich in gegenseitiger Rezeption befindet, bewahrt einen Planeten nicht davor, peregrin zu sein: Essenzielle Würden können nicht von einem auf den anderen Planeten übertragen werden.

Wie immer kann der Kontext dem peregrinen Zustand eine harmlose Bedeutung zuweisen. Wenn sich jemand auf einer langen Reise befindet, würde er durch einen peregrinen Planeten treffend beschrieben. Das Gleiche gilt für jemanden, der sich nach einem Job oder einem Zuhause umschaut.[22]

Almuten

Jeder Grad hat seinen Almuten. Das ist der Planet mit den meisten essenziellen Würden in diesem Grad. Als Erweiterung wird dieser Planet als Almuten von allem bezeichnet, was sich in diesem Grad befindet, wie etwa ein anderer Planet, eine Hausspitze oder ein Arabischer Punkt.

Um den Almuten zu errechnen, addieren Sie die verschiedenen Planetenwürden in diesem Grad, wobei für Zeichenherrschaft 5 Punkte, Erhöhung 4, Triplizität 3, Grenze 2 und Gesicht 1 Punkt angerechnet werden. Ein Beispiel: Was ist der Almuten von 5° Waage in einem Tageshoroskop? Venus erhält als Zeichenherrscherin 5 Punkte. Saturn in seiner Erhöhung erhält 4 Punkte, 3 als Triplizitätsherrscher und 2 als Herrscher über die Grenze: macht zusammen 9 Punkte. Der Mond erhält 1 Punkt als Herrscher über das Gesicht. Saturn hat die meisten Punkte, also ist er der Almuten.

In vielen Graden gibt es zwei oder sogar drei Planeten, die den gleichen Anspruch haben, Almuten zu sein. Wählen Sie den, der in dem betreffenden Horoskop der stärkste ist. Ziehen Sie zum Beispiel den Planeten am MC dem im 12. Haus vor. Oder wenn sich einer der Planeten im engen Aspekt zum Aszendenten befindet, nehmen Sie den.

Es gibt nur eine Anwendung für Almuten in der Stundenastrologie und die ist selten. Den Almuten einer Hausspitze zu nehmen, ist eine unserer Optionen, wenn wir den Hausherrscher nicht als Signifikator für das Haus verwenden können.

---

[22] Mein Verständnis davon, was peregrin heißt, hat sich seit ich *Die wahre Astrologie* (vgl. dort S. 125) geschrieben habe, konkretisiert. Die beste Beschreibung davon, was es heißt, peregrin zu sein, findet sich im Dritten Gesang aus Dantes *Hölle*.

◆ Heute würde ich Sie nachdrücklich ermahnen, dass es nicht mal diese Anwendung für Almuten gibt, weder in der Stundenastrologie noch in irgendeinem anderen Zweig der Astrologie. Das Konzept des Almuten ist absolut sinnlos. Erstens können wir Würden nicht einfach nach der Skala 5-4-3-2-1 aufaddieren, weil Würden nicht eine Angelegenheit von kleineren oder größeren Anhäufungen derselben Sache sind (dass eine Erhöhung zum Beispiel das Gleiche wie eine Grenze ist, nur verdoppelt); sie unterscheiden sich qualitativ. Dinge von unterschiedlicher Qualität können nicht aufaddiert werden: 2 Äpfel + 2 Äpfel = 4 Äpfel, aber 2 Äpfel + 2 Tische = 2 Äpfel + 2 Tische. Zweitens unterscheiden sich die Würden erheblich in ihrer Stärke. Zeichenherrschaft und Erhöhung sind beide um vieles stärker als die Herrschaft per Triplizität, welche wiederum um vieles stärker ist als Grenze und Gesicht. Überlegen Sie mal: Angenommen wir haben einen General (Zeichenherrscher), der mit einem Feldwebel und einem Unteroffizier (Herrscher per Triplizität und Grenze) streitet. Wer wird gewinnen? Der General natürlich. Aber nach der Theorie des Almuten sind sie gleich stark.

Warum also gibt es diese unsinnige Theorie? Es ist eine weitere Art, dem Astrologen einen Plan B an die Hand zu geben. „Ach je, sie liebt Sie nicht. Aber Moment, warten Sie mal – wenn wir auf Ihren Almuten schauen.....!" ◆

Dispositor

Der Dispositor eines Planeten oder eines Arabischen Punkts ist der Herrscher des Zeichens, in welchem sich dieser Planet oder Arabische Punkt befindet. Also wird alles, was sich in Widder befindet, von Mars beherrscht, alles in Stier durch Venus. Mars *disponiert* über alles in Widder, Venus über alles in Stier. In den Texten werden Sie manchmal andere Dispositionen antreffen: Saturn herrscht über alles in Waage qua Erhöhung. In solchen Fällen wird stets die Würde genannt.

◆ Dieses Wort ist im Englischen (wie im Deutschen – Anmerkung des Übersetzers) heute, jenseits seines astrologischen Gebrauchs, veraltet, aber es bedeutet einfach „der, der das Sagen hat" oder „der Chef". Ich fand es amüsant zu entdecken, dass der Leiter des Parkplatzes am Warschauer Flughafen der *dyspositor parkingu* ist. ◆

Wie viele Würden?

Würden sind kumulativ. Die Sonne ist in Widder erhöht. In einem Tageshoroskop befindet sich die Sonne in Widder auch in ihrer eigenen Triplizität; also hat sie in Widder in einem Tageshoroskop mehr Würden als in einem Nachthoroskop, in dem sie nicht auch noch die Triplizitätsherrschaft innehat.

Obwohl die Zuweisung von 5-4-3-2-1 Punkten für die Bestimmung des Almuten angemessen ist, gibt sie die relative Stärke der Würden nicht genau wieder. Zeichenherrschaft und Erhöhung (und auch Exil und Fall) sind sehr viel stärker als die Triplizität, die wiederum sehr viel stärker ist als Grenze und Gesicht. Es gibt keine Möglichkeit der genauen Messung, wie viele Würden ein Planet hat. Dieser Mangel ist nicht wichtig: Wir betreiben Astrologie, keine Arithmetik. In veröffentlichten Stundenhoroskopen werden Sie manchmal Aussagen lesen wie „Jupiter hat eine Stärke von 10". Das ist nichtssagend. 10 was? In der Praxis ist die Quantifizierung der Würden als „viele", „einige" oder „wenige" vollkommen ausreichend.

Widersprüche

Sie haben vielleicht bemerkt, dass es in der Würdentabelle scheinbare Widersprüche gibt. Mars zum Beispiel befindet sich in Krebs in seinem Fall, ist dort aber auch Triplizitätsherrscher. Venus wiederum befindet sich in der Jungfrau in ihrem Fall, ist aber in einem Tageshoroskop ebenfalls auch Triplizitätsherrscherin. Es gibt noch zahlreiche weitere Beispiele. Das ist keineswegs widersprüchlich, weil sich die Würden in ihrer Qualität unterscheiden, nicht nur in ihrer Stärke. Stärke wird also nicht mit der einen Hand gegeben und mit der anderen wieder weggenommen. Derartige scheinbare Widersprüche spiegeln die Mehrdeutigkeit des täglichen Lebens wider: die Dinge sind nicht immer nur gut oder nur schlecht.

Beispiel: Eine Klientin fragte nach den Drogengewohnheiten ihres Sohnes. Der Junge wurde durch Mars dargestellt, der in Krebs stand – überaus angemessen, ist der Mond doch der natürliche Herrscher aller Rauschmittel. Mars in seiner Triplizität: Er fühlt sich dort wohl. Was überaus plausibel ist: Wenn der Junge die Drogen nimmt, ist es wahrscheinlich, dass er sie mag. Mars ist auch in seinem Fall: Sie schaden ihm. Der Fall ist bei Weitem stärker negativ als die Triplizitätsherrschaft positiv, also überwiegt der Schaden den Genuss. Aber es handelt sich um den Fall mit seinem Zug zur Übertreibung der Schlechtigkeit, nicht um das Exil: Dem Jungen wird Schaden zugefügt, aber nicht so viel, wie es die Fragestellerin befürchtet.

Wenn ich unterrichte, finde ich einige Beispiele hilfreich, um die Funktionsweise der Würden zu erklären. Stellen Sie sich vor, dass Sie ein Casino in Las Vegas besitzen. Sie sitzen in Ihrem Büro und erfreuen sich am Gefühl des Wohlbefindens, das dadurch entsteht, dass Sie in Ihrem eigenen, erfolgreichen Unternehmen sitzen und dabei einen Bourbon und eine gute Zigarre genießen. Sie befinden sich in Ihrem eigenen Zeichen und können deshalb Ihre besten Qualitäten offenbaren. Wenn dann also der Croupier schüchtern an Ihre Tür klopft und entschuldigend erklärt, dass er bei der letzten Drehung der Roulette-Scheibe 50.000 Dollar verloren hat, lächeln Sie verständnisvoll und werfen ihm den Schlüssel für den Safe zu. Aber am nächsten Morgen wachen Sie auf und finden einen Pferdekopf in Ihrem Bett. Sie sind nicht der sichere Herrscher über alles, was Sie überblicken: Sie sind nicht nur nicht mehr in Ihrem eigenen Zeichen, sondern haben auch noch Ihr Exil betreten. Im verzweifelten Bestreben, Ihre Haut zu retten, werden Sie nicht Ihre besten Qualitäten demonstrieren. Wenn nun der Croupier also entschuldigend erklärt, dass er weitere 50.000 Dollar verloren hat, schnippen Sie mit den Fingern und schicken ihn dahin, wo er mit den Fischen schläft.

Oder überlegen Sie sich mal die übliche Sonnenzeichen-Vorstellung eines waagegemäßen Wohnzimmers: Alles ist penibel ordentlich und sauber, mit erlesenem Schnickschnack und jedem Kissen genau an seinem Platz. Und dann kommt Mars in der Person von Charles Bronson vorbei. Inmitten dieses Wohnzimmers platziert, wird er sich in einer völlig fremden Umgebung befinden: Er ist in seinem Exil. Die Spannung, die dadurch entsteht, dass er so deplatziert ist, bringt ihn wahrscheinlich dazu, sich schlecht zu benehmen und die schlechtesten Seiten seiner Mars-Natur zu zeigen.

Das bedeutet nicht, dass Mars etwas Schlechtes ist. Wenn Sie ein mexikanischer Dorfbewohner wären, umzingelt von Banditen, wären Sie entzückt, Mars in der Person von Charles Bronson und seinen großartigen Freunden zu erblicken, wie sie mit blinkenden Revolvern den Hügel in Ihre Richtung erklimmen. Da ist Mars in seiner richtigen Umgebung und kann sein bestes Benehmen zeigen. Sie und Ihre Dorfnachbarn würden weit weniger erfreut sein, Margot Fonteyn und das *Corps de Ballet* zu sehen, wie sie den Hügel heraufklettern und sich Ihnen nähern – obwohl Venus nominell eine Wohltäterin ist.

7

Akzidentielle Würden

Der Trainer einer Fußballmannschaft muss sich entscheiden, welchen von zwei Spielern er für das Spiel am Samstag aufstellt. Beide haben jede Menge essenzieller Würden: Sie sind gute Spieler. Für den Trainer reicht es nicht aus, sich darüber Gedanken zu machen, wie viele Fähigkeiten sie haben: Er muss auch andere Faktoren einbeziehen. Einer von beiden Spielern weiß, dass ihn ein gutes Spiel in die englische Nationalmannschaft befördern würde, also brennt er darauf. Die Mutter des anderen ist letzte Woche gestorben, weshalb er niedergeschlagen ist. Bei einem macht sich das Alter bemerkbar und er bewegt sich immer langsamer. Der andere hat letzte Woche einen Tritt abbekommen und ist noch nicht vollständig wiederhergestellt. Diese Faktoren sind *akzidentielle* Würden und Schwächen. Es ist essenziell, sie bei der Deutung zu berücksichtigen.

Überlegen Sie mal: Ich bin der netteste Mensch der Welt – ich habe viele essenzielle Würden. Aber ich befinde mich in Einzelhaft – akzidentielle Schwäche. Egal wie nett ich bin, diese akzidentielle Schwäche hindert mich daran, diese Freundlichkeit auszuleben, genauso wie die akzidentiellen Faktoren unseren Fußballern helfen oder sie daran hindern, ihr bestes Spiel zu zeigen. Grundsätzlich sagen uns essenzielle Würden, ob der Planet etwas Gutes oder Schlechtes bedeutet; akzidentielle Würden sagen uns, ob dieser gute oder schlechte Planet in der Lage ist zu handeln. Da steht ein Planet genau an der Himmelsmitte (starke akzidentielle Würde): Er hat jede Menge Möglichkeiten zu handeln; er sitzt auf dem Fahrersitz. Er steht in seinem eigenen Zeichen: Er weiß, wie man fährt. Er ist im Exil: Er weiß nicht, wie man fährt. Aber da er auf der Himmelsmitte steht, befindet er sich immer noch auf dem Fahrersitz.

In der Praxis wird diese Unterscheidung zwischen essenziellen und akzidentiellen Qualitäten oft weniger deutlich sein, aber wenn Sie von diesem Grundsatz ausgehen und ihn als notwendig annehmen, werden Sie auf der richtigen Fährte bleiben.

Grob gesagt, je mehr akzidentielle Würden ein Planet hat, desto eher ist er in der Lage zu handeln; je mehr akzidentielle Schwächen er hat, desto kraftloser ist er, desto weniger Möglichkeiten hat er zu handeln. Aber im konkreten Fall können Würden und Schwächen für die Angelegenheit, um die es geht, relevant sein oder auch nicht. Mein Freund hat ein gebrochenes Bein, eine ernste akzidentielle Schwächung. Wenn meine Frage lautet: „Wird er mir etwas Geld leihen?", ist diese Schwäche irrelevant. Lautet sie: „Wird er Tennis mit mir spielen?", ist sie von größter Bedeutung.

◆ Vermeiden Sie es, das Konzept der Stärke zu handeln, oder den Mangel daran, in Zusammenhänge einzuführen, in die es nicht gehört. Was auf die meisten Zusammenhänge zutrifft. Wenn ich frage: „Werde ich die Goldmedaille gewinnen?", ist die Fähigkeit zu handeln wichtig; frage ich: „Wie wird morgen das Wetter sein?", ist das Konzept ohne Bedeutung. Selbst bei „Werde ich die Stelle bekommen?" ist die Realität der Situation normalerweise so, dass die Kraft zu handeln ohne Belang ist: Abgesehen davon, dass ich pünktlich und mit gekämmten Haaren zum Vorstellungsgespräch erscheine, gibt es nicht viel, was ich tun kann. Oder bei „Wann wird der Brief eintreffen?" Der Brief verfügt über keine Macht zu handeln, egal wie viel akzidentielle Würden sein Signifikator hat. Das Horoskop spiegelt die Wirklichkeit wider. Wenn etwas in der Realität keinen Sinn ergibt, ergibt es auch im Horoskop keinen Sinn. ◆

Akzidentielle Überlegungen können kumulativ oder nicht kumulativ sein. Der gesunde Menschenverstand wird Ihnen sagen, ob sie im aktuellen Fall kumulativ sind. Wenn unser Fußballer, der mit zunehmendem Alter langsamer wird, derselbe ist, dessen Mutter gestorben ist, könnten sich diese Schwächen sehr wohl aufaddieren. Aber wenn meine Hose mit einem Gürtel oben gehalten wird, wird sie um keinen Deut besser oben gehalten, wenn ich auch noch ein Paar Hosenträger hinzunehme.

Eine Liste akzidentieller Überlegungen wäre unendlich, da jede Frage ihre eigene Liste von dem bereithält, was förderlich und nicht förderlich ist. Lautet die Frage: „Werde ich ein Opernsänger?", wäre das Auffinden meines Signifikators in einem stummen Zeichen eine akzidentielle Schwäche. Lautet sie: „Werde ich eine gute Pantomime vorführen?", wäre es eine akzidentielle Würde. Hier haben Sie eine Checkliste einiger nützlicher Überlegungen. Ich habe noch einige andere Würden besprochen, die man gefahrlos beiseitelassen kann – der Vollständigkeit halber und auch weil sie diesen Begriffen in anderen Büchern über den Weg laufen werden. Die Checkliste wird normalerweise mit Zahlen gedruckt, die den einzelnen Überlegungen Punktwerte zuordnet. Ich habe diese wegen der Obsession, die die Astrologen mit der Arithmetik haben, weggelassen. Geben

Sie einem Astrologen zwei Zahlen und sofort wird er sie addieren. Das ist alles andere als hilfreich. Alles, was diese Zahlen machen, ist, einen groben Hinweis auf die relative Stärke dieser Würden und Schwächen zu geben, und genau das werde ich unten tun. Sie in eine Tabelle einzutragen, würde mehr Verwirrung stiften, als dass es sich lohnt.

CHECKLISTE DER AKZIDENTIELLEN WÜRDEN UND SCHWÄCHEN

In welchem Haus steht der Planet?
Ist er in seiner Freude?
Ist er rückläufig?
Ist er schnell, langsam oder stationär?
Ist er verbrannt, unter den Strahlen der Sonne, in Opposition zur Sonne oder cazimi?
Wird er belagert oder durch Aspekte belagert?
Hat er enge Aspekte?
Steht er auf einem der Mondknoten?
Steht er auf Regulus, Spica oder Algol?
Hat der Mond Licht? Nimmt es zu oder ab?
Ist der Mond void of course?
Befindet sich der Mond auf der Via Combusta?

Sie werden schnell merken, dass Sie diese Dinge fast ohne nachzudenken erfassen werden. Für jetzt gilt trotzdem: Arbeiten Sie diese Liste systematisch durch.

Hausplatzierung

Diese ist wichtig und muss untersucht werden. Die Grundregel lautet: „Eckhäuser sind stark; nachfolgende Häuser mittelmäßig; fallende Häuser schwach". Aber das 3. und das 9. Haus, obwohl fallend, werden – nur für diesen Zweck – als nachfolgende Häuser ehrenhalber angesehen, während das 8. Haus, obwohl nachfolgend, genauso schwach ist wie das 6. und das 12. Haus.

Die Häuser in der Ordnung ihrer Stärke aufzulisten, wäre allzu genau: Die Eckhäuser sind alle mehr oder weniger gleich; die nachfolgenden (inklusive ihrer Ehrenmitglieder) sind alle mehr oder weniger gleich; die fallenden Häuser sind alle mehr oder weniger gleich. Einfach gesagt:

* Eckhäuser sind stark
* das 6., 8. und 12. schwach
* alle anderen neutral.

Die Ausnahme von der Regel kommt ins Spiel, wenn die Frage dem Planeten einen guten Grund gibt, in diesem Haus zu sein. Wenn ich zum Beispiel frage: „Werde ich das Geld zurückbekommen, das ich verliehen habe?", und ich finde den Herrn von 1 im 8. Haus (dem 2. vom 7. Haus: das Geld der anderen Person), dann ist er dort nicht schwach: Es ist der angemessene Platz für ihn, weil ich über Angelegenheiten des 8. Hauses nachdenke.

Ein Planet in einem Eckhaus gewinnt je mehr Stärke, je näher er der Spitze steht. Steht ein Planet in einem Haus, aber nicht im gleichen Zeichen wie die Hausspitze (zum Beispiel ist die Hausspitze auf 25° Widder, der Planet auf 4° Stier), dann ist das, als ob sich eine Isolationsschicht zwischen dem Planet und dem Haus befände. Er wird nicht im gleichen Maß gestärkt, als stünde er in diesem Haus und auch im gleichen Zeichen wie die Spitze. Aber überbewerten Sie das nicht: Ein Planet in einem Eckhaus, aber in einem anderen Zeichen ist immer noch stärker als einer in einem nachfolgenden Haus.

Rufen Sie sich in Erinnerung, dass ein Planet innerhalb von etwa 5 Grad vor der Spitze des nächsten Hauses und im selben Zeichen wie diese Spitze, als im nächsten Haus befindlich gewertet wird.

◆ Beachten Sie, dass es in den meisten Fällen keine Rolle spielt, in welchem Haus ein Planet steht. Es ist wie im Theater: Manchmal ist es wichtig, an welcher Stelle genau der Schauspieler steht – vielleicht unter dem Balkon oder über der Falltür. Aber in den meisten Fällen ist es egal, wo er sich befindet. Er muss einfach nur irgendwo stehen. Genauso ist es mit den Planeten im Horoskop. ◆

Freude

Das ist weit weniger wichtig, aber trotzdem wert notiert zu werden. Jeder Planet hat in einem der Häuser seine Freude: Merkur im 1. Haus; der Mond im 3.; Venus im 5.; Mars im 6.; die Sonne im 9.; Jupiter im 11.; Saturn im 12. Haus. Es ist, als ob der Planet dieses Haus als geeigneten Platz empfindet, um herumzuhängen. Weil er dort gerne ist und sich dort besser fühlt, hat er ein bisschen mehr Kraft zu handeln. Er wird dort auch eher gemäß seiner eigenen Natur handeln – Merkur wird merkurtypische Dinge tun; Mars wird marstypische Dinge tun. Der dahinterstehende Gedanke ist sehr nah dem hinter den essenziellen Würden.

◆ Bei den meisten Fragen kann man die Freude ruhigen Gewissens vernachlässigen. Nützlich ist sie vor allem in Stundenhoroskopen, bei denen wir entscheiden müssen, welcher von zwei Planeten der stärkere ist, wie etwa bei Fragen zu Wettkämpfen („Werden wir das Spiel gewinnen?"). Selbst dort werden andere Zeugnisse im Allgemeinen so viel stärker sein, dass die Freude nicht wichtig ist. ◆

Rückläufigkeit

Mit Ausnahme von Sonne und Mond, scheinen alle Planeten von Zeit zu Zeit am Himmel rückwärts zu laufen: Sie sind rückläufig. Ist ein Signifikator rückläufig, muss das beachtet werden. Das kann eine Schädigung sein oder keine Schädigung; wenn es eine ist, ist es eine schwerwiegende.

Bei vielen Fragen ist die Rückläufigkeit genau das, was wir zu sehen hoffen: „Werde ich meinen alten Arbeitsplatz zurückbekommen?"; „Kann ich wieder mit Britney zusammenkommen?"; „Wird die Katze nach Hause kommen?". In allen Umständen, die eine Rückkehr oder ein nochmaliges Durchgehen von etwas beinhalten, ist ein rückläufiger Signifikator vollkommen angemessen, also ist die Rückläufigkeit keine Schwäche. Sogar dann, wenn nicht nach einer Rückkehr gefragt wird, es aber im Kontext einen Sinn ergibt: „Werde ich einen Mann kennenlernen?" und der Aspekt wird zu einem rückläufigen Planeten gebildet: „Sie werden wieder mit einem Ex zusammenkommen".

Das ist ein Beispiel für das, was ich *Das Gesetz der hinreichenden Begründung* nennen würde. Wenn der Zusammenhang einer Untersuchung eine Schwäche erklärt, ist sie keine Schwäche.

Gibt es keine derart günstige, durch den Kontext begründete Wende, ist die Rückläufigkeit ein Problem. Der Planet läuft falsch herum; das ist entgegen seiner

Natur. Das ist eine mächtige Schwächung, und es ist sehr unwahrscheinlich, dass die Dinge – wenn er sich gegen die eigene Natur verhält – gut ausgehen werden. Überlegen Sie mal: Der Planet hat jede Menge essenzieller Würden, er ist also einer von den Guten. Er steht auf der Himmelsmitte, ist also durch die Hausstellung mit hohen Würden versehen: Er hat ein Gewehr und viel Munition. Aber er ist rückläufig: Selbst mit den besten Absichten der Welt wird er in die falsche Richtung schießen.

Wenn der Planet gerade erst kürzlich rückläufig geworden ist, kann es wichtig sein sich anzuschauen, was er davor gemacht hat, um nun zurückzukehren, um es wieder zu tun; oder was er vorhatte zu tun, sich aber davon abgewandt hat. Schauen Sie sich an, wo er gewesen ist und wohin er nicht gegangen ist. Aber: Wenn er rückläufig ist, steht ein Planet entweder in Konjunktion oder Opposition zur Sonne; läuft ein Planet, den Sie sich anschauen, auf die Konjunktion mit oder die Opposition zur Sonne zu, schauen Sie nicht nach, was er anschließend macht.

Sich direktläufig zu bewegen, wird normalerweise als Würde aufgelistet. Es ist keine Würde. Das ist der Normalzustand der Dinge, von dem die Rückläufigkeit eine Abweichung ist.

◆ Ich möchte den Punkt oben noch einmal dick unterstreichen, weil ich weiß, wie zögerlich Schüler darin sein können, sich von der Vorstellung, dass Rückläufigkeit stets etwas Schlechtes ist, zu verabschieden. Die Rückläufigkeit kann gut, schlecht oder keines von beiden sein – abhängig vom Kontext und davon, auf was sich der Planet hin- oder von was er sich fortbewegt. Die Empfangshalle eines Flughafens ist voller Szenen einer freudvollen Rückläufigkeit, und wenn mein Auto auf die Kante einer Klippe zurollt, ist das Einlegen des Rückwärtsgangs eine hervorragende Idee. Gehe ich aber zu dem Gefängnis zurück, aus dem ich entflohen bin, werde ich nicht glücklich sein. ◆

Station

Ein Planet, der aus der direkten Bewegung heraus in die Rückläufigkeit oder aus der Rückläufigkeit in die Direktläufigkeit wechselt, passiert die stationäre Phase: die *erste Station*, wenn er rückläufig wird; die *zweite Station*, wenn er direktläufig wird. Diese werden deshalb so genannt, weil der Planet scheinbar langsamer wird bis er zum Stillstand kommt, wodurch er unbewegt am Himmel steht. Das ist extrem wichtig.

Die stationäre Phase ist eine Zeit großer Schwäche und Verletzlichkeit für einen Planeten. Nur die stärksten aller mildernden Umstände werden ihn in derartigen Zeiten in die Lage versetzen zu handeln. Die erste Station wird mit einem Mann verglichen, der sich krank fühlt und beschließt, sich auf sein Krankenlager zu legen: Er fühlt sich schlecht und es wird noch schlechter werden. Die zweite Station wird mit einem Mann verglichen, der zum ersten Mal von seinem Krankenlager aufsteht: Er fühlt sich schwach, wahrscheinlich schlechter als zu der Zeit, als er sich hingelegt hat, aber es geht aufwärts mit ihm. Ich glaube, diese Sichtweise verfehlt es vollkommen klarzumachen, wie grimmig die zweite Station ist.

Wenn wir uns eine stationäre Phase anschauen, ist es entscheidend, uns die umgebenden Bedingungen anzuschauen. Vielleicht wird der Planet rückläufig, um eine Opposition zu Saturn zu vermeiden: Das könnte uns zeigen, dass die durch diesen Planeten dargestellte Person ein kluge Bewegung macht, um etwas Übles zu vermeiden. Vielleicht ereignet es sich am Ende eines Zeichens: Vermeidet der Planet den Verlust essenzieller Würden oder verpasst er dadurch, welche zu gewinnen? Oft wird die Rückläufigkeit einen Planeten in ein Zeichen zurückbringen, das er vor kurzem verlassen hat: Das könnte für unsere Untersuchung sehr wichtig sein. Was erzählt uns der Wechsel der Rezeptionen beim Wechsel der Zeichen?

◆ Wie bei der Rückläufigkeit, ist der Kontext auch hier von äußerster Wichtigkeit, um zu entscheiden, ob eine Station etwas Gutes, Schlechtes oder nichts von beidem ist. Weil der Fluss, an dem ich wohne, Hochwasser führte, erstellte ich ein Stundenhoroskop, um zu sehen, ob die Deiche fortgespült werden würden. Der Signifikator der Deiche war stationär. Hervorragend! Wenn sie sich nicht bewegen, werden sie sich nicht woandershin bewegen: Sie werden nicht fortgespült werden. Innerhalb dieses Kontextes war die Station außerordentlich stärkend, denn sich nicht zu bewegen, ist genau das, was Deiche tun sollen – genau das, worin ihre Stärke liegt. ◆

Geschwindigkeit

Die Sonne bewegt sich stets mit der nahezu gleichen Geschwindigkeit (d. h. sie bewältigt jeden Tag fast die gleiche Strecke auf dem Tierkreis). Die Geschwindigkeit des Mondes schwankt um ihren Durchschnittswert. Die anderen Planeten bremsen in der stationären Phase bis auf Null ab und bewegen sich zu anderen Zeiten schneller als der Durchschnitt. Das kann sehr wichtig sein.

Je schneller sich ein Planet bewegt, desto mehr Kraft hat er zu handeln. Das ist eine Frage der Triebkraft, genauso wie im Physikunterricht: Ein Auto, das mit 60 Stundenkilometern unterwegs ist, verursacht viel mehr Schaden als eines, das 20 Stundenkilometer fährt.

„Woher weiß ich, ob ein Planet schnell oder langsam läuft?" Ich vertraue darauf, dass Sie meinem Rat gefolgt sind und die „hilfreichen" Seiten Ihrer Software, die Ihnen diese, wie viel zu viele andere Informationen zur Verfügung stellen, abgeschaltet haben. Entweder klicken Sie Ihr Horoskop tageweise vorwärts, um zu sehen, wie weit Ihr Planet sich in dieser Zeit bewegt hat, und vergleichen das mit seiner durchschnittlichen täglichen Bewegung; oder Sie schauen in die Ephemeride, um zu sehen, wie weit sich der Planet zwischen gestern Mittag und heute Mittag fortbewegt hat. In *Raphael's Ephemeris*[23] gibt es eine handliche Tabelle, die die tägliche Bewegung aller Planeten bis zu Mars angibt.

Die durchschnittlichen täglichen Bewegungen der Planeten sind:

Mond	13°11'
Merkur	0°59'
Venus	0°59'
Sonne	0°59'
Mars	0°31'
Jupiter	0°05'
Saturn	0°02'

Sie werden in Grad und Minuten (Bogen-, nicht Zeitminuten) ausgedrückt. 60 Minuten = 1 Grad. Die Durchschnittsgeschwindigkeit von Sonne, Merkur und Venus ist minimal geringer als 1 Grad pro Tag. Aber das ist ihre tägliche Vorwärtsbewegung, wobei ihre rückläufigen Perioden als negativ gewertet werden. Ein Planet kann sich schnell, aber in der rückläufigen Richtung bewegen. Je langsamer sich ein Planet, im Vergleich zu seiner eigenen Norm, bewegt, desto weniger ist er in der Lage zu handeln. Ein Planet, der sich schnell und rückläufig bewegt, ist sehr wohl in der Lage zu handeln, aber auf die falsche Weise. Unser Cowboy ist ganz wild darauf zu schießen, allerdings in die falsche Richtung.

---

[23] Foulsham, Slough, wird jährlich herausgegeben.

	schnell, wenn mehr als:	langsam, wenn weniger als:
Mond	13°30′ pro Tag	12°30′ pro Tag
Merkur	1°30′	1°00′
Venus	1°10′	0°50′
Mars	0°40′	0°30′
Jupiter	0°10′	0°05′
Saturn	0°05′	0°02′

Wir brauchen hier nicht pingelig zu sein: Ein Planet muss bedeutend schneller oder langsamer als seine Norm sein, damit es sich lohnt, dies zu vermerken. Ein paar Minuten pro Tag bedeuten für den sich langsam bewegenden Jupiter einen großen Unterschied, für den Mond bedeuten sie gar nichts. Die Sonne ist nie wirklich langsam oder schnell. Für die anderen Planeten gibt diese Tabelle einen groben Leitfaden; aber als ich diese Tabelle zusammenstellte, war dies das erste Mal, dass ich es jemals für nötig befunden habe, über die Grenzen von „schnell" und „langsam" nachzudenken – also fassen Sie dies nicht als eine exakte Definition auf.

Das hat natürlich einen besonderen Bezug zu Fragen über Geschwindigkeit: „Kann ich das Rennen gewinnen?" „Werden sie diese Transaktion schnell durchführen?" In manchen Fällen wird ein sich langsam bewegender Planet genau das sein, was Sie haben möchten: „Werde ich gewinnen, wenn ich das Verfahren in die Länge ziehe?"

Die Ausnahme von der Regel „schnell ist stark" ist Saturn. Sich schnell zu bewegen, ist gegen Saturns schwerfällige Natur und sollte für ihn deshalb als Schwäche gewertet werden. Was aber nicht heißt, dass seine gewöhnlich langsame Bewegung unbedingt ein Vorteil ist. Sie zeigt oft an, dass die Dinge auf die eine oder andere Weise festgefahren sind. Als sich zum Beispiel Saturn langsam durch das fixe Erdzeichen Stier bewegte, wurde ich von medizinischen Stundenhoroskopen über entweder psychische oder physische Verstopfung belagert.

◆ Obwohl das oben Geschriebene vollkommen in Ordnung ist, übertreibt es die Bedeutung der Geschwindigkeit, wenn wir dem Thema so viel Aufmerksamkeit widmen. In fast allen Horoskopen ist die Feststellung, dass ein Planet schnell oder langsam läuft, ohne Bedeutung. Bei Fragen wie „Sollte ich dieses Rennpferd kaufen" ist sie natürlich von äußerster Wichtigkeit, aber derartige Zusammenhänge sind selten. ◆

Verbrennung

Sie ist von immenser Bedeutung. Sie kann eine Deutung allein entscheiden. „Wird meine Mannschaft ihre Mannschaft schlagen?" und der Herr von 7 (ihre Mannschaft) ist verbrannt: Deine Mannschaft wird gewinnen. Ende der Deutung. Es gibt keine größere Verletzung eines Planeten als diese.

Technisch gesehen, ist ein Planet innerhalb von achteinhalb Grad Entfernung von der Sonne verbrannt. Aber eine Verbrennung ist nicht immer gleich ernst: Ein acht Grad von der Sonne entfernter und sich weiter von ihr entfernender Planet ist weit weniger verletzt als ein anderer, der zwei Grad vor der Sonne steht und auf sie zuläuft. Hinweis: Um verbrannt zu sein, muss ein Planet im gleichen Zeichen wie die Sonne stehen.

Abgesehen davon, dass sie zutiefst zerstörerisch ist, kann eine Verbrennung anzeigen, dass, wer oder was immer durch diesen Planeten dargestellt wird, nicht sehen kann oder gesehen werden kann. Das kann der Verbrennung auch eine positive Bedeutung geben: „Kann ich das oder das tun, ohne um Erlaubnis zu fragen?" und der Signifikator des Fragestellers ist verbrannt: „Ja. Niemand kann Sie sehen: Sie können machen, was Sie wollen".

Wenn sein Signifikator verbrannt ist, wird ein vermisster Gegenstand häufig dann auftauchen, wenn sein Signifikator, in Echtzeit, die Verbrennung verlässt.

Wenn dieser Planet nicht sehen kann, kann die Person, für die er steht, keinen Sinn erkennen. Der Fragesteller, dessen Signifikator verbrannt ist, wird der Deutung keinerlei Beachtung schenken. Die beklagenswerte Richtigkeit dieser Feststellung wird Horoskop für Horoskop bestätigt.

◆ Das Haus, das die Sonne beherrscht, kann uns helfen zu bestimmen, was die Urteilsfähigkeit des Fragestellers beeinträchtigt. Lilly gibt uns davon in seiner Deutung einer eigenen Frage zum Kauf einiger Häuser, unfreiwillig, ein Beispiel.[24] Sein Signifikator ist verbrannt. Die Sonne herrscht über das 11. Haus, welches das 5. vom 7. Haus ist. Was trübt sein Urteil? Die hübsche Tochter des Verkäufers, die ihn dazu verführt, viel mehr für die Häuser zu bezahlen als sie wert sind. ◆

Manchmal wird behauptet, dass die Verbrennung Mars nicht betrifft, weil er wie die Sonne heiß und trocken ist. Sie betrifft ihn. Die Vorstellung hinter der Verbrennung ist, dass es gefährlich ist, dem König zu nahe zu kommen (außer er

---

[24] *Lilly*, Kapitel 38.

drückt Sie an seinen Busen); es ist nicht weniger gefährlich, wenn Sie ein Soldat (Mars) sind als wenn Sie Anne Boleyn[25] (Venus) sind.

Wenn die Konjunktion mit der Sonne uns ein Ja als Antwort auf die Frage geben würde, kann die Verbrennung vernachlässigt werden: Die arme Sonne würde anderenfalls nie zu einer Konjunktion kommen.

Die Debatte darüber, wie eine Verbrennung einen Planeten in seinem eigenen Zeichen beeinflusst (zum Beispiel Venus verbrannt in Stier), ist alt. Behandeln Sie sie genau wie eine gegenseitige Rezeption: Der Planet hat als Dispositor Macht über die Sonne; die Sonne hat Macht über den Planeten durch die Verbrennung. Deshalb schädigt die Verbrennung den Planeten in diesem Fall nicht; der Gedanke, nicht in der Lage zu sein zu sehen oder gesehen zu werden, besteht gleichwohl fort.

◆ Das Gleiche trifft auf die Verbrennung im Zeichen der Erhöhung des Planeten zu (zum Beispiel Venus verbrannt in Fische). ◆

Obwohl die Verbrennung so zerstörerisch ist, gibt es einen großen Unterschied zwischen der Verbrennung eines Planeten, der sich der Sonne nähert, und einer, bei der er sich von ihr entfernt. „Werde ich diese Krankheit überleben?" und mein Planet ist verbrannt und nähert sich der Sonne: vielleicht nicht. Und entfernt sich von ihr: Das Schlimmste haben Sie überstanden.

Frei von Verbrennung zu sein, wird gewöhnlich als Würde aufgelistet. Es ist keine Würde. Es ist der Normalzustand der Dinge, von dem die Verbrennung eine Abweichung darstellt.

◆ Shakespeare gibt uns ein nettes Beispiel dafür, dass eine Verbrennung etwas unsichtbar macht. Der König ist einer verheirateten Frau verfallen, die nichts von ihm wissen will, also bekniet er ihren Vater, seinen Einfluss bei ihr geltend zu machen. Neben anderen Argumenten, sagt ihr der Vater, sie solle keine Angst haben, ihren Ruf zu verlieren, denn wenn sie nahe beim König sei, wären die Strahlen seiner Majestät so hell, dass niemand in der Lage sein werde, sie, seine Tochter, zu sehen. (*Edward III.*, 2. Akt, 1. Szene, Zeilen 399-401) ◆

---

[25] Zweite der sechs Ehefrauen von König Heinrich VIII. von England, die 1536 wegen vorgeblichen Ehebruchs und Hochverrats zum Tode verurteilt und enthauptet wurde. (Anmerkung des Übersetzers)

Cazimi

Im Zentrum der Verbrennung gibt es eine winzige Oase, genannt *Cazimi* oder *im Herzen der Sonne*. Um in Cazimi zu sein, muss ein Planet innerhalb eines Abstands von 17½' zur Position der Sonne stehen – wobei eine halbe Bogenminute zu messen, viel zu genau zu sein hieße. Während die Verbrennung das Schlimmste ist, was einem Planeten zustoßen kann, ist Cazimi das Beste: Ein Planet in Cazimi wird mit einem Mann verglichen, der dazu erhoben wurde, an der Seite des Königs zu sitzen. Wenn Sie der Favorit des Königs sind und auf seinem Schoß sitzen, haben Sie große Macht. Um in Cazimi zu sein, muss ein Planet im selben Zeichen wie die Sonne stehen.

Denken Sie nicht: „Dieser Planet ist verbrannt, aber er läuft auf Cazimi zu, also wird alles gut ausgehen". Die Verbrennung ist absolut zerstörerisch: Es gibt kein sich durch sie hindurch Bewegen, um Cazimi zu erreichen. Von dieser Grundregel gibt es eine Ausnahme, wenn wir mit Hilfe des Stundenhoroskops eine Terminwahl machen und der Planet, den wir stark machen möchten, verbrannt ist (vgl. Kapitel 27).

Unter den Strahlen der Sonne

Jenseits der Verbrennung gibt es ein weniger schädliches Gebiet, in dem sich ein Planet *unter den Strahlen der Sonne, unter den Strahlen* oder *sub radiis* befindet. Dieses erstreckt sich vom Ende der Verbrennung bis 17½ Grad von der Sonne entfernt. Wie bei der Verbrennung variiert diese Wirkung: 9 Grad von der Sonne entfernt und auf die Verbrennung zulaufend, ist ernst; 16 Grad von der Sonne entfernt und sich weiter von ihr fort bewegend, ist unerheblich.

Ein Planet muss nicht im gleichen Zeichen wie die Sonne sein, um sich unter ihren Strahlen zu befinden.

„Wie kommt man auf diese Größenordnungen?" Die Position der Sonne, wie sie in einem Horoskop angegeben ist, markiert ihr Zentrum; aber die Sonne ist als Scheibe sichtbar. Deren scheinbare Ausdehnung schwankt natürlich, aber 35' Durchmesser sind die Norm. Das ist eine nützliche Orientierungshilfe, wenn Sie den Himmel beobachten: Der Durchmesser sowohl der Sonne als auch des Mondes ist normalerweise grob geschätzt ein halber Grad.

Wenn der Durchmesser der Sonne 35' beträgt, ist ihr Radius 17½'. Also befindet sich ein Planet, steht er weniger als 17½' von der Sonne entfernt, im Bereich der Sonnenscheibe (jedenfalls bezogen auf die Länge; nach der Breite kann er über oder unter der Sonne stehen; das ist egal). Durch Extrapolation – indem man von der Bogenminute um eine Einheit nach oben auf Grad springt – steht alles, was sich innerhalb von 17½ Grad um die Sonne befindet, unter ihren Strahlen. Verbrennung ist schlicht die Hälfte dieser Entfernung.

◆ Obwohl ein Planet in einem anderen Zeichen als die Sonne unter deren Strahlen sein kann, ist die Wirkung, wenn er mehr als acht Grad von der Sonne entfernt ist und in einem anderen Zeichen steht, so schwach, dass sie vernachlässigt werden kann.

Eine Verbrennung kann verhindern zu sehen oder gesehen zu werden; unter den Strahlen der Sonne zu sein, hat nicht diesen Effekt. ◆

Opposition zur Sonne

Auch der Bereich von etwa 8 Grad um die Opposition zur Sonne herum ist ein Ort von extremer Schädigung, nicht ganz so ernst wie die Verbrennung, aber nicht sehr weit davon entfernt. Hier gibt es kein Äquivalent zu Cazimi.

Belagerung

Wenn ein Signifikator zwischen zwei übeltätigen Planeten steht, ist er belagert. Wohin er sich auch immer wendet, es gibt dort etwas Bösartiges: Er befindet sich zwischen Baum und Borke. Steht ein Planet zwischen zwei Wohltätern, ist er immer noch „belagert"; aber in diesem Fall wetteifern die Belagerer darum, ihm ihre reichen Geschenke vorzuführen: Er befindet sich zwischen einem Kissen und einem sehr weichen Platz. Wie immer müssen wir uns den Zustand der Planeten anschauen: Zwischen Mars und Saturn in Steinbock festzustecken, wo beide viele Würden haben, ist gar nicht so schlecht; zwischen Jupiter und Venus in der Jungfrau, wo beide geschwächt sind, festzustecken, ist zerstörerisch.

Je näher die belagernden Planeten zueinander stehen, desto stärker ist die Wirkung der Belagerung. Stehen sie nicht im gleichen Zeichen, ist die Wirkung schwach, außer Sie haben einen der seltenen Fälle, in denen alle Planeten – oder alle wichtigen Planeten – in einer hübschen Linie aufgereiht sind, mit den belagernden Übel- oder Wohltätern an den jeweiligen Enden.

Ein von Übeltätern belagerter Planet, der aber auch einen Aspekt von einem Wohltäter erhält, findet Trost inmitten seiner Probleme: Okay, ich werde belagert, aber die Speicher sind voll mit Kaviar und der Fernseher geht auch noch.

Ist man von Wohltätern belagert und erhält einen Aspekt von einem Übeltäter, gibt es etwas, was einem die Verheißung vergällt: Ich kann Eiscreme essen, ich kann den Kuchen essen, aber ich habe Zahnschmerzen.

Belagerung durch Aspekte

Statt körperlich zwischen zwei belagernden Planeten zu stehen, kann der Signifikator auch einen Aspekt zwischen beide senden. Zum Beispiel: Venus steht auf 5° Fische, Jupiter auf 8° Fische. Ein Planet auf 6° Fische befindet sich in einer äußerst positiven Belagerung. Ein Planet auf 6° Skorpion ist körperlich nicht belagert, aber er sendet seinen Trigon-Aspekt genau zwischen Venus und Jupiter: Er ist durch ihre Strahlen belagert. Das ist wie eine Belagerung, aber weitaus schwächer.

Aspekte

Ein Planet im engen Aspekt mit einem anderen Planeten, wird von diesem Planeten beeinflusst, zum Positiven oder Negativen. Die alten Texte führen solche Kontakte mit Jupiter oder Venus als stärkend, mit Mars oder Saturn als schwächend auf. Aber das ist nicht immer so: Wie wir gesehen haben, sind Jupiter und Venus in ihren essenziellen Schwächen nicht hilfreich, Mars und Saturn in ihren essenziellen Würden nicht schädlich. Selbst diese Feststellung erfordert weitere Präzisierung, denn wir müssen uns auch anschauen, welche Rolle sie im Horoskop spielen: Der Tod könnte zum Beispiel durch einen starken Jupiter dargestellt werden, aber ein Jupiter als Wohltäter in starken Würden macht die Person nicht weniger tot. Egal ob der aspektierende Planet stark oder schwach ist, müssen wir uns seine Rezeptionen mit dem Signifikator anschauen: Jupiter ist in Krebs zum Beispiel stark, ein sehr freundlicher Jupiter; aber er befindet sich im Exil von Saturn, also wird er, falls er einen Aspekt auf Saturn wirft, keine große Hilfe für ihn sein. Die Rezeption wird in Kapitel 8 ausführlicher behandelt.

Ein eindeutiges Beispiel für die Regel wäre ein Stundenhoroskop zu einem Wettkampf: „Wird meine Mannschaft seine schlagen?" In so einem Horoskop haben wir nur zwei Signifikatoren: den Herrn von 1 für meine und den Herrn von 7 für seine Mannschaft. Wäre der Herr von 1 durch einen Saturn in Widder, eine bösartige Form von Saturn, aspektiert, wäre meine Mannschaft geschwächt. Wäre der Herr von 7 durch Jupiter in Krebs aspektiert, wäre seine Mannschaft gestärkt. In diesem Kontext wäre es nicht nötig zu bestimmen, was Saturn und

Jupiter bedeuten; bei manchen Fragen wäre es nötig, obwohl es nicht immer möglich ist, das eindeutig zu sagen.

Es gibt eine allgemeine astrologische Regel: Je enger, desto stärker. Je enger der Aspekt ist, desto stärker wird seine Wirkung sein. Aber wir müssen auch die Stärke des aspektierenden Planeten betrachten: Eine Opposition durch Saturn im 10. Haus, in dem er eine Menge Würden hat, wird eine größere Wirkung haben als eine Opposition durch Saturn im 6. Haus, wo er wenige hat. Wegen dieser allgemeinen Wirkung auf Planeten können Sie jeden Aspekt mit einer Abweichung von mehr als 3 Grad vernachlässigen: Jenseits dessen ist jede Wirkung belanglos. Öfter jedoch werden uns Aspekte im Hinblick auf künftige oder manchmal auch vergangene Ereignisse interessieren, in welchem Fall sie bei jedem Grad Abstand wichtig sein können.

◇ Mit den „3 Grad" war ich hier sehr großzügig. Damit ein Planet durch einen Aspekt, zum Guten oder Schlechten, beeinflusst wird – ohne dass wir einen Aspekt haben müssen, der perfekt werden muss, um ein Ereignis anzuzeigen –, muss der Aspekt innerhalb etwa eines Grades liegen, um überhaupt wirksam zu sein. Innerhalb von zwei oder drei Grad nur dann, wenn sich die Planeten in Konjunktion befinden. ◇

Die Mondknoten

Die Mondknoten sind zwei, sich genau gegenüber liegende Punkte, an denen sich die scheinbare Bahn des Mondes um die Erde mit der der Sonne schneidet.

Die Mondknoten senden keine Aspekte aus und sie können auch keine Aspekte empfangen. Sie beeinflussen Planeten nur durch Konjunktion. Einem Planeten in Konjunktion mit dem nördlichen[26] Mondknoten wird geholfen, er wird gestärkt oder wächst. Ein Planet in Konjunktion mit dem südlichen[27] Mondknoten wird verletzt, er wird geschwächt oder schrumpft. Welche dieser Bedeutungen zutrifft, macht der Zusammenhang ausreichend deutlich. In manchen Kontexten könnten wir denken: „Dieser Signifikator ist gerade dabei, sich vom südlichen Mondknoten zu lösen: Der Person ist vor Kurzem etwas Unangenehmes zugestoßen"; in anderen Fällen könnten wir die Nähe zum südlichen Mondknoten so interpretieren, dass das, wofür auch immer der Planet steht, reduziert worden ist.

---

[26] auch „aufsteigenden". (Anmerkung des Übersetzers)
[27] auch „absteigenden". (Anmerkung des Übersetzers)

Ein Beispiel: Nehmen wir an, ich frage: „Werde ich heute beim Pferderennen gewinnen?", und sehe einen bevorstehenden Aspekt zwischen dem Herrscher des 8. Hauses (das 2. vom 7. Haus: das Geld meines Gegners) und meinem Signifikator: Ja, ich werde gewinnen. Steht der Herr von 8 in Konjunktion mit dem nördlichen Mondknoten, werde ich viel gewinnen. Steht er zusammen mit dem südlichen Mondknoten, werde ich immer noch gewinnen, aber nicht viel. Der Herr von 8 – also das Geld, das ich gewinne – wächst durch den Kontakt mit dem einen und schrumpft durch jenen mit dem anderen.

Fällt einer der Mondknoten in ein für die Frage wichtiges Haus, kann er dieses Haus beeinflussen. Fällt der nördliche Mondknoten in ein Haus, ist das gut für die Angelegenheiten dieses Hauses oder zeigt, dass der Fragesteller von diesem Haus profitiert. Fällt der südliche Mondknoten in ein Haus, schadet das den Angelegenheiten dieses Hauses oder zeigt, dass der Fragesteller durch die Angelegenheiten dieses Hauses verliert. Der Effekt ist weit deutlicher, wenn der Mondknoten nahe bei der Spitze steht.

Beispiele: „Werde ich den Job bekommen?" und der nördliche Mondknoten ist im 10. Haus (das Haus der Arbeit): Das verbessert nicht die Chancen der Fragestellerin, den Job zu bekommen, zeigt aber, dass es gut für sie sein wird, wenn sie ihn bekommt. „Soll ich diesen Bauarbeiter anstellen?" und der südliche Mondknoten im 6. Haus (das Haus der Diener): Nein!

Denken Sie jedoch daran, dass die Mondknoten immer als Paar daherkommen: Der eine liegt stets dem anderen gegenüber. Das bedeutet, dass wir nur selten die Hausplatzierung der beiden benutzen können, weil wir anderenfalls in die Denkfalle tappen könnten, dass, wenn Mama gut ist, Papi automatisch böse sein muss; oder dass mir meine kleinen Tiere gut tun, meine großen Tiere aber schaden. Der Zusammenhang wird uns zeigen, welches Ende der Mondknotenachse – wenn überhaupt – wir beachten sollten.

Hüten Sie sich davor, die beiden unnötig in die Deutung hineinzuzerren. Das Horoskop verfügt über keine Garderobe, wo sie sich entspannen können, wenn sie nicht im Drama mitspielen: Die Mondknoten werden in jedem Horoskop auftauchen, aber in den meisten werden sie uns nichts erzählen. Fällt einer von ihnen in ein Haus, das uns interessiert, können wir davon Notiz nehmen; fallen die Mondknoten in Häuser, die uns nicht interessieren, gibt es keinen Grund, uns unser Hirn darüber zu zermartern, was diese Häuser wohl bedeuten könnten. Ignorieren Sie sie einfach.

Obwohl die Mondknoten weder Aspekte aussenden noch empfangen können, werden Sie oft Signifikatoren im Quadrat zu ihnen (d. h. genau in der Mitte zwischen beiden) finden. Das scheint anzuzeigen, dass diese Person zwischen zwei Handlungsoptionen hin- und hergerissen ist, wobei oft keine von beiden besonders einladend ist. Aber das beschreibt das Dilemma der Person; in dieser Platzierung liegt nichts aktiv Bösartiges. Der Planet ist *nicht* davon berührt, dass er im Quadrat zu den Mondknoten steht. Die Vorstellung in einigen modernen Büchern, dass der Grad der Mondknoten in jedem Zeichen „ein Grad des Verhängnisses" sei, entbehrt jeder Grundlage.

Wir haben die Wahl, ob wir den Mittleren oder den Wahren Mondknoten benutzen: die ungefähre oder die exakte Position. Wenn wir die Wahl haben, sollten wir auch die genaue Position verwenden. Die meisten Software-Programme geben Ihnen die Möglichkeit, Ihre Präferenzen dafür einzustellen.

◆ Die Debatte über die Wirkung der Mondknoten läuft schon seit alter Zeit. Ist es „nördlich gut, südlich schlecht"? Oder „nördlich wachsend, südlich schrumpfend", was bedeutet: Steht ein netter Planet auf dem nördlichen Mondknoten, dehnt er sich aus und wird noch viel netter, aber wenn ein bösartiger Planet auf dem nördlichen Mondknoten steht, dehnt auch er sich aus und wird noch viel bösartiger? Lilly favorisiert das einfache: nördlich gut, südlich schlecht, obwohl die Mehrheit der Meinungen gegen ihn steht. Diese scheinbar so unterschiedlichen Konzepte treffen sich in der menschlichen Physiologie: Es ist leicht zu beobachten, dass nette Dinge eine erweiternde und ausdehnende Wirkung haben, bösartige hingegen eine verringernde und schrumpfende Wirkung. Falls Sie unsicher sind, richten Sie Ihre Augen fest auf den Zusammenhang der Frage. Sie werden fast immer feststellen, dass innerhalb des Kontexts entweder gut/schlecht oder ausdehnen/schrumpfen sehr viel sinnvoller ist als die jeweils andere Option.

Angenommen wir haben Saturn in Widder – ein bösartiger oder unglücklicher Saturn – im 2. Haus und in Konjunktion mit dem südlichen Mondknoten. Wie lesen wir das? Wenn uns der Zustand Saturns interessiert, würden wir sagen, dass der bösartige Saturn durch den südlichen Mondknoten verletzt wird. In den meisten Fällen wäre die Häuserstellung unwichtig. Interessiert uns der Zustand des 2. Hauses, würden wir sagen, dass das Haus sowohl durch den bösartigen Saturn als auch durch den südlichen Mondknoten verletzt wird. Wir würden nicht sagen, dass das Haus durch den bösartigen Saturn verletzt ist, aber nur in einem begrenzten Maße (d. h. dass Saturns Macht, das Haus zu schädigen, dadurch begrenzt wird, dass er in Konjunktion mit dem südlichen Mondknoten steht).

Sie werden manchmal Würdentabellen (siehe Seite 64) finden, die mit Erhöhungen für den nördlichen und südlichen Mondknoten gedruckt sind. Das ist der Versuch irgendeines Wichtigtuers, leeren Platz in der Tabelle zu füllen: Übergehen Sie das. Das Wesen der Mondknoten ist kein Gegenstand von Veränderung, also gibt es keine mögliche Bedeutung für ihre Erhöhung. Genauso wenig wie für den Umstand, dass sie direkt- oder rückläufig (das ist ihre normale Bewegungsrichtung) sind.

Gelegentlich kann der südliche Mondknoten willkommen sein. Wenn die Frage lautet: „Werde ich durch die Diät tatsächlich Gewicht verlieren?", wäre der Herr von 1 in Konjunktion mit dem schrumpfenden südlichen Mondknoten ein starkes positives Zeugnis. ◆

Der Mond

Generell gilt: Je mehr Licht der Mond hat – je näher er also dem Vollmond ist –, desto stärker ist er und desto besser ist er in der Lage zu handeln. Er ist auch stärker, wenn *sein Licht zunimmt* (indem er sich vom Neu- zum Vollmond bewegt), als wenn *sein Licht abnimmt* (indem er sich vom Voll- zum Neumond bewegt). Aber ein Vollmond ist schwach (siehe oben den Punkt über die Opposition zur Sonne), also liegt seine optimale Position um das separative Trigon zur Sonne herum: Dort hat der Mond eine Menge Licht und wächst noch weiter. Dieser Punkt ist wichtig, wenn der Mond der Planet ist, der das Ereignis, um das es geht, anzeigt.

„Woran erkenne ich, dass der Mond an Licht zunimmt?" Schauen Sie im Horoskop, das Sie deuten, auf die Sonne. Welche Strecke ist die kürzere: die im Uhrzeigersinn zwischen Sonne und Mond oder jene entgegen dem Uhrzeigersinn? Ist die im Uhrzeigersinn kürzer, nähert sich der Mond der Sonne, indem er sich vom Voll- zum Neumond bewegt. Ist die Strecke entgegen dem Uhrzeigersinn kürzer, läuft der Mond auf den Vollmond (Opposition zur Sonne) zu und nimmt so an Licht zu.

◆ Mit der Ausnahme, dass das Zulaufen auf die unmittelbar bevorstehende Opposition zur Sonne (d. h. den Vollmond) generell ein kleines negatives Zeugnis ist, ist die Menge Licht, die der Mond hat, und ob sie zu- oder abnimmt, kaum je von Bedeutung. Diese Regeln können vernachlässigt werden, es sei denn im Kontext spielt die Menge an Licht oder die Sichtbarkeit dessen, wofür der Mond steht, eine wichtige Rolle. ◆

Void of Course

Gerüchten zufolge wurde Quentin Tarantino zu seinem Film *Reservoir Dogs* durch den Anblick von Astrologen inspiriert, die über die Bedeutung des *Void of Course*-Phänomens diskutieren. Tatsächlich ist dies sehr einfach und muss kein Blutbad auslösen.

Der Mond ist „void of course" (im Leerlauf – Anmerkung des Übersetzers), wenn er keinen Aspekt mehr vollendet, bevor er sein gegenwärtiges Zeichen verlässt. Wird er unmittelbar, nachdem er dieses Zeichen verlassen hat, einen Aspekt vollenden – auf 0 Grad des nächsten Zeichens vielleicht –, *ist* er jetzt void of course; er *wird* nicht mehr void of course sein, sobald er das Zeichen gewechselt haben wird. Im Prinzip kann jeder Planet void of course sein, aber praktische Bedeutung hat dieser Begriff nur für den Mond. Ein Aspekt zum Glückspunkt oder irgendeinem anderen Arabischen Punkt schützt den Mond nicht davor, im Leerlauf zu sein.

Wenn der Mond in einem Stundenhoroskop im Leerlauf ist, ist das ein allgemeiner Hinweis darauf, dass sich nicht viel ereignen wird. Lautet die Frage zum Beispiel: „Soll ich auswandern?", legt ein Mond void of course nahe, dass der Fragesteller das vermutlich nicht machen wird, egal ob es eine gute Idee ist oder nicht. Ein Mond im Leerlauf kann uns die komplette Antwort zu einer Frage geben, ob sie vorteilhaft ist oder nicht. „Werde ich meine Arbeitsstelle verlieren?" „Werde ich in der Lotterie gewinnen?" In beiden Fällen würde uns ein Mond void of course die Antwort geben: „Nein, nichts wird passieren".

Aber ein Mond im Leerlauf ist nicht immer die endgültige Antwort. Wie jedes andere Einzelzeugnis, kann es überstimmt werden. Wenn die Hauptsignifikatoren stark sind und auf einen Aspekt zulaufen, wird das Ereignis trotzdem stattfinden.

Der Mond ist auch dann void of course, wenn er noch einen langen Weg zurückzulegen hat, bevor er seinen nächsten Aspekt macht, auch wenn dieser noch im jetzigen Zeichen zustande kommt. Ein Beispiel: Der Mond steht auf 4° Stier und löst sich aus einem Sextil zur Venus auf 3° Krebs. Seinen nächsten Aspekt wird er nicht vor 22° Stier erreichen. Der Mond kann als im Leerlauf befindlich angesehen werden. Das zeigt häufig eine Periode der Stagnation an, bevor der Fragesteller die Kraft dazu findet zu handeln. Hier gibt es keine festgelegte Distanz: nur einfach „einen langen Weg". Das hat nichts damit zu tun, ob der Mond sich innerhalb oder außerhalb des Orbis befindet. Ich würde etwa 15 Grad als Minimum vorschlagen.

Manchmal gibt es eine eindeutige Begründung für einen Mond im Leerlauf, der anzeigt, dass nichts passieren wird. Eine Fragestellerin hatte sich für eine

Arbeitsstelle beworben, weil sie glaubte, dass die gegenwärtige Inhaberin sie aufgeben würde. Diese Person wurde durch einen Mond void of course in einem fixen Zeichen dargestellt: Sie wird nirgendwo hingehen. Sie gab die Stelle nicht auf, also ergab sich nichts aus der Bewerbung. In vielen Fällen ist der Grund dafür, dass nichts passiert, die Inaktivität des Fragestellers. Da der Mond normalerweise der Ko-Signifikator des Fragestellers ist, kann sein Leerlauf diesen mangelnden Willen zu handeln anzeigen. „Wird sie mich heiraten?" „Wenn du sie nicht fragst: Nein."

Manchmal wird der Mond durch ein ganzes Zeichen laufen, ohne einen Aspekt zu machen. In derartigen Zeiten ist er *ungezähmt*, wie ein wildes Tier. Das ist eine besonders nachdrückliche Version des Void of course-Phänomens. Von solchen Situationen kann man nicht viel erwarten.

◈ In der landläufigen astrologischen Ausdrucksweise scheint der Void-of-course-Mond als vollständige Erklärung für so ungefähr alles, was nicht so klappt wie erhofft, angesehen zu werden. Das ist er nicht! Was oben steht, ist zurückhaltender als die meisten Texte zu diesem Thema, aber selbst das überbewertet noch die Bedeutung dieses Begriffs. Ein Mond void of course ist allerhöchstens ein kleines Zeugnis – es sei denn, der Mond hat eine bestimmte Rolle im Drama und der Mangel an Aktion bei dem, wen oder was er darstellt, verhindert, dass sich etwas ereignet – wie in meinem Beispiel der Bewerbung um eine Stelle.

Lillys Aussage, dass, wenn der Mond im Leerlauf ist, „Dinge kaum vorankommen" (im englischen Original *„things go hardly on"* – Anmerkung des Übersetzers), wird allgemein missverstanden. *„Hardly"* hat seine Bedeutung im Englischen seit Lillys Tagen geändert. Die Vorstellung, dass nichts passieren wird, stammt von seiner modernen Bedeutung „kaum" (*scarcely*) ab. Für Lilly hieß es buchstäblich „hart" (*hardly*): auf harte Weise. Die Dinge werden nur mit Schwierigkeiten vorankommen. Wenn Dinge mit Schwierigkeiten vorankommen, geben natürlich manche Menschen auf, sodass es am Ende auf das Gleiche hinauslaufen kann, aber das ist nicht das, was Lilly meinte.

Wenn sich der Mond in einem sehr späten Grad eines Zeichens befindet – sagen wir bei 28° oder 29° –, wird das Konzept von void of course gegenstandslos. Der Gedanke hinter void of course ist, dass der Mond nichts machen wird; aber wenn der Mond auf so einem späten Grad steht, wird er etwas tun: Er wird das Zeichen wechseln. ◈

Via Combusta

„Verbrannte Straße" wird dieses Areal des Tierkreises, das sich von 15° Waage bis 15° Skorpion erstreckt, genannt. Es beeinflusst nur den Mond, der sich dort überhaupt nicht gerne aufhält. Befindet er sich dort, macht das den Mond um keinen Deut schwächer, aber es setzt ihn unter Stress. Das ist hauptsächlich in solchen Fragen von Bedeutung, in denen die Gefühle des Fragestellers wichtig sind: Die Passage des Mondes durch die Via Combusta zeigt eine Zeit unangenehmer emotionaler Turbulenzen an. Beachten Sie die Position des Mondes relativ zur Via Combusta: Ist er gerade dabei in sie einzutreten, steckt er in ihrer Mitte fest oder ist er dabei sie zu verlassen. Also: „Werde ich darüber glücklich sein, wenn ich ihn los bin?" mit dem Mond auf 13° Waage, unmittelbar vor dem Eintritt in diesen Bereich unangenehmer emotionaler Turbulenzen: „Nein" (obwohl das für sich allein noch nicht die vollständige Antwort wäre).

„Warum gerade dieser Abschnitt des Tierkreises?" Der Gedanke der Via Combusta hängt mit den altertümlichen Reinigungsritualen rund um die Menstruation zusammen. Dass dies auf den Bereich zwischen 15° Waage und 15° Skorpion und nicht auf irgendeinen anderen Abschnitt des Tierkreises zutrifft, hängt mit der Beziehung des Mondes (dem weiblichen Prinzip) hier zur Erhöhung der Sonne (dem männlichen Prinzip) in Widder zusammen. Vorstellungen, dass der Bereich durch die Stellung der Fixsterne im Altertum oder durch den Einfluss von Mars und Saturn auf Waage und Skorpion bestimmt wird, sind offenkundig unrichtig.

Fixsterne

Die Fixsterne werden in Kapitel 11 besprochen. Zur allgemeinen Bewertung der Stärke oder Schwäche der Planeten sind nur drei Fixsterne von großer Bedeutung. Dies sind Regulus (auf 29° Löwe), Spica (23° Waage) und Caput Algol (26° Stier). Fixsterne senden Aspekte weder aus noch empfangen sie welche: Uns interessieren ausschließlich Konjunktionen. Wenn ein Signifikator oder eine wichtige Hausspitze, vor allem der Aszendent, innerhalb einiger Grade zur Konjunktion mit einem dieser Fixsterne liegen, werden sie stark davon beeinflusst, und zwar in der folgenden Weise:

* *Regulus* verleiht große Macht für materielle Errungenschaften. Er bringt nicht notwendigerweise Glück mit sich; er bringt Erfolg.
* *Spica* ist generell günstig. Er hat nicht den Willen zur Macht, der Regulus zugeschrieben wird, aber er ist ein weit glücklicherer Fixstern. Er wirkt überaus

beschützend und ist deshalb ein Hinweis, dass die Konsequenzen nicht so schlimm sein werden, selbst wenn die Dinge sich nicht so entwickeln wie gewünscht.

* *Caput Algol* bringt Schwierigkeiten. Der gewöhnliche Hinweis geht in die Richtung, seinen Kopf zu verlieren, ob buchstäblich oder im übertragenden Sinne, mit ungünstigen Ergebnissen. Beispiel: Eine Klientin stellte die Frage: „Ich habe mich in den Mann im Fernsehen verliebt; gibt es eine Zukunft für unsere Beziehung?" Ihr Hauptsignifikator stand in Konjunktion mit Caput Algol.

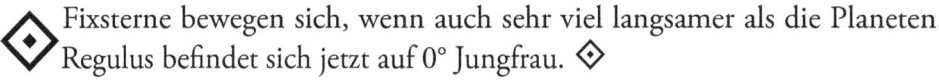

Fixsterne bewegen sich, wenn auch sehr viel langsamer als die Planeten. Regulus befindet sich jetzt auf 0° Jungfrau.

SONSTIGE GESICHTSPUNKTE

Das Folgende erwähne ich nur, weil Sie diesen Begriffen in anderen Texten begegnen könnten. Manche können (sehr) vereinzelt bei der Feinabstimmung der Deutung helfen, können aber – wenn wir uns der goldenen Regel: *Keep it simple!* Halten Sie es einfach! erinnern – allesamt vernachlässigt werden. Wir haben immer Zeugnisse von so viel größerer Bedeutung als diese, dass wir sie außer Acht lassen können, ohne Fehler befürchten zu müssen.

Oriental und oxidental

Das heißt „östlich" und „westlich" und bezieht sich auf die Position eines Planeten im Verhältnis zur Sonne. Steigt ein Planet vor der Sonne auf, ist er vor der Morgendämmerung am östlichen Himmel sichtbar, also ist er *oriental*. Geht er nach der Sonne auf, wird er nach Sonnenuntergang am westlichen Himmel noch immer sichtbar sein, also ist er *oxidental*.

„Woher weiß ich, ob ein Planet oriental oder oxidental ist?" Schauen Sie auf die Sonne in dem Horoskop, das Sie deuten. Welche Strecke ist kürzer: die im Uhrzeigersinn von der Sonne zu dem Planeten, über den Sie nachdenken, oder jene gegen den Uhrzeigersinn? Ist die Strecke im Uhrzeigersinn die kürzere, ist der Planet oriental. Ist es jene gegen den Uhrzeigersinn, ist er oxidental. Schauen Sie sich das Horoskop auf Seite 109 an. Venus ist, wie auch Uranus, Neptun und Pluto, oriental, alle anderen Planeten sind oxidental. Der Mond nimmt an Licht zu und wird bald voll sein.

Ein orientaler Planet wird in seinen Handlungen sichtbarer sein. Lautete die Frage: „Bin ich eher für die Arbeit auf oder hinter der Bühne geeignet?", könnte dies eine Nebenüberlegung sein; aber selbst dann würden Sie wichtigere Zeugnisse finden und könnten dies beiseite lassen. Dass Mars, Jupiter und Saturn begünstigt sind, wenn sie oriental, Merkur und Venus, wenn sie oxidental stehen, bezieht sich nur auf Geburtshoroskope, wo die Unterscheidung zwischen oriental und oxidental eine wichtige Rolle spielt.

Ein oxidentaler Mond nimmt an Licht zu, ein orientaler ab. Das ist wichtig und wurde bereits oben besprochen.

Hayz

Genau wie Tiere dem Tag oder der Nacht zugeordnet werden, geschieht das auch mit den Planeten. Die Sonne ist offensichtlich ein Tagesplanet: Sie gehört tagsüber oben an den Himmel. Der Mond ist ein Nachtplanet: Er gehört nachts oben an den Himmel. Jupiter und Saturn sind ebenfalls Tagesplaneten; Mars und Venus sind Nachtplaneten. Ist Merkur oriental, ist er Tagesplanet, ist er oxidental, ist er Nachtplanet.

Ist ein Tagesplanet in einem Tageshoroskop über der Erde (in den Häuser 7–12) oder in einem Nachthoroskop unter der Erde (in den Häusern 1–6), ist er *halb*. Das Gleiche trifft auf einen Nachtplaneten zu, der bei Nacht über und bei Tag unter der Erde steht. Halb ist ein dermaßen nebensächlicher Punkt, dass er immer vernachlässigt werden kann: Neben den anderen Zeugnissen verblasst er bis zur Bedeutungslosigkeit.

Die Sonne, Mars, Jupiter und Saturn sind männlich; der Mond und Venus weiblich. Merkur übernimmt die Natur des Planeten, der (in dieser Reihenfolge) nahe der Konjunktion mit ihm steht, nahe einem Aspekt oder der sein Dispositor ist. Ein Planet befindet sich in seinem *Hayz*, wenn er halb ist und gleichzeitig in einem Zeichen seines eigenen Geschlechts steht.[28] Die männlichen Zeichen sind

---

[28] Lilly und Autoren, die sich ausschließlich auf ihn beziehen, behaupten fälschlicherweise, dass ein Nachtplanet bei Tag über und bei Nacht unter der Erde stehen sollte. Lilly (*Christliche Astrologie* S. 140) folgt dem französischen Astrologen Dariot, der die korrekte Version beschreibt, aber in einer derart verworrenen Weise, dass es einfach zu erkennen ist, wie Lilly auf den Holzweg geraten ist (vgl. Claude Dariot, *A Brief and Most Easie Introduction to the Judgement of the Stars*, ins Englische übersetzt von Fabian Wither, London 1583, Reprint bei Ascella, Nottingham, ohne Datum, S. 19, auch wenn Lilly eine 1598 veröffentlichte Übersetzung benutzte). Die korrekte Version wird eindeutig erklärt in Abu'l-Rayhan Muhammad Ibn Ahmad Al-Biruni, *The Book of Instruction in the Elements of the Art of Astrology*, ins Englische übersetzt von R. Ramsey Wright, Luzac, London, 1934; Reprint bei Ascella, Nottingham, ohne Datum, Absatz 496.

Widder, Zwillinge, Löwe, Waage, Schütze und Wassermann; die weiblichen sind Stier, Krebs, Jungfrau, Skorpion, Steinbock und Fische.

Beispiele dazu: Saturn ist in Widder in seinem Hayz, wenn er bei Tag über oder bei Nacht unter der Erde steht; Venus ist in Skorpion in ihrem Hayz, wenn sie bei Nacht über und bei Tag unter der Erde steht. Vertrackt sieht es bei Mars aus, der sowohl männlich als auch, anders als die anderen männlichen Planeten, ein Nachtplanet ist: Er muss in einem männlichen Zeichen sowie am Tag unter und bei Nacht über der Erde stehen.

Hayz sollte in einem Geburtshoroskop zwar beachtet, kann in einem Fragehoroskop aber außen vor gelassen werden. Wenn Sie es bei der Deutung eines Horoskops, in dem es um die Quantifizierung von etwas geht („Wie viel hat der alte Chef unterschlagen?"), mal ganz besonders genau nehmen möchten, können Sie Hayz als einen geringen Zuschlag zur Menge einbeziehen.

Breite

Die Ekliptik ist die scheinbare Bahn der Sonne rund um die Erde. Indem alle anderen Planeten dieser Bahn folgen, schwanken sie dabei am Himmel, relativ zu ihr, nach oben und unten. Stellen Sie sich mal eine Straße quer über den Himmel vor, auf der die Planeten entlanglaufen: Die Sonne hält sich dabei strikt an die weiße Mittellinie auf der Straße, während die anderen Planeten von der einen zur anderen Seite hin- und herschweifen. Dieses von der einen zur anderen Straßenseite Schweifen heißt, sich in himmlischer Breite bewegen.

In der nördlichen Hemisphäre, die seit der Geburt der Astrologie als Standard galt, erhebt die nördliche Breite einen Planeten höher an den Himmel, die südliche Breite niedriger. Je höher er steht, desto weniger Erdatmosphäre müssen seine Strahlen durchdringen und desto strahlender erscheint er. Das ist der Grund, weshalb nördliche Breite für Zunahme, südliche Breite für Abnahme steht. Der Unterschied ist klein, aber wenn Sie eine Menge abschätzen, könnten Sie dies zur Mischung dazugeben. Wenn Sie jemand beschreiben möchten, würde ein Planet mit erheblicher nördlicher Breite die Person größer und breiter machen, mit erheblicher südlicher Breite kleiner und schlanker.

Sie können die Breite eines Planeten nicht aus dem Horoskop herauslesen. Die meisten astrologischen Software-Programme bieten irgendwo eine Breiten-Option an; manche Ephemeriden, wie zum Beispiel *Raphael's*, listen täglich die Breite auf. Wenn Sie sie nicht finden können, machen Sie sich keine Gedanken: Sie verpassen nichts von Bedeutung.

Lame, azimene und andere Grade

Lilly hat eine Tabelle von Graden zusammengestellt, die, neben anderen Dingen, *tief, azimen, rauchig oder leer* sind.[29] Diese Grade basieren auf den Positionen der Fixsterne, die sich gleichwohl, obwohl sie relativ fix sind, langsam bewegen. Selbst zu Lillys Zeiten war diese Tabelle bereits hoffnungslos veraltet, wurde sie doch von Text zu Text weitergereicht, ohne dass jemand daran gedacht hatte, sie zu aktualisieren, oder wusste, wann sie ursprünglich zusammengestellt worden war. Es könnte sein, dass diese Punkte durchaus nützlich sind – wenn jemand nur herausbekommen könnte, wo sie liegen. Bis dahin lassen Sie lieber die Finger davon.[30]

Wachsende Zahl

Lilly erwähnt sie oft, obwohl seine Anwendung nahelegt, dass sie für ihn ein Schlagwort ist, dessen Bedeutung er nicht kennt. Sie heißt nicht, wie es manchmal erklärt wird, dass der Planet über Grade mit wachsender Zahl wandert, etwa von 26° auf 27° Widder: das wäre das Gleiche wie direktläufig zu sein. Es bezieht sich auf die Position der Planeten in seinem Epizykel im ptolemäischen Model der Planetenbewegungen. Je mehr Astrologen sich auf Ephemeriden verließen, um Planetenpositionen zu bestimmen, je mehr ging das Wissen darüber, wie man sie errechnet, verloren. Bereits lange vor Lillys Tagen hatte sich niemand mehr damit abgemüht; und genauso wenig sollten Sie es tun.

Weitere Punkte

Es gibt noch weitere, sogar noch winzigere Gesichtspunkte, aber sie werden ihnen nie begegnen, außer Sie sind ein besonders eifriger Leser historischer Texte. Wenn Astrologen sie nicht an uns überliefert haben, dann deshalb, weil sie wussten, dass sie unwichtig sind. Wenn Sie also einem Begriff begegnen, der hier nicht aufgeführt ist, brauchen sie ihn für die Stundenastrologie nicht.

---

[29] *Lilly*, S. 144.
[30] Vgl. Avraham Ibn-Ezra, *The Book od Reasons*, 12. Jahrhundert, übersetzt ins Englische von Meira B. Epstein, Berkeley Springs, 1994, S. 69 – 70. Frau Epstein glaubt, dass Ibn-Ezra sich auf Tabellen bezieht, die um 568 v. Chr. erstellt worden sind, obwohl ich glaube, dass sie noch älter sind.

8

Rezeptionen

In einem Kriminalfilm reicht es für einen Privatschnüffler nicht aus zu beweisen, dass der Verdächtige die Möglichkeit hatte, das Verbrechen zu begehen; er muss ihm auch ein Motiv nachweisen. Genauso ist es in einem Stundenhoroskop. Wenn wir die im Horoskop dargestellte Situation vollständig begreifen und daraus die richtigen Schlussfolgerungen ziehen wollen, müssen wir die Motive der verschiedenen beteiligten Personen verstehen.

In ereignisorientierten Stundenhoroskopen dreht sich alles um Handlung, und Menschen handeln nicht, ohne ein Motiv zu haben. In situationsorientierten Fragehoroskopen besteht die ganze Antwort oft allein aus der Analyse der Haltungen und Motivationen („Was empfindet er wirklich für mich?"). Also ist es entscheidend, dass wir wissen, wie wir Motive, Haltung und Werte im Horoskop ausmachen. Dieses Wissen verschafft uns das Studium der Rezeptionen.

Die Informationen, die wir dafür benötigen, erhalten wir aus der Würdentabelle. Wenn wir bestimmen wollen, wie viel Würden ein Planet hat, geht es uns nur darum herauszufinden, ob er in einer seiner Würden oder Schwächen steht. Wenn wir die Rezeptionen bestimmen möchten, müssen wir uns alle Würden und Schwächen anschauen, in denen er steht.

Die Texte benutzen eine verwirrende Sprache für die Rezeptionen, wenn sie davon sprechen, dass die Planeten „sich gegenseitig empfangen" oder vom einen zum anderen „Tugenden übertragen". Es ist viel schlichter einfach festzustellen, dass „sich Venus im Zeichen von Jupiter befindet" oder „Mars Saturn erhöht".

Lassen Sie uns die Tabelle einmal Spalte für Spalte durchgehen, indem wir annehmen, dass unser Signifikator, der Mond, auf 3° Widder in einem Tageshoroskop steht. Der Mond befindet sich im Zeichen von Mars (erste Spalte). Er ist in der Erhöhung der Sonne oder er erhöht die Sonne (zweite Spalte). Er befindet sich in der Triplizität der Sonne (weil es sich um ein Tageshoroskop handelt). Er ist in der Grenze von Jupiter und im Gesicht von Mars. Er steht im Exil von Venus und im Fall von Saturn.

„Was sagt uns das?" In den meisten Kontexten kann die Rezeption als Zuneigung oder Liebe verstanden werden. **Der Signifikator – in diesem Fall der Mond –**

Zeichen	Herrscher	Erhöhung	Triplizität Tag	Triplizität Nacht	Grenze (Term) nach Ptolemäus					Gesicht 10	Gesicht 20	Gesicht 30	Exil	Fall
♈	♂	☉ 19	☉	♃	♃ 6	♀ 14	☿ 21	♂ 26	♄ 30	♂ 10	☉ 20	♀ 30	♀	♄
♉	♀	☽ 3	♀	☽	♀ 8	☿ 15	♃ 22	♄ 26	♂ 30	☿ 10	☽ 20	♄ 30	♂	
♊	☿		♄	☿	☿ 7	♃ 14	♀ 21	♄ 25	♂ 30	♃ 10	♂ 20	☉ 30	♃	
♋	☽	♃ 15	♂	♂	♂ 6	♃ 13	☿ 20	♀ 27	♄ 30	♀ 10	☿ 20	☽ 30	♄	♂
♌	☉		☉	♃	♄ 6	☿ 13	♀ 19	♃ 25	♂ 30	♄ 10	♃ 20	♂ 30	♄	
♍	☿	☿ 15	♀	☽	☿ 7	♀ 13	♃ 18	♄ 24	♂ 30	☉ 10	♀ 20	☿ 30	♃	♀
♎	♀	♄ 21	♄	☿	♄ 6	♀ 11	♃ 19	☿ 24	♂ 30	☽ 10	♄ 20	♃ 30	♂	☉
♏	♂		♂	♂	♂ 6	♃ 14	♀ 21	☿ 27	♄ 30	♂ 10	☉ 20	♀ 30	♀	☽
♐	♃		☉	♃	♃ 8	♀ 14	☿ 19	♄ 25	♂ 30	☿ 10	☽ 20	♄ 30	☿	
♑	♄	♂ 28	♀	☽	♀ 6	☿ 12	♃ 19	♂ 25	♄ 30	♃ 10	♂ 20	☉ 30	☽	♃
♒	♄		♄	☿	♄ 6	☿ 12	♀ 20	♃ 25	♂ 30	♀ 10	☿ 20	☽ 30	☉	
♓	♃	♀ 27	♂	♂	♀ 8	♃ 14	☿ 20	♂ 26	♄ 30	♄ 10	♃ 20	♂ 30	☿	☿

mag oder liebt, in unterschiedlichen Graden, die Planeten, in deren Würden er steht. Ganz vereinfacht gesagt, erkennen wir in unserem Beispiel, dass der Mond Mars und die Sonne liebt. Er hat eine weitere, gemäßigte Zuneigung zur Sonne, da er in ihrer Triplizität steht. Er empfindet eine schwache Zuneigung für Jupiter und eine sogar noch schwächere für Mars. Er kann Venus und Saturn nicht ausstehen.

Das Konzept von Zuneigung oder Liebe mag hinsichtlich der Zusammenhänge, auf die es zutrifft, begrenzt erscheinen: Aber dem ist nicht so. Nehmen wir mal an, ich frage, wann mein Lohn auf meinem Konto eintreffen wird. Wenn ich im Horoskop sehe, dass mich der Lohn liebt (sein Signifikator steht in einer meiner starken Würden), ermutigt mich das: Wenn er mich liebt, wird er bei mir sein wollen. Die traditionelle Wissenschaft betrachtete viele Phänomene, welche die moderne Wissenschaft anders erklärt, in den Begriffen der Liebe, ein Wort, das sehr viel weitere Anwendung fand, als es heute üblich ist. Ein Stück Eisen zum Beispiel liebt den Magneten.

Genauso wie Würden in ihrer Natur variieren, variieren auch Rezeptionen:

Zeichenherrschaft

Ein Planet liebt den Planeten, der das Zeichen beherrscht, in dem er sich befindet. Er sieht ihn als das, was er ist, und liebt ihn. Einfach und direkt. Der Mond (oder jeder andere Planet) auf 3° Widder liebt, was immer durch Mars repräsentiert wird.

Erhöhung

Ein Planet erhöht buchstäblich den Planeten, in dessen Erhöhung er steht: Er stellt ihn auf ein Podest. Die Erhöhung beinhaltet das gleiche Gefühl von übertriebener Güte, wie sie es tut, wenn man sich die Würden anschaut. Also findet, wer immer durch den Mond dargestellt wird, das, was immer durch die Sonne repräsentiert wird, super-toll. Sie werden dieses Gefühl kennen: Es ist genau das gleiche, das Sie anfangs gefühlt haben, wann immer Sie sich in jemanden verguckt haben – Sie sehen diese Menschen als wundervolle Wesen an und drücken angesichts ihrer Schwächen sämtliche Augen zu. Dahinter steht der Gedanke des „Ehrengasts im Haus eines Anderen": Der Gast wird behandelt, als sei er die wundervolle Person, die er sein sollte; wir behandeln Ehrengäste nicht nach ihren wahren Verdiensten.

Überbewerten Sie die Übertreibung nicht: Sie bedeutet nicht, dass die Person, die erhöht wird, in irgendeiner Weise böse ist; sie heißt nur, dass sie durch eine rosarote Brille gesehen wird. Rezeptionen per Erhöhung finden wir verbreitet in Stundenhoroskopen, die beim Beginn einer Partnerschaft erstellt werden. Eine Erhöhung ist, wie Sie es zweifellos schon erlebt haben, nicht von Dauer: die köstliche Blase platzt.

Eine Klientin stellte eine Frage zu einer Arbeitsstelle, auf die sie sich beworben hatte. Ihr Signifikator stand in der Erhöhung der Stelle (Jupiter, der Herr von 1, stand in den Fischen, der Erhöhung von Venus, in diesem Horoskop die Herrin von 10). Die Fragestellerin erhöhte die Stelle. Beachten Sie – das ist sehr wichtig –, dass dies uns nichts über die Qualitäten der Arbeitsstelle sagt: Dafür müssen wir uns den Herrn von 10 selbst anschauen. Aber es sagt uns, dass es sehr unwahrscheinlich ist, dass die Stelle, egal wie toll sie ist, die überspannten Erwartungen der Fragestellerin erfüllen wird.

Dieses Gefühl der Übertreibung kann ein sehr wertvoller Teil der Deutung sein, nicht nur, um betörte Liebende zur Vorsicht zu mahnen. Nehmen wir an, dass unser Fragesteller die Person, die er verklagen möchte, erhöht: Er denkt, dass der andere Kerl stärker ist, als er tatsächlich ist. Wir können uns dann den

Signifikator des anderen Kerls anschauen, um herauszufinden, wie aussichtsreich der Fall tatsächlich für den Fragesteller ist.

◆ Wie die Beispiele oben veranschaulichen, kann es schwierig sein, einer Rezeption per Erhöhung gerecht zu werden. In Fragen danach, ob es klug ist, sich auf einen Geschäftspartner einzulassen, scheint es für den Fragesteller nahezu zwangsläufig zu sein, übertriebene Erwartungen zu haben, die den künftigen Partner als eine Kombination aus 7. Kavallerie und dem Zauberer von Oz sehen. Ähnliches zeigte sich, als eine angehende Astrologin eine Frage zu ihrer Karriere stellte und der Signifikator ihrer Klienten ihren eigenen Signifikator erhöhte. Für sich genommen kann das bedeuten, dass die Klienten denken, dass sie großartig ist. Sehr schön! Aber als Teil des Gesamtbilds gesehen zeigte das, dass sie von ihr *erwarteten*, dass sie großartig ist – Erwartungen, die vermutlich niemand erfüllen konnte. ◆

Triplizität

Wenn Zeichenherrschaft wie Liebe ist und Erhöhung wie Schwärmerei, dann ist Triplizität wie Freundschaft: herzlich und angenehm, aber ohne große Leidenschaft. In den meisten Beziehungsfragen würden sich unsere Klienten mehr als das wünschen, aber in vielen Zusammenhängen wäre das für Sie sehr in Ordnung. „Wird mir diese Arbeitsstelle gefallen?" und der Herr von 1 (der Fragesteller) in der Triplizität, die der Herr von 10 (die Arbeitsstelle) beherrscht: „Ja. Es wird nicht der beste Job der Welt sein, aber er wird Ihnen ganz gut gefallen".

Weil die Erhöhung die Übertreibung einschließt, ist es oft gut, wenn sie durch eine andere Rezeption abgesichert wird. In unserem Beispiel erhöht der Mond die Sonne und er befindet sich auch in ihrer Triplizität. Also gibt es in den Gefühlen des Mondes für die Sonne, unterhalb der leicht vergänglichen Schwärmerei, etwas Solides.

◆ Ich habe bereits bedauert, dass ich diesen Vergleich mit der Freundschaft gezogen habe. Er sollte nicht wortwörtlich genommen werden. Alles, was ich sagen wollte, war, dass eine Rezeption per Triplizität eine gewisse Stärke hat, aber bei Weitem nicht so viel wie eine Rezeption per Zeichenherrschaft oder Erhöhung – genau wie Freundschaft eine gewisse Stärke hat, aber nicht annähernd so machtvoll ist wie Liebe oder Schwärmerei. Sie kann sich buchstäblich als Freundschaft erweisen oder auch nicht. ◆

Grenze und Gesicht

Als wir uns die Würden angeschaut haben, haben wir gesehen, dass diese beiden Würden weniger etwas Positives als die Abwesenheit von etwas Negativem anzeigen: Sie sind besser als nichts. Genauso ist es in der Rezeption. Der Mond steht in unserem Beispiel in der Grenze von Jupiter: Wer immer durch den Mond dargestellt wird, hat ein geringes Interesse an dem, wer immer durch Jupiter dargestellt wird. Das ist besser als Gleichgültigkeit, aber nicht viel. „Wird sie mit mir ausgehen?" und wir finden ihren Signifikator in der Grenze oder dem Gesicht des Fragestellers: „Ja, sie wird mit Ihnen ausgehen – wenn ihr Freund gerade nicht in der Stadt ist, ihr Kühlschrank leer und nichts Gescheites im Fernsehen kommt". Das Gesicht zeigt einen sogar noch oberflächlicheren Grad des Interesses als die Grenze an.

Zusammengenommen können sie gleichwohl von Bedeutung sein. „Liebt er mich?" und sein Signifikator steht in der Triplizität und der Grenze, die durch ihren Signifikator beherrscht werden: Es mag nicht die große Liebe sein, nach der sie sich sehnt, aber wenn sie eine Beziehung haben möchte, mag dies trotzdem eine Option sein, die es zu erwägen lohnt.

Exil

Im Zeichen des Exils eines Planeten zu stehen, ist das Gegenteil davon, in seinem Zeichen zu stehen, also zeigt das Hass an. In unserem Beispiel steht der Mond im Exil der Venus: Wer immer durch den Mond dargestellt wird, hat einen sehr klaren Blick auf das, was Venus ist, und hasst es.

Fall

Das ist das Gegenteil der Erhöhung und bringt folglich ein ähnliches Gefühl der Übertreibung mit sich, das eher Ekel denn Hass anzeigt. Genauso wie es üblich ist, Liebende in Horoskopen, die am Beginn einer Beziehung erstellt werden, in den gegenseitigen Erhöhungen zu finden, ist es üblich, sie, wenn die Beziehung schiefgegangen ist, im gegenseitigen Fall zu entdecken: Fall beschreibt sehr gut den übertriebenen Ekel, den Ehegatten in solchen Zeiten füreinander empfinden.

◆ Weil der Fall das Gegenstück zur Erhöhung ist, ist es häufig sinnvoll, den Fall als Enttäuschung zu lesen. Wenn Romeo sich im Zeichen von Julias Fall befindet, ist er von ihr enttäuscht. ◆

Nichts

Es gibt keinen technischen Begriff für einen Planeten, der in keiner Würde oder Schwäche eines anderen Planeten steht. Das demonstriert vollständige Gleichgültigkeit gegenüber dem, was dieser Planet repräsentiert. Aber das ist nicht notwendigerweise das Ende der Geschichte: Motive kommen nicht immer so unmittelbar daher. Vielleicht liebt sie ihn nicht, aber möchte sein Geld haben (ihr Signifikator in Zeichen oder Erhöhung des Herrn von 2).

Mehrdeutigkeit

Es gibt viele Orte in der Tabelle, an denen ein Planet sowohl in Würden als auch Schwächen eines anderen Planeten steht. Zum Beispiel befindet sich jeder Planet in Krebs sowohl in der Triplizität als auch im Fall von Mars; ein Planet auf 4° Löwe steht im Exil von Saturn, aber auch in seiner Grenze und seinem Gesicht. Wie wir schon bei der Besprechung der Würden gesehen haben, ist das kein Widerspruch: Es spiegelt die Mehrdeutigkeit wider, die Teil unserer täglichen Erfahrung ist, wenn wir uns mit anderen Menschen in Beziehung setzen. Sie muss verstanden werden, wenn wir ein zutreffendes Bild von der Situation zeichnen sollen. Zum Beispiel: Sie ekelt sich vor ihrem Ehemann, schätzt ihn aber als guten Vater für ihre Kinder; er hasst seine Frau, aber mag die häuslichen Annehmlichkeiten, die sie ihm bietet.

Die Metapher von Zuneigung und Liebe funktioniert im Allgemeinen gut, aber es gibt einige Zusammenhänge, für die die Konzepte von Herrschaft, Dominanz oder Einfluss sinnvoller sind. Zum Beispiel ist es üblich, in Horoskopen über Dreierbeziehungen die Signifikatoren des Liebhabers und des betrogenen Ehegatten in den wechselseitigen Zeichen zu finden: Das heißt nicht, dass sie einander lieben, sondern zeigt die politischen Verhältnisse in der jeweiligen Situation: Wer hat Macht über wen? Unter manchen Umständen zeigt die Tatsache, in jemandes Haus (himmlischem Haus, d. h. Zeichen) zu stehen, genau das: sich in dessen Wohnung zu befinden.

◆ Manchmal ist es sinnvoller, Rezeptionen per Exil oder Fall als schaden, statt hassen zu verstehen. „Schadet mir meine Arbeit in der chemischen Fabrik?" und der Herr von 10 steht im Exil des Herrn von 1: Ja, sie schadet Ihnen. ◆

Ein Rezeptionsbeispiel

Lesen Sie das durch und benutzen Sie dabei die Tabelle oben. Nehmen wir an, die Fragestellerin wird durch Mars dargestellt. Johnny Depp und Leonardo di Caprio machen ihr den Hof, dargestellt durch die Sonne beziehungsweise Saturn.

Ihr Signifikator Mars steht, sagen wir, auf 15° Löwe in einem Tageshoroskop. Wem von beiden gibt sie den Vorzug?

Auf 15° Löwe steht ihr Planet sowohl im Zeichen als auch in der Triplizität der Sonne. Wer ist die Sonne? Johnny Depp. Sie liebt Johnny Depp.

Auf 15° Löwe steht ihr Planet gleichzeitig im Exil Saturns. Wer ist Saturn? Di Caprio. Sie hasst Leonardo di Caprio.

Hinweis: Das sagt uns *nur* etwas über ihre Gefühle. Es sagt uns absolut nichts darüber, ob sie erwidert werden.

Aber was empfinden die beiden für sie? Sagen wir, die Sonne steht auf 4° Skorpion und Saturn auf 1° Wassermann.

Was empfindet Jonny Depp (die Sonne) für sie (Mars)? Auf 4° Skorpion befindet er sich in ihrem Zeichen, ihrer Triplizität, ihrer Grenze und ihrem Gesicht: Er ist vollkommen vernarrt in sie.

Was empfindet Leonardo di Caprio (Saturn) für sie? Auf 1° Wassermann befindet er sich in keiner einzigen Würde von Mars: Sie ist ihm egal.

Hmm. Aber warum machte er ihr dann den Hof? Was *ist* wichtig für ihn? Saturn ist in Zeichen, Triplizität und Grenze von Saturn. Wer ist Saturn? Di Caprio. Wen oder was also liebt di Caprio? Sich selbst. Folglich könnte er sie eher als eine Trophäe betrachten, statt wirkliche Zuneigung für sie zu empfinden. Eine Situation, wie sie nicht selten vorkommt, vor allem in Horoskopen zu Affären.

Aber schauen Sie! Im Wassermann steht Saturn im Exil der Sonne. Wer ist die Sonne: Johnny Depp. Leonardo di Caprio hasst Johnny Depp. Vielleicht ist das das Motiv, weshalb er unserer Fragestellerin den Hof macht: Er will Depp ärgern, indem er ihm das Mädchen wegschnappt, nach dem er so verrückt ist.

Merken Sie sich, dass negative Rezeptionen, wie wir hier sehen, uns die Motivation veranschaulichen können und genauso wichtig sind wie positive Rezeptionen. Genauso wie hier werden uns die Hauptrezeptionen normalerweise alle Informationen geben, die wir brauchen: Nur selten müssen wir uns um die kleinen Rezeptionen kümmern.

◆ Nicht alle Rezeptionen sind notwendigerweise wichtig. Angenommen Jupiter ist einer unserer Hauptsignifikatoren. Steht ein anderer Hauptsignifikator in einem von Jupiter beherrschten Zeichen, wird das in den Stundenhoroskopen zu den meisten Fragen ein wichtiger Punkt der Deutung sein. Wenn er in Jupiters Zeichen steht, wird sich dieser Planet auch im Exil von Merkur befinden. Das heißt nicht unbedingt, dass Merkur in diesem Drama eine Rolle spielt. Seien Sie zurückhaltend mit der Einführung neuer Rollen, sobald Sie die Hauptrollen bestimmt haben. Machen Sie das nur, falls es nötig ist, um dem, was passiert, einen Sinn geben zu können. ◈

Gegenseitige Rezeption

Bislang haben wir uns die Rezeptionen angeschaut. Die verschiedenen Würden und Schwächen, in die Mars fällt, erzählen uns etwas über die Haltungen der Person, für die Mars steht. Befindet sich Mars in den Würden oder Schwächen von Venus und Venus gleichzeitig in den Würden oder Schwächen von Mars, nennt man dies eine *gegenseitige* Rezeption. Im Kern geht es bei einer gegenseitigen Rezeption einzig darum: Es handelt sich um eine Rezeption, die in irgendeiner Weise erwidert wird.

Diese Wechselwirkung muss nicht durch die gleichen Würden oder Schwächen erfolgen (Mars im Zeichen von Venus, Venus im Zeichen von Mars); sie kann aus jeder Art von Kombination aus Würden oder Schwächen bestehen. Mars im Zeichen von Venus: Er liebt sie. Venus in der Erhöhung von Mars: Auch sie ist ganz verrückt nach ihm. Venus nur im Gesicht von Mars: Seine Liebe wird nicht erwidert – er ist ihr nahezu gleichgültig. Venus im Exil von Mars: Seine Liebe wird weniger als erwidert – sie ist voller Hass gegen ihn. Wir können auch uneindeutige Wechselwirkungen haben: Mars im Zeichen von Venus, Venus sowohl in der Triplizität als auch im Fall von Mars. Er liebt sie; sie mag einige Eigenschaften an ihm, aber alles zusammen genommen kann sie ihn nicht ausstehen. Wie diese Beispiele demonstrieren, zeigt uns die Analyse der jeweiligen Rezeptionen, die die Planeten miteinander haben, genau, welche Gefühle zwischen diesen beiden Menschen bestehen.

Negative Rezeptionen (per Exil oder Fall) werden gewöhnlich vernachlässigt. Machen Sie das nicht! Sie sind extrem wichtig. Das Horoskop unten zeigt ihnen Beispiele, wie sie funktionieren.

Eine gegenseitige Rezeption per Würden zeigt uns, dass sich diese beiden Planeten gegenseitig mögen. Wenn sie sich mögen, werden sie sich helfen wollen. Deshalb stärkt eine gegenseitige Rezeption die Planeten. Negative Rezeptionen schwächen sie.

Wir können dieser Stärkung eines Planeten jedoch keinen festen Wert zuschreiben, weil er variiert. Er schwankt je nach der Stärke der Rezeption und je nach der Stärke *beider* Planeten.

Je stärker die Würden, in denen sich die Planeten gegenseitig empfangen, je mehr stärken sie einander. Planeten jeweils im Zeichen des anderen mögen sich sehr und werden deshalb herbeieilen, um ihre Hilfe anzubieten; Planeten jeweils im Gesicht des anderen könnten sich widerwillig zur Hilfe bereitfinden, wenn es denn unbedingt sein muss. Steht Mars im Zeichen von Venus und Venus im Gesicht von Mars, wird Mars Venus jede Menge helfen wollen; Venus ist ihrerseits weit weniger versessen darauf, Mars zu helfen. Aber wenn Venus nur im Gesicht von Mars steht, könnte sie auch zögern, sich von Mars helfen zu lassen: Je kleiner die Würde der Rezeption, je weniger kann ein Planet Hilfe annehmen und je weniger Hilfe kann er selbst leisten. Das ist alles andere als abstrakt: Es entspricht einfach der menschlichen Erfahrung. Wenn ich in einer peinlichen Situation feststecke, bin ich vielleicht froh, mir von meinem besten Freund helfen zu lassen, würde aber zögern, einen weitläufigen Bekannten meine Bedürftigkeit sehen zu lassen.

Um durch eine gegenseitige Rezeption erheblich gestärkt zu werden, müssen beide Planeten stark sein. Sie müssen durch essenzielle Würden stark sein: Gute Kerle helfen einander mehr als böse Kerle. Und sie müssen akzidentiell stark sein, da ihnen sonst die Fähigkeit, zu helfen oder – und das ist wichtig – dass ihnen geholfen werden kann, fehlt.

Überlegen Sie mal: Eine positive gegenseitige Rezeption ist wie Freundschaft. Ich kann eine starke gegenseitige Freundschaft mit jemandem haben (starke gegenseitige Rezeption), aber wenn der ein Ekelpaket ist (in seinem eigenen Exil), wird er mir in der Stunde der Not nicht helfen. Oder er ist eine liebenswerte Person (in starken essenziellen Würden), ihm fehlt aber die Fähigkeit, seine Freundschaft auch durch Handlung zu demonstrieren (akzidentielle Schwäche) – wie wenn ich ihn bitten würde, mir etwas Geld zu leihen, und er sich auch wünschte, das tun zu können, es aber nicht kann, weil er nichts hat, was er verleihen könnte. Oder ich könnte so schwach sein, dass mir nicht geholfen werden kann: Ich bitte meinen Freund mir Geld zu leihen, damit ich meine Miete bezahlen kann; er leiht mir das Geld, ich aber habe nichts Besseres zu tun, als in die nächstbeste Kneipe zu rennen, um alles zu versaufen. Sein Geld hat mir nicht geholfen, wegen meiner eigenen Schwäche.

Deshalb ist es nicht besonders hilfreich, Mars in Stier und Venus in Widder zu haben, trotz der gegenseitigen Rezeption: Beide Planeten sind zu schwach, um in der Lage zu sein, einerseits zu helfen und andererseits Hilfe anzunehmen. Die scheinbar schwächere gegenseitige Rezeption per Triplizität von Mars in Steinbock und Venus in Fische ist dagegen weitaus nützlicher (alle anderen Faktoren gemäß der akzidentiellen Würden bleiben gleich), denn beide Planeten sind erhöht, also sind sie sowohl in der Lage zu helfen als auch Hilfe anzunehmen.

Wenn Sie andere moderne Bücher über Stundenastrologie gelesen haben, sind Sie vielleicht der Idee begegnet, dass Planeten in gegenseitigen Rezeptionen ihre Plätze tauschen können, dass wir also, wenn Mars in Stier und Venus in Widder stehen, das so sehen könnten, als stünden Mars in Widder und Venus in Stier. Diese Auffassung fußt auf einem eklatant fehlerhaften Lesen von Ptolemäus, ist sinnlos (ich mag mit jemandem befreundet sein, aber das heißt nicht, dass ich in seinem und er in meinem Haus lebt) und darf daher auf keinen Fall befolgt werden.

Es gibt noch eine weitere Idee, nach der peregrine Planeten nicht in gegenseitiger Rezeption stehen können. Natürlich können sie das. Ein peregriner Planet ist wie ein Wanderer ohne Bleibe, gegenseitige Rezeption wie Freundschaft. Ein wohnungsloser Wanderer kann immer noch Freunde haben. Er mag nicht in der Lage sein, ihnen viel zu helfen, aber auch so eine Freundschaft ist besser als nichts.

Rezeptionen in Aktion

Es ist an der Zeit, uns ein weiteres Horoskop anzuschauen. Ich greife hier etwas vor, weil es in dieser Deutung viele Punkte gibt, die erst in späteren Kapiteln erklärt werden. Achten Sie einstweilen vor allem auf die Handhabung der Rezeptionen und kommen Sie für die anderen Punkte zu diesem Horoskop zurück, wenn Sie sich in diesem Buch weiter vorgearbeitet haben werden. Ich empfehle Ihnen, sich diese Deutung mehrmals durchzulesen, ihr mit dem, was Sie bislang gelernt haben, so gut Sie können, zu folgen und sich zu bemühen, die anderen Punkte zu verstehen. Tun Sie das, indem Sie immer wieder auf die Würdentabelle schauen: Sie werden weit mehr lernen, wenn Sie sich aktiv durch diese Deutungen arbeiten, als wenn Sie sie nur passiv lesen.

Die Klientin schrieb, dass Sie früh geheiratet hat, und zwar nur weil sie schwanger war. Dann lernte sie einen anderen Mann kennen, der „mir so wunderbare Dinge über mich erzählte". Dann entdeckte sie, dass er mit einer anderen Frau schlief. Er wollte es nicht tun, aber die Frau hat ihn dazu erpresst, es zu tun. „Hat er mich wirklich geliebt? Gibt es eine Zukunft für unsere Beziehung?"

Rezeptionen

109

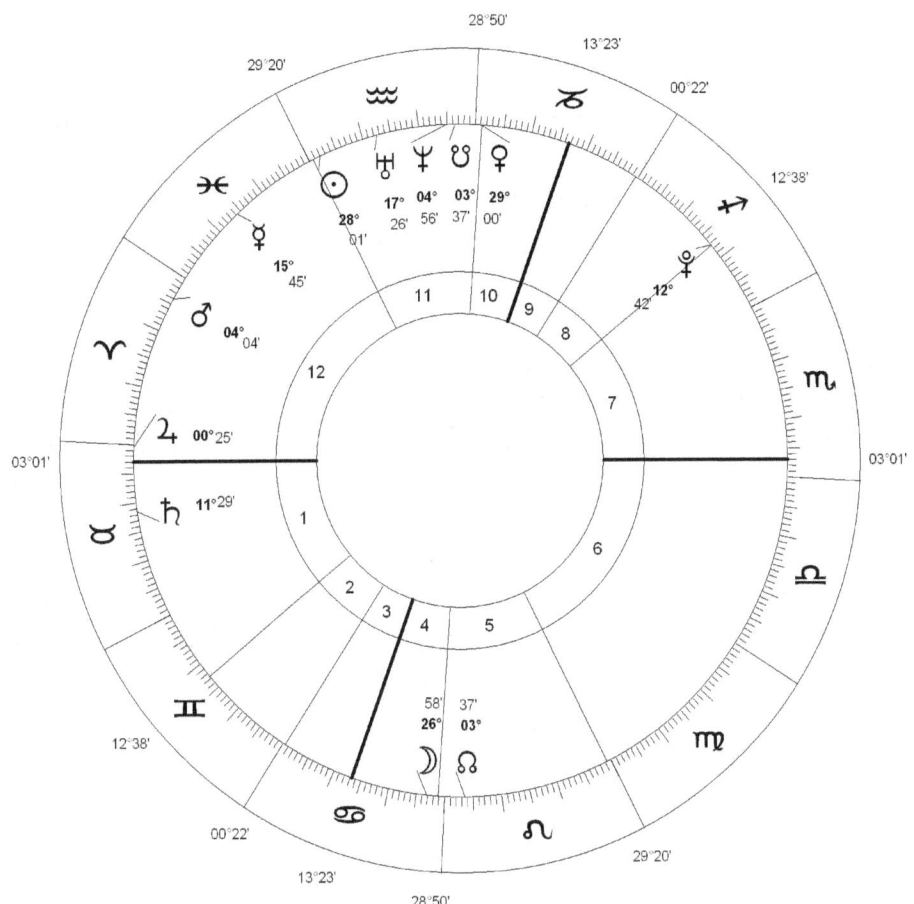

Hat er mich wirklich geliebt? 17. Februar 2000, 9.12 Uhr GMT, London.

Das Horoskop wurde für den Zeitpunkt und Ort erstellt, an dem ich ihren Brief gelesen hatte. Als Fragestellerin erhält sie den Aszendenten und den Herrn von 1, welcher in diesem Fall Venus ist. Als Fragestellerin hat sie den Mond als Ko-Signifikator. Weil es eine Beziehungsfrage ist – und nur in Beziehungsfragen –, würden wir ihr Venus auch als natürliche Herrscherin über Frauen als Signifikator zuweisen; aber die hat sie bereits.

Da es sich um eine Beziehungsfrage handelt, schauen wir auf das 7. Haus. In diese Situation sind zwei 7. Haus-Personen involviert: der Ehemann und der Liebhaber. Sie können nicht beide durch den Herrn von 7 dargestellt werden, also müssen wir wählen. Nehmen Sie den, zu dem die Frage gestellt wird, was in diesem Fall der Liebhaber ist: Er erhält den Herrn von 7 (Mars) und – nur in Beziehungsfragen – die Sonne, denn er ist ein Mann.

Sein Hauptsignifikator, Mars, steht im 12. Haus. Das Gleiche gilt für die Sonne, seinen zweiten Signifikator, denn ein Planet innerhalb von ungefähr 5 Grad vor einer Hausspitze wird als im nächsten Haus befindlich angesehen, vorausgesetzt er befindet sich im gleichen Zeichen wie die Hausspitze. Da sich seine beiden Signifikatoren im 12. Haus befinden, im Haus der Dinge, die für die Fragestellerin verborgen sind, können wir alle Gedanken daran, dass seine Erpressungsgeschichte wahr ist, zu den Akten legen.

Was denkt er über unsere Fragestellerin? Um das festzustellen, müssen wir schauen, ob einer seiner Signifikatoren sich in Würden oder Schwächen von einem der ihren befindet. Weder Mars noch Sonne befinden sich in irgendeiner Rezeption mit dem Mond. Die Sonne befindet sich in keiner Rezeption mit der Venus. Mars befindet sich im Exil von Venus: Er hasst sie.

◆ Das sollte eigentlich heißen: „Weder Mars noch Sonne stehen in irgendeiner bedeutenden Rezeption mit dem Mond". Das „bedeutenden" verschwand während der Schriftsetzung. Die Sonne, welche für ihren Liebhaber als Mann steht, befindet sich im Gesicht des Mondes. Aber das ist unwichtig: Es bräuchte ein sehr feines Thermometer, um zwischen vollkommener Gleichgültigkeit und dem Maß an Interesse zu unterscheiden, das durch das Gesicht angezeigt wird. ◆

Aber sie fragt nicht nach seiner Haltung ihr gegenüber jetzt; sie fragt, wie seine Haltung in der Vergangenheit war. Also müssen wir in die Vergangenheit schauen, was wir tun, indem wir den Weg der Planeten zurückverfolgen, wobei wir sie in die Richtung zurückschicken, aus der sie gekommen sind.

Mars auf 4° Widder hat gerade eben erst das Zeichen gewechselt. Er hat erst vor Kurzem das Exil von Venus betreten: Erst kürzlich hat er damit begonnen, sie zu hassen. Zuvor war er in den Fischen. Wie war seine Einstellung ihr gegenüber dort? In den Fischen erhöht Mars Venus. Er hat sie angebetet!

Die ganze Zeit, in der sich Mars in den Fischen befand, hat er sie erhöht. Also ja, er hat sie wirklich geliebt: Er war in seinen Beteuerungen vollkommen aufrichtig. Aber eine Erhöhung neigt dazu, nicht von Dauer zu sein. Und als die Blase einmal geplatzt war, wurde er nicht nur bloß gleichgültig ihr gegenüber, sondern er begann, sie zu hassen – ohne Zweifel weil seine glorreichen Illusionen sich nicht erfüllt haben. Dieser Wechsel der Haltung kommt im Wechsel der Rezeptionen durch Mars' Übertritt von Fische nach Widder zum Ausdruck.

Wenn ich sage: „Die ganze Zeit, in der sich Mars in den Fischen befand", beziehe ich mich nicht auf den Transit von Mars durch die Fische in Echtzeit. In diesem Fall kann Mars' Durchgang durch dieses Zeichen als „für eine lange Zeit" aufgefasst werden.

Je mehr Übung Sie haben, je mehr werden Sie feststellen, dass Sie schon eine Vorstellung davon haben, wie ein Horoskop aussehen wird, bevor sie es erstellt haben – allein durch die Informationen, die Sie mit der Frage erhalten. Sobald wir Worte lesen wie „er hat mir so wunderbare Dinge über mich erzählt", können wir sicher sein, dass wir eine Erhöhung im Horoskop finden werden.

„Gibt es eine Zukunft für unsere Beziehung?" So sehr wir denken mögen, dass die Erpressungsgeschichte die Frage überflüssig macht, ist es wichtig, die gestellte Frage zu beantworten, und zwar aus dem Horoskop, nicht unseren eigenen Annahmen und Vorurteilen. Soweit wir die Dinge bislang verfolgt haben, sind die Aussichten nicht besonders vielversprechend: Er hasst sie. Mars wird nicht rückläufig werden, um zurück in die Fische zu wandern, um dort Venus zu erhöhen: Wenn die Blase der Erhöhung einmal geplatzt ist, könnte sie durch etwas, auch längerfristig Haltbares ersetzt werden, aber sie kann nicht wieder zusammengesetzt werden. Doch sein anderer Signifikator, die Sonne, steht kurz davor, in die Fische zu wechseln, wo sie anfangen wird, Venus zu erhöhen. Also gibt es vielleicht doch Hoffnung.

Was fühlt sie für ihn? Venus befindet sich in Steinbock, der Erhöhung von Mars. Sie ist noch immer ganz vernarrt in ihn. Sowohl Venus als auch der Mond stehen für unsere Fragestellerin, aber sie zeigen sie auf verschiedene Weise: Kopf und Herz. Der Herr von 1 zeigt die Fragestellerin als denkendes Wesen, manchmal als Körper; der Mond steht eher für ihre Gefühle. Die Opposition zwischen beiden hier zeigt, dass sie in Konflikt miteinander stehen, was in derartigen Horoskopen üblich ist. Die Leute neigen nicht dazu Beziehungsfragen zu stellen, wenn sie glücklich sind.

Der Mond, ihr Herz, befindet sich sowohl in der Triplizität als auch im Fall von Mars (der Liebhaber). Sie hat noch immer warme Gefühle für ihn; aber diese Wärme wird durch Abscheu überschattet: Sie muss sich sehr verletzt fühlen.

◆ An dieser Stelle wäre es sinnvoll, die Rezeption per Fall als Enttäuschung zu verstehen: Ihr Herz ist von ihm enttäuscht. ◆

Venus steht im letzten Grad von Steinbock. Sie ist kurz davor, das Zeichen zu wechseln, womit sich auch die Rezeptionen verändern. Dieser Wechsel in den Rezeptionen zeigt, dass sich in ihren Einstellungen ein Wandel vollziehen wird – genauso wie es ihr Liebhaber tat, was durch Mars, der von Fische nach Widder gewechselt ist, angezeigt wird. Wie wird sich ihre Haltung verändern? Sie wird damit aufhören, Mars zu erhöhen. Sobald Venus in den Wassermann eingetreten sein wird, wird sie in keinerlei Würde oder Schwäche von Mars mehr stehen: Sie wird ihm gegenüber gleichgültig werden.

Auch der Mond steht davor, das Zeichen zu wechseln. Er wird diesen beunruhigenden Zwiespalt zwischen Triplizität und Fall von Mars hinter sich lassen, um in den Löwen zu wandern, wo er ebenfalls kein Interesse mehr an Mars haben wird. Ihre Liebe für ihn wird sich sehr bald in Luft auflösen. Gibt es eine Zukunft für diese Beziehung? Nein – hauptsächlich, weil sie die Beziehung selbst bald nicht mehr haben möchte.

Somit haben wir die Kurzantworten auf die Fragen der Klientin. Wir könnten geneigt sein, etwas mehr Fleisch an diese nackten Knochen zu bringen, indem wir etwas tiefer schauen. Was passiert hier sonst noch?

Wir könnten feststellen, dass Saturn in diesem Horoskop eine große Rolle spielt. Sowohl Venus als auch die Sonne befinden sich in Zeichen, die von Saturn beherrscht werden; Mars steht in Saturns Fall; der Mond in Saturns Exil. Sobald Venus das Zeichen wechselt und damit aufhört, Mars zu erhöhen, wird Saturn sogar noch wichtiger für die Fragestellerin: In den ersten Graden von Wassermann wird sich Venus in Zeichen, Triplizität und Grenze von Saturn befinden. Aber wofür steht Saturn, dass er plötzlich so viel mehr Bedeutung für sie haben wird, sobald sie aufhört, ihren Liebhaber zu erhöhen?

In Horoskopen über Affären, in denen wir zwei Leute vom 7. Haus-Typus haben, kann man, wenn man den Herrn von 7 dem Liebhaber als Signifikator gibt, Saturn nehmen, um den betrogenen Ehegatten darzustellen. Wenn die Fragestellerin den Liebhaber erhöht, wird der Ehegatte im Allgemeinen als „der große Übeltäter" angesehen, der ihr großes Glück verhindert. Passt das zu diesem Horoskop?

Da steht ein schwacher (peregriner) Planet im ersten Haus. Das ist eine Verletzung für die Fragestellerin. Was verletzt sie? Saturn: ihr Ehemann.

◆ „... kann häufig genommen werden, um ... darzustellen" wäre die bessere Formulierung. Die Gleichsetzung kann nicht vorausgesetzt werden, sondern muss zum Horoskop passen. Passt ein anderer Planet besser als Saturn, arbeiten Sie stattdessen mit diesem. ◇

Venus steht im Zeichen Saturns. Das könnte bedeuten, dass die Fragestellerin ihren Ehemann liebt. Aber wenn Ihr Herz damit beschäftigt ist, jemanden zu erhöhen, gibt es nicht genug Raum dafür, jemand anderen zu lieben. Also scheint es hier sinnvoller, dies als großen Einfluss zu lesen, den der Ehemann auf unsere Klientin hat, oder dass er sie beherrscht, oder ganz wörtlich: Sie befindet sich in seinem Haus.

Saturn ist im Zeichen von Venus. Der Ehemann liebt sie. Er ist in der Erhöhung des Mondes. Was also möchte der Ehemann um alles in der Welt haben? Die Sache, die er erhöht: Das Herz der Fragestellerin.

Was denkt das Herz der Fragestellerin über ihn? Der Mond steht im Exil von Saturn: Ihr Herz hasst ihn. Und auch noch in Saturns Grenze: Ihr Herz erkennt einige kleine versöhnliche Aspekte in ihm.

Beachten Sie, dass die Kopf-Herz-Trennung der Fragestellerin, dargestellt durch die Venus-Mond-Opposition, vollkommenen Sinn ergibt in ihrer Haltung sowohl gegenüber dem Liebhaber als auch dem Ehemann.

Sobald Venus das Zeichen gewechselt und das Interesse am Liebhaber verloren haben wird, wird sie noch viel stärker von Saturn beherrscht werden. Die mächtige gegenseitige Rezeption zwischen den beiden Planeten wird sogar noch stärker. Das muss eine Stärkung ihrer Beziehung zum Ehemann bedeuten. Beachten Sie, dass wir keinen Aspekt zwischen ihr und ihm brauchen, da die Beziehung bereits besteht: Wir müssen also kein Ereignis nachweisen. Beachten Sie auch, dass, obwohl sie noch mehr auf den Ehemann ausgerichtet sein wird (indem sie sich aus Zeichen und Grenze von Saturn in Zeichen, Triplizität und Grenze von Saturn bewegt), sie ihn nicht plötzlich erhöht (ihre beiden Planeten wechseln in Zeichen, in denen es keine Erhöhung gibt). Genau wie man es erwarten würde.

Der Mond betritt derweil den Löwen, was erneut das Exil von Saturn ist. Das Herz wird ihn weiter hassen.

◆ Er wird sich gleichzeitig sowohl in der Grenze als auch dem Gesicht von Saturn befinden. Im Moment ist er in Saturns Grenze, aber nicht in seinem Gesicht. Also wird ihr Herz, bezogen auf die kleinen positiven Aspekte, die sie in ihm sieht, ein kleines bisschen mehr fühlen. ◇

Warum wird sich ihre Haltung den beiden Männern gegenüber ändern? Unsere Haltungen ändern sich nicht von selbst: Wir wachen nicht einfach eines Morgens auf um festzustellen, dass wir diese Person lieben oder jene hassen. Es gibt einen Auslöser, der diese Änderungen in Gang setzt. Der Wechsel der Haltungen wird durch den Wechsel der Rezeptionen angezeigt (wie hier in den Wechseln der Zeichen). Der Auslöser wird durch den Aspekt, der sich unmittelbar vor dem Wechsel der Rezeptionen ereignet, angezeigt.

Welcher Aspekt ereignet sich, bevor Venus und Mond das Zeichen wechseln? Die Mond-Venus-Opposition. Das muss der Auslöser sein – der Grund für den Wechsel der Haltung. Was bedeutet dieser Aspekt?

Ja, wir können das so auffassen, dass damit gezeigt wird, wie die Trennung zwischen ihrem Kopf und Herzen einen Höhepunkt erreicht; aber das hilft uns nicht weiter: Wir würden noch immer dasitzen und uns den Kopf darüber zerbrechen, warum das so ist.

Wenn ein Signifikator genau auf der Spitze eines Hauses steht, dann ist er dort häufig aus einem Grund. Es ist fast so, als würde ihn das Horoskop genau dahin stellen, um unsere Aufmerksamkeit dorthin zu lenken, indem es sagt: „Hei, schau mal hier hin!" Der Mond befindet sich genau auf der Spitze des 5. Hauses, dem Haus der Kinder. Der Mond herrscht über dieses Haus und könnte deshalb in diesem Fall eine zweite Rolle als Herrscher von 5 spielen. Der Mond ist der natürliche Herrscher der Babys und er befindet sich im fruchtbaren Zeichen Krebs. Folglich muss der Mond, indem er auf Venus zuläuft, anzeigen, dass sie schwanger wird. Es handelt sich um eine Opposition: Sie ist darüber nicht glücklich. Aber das ist es, was ihren Verstand (Venus) sich auf ihre Ehe konzentrieren lässt. Und das, obwohl ihr Herz (Mond) noch immer ihren Ehemann hasst. Es ist wahrscheinlich die Schwangerschaft, die Jupiter, natürlicher Herrscher der Fruchtbarkeit, der so hervorgehoben auf dem Aszendenten steht, seine Bedeutung verleiht.

„Aber wer ist der Vater?" Der Aspekt, der zeigt, dass sie schwanger ist (Mond vor der Opposition zu Venus), hat noch nicht stattgefunden, also liegt das Ereignis noch immer in der Zukunft. Würde der Aspekt separativ sein (der Mond, vielleicht auf 29° Krebs, sich aus der Opposition mit der Venus auf 28° Steinbock lösend), würden wir das so deuten, dass das Ereignis bereits stattgefunden hat, dass sie also bereits schwanger ist. Sie ist es also noch nicht; der Liebhaber hasst sie; sie ist noch immer im Haus des Ehemanns; das Horoskop zeigt uns keinen weiteren Verdächtigen: Der Ehemann muss der Vater sein.

Wir haben bereits im Vorübergehen die Haltung des Liebhabers gegenüber dem Ehemann notiert: Die Sonne wird durch Saturn beherrscht; Mars steht im Fall Saturns. Genauso wie Kopf und Herz unserer Klientin, zeigen die beiden Signifikatoren des Liebhabers diesen auf unterschiedliche Weise. Der Herr von 7 (hier Mars) zeigt ihn als Person, als denkendes und fühlendes Wesen. Die Sonne, ihm zugeteilt, weil er ein Mann ist, zeigt ihn als animalisches männliches Wesen. Wenn ich unterrichte, beschreibe ich, um für etwas Unterhaltung zu sorgen, den Unterschied zwischen Hauptsignifikator, Mond (wenn wir den Fragesteller betrachten) und Sonne als den zwischen Kopf, Herz und Unterhose. Das mag nicht besonders feinfühlig sein, aber es macht die Unterscheidung sehr deutlich. Wäre Venus nicht schon als Herrin von 1 unserer Fragestellerin zugeteilt, würden wir ihr Venus als Signifikator für Frauen geben, wobei sie in diesem Fall die animalische Frau darstellte. Da Venus Herrin von 1 ist, hat sie hier eine Doppelrolle.

Die Sonne, die Männersachen des Liebhabers, werden also vom Ehemann (Saturn) beherrscht. Kein Zweifel: Die Existenz des Ehemanns bedeutet wahrscheinlich, dass der Liebhaber seine Männerangelegenheiten nicht so ausleben kann, wie er es gerne möchte. Seine denkende und fühlende Person kann den Ehemann nicht ausstehen (Mars im Fall von Saturn). Was nicht weiter überrascht, erhöht er doch seine eigenen Männersachen (er erhöht die Sonne), die wiederum vom Ehemann beherrscht werden. Also fühlt sich der Liebhaber durch die Existenz des Ehemanns zutiefst frustriert und ist deshalb verärgert.

Sie haben vielleicht bemerkt, dass die bevorstehenden Zeichenwechsel einige positive Rezeptionen zwischen unserer Fragestellerin und ihrem Liebhaber bringen werden: Die Sonne wird in die Fische gehen, wo sie Venus erhöht, während der Mond in den Löwen wechselt, wo er von der Sonne beherrscht wird. Seine Männersachen werden anfangen, Venus, die man hier vermutlich in ihrer Rolle als unsere Fragestellerin als animalische Frau sehen kann, zu erhöhen, während ihre Gefühle (Mond), die den Ehemann noch immer hassen, dann von den Männersachen des Liebhabers (Sonne) beherrscht werden. Da wir gesehen haben, dass die Beziehung zwischen der Fragestellerin und ihrem Liebhaber nicht fortgesetzt werden wird, können wir das als eine ganze Menge enttäuschter Nostalgie interpretieren, die beide mit sich herumtragen werden, während sie versonnen auf eine Leidenschaft zurückschauen, die zu wenig ausgelebt werden konnte.

9

Aspekte

Einige stundenastrologische Fragen beziehen sich auf den Stand der Dinge: „Bin ich schwanger?" „Wie wird das Wetter in meinem Urlaub sein?" „Liebt er mich wirklich?" Diese können durch die Einschätzung des Zustands der relevanten Signifikatoren gedeutet werden. Die meisten Fragen beziehen sich jedoch darauf, ob oder wann etwas geschieht. Dafür müssen wir nicht nur den Zustand der Signifikatoren untersuchen, sondern auch schauen, ob sie sich miteinander durch einen Aspekt verbinden oder nicht. Tun sie das, gibt es zumindest die Möglichkeit, dass das Ereignis eintritt; tun sie es nicht, gibt es keine Möglichkeit.

Wenn ich frage: „Wird sie mich heiraten?" – obwohl man so eine Frage sicher besser an die betreffende Person als an einen Astrologen richtet – und wir entdecken starke Rezeptionen zwischen meinem und ihrem Signifikator, dann ist das ermutigend: Wir lieben uns. Aber wenn es keinen Aspekt gibt, der unsere Planeten zusammenbringt, wird es keine Hochzeit geben, egal wie sehr wir uns lieben.

Die meisten Fragen beschäftigen sich mit der Zukunft, also schauen wir nach *applikativen* Aspekten: Aspekte, die noch nicht zustande gekommen sind, es aber in der Zukunft werden. Manche Fragen beziehen sich auf die Vergangenheit („Hat der Bauarbeiter mein Armband gestohlen?"), in welchem Fall uns *separative* Aspekte interessieren: also Aspekte, die bereits stattgefunden haben.

Uns interessieren hier nur die *Hauptaspekte*: Konjunktion, Trigon, Quadrat, Sextil und Opposition. Sie sind auch als *ptolemäische* Aspekte bekannt, weil Ptolemäus darüber in seinem *Tetrabiblos* schreibt, dem einflussreichsten Buch, das jemals über Astrologie geschrieben worden ist. Die Konjunktion ist technisch gesehen kein Aspekt, kann aber für alle praktischen Zwecke behandelt werden, als wäre sie einer – also wird sie hier, der Einfachheit halber, als solcher behandelt.

„Warum ist eine Konjunktion kein Aspekt?" Das Wort Aspekt stammt vom lateinischen Wort für Blick ab. Ein Blick wird in diesem Sinne als ein Lichtstrahl vom Auge der einen Person in das einer anderen verstanden. In einer Konjunktion sind zwei Planeten wie einer, und Sie können sich nicht in Ihre eigenen Augen schauen. Folglich ist eine Konjunktion kein Aspekt.

Für die sogenannten *Nebenaspekte* gibt es weder in der Stundenastrologie, noch sonst wo in der Astrologie einen Platz. „Aber Lilly erwähnt sie doch." Nie zu irgendeinem Zweck. Als er damals schrieb, waren sie gerade die heißeste Neuigkeit, über die alle sprachen. Nun, da ihr Reiz des Neuen verblasst ist, können wir sie übergehen.

Aspekte können nur zustande kommen, wenn die Zeichen, welche die Planeten besetzen, ihrerseits im Aspekt zueinender stehen. Stier steht im Trigon zu Steinbock. Also steht ein Planet auf 29° Stier im Trigon zu einem auf 29° Steinbock. Er steht nicht im Trigon zu einem Planeten auf 0° Wassermann. Er wird wahrscheinlich bald im Aspekt zu diesem Planeten sein oder er war vor kurzem im Aspekt zu ihm – und beides kann für unsere Deutung von Belang sein; aber jetzt steht er nicht im Aspekt zu ihm.

Um herauszufinden, ob ein Planet einen anderen aspektieren wird, ist es unerlässlich zu wissen, welcher Planet sich schneller bewegt. Wie wir bereits gesehen haben, als wir die akzidentiellen Würden besprochen haben, sind die durchschnittlichen täglichen Bewegungen der Planeten folgende:

Mond	13°11'
Merkur	0°59'
Venus	0°59'
Sonne	0°59'
Mars	0°31'
Jupiter	0°05'
Saturn	0°02'

Wenn ich sage: „Es ist unerlässlich zu wissen, welcher Planet sich schneller bewegt", dann meine ich damit, „welcher Planet sich jetzt im Moment schneller bewegt". Das ist nicht immer dasselbe wie „welcher bewegt sich im Allgemeinen schneller". Sie werden in Ihrer Ephemeride nachschauen müssen. Beispielsweise ist Mars, während ich das hier schreibe, kürzlich auf einen Aspekt mit Venus zugelaufen – was nur möglich war, weil Venus gerade die Richtung gewechselt hatte und sich deshalb so langsam bewegte, dass Mars sie einholen konnte. Hätten wir uns das Horoskop nur mal eben so angeschaut, ohne die Ephemeride zu konsultieren, hätten wir angenommen, dass Venus sich von Mars entfernt, folglich wäre jede auf diesen beiden Planeten gründende Deutung falsch gewesen. Gewöhnlich gibt es wenigstens einen Planeten, der etwas Unpassendes macht, also ist der Blick in die Ephemeride *unerlässlich*. Wenn Sie das nicht machen, werden Sie mit Ihren Deutungen regelmäßig danebenliegen.

Es ist unverzichtbar, dass Sie wissen, was die Planeten tun werden, nicht bloß, was sie allem Anschein nach tun werden!

Planeten wechseln nicht plötzlich die Richtung, während sie mit Volldampf ihre gewohnte Bahn entlangrasen. Planeten bremsen allmählich ab bis sie scheinbar zum Stillstand kommen, dann setzen sie sich in die entgegengesetzte Richtung in Bewegung und nehmen allmählich wieder Fahrt auf.

Wenn Sie mit einer Software arbeiten und keine Ephemeride zur Hand haben, können Sie prüfen, wie schnell sich ein Planet bewegt, indem Sie das Horoskop zur gleichen Zeit am nächsten Tag vorklicken: Die Differenz der Planetenpositionen wird Ihnen die tägliche Bewegung eines jeden Planeten zu dieser Zeit angeben.

Die Liste oben gibt die durchschnittliche Bewegung der Planeten an. Für unsere Zwecke ist die Kenntnis der normalen Geschwindigkeit jedes Planeten nützlicher, in welcher Richtung er sich auch immer bewegt. Genauigkeit ist hier nicht notwendig: Ein grober, einfach zu merkender Leitfaden reicht für unsere Zwecke vollkommen aus. Prägen Sie sich diese Liste ein:

Mond	13 Grad
Merkur	Eineinhalb Grad
Venus	Ein Grad und ein bisschen
Sonne	1 Grad
Mars	Ein halber Grad
Jupiter	Bewegt sich kaum
Saturn	Bewegt sich kaum.

Wenn Sie diese Liste mit jener der durchschnittlichen Vorwärtsbewegungen oben vergleichen, werden Sie sehen, dass Merkur und Venus, obwohl sie sich normalerweise schneller als die Sonne bewegen, im Durchschnitt genauso schnell sind wie diese. Es sieht aus, als ob die Sonne ein Mann wäre, der einen Spaziergang mit zwei Hunden macht. Der Mann schlendert gleichmäßig dahin, während seine Hunde bald hierhin, bald dorthin rennen, aber alle drei kommen zur selben Zeit nach Hause.

Überlegen Sie mal: Wenn der Mond sich auf 10° Widder befindet und auf die Venus bei 20° Widder zuläuft, wird die Venus nicht weit gelaufen sein, bevor der Mond sie einholt. Der Mond braucht weniger als einen Tag, um diese 10 Grad zurückzulegen, während Venus sich gerade mal etwa einen Grad weiter fortbewegt haben wird. Also wird der Aspekt auf 21° Widder vollendet. Stünde Merkur auf 10° Widder, wäre die Situation eine ziemlich andere. Immer wenn sich Merkur eineinhalb Grad auf Venus zubewegt, wandert diese einen Grad und ein bisschen von ihm weg. Merkur wird ewig brauchen, bis er die Konjunktion vollendet; er wird Venus nicht erreichen, bevor sie Widder verlassen hat.

◆ Sehr wichtig: Wenn Sie in Ihrem Software-Programm die Möglichkeit haben, das Horoskop in der Zeit fortzubewegen: Benutzen Sie diese nicht! Damit schaffen Sie nichts als Verwirrung. Arbeiten Sie immer nur mit dem Horoskop, wie es erstellt wurde. Tatsächlich kreieren Sie eine Vielzahl neuer Horoskope, wenn Sie diese Möglichkeit benutzen. Wir haben nur ein Horoskop: Dasjenige für die Zeit, zu der die Frage gestellt wurde.

Gehen Sie nun zu den Einstellungen in Ihrem Softwareprogramm und wählen Sie die Ausgabe der Horoskope ohne Aspektlinien aus. Auch diese schaffen nur Verwirrung. ◆

Aspekte

Die meisten Leser werden wissen, wie man einen Aspekt im Horoskop und in der Ephemeride erkennt. Deshalb habe ich diese Information für jene, die neu in der Astrologie sind, in den Anhang geschoben. Wenn Sie sich nicht sicher fühlen, unterbrechen Sie hier und arbeiten Sie Anhang 3 durch.

In der Stundenastrologie interessieren uns hauptsächlich exakte Aspekte. Exakt heißt exakt. Fehlt einem Aspekt auch nur eine Bogenminute, um perfekt zu sein, ist er nicht exakt und das Ereignis, das er ansonsten vorhergesagt hätte, wird nicht stattfinden. Wenn zum Beispiel die Heirat eines Jungen mit einem Mädchen durch Venus dargestellt wird, die auf eine Konjunktion mit Mars auf 22°17' Löwe zuläuft, aber Venus wird auf 22°16' Löwe rückläufig und damit der Aspekt nicht perfekt, wird die Hochzeit nicht stattfinden.

Um ein Ereignis, nach dem gefragt wird, anzuzeigen, brauchen wir einen exakten Aspekt zwischen den Hauptsignifikatoren. Ein Planet, der kein Hauptsignifikator ist und einen aspektiert, der einer ist, mag andere Einflüsse auf die Situation darstellen, ohne ein Ereignis anzuzeigen. Solche Aspekte müssen eng sein, brauchen aber nicht exakt zu sein. Sie können im Allgemeinen außer Acht gelassen werden, wie bei Junge heiratet Mädchen: Dass einer von ihnen sich über eine Steuerforderung Sorgen macht, wird für die Deutung normalerweise nicht entscheidend sein. Lautet aber die Frage beispielsweise: „Wird meine Mannschaft das Spiel gewinnen?", und meine Mannschaft steht in einem engen Quadrat zu Saturn, hat das Auswirkungen: Meine Mannschaft ist geschwächt. Berücksichtigen Sie alles in einem Rahmen von höchstens etwa 3 Grad; alles jenseits davon ist unwesentlich.

Alte Bücher gebrauchen die Worte *plaktisch* und *partil*, wenn sie Aspekte behandeln. Ich erkläre sie hier, damit Sie wissen, was sie bedeuten, aber Sie brauchen sie nicht selbst zu benutzen. Ein Übermaß an technischen Begriffen schafft nichts weiter als Verwirrung. Ein partiler Aspekt ist einer, bei dem die beiden Planeten im selben Grad ihrer jeweiligen Zeichen stehen. Venus auf 21°05' Stier steht in einem partilen Trigon zu Mars auf 21°22' Steinbock: Sie sind beide auf 21 Grad. Stünde Venus auf 20°59' Stier, wäre es kein partiles Trigon zu Mars, weil sie nicht auf 21 Grad steht, obwohl sich beide innerhalb von 1 Grad zueinander befinden. Das englische Wort für Grad „*degree*" bedeutet wortwörtlich Stufe (altes Französisch), und Sie befinden sich entweder auf der einen oder der anderen Stufe; es gibt keinen verschwommenen Bereich zwischen ihnen.

Trotzdem ist das Wort „partil" überflüssig. Die Planeten befinden sich im gleichen Grad: na und? Um uns ein Ereignis anzuzeigen, müssen sie den Aspekt perfekt machen, nicht bloß im gleichen Grad stehen; um Einfluss anzuzeigen, müssen sie jedoch nur 2 oder 3 Grad voneinander entfernt stehen.

Ein plaktischer Aspekt ist ein Aspekt, der nicht partil ist. Wenn wir den Begriff „partil" verwerfen, können wir genauso auch „plaktisch" entsorgen.

Die Natur der Aspekte

Vergessen Sie alles, was Sie darüber aufgeschnappt haben, dass Aspekte „gut" oder andere „schlecht" sind. Es sind die Natur der beteiligten Planeten und deren Haltung zueinander, die das anzeigen, nicht die Natur der Aspekte selbst.

Konjunktion

Die Planeten sind 0 Grad voneinander entfernt. Stehen zwei Planeten in Konjunktion, sind sie wie eins. Das Wort stammt aus dem Lateinischen, wo es das gebräuchliche Wort dafür ist, dass zwei Körper zusammenkommen, um eins zu werden. Aber ist das erstrebenswert oder nicht? Im zärtlichsten Liebesspiel wie in der wildesten Vergewaltigung sind die beiden Körper vereint: Es ist nicht die Vereinigung selbst – die Konjunktion – die erstrebenswert ist. Nur das Studium der Würden der beteiligten Planeten und vor allem die Rezeptionen zwischen ihnen werden uns sagen, ob die Konjunktion ein erstrebenswertes Ergebnis ist. Das Horoskop kann mich in Konjunktion mit meiner Traumfrau zeigen oder mit der Schlange der Arbeitslosen: beides sind Konjunktionen.

Trigon

Die Planeten sind 120 Grad voneinander entfernt. Trigone können nur zwischen Planeten in der gleichen Triplizität gebildet werden: Feuerzeichen bilden Trigone mit Feuerzeichen, Wasserzeichen mit Wasserzeichen usw. Das heißt, es gibt immer Gemeinsamkeiten zwischen Planeten im Trigon zueinander. Deshalb zeigen Trigone Dinge an, die problemlos vonstattengehen. „Problemlos" und „gut" sind nicht synonym zu verstehen! Wenn die Bremsen meines Autos versagen, wird es problemlos den Berg hinunter und in den Fluss rollen. Ob dieser problemlose Kontakt wünschenswert ist oder nicht, werden uns die Natur der Planeten (nett oder bösartig) und ihre Rezeptionen (ihre Haltung zueinander) zeigen.

Quadrat

Die Planeten sind 90 Grad voneinander entfernt. Quadrate bringen Dinge unter Schwierigkeiten oder mit Verzögerung zusammen. Das können immer noch nette Sachen sein. „Wird sie mich heiraten?" und unsere Planeten kommen im Quadrat zusammen, kann sehr gut ein „Ja" bedeuten, aber ich muss sie vielleicht zwei Mal fragen oder es gibt Verzögerungen bei der Organisation der Feier. In vielen Situationen sind Verzögerungen oder Schwierigkeiten genau das, was man erwarten könnte: „Werde ich meinen Steuernachlass erhalten?", „Wird der Verkauf des Hauses klappen?" – ein Quadrat kann also ein hervorragendes Ergebnis sein. Der Schlüssel liegt, wie immer, in den Würden und Rezeptionen.

Sextil

Die Planeten sind 60 Grad voneinander entfernt. Das Sextil ist der Kleinste aus dem ganzen Wurf, wenn es um Aspekte geht. Er ist bei Weitem der schwächste von allen, aber er wird seine Funktion im Allgemeinen erfüllen. Obwohl das Sextil genauso ein problemloser Aspekt ist wie ein leichtgewichtiges Trigon, würde ich mehr Vertrauen in ein Quadrat mit guten Rezeptionen setzen. Aber überbewerten Sie diese Schwäche nicht; seien Sie nur ein bisschen vorsichtiger bei der Prüfung, ob die Planeten stark genug sind zu handeln und ob sie geneigt sind zu handeln.

Opposition

Die Planeten sind 180 Grad voneinander entfernt. Die Opposition bringt Dinge nur zusammen, um sie gleich wieder voneinander zu trennen. Oder sie bringt sie unter derart großen Anstrengungen zusammen, dass diese das Resultat nicht lohnen. Oder sie bringt sie unter Bedauern zusammen. William Lilly sagt, dass, wenn bei „Wird sie mich heiraten?" die Signifikatoren in einer Opposition zusammenkommen, sie zwar heiraten, aber „ihr ganzes Leben miteinander zanken und keifen" werden. Zanken und Keifen sind heutzutage Gründe, um sich scheiden zu lassen. „Werde ich die Arbeitsstelle bekommen?" und die Herren von 1 und 10 stehen in Opposition zueinander: Ja, aber Sie werden sich wünschen, dass Sie sie nicht bekommen hätten, oder Sie werden nicht lange bleiben.

Wenn Sie sich die Rezeptionen anschauen, ist es einfach zu erkennen, warum das so ist. Wenn zwei Planeten entgegengesetzt stehen, sind auch ihre Werte vollkommen gegensätzlich. Wenn der eine Planet alles, wofür Jupiter steht, liebt, wird der andere es hassen; wenn der eine alles erhöht, wofür Saturn steht, wird der andere es verabscheuen.

Es ist der Zustand der Planeten und ihre Haltung zueinander – die Würden und Rezeptionen – welche zeigen, ob ein Aspekt wohltätig ist. Nicht die Natur des Aspekts selbst.

Lassen Sie uns ein paar Beispiele anschauen. Immer, wenn ich in Amerika unterrichte, sehen meine Gastgeber einen Abstecher in ein Indianer-Casino als angemessene Vergeltung für Englands Exzesse während der Kolonialzeit vor. Nehmen wir also mal an, ich erstelle ein Stundenhoroskop, um zu fragen, ob ich gewinnen werde:

* Es gibt ein applikatives Trigon zwischen dem Herrn von 1 (mir) und dem Herrn von 8 (das Geld der anderen Leute): Ich werde gewinnen und zwar problemlos.

* Es gibt ein Quadrat zwischen den Herren von 1 und 8: Ich werde noch immer gewinnen, aber es erfordert einige Anstrengung. Vielleicht muss ich stundenlang spielen; vielleicht gibt es einige Aufs und Abs, bevor ich einen Gewinn ausweisen kann.

* Es gibt eine Opposition zwischen den Herren von 1 und 8: Auch so werde ich gewinnen (der Herr von 1 im Kontakt mit dem Herrn von 8). Aber

vielleicht werde ich nur ein Almosen gewinnen – nicht genug, um die Kosten abzudecken, die es brauchte, um zum Casino zu gelangen. Oder ich gewinne, aber verliere vielleicht meinen Gewinn auf dem Weg zu meinem Auto.

* Es gibt einen Aspekt zum Herrn von 8, welcher in seiner eigenen Erhöhung und in Konjunktion mit dem aufsteigenden Mondknoten steht: Yippee! Der Aspekt zeigt, dass ich gewinnen werde; die Stärke des Herrn von 8 (das Geld der anderen Leute, das, wie der Aspekt zeigt, zu mir kommen wird) zeigt, dass ich viel gewinnen werde.

* Es gibt genau den gleichen Aspekt, aber der Herr von 8 befindet sich in seinem Exil und im Quadrat zu Saturn: Ich werde wieder gewinnen (Aspekt), aber sehr wenig (die Schwäche des Herrn von 8).

Überlegungen wie diese können den Hauptteil der Deutung ausmachen. „Soll ich mich für die riskante Wette/Investition entscheiden oder lieber für die sicherere Option mit geringem Ertrag?" Die Antwort liegt genau hier.

Quadrate werden zu Trigonen

Das werden sie nicht! Lilly und andere würden behaupten, dass ein Quadrat zwischen bestimmten Zeichen behandelt werden kann, als sei es ein Trigon. Das ist Unsinn: Wenn die Zeichen so flexibel wären, würde der Mond der Sonne bei Vollmond nicht gegenüberstehen, die Mondknoten würden keine Opposition bilden und so weiter.

Das Problem, mit dem er sich konfrontiert sah, war, warum manche Quadrate glücklichere Resultate zeitigen als manche Trigone. Was ihm fehlte, war ein umfassendes Verständnis der Würden und Rezeptionen, das klar macht, warum das so ist. Meinen besten Freund unter Schwierigkeiten zu treffen ist weitaus netter, als jemandem auf problemlose Weise zu begegnen, den ich nicht mag. Der Schlüssel liegt in den Würden und Rezeptionen. Ihre Bedeutung kann nicht genug betont werden.

ASPEKTE KÖNNEN NICHT GEBILDET WERDEN, WENN DIE PLANETEN IN DEN FALSCHEN ZEICHEN STEHEN

Wenn Sie aus der Welt der modernen Astrologie kommen, werden Sie daran gewöhnt sein, einen Planet auf 29° Widder als in Konjunktion mit einem anderen auf 1° Stier anzusehen oder im Trigon mit einem Planeten auf 2° Jungfrau. Das stimmt nicht. Niemals und nirgends. Ganz egal, wie sehr Sie sich auch wünschen, es wäre so.

Schauen Sie sich die Konjunktion an. Wie wir gesehen haben, bedeutet Konjunktion, dass zwei Körper eins werden. Die Zeichen sind, um ihnen ihren korrekten Namen zu geben, himmlische Häuser. Wenn Sie glauben, dass Ihr Körper mit dem eines anderen eins werden kann, während sie sich in verschiedenen Häusern befinden, haben Sie das offensichtlich noch nicht probiert.

Schauen Sie sich das Trigon an. Trigone bringen Planeten zusammen, die sich in Zeichen desselben Elements befinden. Deshalb sind sie harmonisch. Nehmen wir an, ich wäre ein Buchhalter, der ein Büro in einem großen Häuserblock benutzt. Da gibt es noch einen Buchhalter in einem Büro auf der anderen Seite des Korridors, und wir haben eine glückliche Beziehung: Wenn einer von uns ein verzwicktes Problem mit seinen Büchern hat, geht er hinüber, um sich Hilfe zu holen. Wir sind vielleicht nicht die besten Freunde, aber wir haben etwas Wichtiges gemeinsam: die gleiche Triplizität – wir sind beide Buchhalter.

Das Büro neben dem anderen Buchhalter ist von einem Zahnarzt gemietet. Wenn ich mit meinem verzwickten Buchhalterproblem zu ihm gehe, wird er mir in keiner Weise nützlich sein. Es ist egal, wie nahe an der Wand seines Büros er steht, er ist immer noch ein Zahnarzt. Nur weil er wenige Grad von dieser Mauer entfernt steht, ist er noch lange kein Buchhalter.

Genauso ist es mit den Aspekten.

Es ist möglich, dass ein Aspekt unmittelbar innerhalb des nächsten Zeichens perfekt wird. Ein Beispiel: Der Mond auf 28° Widder läuft auf Mars auf 2° Stier zu. Im Moment gibt es zwischen beiden keine Verbindung. Überhaupt keine. Das *ist* kein Aspekt. Aber es *wird* ein Aspekt *sein*.

So ein Aspekt kann etwas anzeigen, das nach einem Wechsel passiert. Aber wir müssen diesem Wechsel einen Sinn zuschreiben können, wie er sich aus dem Wechsel der Zeichen und dem daraus folgenden Wechsel der Rezeptionen ergibt, damit wir dem Aspekt erlauben können, das erwünschte Ereignis anzuzeigen. Zum Beispiel „Wird sie mit mir ausgehen?" mit einem Aspekt zwischen Ihnen und ihr, der erst nach dem Zeichenwechsel Ihres Planeten vollendet wird. Je nachdem, was uns die Rezeptionen zeigen, mag uns das sagen: „Ja, sie wird mit Ihnen ausgehen, aber erst, nachdem Sie eine Arbeit gefunden haben". Der Zeichenwechsel zeigt uns einen Wechsel der Umstände und/oder der Haltung an.

Begrenzen Sie das auf einige wenige Grade im neuen Zeichen. Wird der Aspekt nicht innerhalb von, höchstens, 3 oder 4 Grad im nächsten Zeichen perfekt, wird die Sache nicht stattfinden.

Oft wird uns ein Aspekt, der nicht perfekt wird, bevor das nächste Zeichen erreicht wird, ein „Nein" geben. Das ist ein Beispiel für *Vereitelung* (siehe unten). „Zu welcher Zeit wird der Reparateur heute eintreffen?" Der Aspekt wird perfekt, aber erst nach dem Wechsel der Zeichen. „Er kommt, aber nicht heute."

Es ist egal, welcher Planet auf welchen zuläuft. Lautet die Frage: „Wird meine Mutter zu Besuch kommen?", kann dies sowohl dadurch angezeigt werden, dass ihr Signifikator auf meinen zuläuft, als auch dadurch, dass mein Signifikator sich auf ihren zubewegt, um den Aspekt zu bilden. Wer zu wem geht, wird durch die Frage selbst bestimmt und, falls nötig, durch die Rezeptionen.

Rechte und linke Aspekte

Sie werden in den Texten von Planeten lesen, die „ein rechtes Trigon" oder „ein linkes Quadrat" aussenden. Die (im Englischen benutzen – Anmerkung des Übersetzers) Begriffe „dexter" und „sinister" stehen im Lateinischen für rechts und links. Sie beziehen sich auf rechts und links im Verhältnis zu jemandem, der in der Mitte des Horoskops steht und nach draußen guckt.

Ein rechter Aspekt wird zur Rechten dieser Person ausgesandt – das heißt entgegen der Zeichenfolge. Beispiel: Ein Planet auf 4° Zwillinge wirft ein rechtes Sextil auf einen Planeten auf 4° Widder.

Ein linker Aspekt wird zur Linken dieser Person ausgesandt – was heißt entlang der Zeichenfolge. Ein Planet auf 4° Zwillinge wirft ein linkes Sextil auf einen Planeten auf 4° Löwe. Daran ist nichts Sinistres im modernen Sinn.

Alle Aspekte sind Zweiwegstraßen. Wenn A ein rechtes Trigon auf B aussendet, wird B ein linkes Trigon auf A aussenden.

Diese Begriffe haben keine praktische Bedeutung. Ich erwähne sie nur, weil Sie ihnen in anderen Büchern begegnen könnten. Die Vorstellung, dass einer von ihnen stärker als der andere ist, kann vernachlässigt werden, weil wir nicht in der Situation sind, zahlreiche Aspekte zu haben, die wir vergleichen müssen, und weil die Aspekte Zweiwegstraßen sind.

Indirekte Perfektion

Genauso wie ein Ereignis dadurch angezeigt werden kann, dass ein Signifikator einen zweiten aspektiert, kann das Ereignis auch durch einen dritten Planeten angezeigt werden, der die beiden Signifikatoren verbindet. Das nennt man *Übertragung* oder *Sammlung des Lichts*.

Übertragung des Lichts

Nehmen wir an, wir wollen Merkur und Jupiter verbinden. Merkur befindet sich auf 10° Krebs und Jupiter auf 12° Löwe. Das sind benachbarte Zeichen, also kann es keinen Aspekt zwischen ihnen geben. Steht der Mond auf 11° Widder, dann hat er sich gerade aus dem Quadrat mit Merkur gelöst und läuft unmittelbar auf das Trigon mit Jupiter zu. Er trägt oder überträgt Merkurs Licht zu Jupiter und bringt damit das Ereignis zustande. Die Einbeziehung des dritten Planeten, der die Verbindung zustande bringt, bedeutet gewöhnlich die Beteiligung einer dritten Partei an der Situation.

Die Übertragung des Lichts kann auf verschiedene Weisen passieren, allesamt Variationen des Grundthemas: Ein schneller Planet verbindet zwei langsamere Planeten. Wie bei unserem Beispiel, können wir eine Situation haben, dass ein schneller Planet sich aus dem Aspekt mit einem langsameren löst und auf dem Weg ist, einen anderen langsameren Planeten zu aspektieren.

Es kann auch sein, dass der schnelle Planet den ersten dieser Aspekte noch nicht vollendet hat, also erst auf den einen Signifikator zuläuft und anschließend seine Reise fortsetzt, um den anderen zu aspektieren. Das ist in Situationen üblich, in denen die auslösende Handlung noch nicht vorgenommen worden ist: „Werde ich die Stelle bekommen, falls ich mich auf sie bewerbe?"

Wir können eine Situation haben, in der Planet A dabei ist, Planet B zu aspektieren, und Planet B dann weiterläuft, um Planet C zu aspektieren. Das ist eine Kettenreaktion, die Planet A mit Planet C verbindet.

Beispiele für die Übertragung des Lichts:

* Mars auf 10° Widder, Venus auf 15° Widder. Venus löst sich von Mars: Das sieht wenig hoffnungsvoll aus. Aber der Mond auf 8° Widder wird erst eine Konjunktion mit Mars bilden, dann weiterlaufen und eine Konjunktion mit Venus bilden, wodurch er den Aspekt erneuert und das Ereignis zustande bringt.

* Jupiter auf 8° Löwe, Saturn auf 12° Fische. Die Sonne auf 7° Skorpion läuft auf das Quadrat zu Jupiter zu, um anschließend ein Trigon mit Saturn zu bilden, wobei sie das Licht von Jupiter auf Saturn überträgt.

Sammlung des Lichts
Beide Signifikatoren laufen auf einen Aspekt mit einem dritten, langsameren Planeten zu. Es ist, als ob dieser dritte Planet mit ausgebreiteten Armen dasteht, das Licht der beiden Signifikatoren sammelt und zusammenbringt. Ich möchte mit der Schulschönheit ausgehen, aber traue mich nicht, sie zu fragen. Dann aspektieren wir beide den boshaften Rektor der Schule, der uns beide nachsitzen lässt und uns damit zusammenführt. Der boshafte Rektor hat unser Licht gesammelt.

Beispiele für die Sammlung des Lichts:

* Mars auf 5° Stier, Venus auf 6° Widder. Es gibt keinen Aspekt zwischen beiden. Aber beide laufen auf Jupiter auf 8° Krebs zu, der dadurch ihr Licht sammelt und Mars und Venus zusammenbringt.
* Merkur auf 24° Fische, der Mond auf 22° Waage. Beide laufen auf Saturn auf 26° Zwillinge zu, der ihr Licht sammelt.

Theoretisch ist es möglich, dass wir eine Sammlung haben, in der einer der Signifikatoren seinen Aspekt mit dem sammelnden Planeten bereits gemacht hat (Ich sitze schon nach; alles, was noch fehlt, ist, dass die Schulschönheit den Zorn des Schulrektors auf sich zieht). Ich kann mich nicht erinnern, so etwas schon in einem Horoskop gesehen zu haben, aber seien Sie sich der Möglichkeit bewusst.

Übertragung und Sammlung des Lichts können durch jeden Aspekt oder eine Konjunktion erfolgen. Sie können, wie jeder andere Aspekt, verhindert oder vereitelt werden (siehe unten). Wie jeder andere Aspekt, müssen auch diese hier perfekt werden: exakt heißt exakt.

Für die Übertragung muss der übertragende Planet sich schneller bewegen als die beiden anderen Planeten. Für die Sammlung muss der sammelnde Planet sich langsamer bewegen. Darin liegt keinerlei besondere Bedeutung: Es ist einzig so, dass die Situation nicht entstehen kann, wenn das nicht der Fall ist.

Im Gegensatz zu dem, was in manchen Schriften gesagt wird, gibt es keine bestimmte Menge an Würden, die notwendig ist, damit Übertragung und Sammlung des Lichts funktionieren. Was wir brauchen, ist eine Rezeption, welcher Art auch immer, die im gegebenen Zusammenhang Sinn ergibt. Ein Beispiel: Wenn mein Freund zu Bill Gates geht, um ihn zu bitten, mir etwas Geld zu leihen (Übertragung des Lichts von mir zu ihm), kann es nützlicher sein, dass Bill Gates meinen Freund mag als dass er mich mag. Wenn mein Freund stattdessen zu Susie geht, um sie zu fragen, ob sie sich mit mir treffen würde (Übertragung des Lichts zwischen mir und ihr), sind Susies Gefühle für mich viel wichtiger als jene für meinen Freund. Genauso ist es mit den Rezeptionen: Es ist gewöhnlich viel wichtiger, dass die beiden Signifikatoren Rezeptionen haben, als dass einer von beiden Rezeptionen mit dem verbindenden Planeten hat.

◆ Sie werden häufig lesen, dass es für die Übertragung oder Sammlung des Lichts nötig ist, dass die Planeten, die verbunden werden, sich in Zeichen befinden, von denen aus es für sie unmöglich ist, miteinander einen direkten Aspekt zu bilden. Das trifft nicht zu und widerspricht Beispielen, die genau in den Texten stehen, aus denen dieses Konzept stammen soll. Es ist normal festzustellen, dass die Übertragung oder Sammlung des Lichts entweder einen Aspekt erneuert, der bereits stattgefunden hat (siehe als Beispiel das Horoskop auf Seite 261), oder einen Aspekt beschleunigt, der am Ende auch von allein stattgefunden hätte. ◆

Aspekte kommen nicht zustande

Aspekte, die so aussehen, als würden sie perfekt werden, tun dies nicht immer. Auch in der Astrologie kann immer noch was dazwischenkommen.

Verhinderung

Von einem Planeten, der einem Aspekt im Wege steht, sagt man, dass er ihn verhindert. Das geschieht auf drei Arten:

* A ist auf dem Weg zu B, als er in C hineinkracht. Beispiel: Der Mond auf 8° Stier läuft auf ein Trigon mit Saturn auf 12° Steinbock zu, als er mit Jupiter auf 10° Jungfrau kollidiert. Ich habe eine Verabredung mit Julie, aber ich kollidiere mit dem Herrn von 6: Ich werde krank und kann nicht hingehen.
* A ist auf dem Weg zu B, aber C macht zuerst einen Aspekt zu B. Beispiel: Venus auf 12° Waage läuft auf ein Quadrat mit Mars auf 15° Krebs zu, aber bevor dieser Aspekt perfekt werden kann, vollendet Merkur auf 14°

Jungfrau einen Sextil zu Mars. Ich bin mit Julie verabredet, aber bevor ich ihre Tür erreiche, um sie aufzugabeln, tauchen ein paar andere Typen auf und schleppen sie ab.

* A ist auf dem Weg zu B, aber bevor der Aspekt perfekt werden kann, macht C einen Aspekt mit A. Beispiel: Venus auf 12° Waage läuft auf ein Quadrat mit Mars auf 15° Krebs zu, aber bevor der Aspekt perfekt werden kann, bildet der Mond, derzeit auf 10° Waage, eine Konjunktion mit ihr. Ich habe eine Verabredung mit Julie, aber bevor ich das Haus verlasse, um sie zu treffen, sagt Jane, dass sie mich zurückhaben möchte – also gehe ich nicht hin.

◆ Die Verhinderung funktioniert auch rückwirkend. Nehmen wir an, die Frage lautet: „Hat Romeo Julia geküsst?" Venus (Romeo) steht auf 10° Widder. Mars (Julia) steht auf 5° Widder. Dass Venus sich aus der Konjunktion mit Mars entfernt, zeigt: „Ja, er hat sie geküsst". Aber angenommen, Saturn steht auf 8° Widder. Wenn wir Venus zurückspulen, bis sie ihre Konjunktion mit Mars macht, stoßen wir zunächst auf Saturn. Das verhindert diese frühere Konjunktion mit Mars. Soweit es uns angeht, hat diese Konjunktion nie stattgefunden. Also: nein, er hat sie nicht geküsst.

Wichtig: Es sind die eigenen Aspekte des Signifikators, die uns interessieren. Wenn wir sehen möchten, dass A B aspektiert, ist die Tatsache, dass vorher C D aspektiert hat, ohne Bedeutung. Sie hat nichts mit dem Aspekt zu tun, der uns interessiert, also verhindert sie ihn auch nicht. C würde ihn nur dann verhindern, wenn er A oder B aspektiert, bevor diese ihren eigenen Aspekt perfekt machen. Nur selten – sehr selten – sind wir mit Echtzeit befasst. ◆

Vereitelung

Das ist ein Sonderfall der Verhinderung. A läuft auf B zu, aber bevor der Aspekt perfekt werden kann, macht B einen Aspekt mit C. Beispiel: Venus auf 8° Wassermann läuft auf ein Sextil mit Mars auf 12° Widder zu, aber bevor der Aspekt perfekt wird, bildet Mars eine Konjunktion mit Jupiter auf 14° Widder. Ich möchte Julie einen Heiratsantrag machen, aber bevor ich dazu komme, brennt sie mit Alphonse durch.

Wenn B in das nächste Zeichen wechselt, bevor A den Aspekt perfekt machen kann, kann das im Allgemeinen als Vereitelung angesehen werden.

Unterlassung

Der englische Terminus dafür – „*Refrenation*" – ist ein alter Rechtsbegriff für Vertragsbruch. A läuft auf B zu, aber bevor der Aspekt perfekt ist, wird A rückläufig, folglich wird der Aspekt nicht vollendet. Beispiel: Merkur auf 17° Schütze läuft auf das Quadrat zu Jupiter auf 19° Jungfrau zu, wird aber auf 18° Schütze rückläufig und kann deshalb den Aspekt nicht perfekt machen. Julie hat meinen Heiratsantrag angenommen, aber am Hochzeitsmorgen kommt sie zur Besinnung und haut ab. Egal, wie nah sich die Planeten kommen: Wenn der Aspekt nicht perfekt wird, wird das Ereignis nicht stattfinden. Ein Planet, der rückläufig wird, zeigt normalerweise eine Person, die ihre Meinung ändert.

Hinweis: Alle genannten Punkte funktionieren sowohl bei der Konjunktion als auch bei allen Aspekten. Wenn Sie Lillys Beschreibung lesen und ihn dabei von „körperlichen Aspekten" reden hören, dann meint er damit Aspekte von Körper zu Körper im Gegensatz zu jenen, die lediglich Orbis zu Orbis bestehen: d. h. er meint damit, dass die Aspekte exakt sein müssen. „Körperlicher Aspekt" bedeutet nicht Konjunktion.

Geraten Sie wegen all dieser technischen Begriffe nicht in Stress. Alles, was wir hier sagen, ist: „Entweder können wir unsere Signifikatoren in einer nachvollziehbaren Form zusammenbringen oder nicht". Der Kontext ist der Schlüssel. Das Horoskop zeigt uns ein Abbild der Situation: Ergibt die Verbindung im Horoskop auch im Leben Sinn, wird sie funktionieren. Der Maßstab ist stets: „Was ergibt in diesem Zusammenhang Sinn?"

Die Verhinderung verhindert nicht immer. Gehen wir noch mal zum Beispiel oben zurück, in dem meine Kollision mit dem Herrn von 6 anzeigt, dass ich krank werde und deshalb nicht zur Verabredung gehe. Vielleicht stoße ich mit dem Herrn von 6 zusammen, nehme aber ein paar Medikamente und gehe trotzdem zur Verabredung. Ob die Verhinderung das Ereignis blockiert oder nicht, hängt von drei Faktoren ab:

* der Stärke der verschiedenen Planeten
* den Rezeptionen
* dem Kontext. Oder in anderen Worten: dem gesunden Menschenverstand.

Wie stark sind die Planeten? Wenn ich stark bin und die Krankheit schwach, ist es gut möglich, dass ich mit einem Achselzucken über sie hinweggehe. Ist der verhinderte Planet stark genug, die Verhinderung zu überwinden?

Wie sehen die Rezeptionen aus? Die Rezeptionen zeigen uns die Haltung und damit, wie sehr der verhinderte Planet das Hindernis überwinden möchte. Bin ich vollkommen verrückt vor Liebe für meine Verabredung oder gehe ich mit ihr nur aus, weil ich gerade nichts Besseres zu tun habe? Je mehr der Planet den Aspekt vollenden möchte, je mehr wird er danach streben, die Verhinderung zu überwinden.

Wie ist die Situation? Es ist immer hilfreich, wenn wir bestimmen können, was der verhindernde Planet darstellt – obwohl das nicht immer möglich ist. Machen Sie das, indem Sie sich das Haus anschauen, das er regiert, und schlagen Sie dem Fragesteller dann einige Möglichkeiten vor, um eine zu finden, die wahrscheinlich erscheint. Je besser wir die Situation verstehen, desto eher können wir sagen, ob die Verhinderung halten wird oder nicht. Ein Beispiel: Der Junge will das Mädchen treffen. Handelt es sich um eine zehn Minuten Verabredung im Café oder um einen romantischen Abend, in den er bereits jede Menge Zeit und Geld investiert hat? Die durch den Herrn von 6 angezeigte Krankheit mag die erste Verabredung selbst dann verhindern, wenn sie nur schwach ausgeprägt ist; aber sie müsste weitaus stärker sein, um die zweite zu verhindern.

Besonders bei langfristigen Fragen können Aspekte, die ansonsten verhindernd wirken würden, als Ereignisse entlang des Weges angesehen werden, die aber keine Hindernisse sind. So könnte bei einer allgemeinen Frage „Wann werde ich sterben?" diese Begegnung mit dem Herrn von 6 eine Erkrankung anzeigen, die mich gleichwohl nicht daran hindern wird, irgendwann mal zu sterben.

Je besser wir in der Lage sind, die Situation zu verstehen – indem wir das Horoskop sorgfältig analysieren –, je eher können wir Wege vorschlagen, wie die Verhinderung umgangen werden kann. An dieser Stelle geht die Stundenastrologie über die bloße Vorhersage hinaus. „Ja, sie sehnt sich nach Ihrem Heiratsantrag; aber Sie müssen jetzt schnell handeln, weil sie des Wartens müde wird und weil da dieser andere Kerl ist, der scharf auf sie ist." „Ja, Sie werden die Stelle bekommen. Lassen Sie sich nicht durch eine Krankheit davon abhalten, zum Bewerbungsgespräch zu gehen."

◆ Schauen wir uns noch ein Beispiel an: Ich habe vor, in die Stadt zu fahren, aber die Straße ist gesperrt. Meine Fahrt wird verhindert. Vielleicht bin ich entzückt darüber: „Hurra, ich muss den komischen Onkel Igor doch nicht besuchen". In diesem Fall habe ich kein Interesse, die Sperrung aufzuheben oder zu umfahren. Es könnte sein, dass ich eine andere Strecke nehme oder mit dem Zug fahre und damit die Sperrung vermeiden kann. Im Horoskop würde das durch einen zweiten Aspekt angezeigt, der mich mit der Sache, nach der ich gefragt habe, verbindet, ohne dass wir auf den verhindernden Planeten stoßen. Oder es könnte sein, dass mein Bruder einen Bulldozer besitzt und den Baum, der die Straße blockiert, entfernen kann. Das könnte durch eine Übertragung des Lichts angezeigt werden, die mich mit meinem Ziel verbindet und dabei erneut den verhindernden Planeten umgeht. Erinnern Sie sich, wenn Sie versuchen herauszufinden, worin die Verhinderung liegt, und was dagegen, wenn überhaupt, getan werden kann, an die Grundregel: Das Horoskop ist nichts Abstraktes; es spiegelt die Wirklichkeit der Situation wider. ◈

Bonatti sagt, dass eine Konjunktion nicht durch einen Aspekt verhindert werden kann.[31] Nachweislich kann sie das, dennoch ist eine Konjunktion sicher mit größerer Wahrscheinlichkeit in der Lage, eine Verhinderung zu überwinden. Schauen Sie sich, wie oben besprochen, die Stärken der Planeten und die Rezeptionen an, zusammen mit der Wirklichkeit der Situation, um zu entscheiden, ob die Verhinderung verhindert wird.

Mondaspekte verhindern selten etwas, außer der Mond beherrscht ein Haus, für das eine Verhinderung Sinn ergeben könnte. Steigt Steinbock in dem Horoskop zur Frage „Werde ich die Stelle bekommen?" auf, wird Krebs an der Spitze des 7. Hauses stehen, also wird der Mond meine Rivalen um die Stelle darstellen. Verhindert dann der Mond einen Aspekt zwischen den Herren von 1 und 10, würde diese Verhinderung Sinn ergeben: Mein Rivale bekommt die Stelle.

◈ „Kann eine Konjunktion oder Opposition per Antiszie verhindern?" Das hängt vom Kontext ab. Je eher wir in der Lage sind zu beurteilen, was die Konjunktion oder Opposition per Antiszie bedeutet, je eher werden wir in der Lage sein zu entscheiden, ob sie verhindern wird. ◈

Beachten Sie, dass ein Wohltäter ebenso gut verhindern kann wie ein Übeltäter. „Werde ich die Stelle bekommen?" Mein Planet läuft auf den Planeten der Arbeitsstelle zu, aber ein starker Jupiter kommt ihm in die Quere. Durch die Analyse des Horoskops erkenne ich, dass dies heißt, ich gewinne in der Lotterie. Das ist sehr schön, aber es hält mich noch immer davon ab, die Stelle zu bekommen.

Sie werden vielleicht bemerkt haben, dass Verhinderung und Übertragung des Lichts mehr oder weniger gleich aussehen können. Was es ist, wird durch den Kontext und die Rezeptionen angezeigt. Überlegen Sie mal: Ich bin auf dem

---

[31] *Bonatus*, Aphorismus 31.

Schulhof und sehne mich nach der glamourösen Nancy. Ich bitte meinen Freund, zu ihr zu gehen und ihr zu sagen, dass ich nach ihr schmachte. Er läuft über den Schulhof hin zu ihr. Aber wird er ihr meine Botschaft auch übermitteln, sprich das Licht zwischen mir und ihr übertragen, oder wird er sie selbst anmachen und damit meinen Aspekt mit ihr verhindern? Seine physische Handlung, den Schulhof überqueren, ist in beiden Fällen genau die gleiche. Schauen Sie sich seinen Planeten und dessen Rezeptionen an. Ist er ein ehrenwerter Bursche, der mich mehr als Nancy mag, oder ist er moralisch zweifelhaft und verrückt nach ihr?

In den meisten Stundenhoroskopen interessiert uns ausschließlich der nächste Aspekt, den ein Planet macht, oder manchmal die nächsten beiden Aspekte, wenn es eine Übertragung des Lichts gibt. Jagen Sie die Planeten nicht von einem Aspekt zum anderen („Der Mond läuft auf ein Quadrat zu Mars zu, macht dann eine Konjunktion mit Saturn, dann ein Trigon mit Venus, dann...“). Es ist höchst unwahrscheinlich, dass diese späteren Aspekte für die Angelegenheit relevant werden.

Worauf das hinausläuft, ist: Bleiben Sie beim Thema!

◆ Manchen Schülern fällt es schwer, das zu begreifen, also wiederhole ich es: Jagen Sie die Planeten nicht von einem Aspekt zum nächsten! Der erste Aspekt, den ein Planet macht, wird jeden folgenden Aspekt verhindern, es sei denn es gibt eine Übertragung des Lichts. Verhinderung meint genau das, was es verspricht: Soweit es uns betrifft, findet der nachfolgende Aspekt nicht statt.

Genauso wenig können wir Planeten rückwärts oder vorwärts durch die Zeichen bewegen. Wir können einen Planeten nur dann in das nächste Zeichen bewegen, wenn er sich momentan in den letzten 3 oder 4 Graden seines gegenwärtigen Zeichens befindet, außer es handelt sich um einen jener sehr seltenen Fälle, in dem wir wissen, dass das Ereignis, nach dem gefragt wird, stattfinden muss (wie auf Seite 255 besprochen). Und dann auch nur in die ersten 3 oder 4 Grade des nächsten Zeichens. Ähnlich können wir einen Planeten nur dann in das vorhergehende Zeichen zurücktreiben, wenn er sich im Moment innerhalb der ersten 3 oder 4 Grade seines gegenwärtigen Zeichens befindet, und dann auch nur bis in die letzten 3 oder 4 Grad des vorherigen Zeichens. ◆

Orben

Dies ist ein weiterer technischer Terminus, der erklärt werden muss, weil Sie ihm in den Texten begegnen werden, obwohl er keinen praktischen Nutzen hat.

Orbis ist das vermutlich am stärksten überbewertete Konzept der traditionellen Astrologie.

Von jedem Planeten wird gesagt, dass er einen Orbis um sich herum hat. Das ist wie eine Aura oder ein Kraftfeld, außer dass es sich nicht nur um den Körper herum ausdehnt, sondern auch um die Punkte, nach denen der Planet seine Aspekte aussendet. Wenn also ein Planet einen Orbis von 10 Grad hat, heißt das 10 Grad um den Planeten herum, 10 Grad um das Quadrat, Trigon, Sextil und die Opposition herum.

Das Wort „Orbis" bezieht sich auf den Durchmesser dieses Kraftfeldes, das den Planeten in seinem Zentrum hat. Der Radius des Kraftfeldes wird *Moitié* (Französisch für halb)[32] genannt. Die Distanz, bis zu der sich der Orbis in jede Richtung erstreckt, ist die Moitié. Es ist natürlich die Moitié, die uns interessiert, nicht der Orbis, genauso wie uns beim Boxer seine „Reichweite" interessiert, das heißt wie weit er mit jeder Hand schlagen kann, und nicht wie weit er sich von Fingerspitze zu Fingerspitze strecken kann.

Nach der Theorie stehen Planeten im Aspekt per Orbis, wenn der Rand der Moitié des einen den Rand der Moitié des anderen Planeten berührt. Beispiel: Wenn Planet A einen Orbis von 10 Grad hat, ist die Moitié die Hälfte davon: 5 Grad. Hat der Planet B einen Orbis von 8 Grad, beträgt seine Moitié die Hälfte davon: 4 Grad. Stehen die beiden Planeten genau 9 Grad auseinander (die Summe ihrer Moitiés: 5+4), dann berühren sie sich per Orbis – als hätten wir zwei Boxer, die sich, bei ausgestreckten Armen, gerade mit den Handschuhen berühren.

„Was heißt das?" Absolut nichts. Weshalb Sie sich damit nicht weiter herumplagen brauchen.

„Warum heißt das nichts?" In erster Linie, weil Orben kein scharf definiertes Ende haben. Die Aura der Planeten ist nicht wirklich wie die Arme eines Boxers, die genau so weit reichen und nicht weiter. Die Aura entschwindet allmählich in der Bedeutungslosigkeit. Aus diesem Grund hat Lilly zwei verschiedene Listen der Größe der Planetenorben zusammengestellt und sagt, er benutze immer jene, an die er sich gerade erinnere – und aus dem gleichen Grund führe ich hier keine Liste auf: Es ist eine Liste von etwas, das nicht existiert.[33]

Jede zwei Planeten, die sich im selben Zeichen aufhalten, haben eine gegenseitige Wirkung aufeinander, egal wie weit sie voneinander entfernt sind. Jede zwei Planeten in Zeichen, die sich gegenseitig aspektieren, haben ebenfalls eine solche

---

[32] Moitié wird in der deutschen Ausgabe der Christlichen Astrologie mit „Hälfte" (vgl. *Lilly* S. 134) übersetzt. (Anmerkung des Übersetzers)

[33] *Lilly*, S. 134 f.

Wirkung. Sie *blicken sich* gegenseitig *an*. Das sich Anblicken spielt in der Stundenastrologie nur eine winzige Rolle, in der Geburtsastrologie ist es gleichwohl von großer Bedeutung – es ist vermutlich das am meisten unterschätzte Konzept in der traditionellen Astrologie. Es ist wie peripheres Sehen: Zwei Planeten mögen nach Graden gemessen weit voneinander entfernt stehen, aber wenn sie in Zeichen stehen, die sich anblicken (buchstäblich: sie können sich sehen), ist es, als ob sie im peripheren Blickfeld des jeweils anderen stehen. Auch wenn sich das nicht nach viel anhört, wird jeder Autofahrer wissen, wie sehr wir tatsächlich auf Dinge achten, die sich am Rand unseres Blickfelds abspielen.

In der Stundenastrologie beschäftigen uns hauptsächlich Planeten, die einander exakt aspektieren. Exakt heißt exakt, also haben Orbis und Moitié hier keinen Platz. Manchmal interessieren uns Planeten, die nahe beieinanderstehen und einen Einfluss aufeinander ausüben. Aber die maximale Entfernung dafür ist es wert vermerkt zu werden. Ob bei Konjunktion oder Aspekt sind es etwa 3 Grad: viel weniger, als die Theorie von Orbis und Moitié sagt. Wie man es auch wendet: Orben sind nutzlos.

Da gibt es jene, die den Punkt, an dem sich die Moitiés treffen, als eine Art Startmaschine betrachten: Befinden sich Planeten, wenn das Horoskop erstellt wird, nicht innerhalb dieser Distanz, können sie nicht weiterlaufen, um den Aspekt zu bilden. Natürlich können sie das. Diese Vorstellung findet nirgendwo in den Schriften eine Unterstützung und widerspricht der Vernunft: Es ist das Äquivalent dazu zu sagen, dass nichts aus dem peripheren Blickfeld in das Feld meiner vollen Sicht gelangen kann.

Hinweis: Wenn die Modernen von Orben sprechen, heften sie diese meistens den Aspekten statt den Planeten an („Ein Sextil hat einen Orbis von X Grad") – und sie meinen damit den Radius des Kraftfeldes, nicht den Durchmesser. Moderner „Orbis" = traditionelle „Moitié".

Nun wissen Sie, was Orben sind – und können das alles gleich wieder vergessen.

Rückläufige Aspekte

Die Texte sprechen häufig negativ über Aspekte, wenn ein, vor allem aber wenn beide Planeten rückläufig sind. Aber normalerweise zeigt uns der Zusammenhang einen guten Grund für diese Rückläufigkeit. Diese tritt häufig auf, wenn die Person, welche durch den rückläufigen Planeten angezeigt wird, entweder tatsächlich oder bildlich gesprochen zurückkommt. Hieße die Frage: „Werde ich die Beziehung zu meinem früheren Freund wieder aufnehmen?", würden die

Signifikatoren, die zusammenkommen, indem einer rückwärts läuft, in diesem Zusammenhang Sinn ergeben.

Aspekte zwischen zwei rückläufigen Aspekten sind selten. Wenn der Kontext die Vorstellung unterstützt, dass beide Parteien zurückkommen (zum Beispiel kehren Unternehmenschef und Arbeiter an den Verhandlungstisch zurück), dann würde auch das nicht den leisesten negativen Beigeschmack in sich tragen. Ohne einen derartigen Kontext muss die Rückläufigkeit allerdings als gegen die natürliche Ordnung der Dinge gerichtet angesehen werden und damit das Gefühl hinzufügen, dass die Angelegenheiten nicht gut ausgehen werden.

Separative Aspekte

Wie wir bereits gesehen haben, zeigen diese Aspekte Dinge, die in der Vergangenheit passiert sind. Aber was ist, wenn die Signifikatoren, von denen wir hoffen, dass sie auf einen Aspekt zulaufen (etwas, das in der Zukunft passiert), sich tatsächlich aus dem Aspekt zueinander entfernen?

Die Deutung hängt vom Kontext ab. In vielen Fällen kann das verstanden werden als: „Sie sind der Sache so nahe gekommen, wie Sie ihr kommen konnten, Sie werden ihr nicht noch näher kommen". Wenn die Sache, um die es geht, die Traumfrau des Fragestellers ist, dann ist das keine günstige Antwort; ist die Sache der Tod, wird der Fragesteller entzückt sein.

Manchmal fördert der Zusammenhang die Vorstellung, dass der separative Aspekt die Dinge in Bewegung gesetzt hat. Wenn also den Signifikatoren in der Zukunft nichts Widriges zustößt, können wir deuten, dass die Dinge auf dem Weg sind und bis zum beabsichtigten Resultat fortfahren werden. Wenn die Frage lautet: „Werde ich Fred heiraten?", und die Ehe ist bereits ausgemacht, kann der separative Aspekt sehr gut die erzielte Übereinkunft anzeigen. Wenn im Horoskop nichts Hinderliches passiert, wird die Hochzeit wie geplant stattfinden. Hieße die Frage: „Werde ich Fred, den ich vor zwei Stunden gerade das erste mal getroffen habe, heiraten?", würde ein separativer Aspekt einem definitiven Nein gleichkommen.

Platzierung

Bei manchen Fragen brauchen wir keinen Aspekt. Sie werden zahlreiche Beispiele dafür in den Kapiteln zur Horoskop-Interpretation finden. Das ist häufig bei Fragen zum Stand der Dinge, statt zu einem spezifischen Ereignis so: „Bin ich schwanger?" Der Herr von 5 (das Baby) im 1. Haus gibt uns ein eindeutiges Bild vom Baby im Bauch der Fragestellerin: „Ja, Sie sind schwanger." „Wo ist das Buch?" Das verlorengegangene Buch ist, wo es ist, egal was ihm zustoßen könnte. Die Hausstellung des Signifikators wird seinen Aufenthaltsort anzeigen.

Es gibt noch andere Zusammenhänge, in denen die Platzierung allein die Antwort auf eine ereignis-basierte Deutung gibt. „Werde ich das Tennismatch gewinnen?" und der Herr von 7 steht gerade innerhalb des 1. Hauses: Mein Gegner ist in meiner Gewalt – ja, ich werde gewinnen.

Aber in den meisten Zusammenhängen zeigt uns die Platzierung eher Wunsch oder Furcht als das Ereignis an. „Wird sie mich heiraten?" Mein Signifikator auf der Spitze des 7. Hauses ist kein starkes Zeugnis für ein „Ja". Das zeigt, dass ich möchte, dass sie mich heiratet – womit die Heirat wahrscheinlicher wird, als wenn ich das nicht wünschte –, aber es zeigt nur das und nicht mehr. „Werde ich die Stelle bekommen?" und der Herr von 1 auf der Spitze 10. Ich möchte die Stelle ganz eindeutig und damit werde ich sie eher bekommen, als wenn ich sie nicht wollen würde; aber auch nicht mehr als das. Es zeigt kein Ja an.

Zeigt uns etwas anderes im Horoskop das Ja an, dann stellt die Bewegung des Signifikators in Richtung der Hausspitze den Zeitablauf dar.

Genauso wenig zeigt uns bei „Werde ich die Stelle bekommen?" der Herr von 10 auf der Spitze 1 ein Ja. Was ein Planet auf dem Aszendenten gewöhnlich anzeigt, ist das Bild davon, wie die Sache auf dem Fragesteller lastet. Die Vorstellung von der Stelle oder davon, irgendeinen Job zu bekommen, lastet auf den Schultern des Fragestellers.

Eine meiner Schülerinnen erstellte ein Horoskop für die Frage: „Wird mein Ex zur Familienfeier kommen?" Der Signifikator des Ex saß auf dem Aszendenten, aber machte weder zur Fragestellerin, noch zur Feier (Herr von 5) einen Aspekt. Kein Aspekt: Er kam nicht. Aber die Stellung zeigte, wie der Gedanke, ob er kommt, auf dem Verstand der Fragestellerin lastete.

Auch wenn der Signifikator des Fragestellers *im* betreffenden Haus zu finden ist (statt auf der Spitze dieses Hauses), zeigt das nur den Wunsch oder die Besorgnis. Zum Beispiel zeigt bei der Frage „Werde ich die Krankheit überleben?" der Herr von 1 im 8. Haus, dass der Fragesteller befürchtet zu sterben, ganz gleich ob er das am Ende tatsächlich tut oder nicht. Den Signifikator der gewünschten Sache im, statt auf der Spitze des Hauses des Fragestellers zu finden, ist sehr viel positiver. „Werde ich die Stelle bekommen?" und der Herr von 10 innerhalb des 1. Hauses: Die Sache sieht gut aus, du hast die Stelle in der Tasche. Das ist kein sicheres Ja, aber ein starkes positives Zeugnis. Es zeigt, dass die Stelle den

Fragesteller möchte – was weitaus ermutigender ist, als wenn der Fragesteller die Stelle möchte.

Wenn gleichwohl das Ereignis bekannt ist oder vorausgesetzt wird, kann das Zulaufen auf die Hausspitze zeigen, wie das Ereignis stattfindet, und uns den Zeitablauf geben. „Wann wird Omi eintreffen?" und Omis Signifikator läuft auf die Spitze des 1. Hauses zu, würde uns bestätigen, dass sie auf dem Weg ist; die Anzahl der Grade, die ihr Signifikator noch laufen muss, um die Spitze 1 zu erreichen, zeigt die Zeitdauer bis zu ihrer Ankunft.

Planeten bewegen sich, Hausspitzen und Arabische Punkt stehen still. Folglich können Planeten auf Hausspitzen oder Arabische Punkte zulaufen; Hausspitzen und Arabische Punkte können nicht auf Planeten zulaufen.

10

Antiszien

Als ich das erste Mal von Antiszien las, kam mir die Idee so seltsam vor, dass ich sicher war, dass sich das irgendjemand aus den Fingern gesogen hatte. Sehr schnell wusste ich es besser. Diese kleinen Wesen sind ein essenzieller Teil der Deutung. Wenn Sie sie nicht benutzen, werden sie regelmäßig zu falschen Deutungen gelangen. Passen Sie also auf!

Die Theorie

„Antiszie" stammt vom griechischen Wort für „Schatten" ab. Jeder Grad des Tierkreises hat seinen Antiszien-Grad, also hat alles auf diesem Grad seine Antiszie an jenem Ort. Wir beschäftigen uns gemeinhin mit Planeten, also ist die Antiszie der „Schatten"-Ort dieses Planeten.

Vergessen Sie alle jungianischen Bedeutungen von „Schatten": Das hier ist nicht in diesem Sinn zu verstehen. „Spiegelung" könnte ein besseres Wort dafür sein.[34] Es ist, als hätte der Planet eine alternative Platzierung auf seinem Antiszien-Grad. Er verhält sich dort genauso wie auf dem Grad, auf dem er körperlich steht, außer dass Kontakte per Antiszie normalerweise ein Gefühl des Verborgenen mit sich bringen. „Werde ich Kylie heiraten?" und unsere Signifikatoren laufen auf eine Konjunktion miteinander zu: „Ja, Sie werden sie heiraten." Sie laufen auf eine Konjunktion per Antiszie zu: „Nein, Sie werden sie nicht heiraten, aber Sie werden eine Affäre mit ihr haben."

DIE BERECHNUNG

Wenn Sie schon wissen, wie man das macht, können Sie diesen Kasten überspringen.

Stellen Sie sich eine, zwischen den beiden Sonnenwendpunkten (0° Steinbock und 0° Krebs) gezogene Linie vor. Stellen Sie sich diese Linie als Spiegel vor. Die Antiszie eines jeden Grads – und von allem, was auf diesem Grad steht – ist seine Stellung, in diesem Spiegel betrachtet. Steht also etwas auf 2 Grad auf der einen

---

[34] Im Deutschen wird die Antiszie auch *Spiegelpunkt* genannt. (Anmerkung des Übersetzers)

Seite der Linie (auf 2° Krebs oder anders ausgedrückt: 2 Grad vorwärts von 0° Krebs aus gesehen), dann wird seine Antiszie auf 2 Grad auf der anderen Seite der Linie liegen (28° Zwillinge: 2 Grad rückwärts von 0° Krebs aus gesehen).

Diese Spiegelung an den Sonnenwendpunkten verdeutlicht, dass das Konzept auf der Wirklichkeit gründet – es wurde nicht aus jemandes Finger gesogen. Zwischen Punkten, die sich zu beiden Seiten in derselben Entfernung von den Sonnenwendpunkten befinden, gibt es eine direkte Verbindung. Schlagen Sie Ihre Ephemeride für die Sommersonnenwende eines beliebigen Jahres auf (Sonne auf 0° Krebs). Denken Sie sich eine Zahl zwischen 1 und 180 aus. Zählen Sie diese Zahl an Tagen in dem betreffenden Jahr vorwärts und notieren Sie sich den Grad, auf dem die Sonne an diesem Tag steht. Dann zählen Sie dieselbe Zahl von Tagen in jenem Jahr von 0° Krebs aus rückwärts. Der Grad, auf dem die Sonne an diesem Tag steht, wird die Antiszie des Grades sein, den Sie gerade aufgeschrieben haben. Das bedeutet, dass die Zeitspanne zwischen Sonnenauf- und -untergang an diesen beiden Tagen genau die gleiche sein wird.

Jedes Zeichen spiegelt sich in einem anderen Zeichen:

	spiegelt sich in	
♈		♍
♉		♌
♊		♎
♋		♊
♌		♉
♍		♈
♎		♓
♏		♒
♐		♑
♑		♐
♒		♏
♓		♎

Folglich hat alles in Widder seine Antiszie in Jungfrau; alles in Stier seine Antiszie in Löwe. Prägen Sie sich diese Tabelle ein.

Sobald Sie das Zeichen kennen, indem sich die Antiszie von etwas befindet, müssen Sie deren Grad in diesem Zeichen finden. Ausgangsgrad + Antiszie = 30. Der Grad, auf dem der Planet körperlich steht, zum Grad der Antiszie hinzuaddiert, wird 30 ergeben. Also müssen wir, um die Antiszie zu bestimmen, den Ausgangsgrad von 30 abziehen. Schauen Sie sich noch mal das Beispiel oben an: Steht ein Planet 2 Grad vorwärts von 0° Krebs entfernt und ist folglich auf 2° Krebs, dann befindet sich seine Antiszie 2 Grad rückwärts von 0° Krebs entfernt, also auf 28° Zwillinge. 28 + 2 = 30.

Machen Sie sich keine Sorgen! Wie schwach Sie sich auch im Rechnen einschätzen mögen, dies hier ist nicht kompliziert. Jedes Zeichen besteht aus 30 Graden. Jeder Grad besteht aus 60 Minuten. 60 Minuten = 1 Grad.

Statt sich jedes Zeichen als 30 Grad vorzustellen, bezeichnen Sie es besser als 29 Grad und 60 Minuten.

Das ist das Gleiche (weil 60 Minuten das Gleiche wie 1 Grad sind), aber es macht das Rechnen einfacher.

Schauen Sie sich dieses Beispiel an:
Nehmen wir an, Mars steht auf 22°35' Stier. Was ist seine Antiszie?
Wenn sich Mars in Stier befindet, muss seine Antiszie in Löwe sein (aus der Tabelle oben ersichtlich).
Welcher Grad in Löwe?
Mars ist auf 22°35' Stier.
Ziehen Sie das von 30 Grad ab.
Aber nennen Sie diese, um es einfacher zu machen, 29°60' Grad.

$$\begin{array}{r} 29°60' \\ - 22°35' \\ \hline 7°25' \end{array}$$

Also liegt die Antiszie von Mars auf 22°35' Stier bei 7°25' Löwe.
Wir können das überprüfen, denn Ausgangsgrad + Antiszie müssen zusammen 30 ergeben.

$$\begin{array}{r} 7°25' \\ + 22°35' \\ \hline 29°60' \text{ was} = 30°00' \text{ ist.} \end{array}$$

Lassen Sie uns noch eins machen.
Was ist die Antiszie von 14°35' Widder?
Laut der Tabelle oben hat alles in Widder seine Antiszie in Jungfrau.
Welchen Grad in Jungfrau?

Ziehen Sie 14°35' von 29°60' ab.

$$\begin{array}{r} 29°60' \\ -\ 14°35' \\ \hline 15°25' \end{array}$$

Folglich befindet sich die Antiszie von 14°35' Widder auf 15°25' Jungfrau.

Der übliche Fehler hier ist, dass wir am Ende Ausgangsgrad + Antiszie = 31 erhalten. Prüfen Sie deshalb, bis Sie mit der Rechnung vertraut sind, das Ergebnis, indem Sie die Antiszie, die Sie errechnet haben, zum Ausgangsgrad hinzuaddieren, um sicherzustellen, dass dabei 30 herauskommt. Wenn Sie meiner Empfehlung folgen, 30 Grad als 29°60' zu bezeichnen, werden Sie diesen Fehler nicht begehen.

Auch wenn Ihnen das wie harte Arbeit vorkommt, glauben Sie mir: Das ist es nicht. In sehr kurzer Zeit werden Sie sich daran gewöhnen, im Horoskop herumzuschweifen, um zu schauen, ob die Antiszie irgendeines Signifikators irgendwas Interessantes tut. Auch wenn es am Anfang eine kleine Anstrengung ist, werden Sie bald feststellen, dass die Prüfung der Antiszien fast automatisch vonstatten geht. Sie müssen nicht die ganze Rechnung machen. Es reicht völlig aus zu denken: „Der Herr von 1 steht auf 19° Zwillinge. Ist da irgendwas um 11° Krebs oder Steinbock herum?" Wenn nicht – vergessen Sie's. Wenn ja, können Sie die genaue Position der Antiszie berechnen.

Gegenantiszie

Steht ein Planet auf 25°42' Zwillinge, befindet sich seine Antiszie auf 4°18' Krebs. Der Punkt gegenüber der Antiszie, 4°18' Steinbock, ist seine *Gegenantiszie*. Die Gegenantiszie liegt der Antiszie genau gegenüber.

Sie müssen das Wort kennen, weil Sie ihm in anderen Büchern begegnen werden, aber ich empfehle Ihnen dringend, es nicht selbst zu benutzen. Nennen Sie es Opposition per Antiszie. Das ist es, was es ist, und macht die Bedeutung klar. Wir können ohne überflüssige technische Termini zurechtkommen.

Ein Beispiel: Nehmen wir an, mein Signifikator steht auf 3°17' Löwe. Seine Antiszie befindet sich auf 26°43' Stier. Steht ein Planet auf 26° Skorpion, steht er in Opposition zu meinem Signifikator per Antiszie. Oder, wenn Ihnen das besser gefällt, auf meiner Gegenantiszie.

In Geburtshoroskopen haben andere Aspekte zu Antiszien eine geringe Bedeutung. In der Stundenastrologie können sie außer Acht gelassen werden. Bleiben Sie bei Konjunktion und Opposition.

Wenn das Ihre erste Begegnung mit Antiszien ist, machen Sie hier eine Pause und rechnen Sie aus, wohin die Antiszien in Ihrem Geburtshoroskop fallen. Sie werden wahrscheinlich entdecken, dass Sie einige neue und wichtige Aspekte haben, von denen Sie bislang keine Ahnung hatten.

Wie wenden wir Antiszien an?

Wenn Konjunktion oder Opposition ein Ereignis anzeigen sollen, müssen sie exakt sein, genau wie bei einem körperlichen Aspekt. Versuchen Sie nicht, die Antiszie zu bewegen: Sie werden Ihr Hirn vollkommen verknoten, vor allem wenn Sie mit der Antiszie eines rückläufigen Planeten arbeiten. Zeichnen Sie die Antiszie in das Horoskop ein und lassen Sie den applikativen Planeten sich auf sie zu bewegen.

◆ Wenn beide Planeten direktläufig sind, wird, wenn A auf die Antiszie von B zuläuft, auch B auf die Antiszie von A zulaufen. Ist ein Planet rückläufig, kann die relative Bewegung der Planeten zueinander Verwirrung hervorrufen. Es könnte so aussehen, als ob sie sowohl aufeinander zulaufen als auch voneinander weglaufen, je nachdem, ob wir die Antiszie von A oder B berechnen. Halten Sie es einfach: Berechnen Sie die Antiszie des rückläufigen Planeten und arbeiten Sie mit der Bewegung des direktläufigen Planeten, um zu entscheiden, ob es sich um einen applikativen oder einen separativen Aspekt handelt. ◆

Ist die Antiszie von Planet A in Konjunktion mit Planet B, wird die Antiszie von Planet B in Konjunktion mit Planet A stehen. Das ist automatisch so, Sie brauchen also darüber nicht in Begeisterung auszubrechen: „Sieh mal, die Antiszie von Mars ist auf Venus und, toll, die Antiszie von Venus ist auf Mars!"

Häufig suchen wir nicht nach einem Aspekt, der ein Ereignis anzeigt. Wenn zwei Planeten in Konjunktion oder Opposition per Antiszie stehen, werden sie sich gegenseitig beeinflussen. Wenn zum Beispiel der Herr von 10 die neue Arbeitsstelle ist, nach der ich frage, und Saturn in Widder steht in Opposition zu ihr per Antiszie, kann ich erkennen, dass etwas Bösartiges die Stelle (per Antiszie) schädigt, also auf eine versteckte Art und Weise. Damit dieser Einfluss von Bedeutung ist, müssen die Planeten nahe beieinanderstehen, höchstens ein paar Grad voneinander entfernt. Stünde dieser bösartige Saturn per Antiszie auf der Spitze des 10. Hauses, wäre die Deutung die gleiche: Meine Stelle ist auf versteckte Weise beeinträchtigt.

Wie dieses Beispiel zeigt, funktioniert die Antiszie eines Planeten so, als wenn er selbst an diesem Ort stünde, mit den Ausnahmen, dass

* uns nur Konjunktion und Opposition interessieren
* Antiszien gewöhnlich das Gefühl von etwas Verstecktem mit sich bringen
* Antiszien mit geringerer Wahrscheinlichkeit andere Aspekte verhindern.

Ich habe viele Horoskope allein mit Antiszien gedeutet. Die Dinge, die nicht durch Antiszien angezeigt werden, sind Tod und Schwangerschaft.

Verwenden Sie die essenziellen Würden des Planeten, wie sie sich durch seine körperliche Position, nicht die Stellung der Antiszie, ergeben. Steht Jupiter auf 23°07' Krebs, fällt seine Antiszie auf 6°53' Zwillinge. Erachten Sie Jupiter, wenn Sie sich seine Antiszie anschauen, weiterhin als erhöht (wie er es in seiner körperlichen Position in Krebs ist) und nicht als in seinem Exil befindlich (was er da wäre, wohin seine Antiszie fällt, nämlich in Zwillinge). Antiszien können dennoch akzidentielle Stärke gewinnen oder verlieren. In einem Stundenhoroskop zu einem Wettkampf fiel der Signifikator einer Mannschaft genau auf eine Achse: Das ist enorm stärkend und diese Mannschaft gewann. Ich glaube nicht, dass Antiszien dadurch beeinflusst werden, dass sie auf Fixsterne fallen, aber ich lasse mich gerne vom Gegenteil überzeugen.

◆ Nein, ich lasse mich nicht vom Gegenteil überzeugen. Antiszien sind nicht davon betroffen, wenn sie auf Fixsterne fallen. ◆

Fällt die Antiszie genau auf eine Hausspitze, zeigt das, dass diese Person – wenn der Planet Signifikator einer Person ist – ein Interesse an den Angelegenheiten dieses Hauses hat oder dass dieses Haus durch das, wofür der Planet steht, zum Guten oder Schlechten beeinflusst wird. Das trifft *nur* zu, wenn sie genau auf die Spitze fällt: Wenn sich die Antiszie irgendwo in der Mitte des Hauses herumbewegt, kann ihr Einfluss auf das Haus vernachlässigt werden. Beispiel: Wenn ich frage: „Wird sie mich heiraten?", und die Antiszie meines Signifikators fällt auf die Spitze des 8. Hauses (das 2. vom 7. Haus: das Geld der anderen Person), legt das nahe, dass ich großes Interesse an ihrem Geld habe. Stünde die Antiszie meines Signifikators einige Grade innerhalb des Hauses, hätte sie nicht diese Bedeutung.

Ein ausgearbeitetes Beispiel

Das Ereignis in diesem Horoskop wird ausschließlich durch eine Antiszie angezeigt.[35] Die Fragestellerin hatte eine E-Mail- und Telefonbeziehung zu einem Mann. Seit ein paar Wochen hatte sie nichts mehr von ihm gehört, und er nahm weder ihre Anrufe an noch rief er zurück. Sie fragte: „Warum ruft er mich nicht an? Werde ich von ihm hören und wann?" Einige der hier besprochenen Techniken werden später in diesem Buch erklärt; folgen Sie dem Beispiel, soweit Sie im Moment können, und kommen Sie zu diesem Horoskop zurück, wenn Sie den praktischen Abschnitt des Buches durchgearbeitet haben.

Die Fragestellerin wird durch die Herrin von 1, also Venus, und den Mond dargestellt. Da es sich um eine Beziehungsfrage handelt, würden wir ihr Venus geben, weil sie eine Frau ist; aber die hat sie ja schon.

Wie geht es ihr? Ui! Venus steht in ihrem Exil und im 12. Haus. Sie ist nicht glücklich und sie kann wenig machen – was wir bereits wissen, weil sie auf seinen Anruf warten muss.

Die Stellung des Mondes zeigt oft, worüber der Fragesteller nachdenkt, vor allem, wenn der Mond in irgendeiner Weise hervorgehoben wird – wie es hier der Fall ist, da er so nah einer Hausspitze steht. Das wirkt wie ein Leuchtstift, der unsere Aufmerksamkeit auf den Mond lenkt. Woran denkt sie? Wahrscheinlich daran, etwas Spaß zu haben (5. Haus). Es ist unwahrscheinlich, dass sie über die andere Hauptbedeutung des 5. Hauses, Kinder, nachdenkt, denn der Mond steht in einem unfruchtbaren Zeichen.

Ihr Freund wird durch den Herrn von 7, hier Mars, sowie – ausschließlich in Beziehungsfragen – die Sonne dargestellt, weil er ein Mann ist.

Mag sie ihn? Dafür müssen wir ihre Einstellungen ermitteln, was wir tun, indem wir die Rezeptionen ihrer Planeten untersuchen. Schauen Sie sich dafür die Tabelle auf Seite 100 an. Venus befindet sich im Zeichen und Gesicht von Mars (ihm) sowie in der Erhöhung und Triplizität der Sonne (ihm). Der Mond steht in Zeichen und Triplizität der Sonne. Ja, sie mag ihn sehr.

Hinweis: Venus befindet sich im Zeichen, das vom Herrn von 7 beherrscht wird, und ihn ihrem Exil. Stünde Venus nahe der Spitze 7 auf, sagen wir, 24° Skorpion,

---

[35] Es gibt ein weiteres derartiges Beispiel in *Die wahre Astrologie angewandt*, S. 49 – 51.

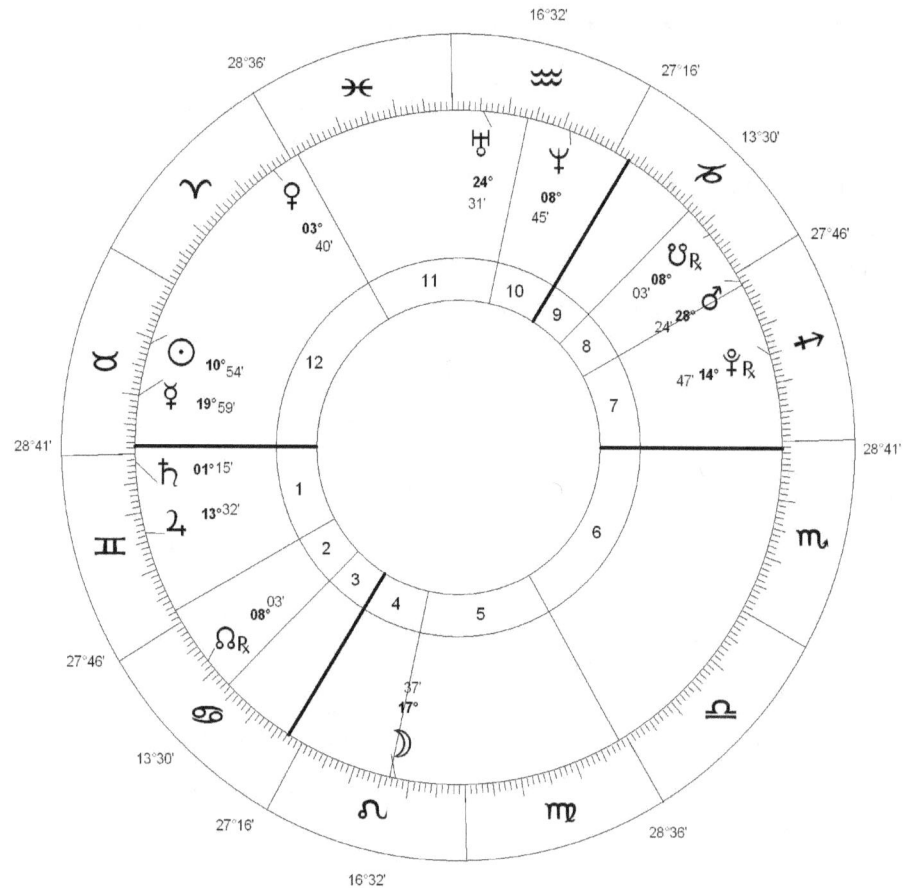

Warum ruft er nicht an? 1. Mai 2001, 6.21 Uhr Britischer Sommerzeit, London.

wäre sie immer noch im vom Herrn von 7 regierten Zeichen und in ihrem eigenen Exil. Dennoch wäre dies eine weitaus gesündere Situation. In diesem Fall wäre sie einfach auf seine Seite des Horoskops hinübergegangen, und der Herr von 1 wird auf der Spitze des 7. Hauses immer in seinem Exil sein. Befände sie sich auf 24° Skorpion, hätten wir gedeutet: „Sie liebt ihn (in seinem Zeichen) und deshalb ist sie sehr verwundbar (im Exil) – wie wir es sind, wenn wir jemanden lieben". In diesem Horoskop befindet sich der Herr von 1 jedoch im *anderen* vom Herrn von 7 beherrschten Zeichen. Sie ist nicht auf seine Seite des Horoskops hinübergegangen. Die Schlussfolgerung hier ist, dass sie unglücklich ist und ihn deshalb liebt: eine ganz andere Dynamik.

Werden ihre Gefühle erwidert? Schauen Sie sich die Rezeptionen seiner Planeten an, um herauszufinden, was seine Einstellungen sind. Die Sonne steht in Zeichen und Triplizität von Venus und in der Erhöhung und im Gesicht des Mondes. Die Sonne ist ganz scharf auf sie. Auf 28° Schütze stehend, hat Mars gleichwohl überhaupt kein Interesse an ihr: Er ist in keinerlei Würde oder Schwäche, weder von Venus noch des Mondes. Während also die Sonne so scharf auf sie ist, ist Mars vollkommen gleichgültig. Vielleicht liegt darin der Schlüssel, warum er sie nicht anruft.

Sowohl der Herr von 7 als auch die Sonne stehen für ihn: aber sie zeigen ihn auf unterschiedliche Weise. Der Herr von 7 ist er als eine denkende und fühlende Person; die Sonne ist er als animalischer Mann. Seine animalische Natur fühlt sich also stark von ihr angezogen. Das muss sich nicht unbedingt auf Sex beziehen; es schließt auch das übliche Gebot, eine Lebensgefährtin zu finden, ein. Als Person hat er gleichwohl keinerlei Interesse an ihr. Interessiert oder nicht: Mit seinen Signifikatoren im 8. und 12. Haus befindet er sich in keiner guten Position, um zu handeln.

Vor allem Mars ist unfähig zu handeln. Dabei sieht sein Zustand hier gar nicht so schlecht aus: Er hat ein paar essenzielle Würden (Grenze) und er steht kurz davor, in den Steinbock einzutreten, wo er erhöht sein wird. Aber häufig täuscht der Anschein. Sie *müssen* wissen, was die Planeten tun – nicht nur, was sie anscheinend tun. Sie *müssen* in Ihrer Ephemeride nachschauen. Mars ist in seiner ersten Station: Er bewegt sich kaum noch, bevor er rückläufig wird. Er schafft es nicht, das gelobte Land seiner Erhöhung zu erreichen. Die Station ist eine Zeit größter Verwundbarkeit.

Mars (der Freund als denkendes und fühlendes Wesen) befindet sich also in einem sehr verletzlichen Zustand. Warum? Die Stellung des Planeten so nahe der Hausspitze weist uns die Richtung zur Antwort. Auf der Spitze des 2. Hauses, von seinem eigenen 1. Haus (was das 7. Haus der Fragestellerin ist) aus gerechnet, stehend, macht er sich Sorgen um sein Geld. Wie ist es um sein Geld bestellt? Schauen Sie sich den Herrscher dieses Hauses an, Jupiter. Er steht in seinem Exil. Sein Geld steckt im Schlamassel.

Wir sehen also, dass ihr Freund im Morast (der bewegungslose Mars) seiner finanziellen Ängste versinkt. Weshalb er sie nicht angerufen hat, obwohl wir der Fragestellerin versichern können, dass er tatsächlich weiter sehr an ihr interessiert ist.

Wird er sich melden? Um das mit einem „Ja" zu beantworten, brauchen wir einen Aspekt. Der Mond (sie) läuft auf Mars (ihn) zu; aber dieser Aspekt wird durch Merkur verhindert: der Mond bildet erst ein Quadrat mit Merkur. Selbst wenn das nicht so wäre, würden wir viel lieber einen ihrer Planeten mit der Sonne (dem Teil in ihm, der so scharf auf sie ist), statt mit Mars (der Teil von ihm, der das nicht ist) zusammenbringen.

Die Sonne steht auf 10°54' Stier. Wo ist ihre Antiszie?

Laut der Tabelle hat Stier seine Antiszie in Löwe. Hmm – dort befindet sich der Mond: Das könnte interessant sein. Aber wo in Löwe?

$$\begin{array}{r} 29°60' \\ -\ 10°54' \\ \hline 19°06' \end{array}$$

Die Antiszie der Sonne liegt bei 19°06' Löwe. Lassen Sie die Antiszie da, wo sie ist, und lassen Sie den Planeten sich auf sie zu bewegen: Der Mond steht unmittelbar vor der Konjunktion mit der Sonne. Tolle Neuigkeiten, denn beide haben (indem wir die essenziellen Würden nach der körperlichen Position, nicht der der Antiszie bestimmen) eine mächtige gegenseitige Rezeption. Er wird sich melden.

Wann? Auf 17°37' Löwe stehend, muss sich der Mond einhalb Grad fortbewegen, um die Antiszie der Sonne auf 19°06' Löwe zu erreichen. Also wird er sie in 1 ½ Irgendwas anrufen. 1 ½ was? „Jahre" ist offensichtlich keine passende Antwort auf die Frage: Für unsere gequälte Fragestellerin könnten „Jahre" genauso gut „niemals" bedeuten. Da er seit Wochen nicht mehr angerufen hat, wären „Stunden" wahrscheinlich eine zu kleine Zeiteinheit. Was uns noch Tage, Wochen und Monate übrig lässt.

Folgen wir der „Zeichen + Haus-Formel"[36], dann ergeben 1 ½ Grad in einem fixen Zeichen, in einem nachfolgenden Haus Wochen. Aber wir könnten auch nur das Fixe des Zeichens nehmen, was uns die längste Zeiteinheit geben würde: Monate. Die Deutung, die der Klientin übermittelt wurde, lautete, dass er anrufen würde, möglicherweise in einhalb Wochen, wahrscheinlicher in einhalb Monaten. Er rief sie nach einhalb Monaten an.

Beachten Sie, dass sein Anruf bei ihr *nur* durch die Antiszie angezeigt wird. Wenn Sie diese vernachlässigen, werden Sie eine falsche Deutung erhalten. Die kleinen Geschöpfe sind wichtig!

---

[36] Vgl. Kapitel 13 zur Zeitbestimmung.

11

Die Fixsterne

◆ In der Geburtsastrologie sind die Fixsterne von größter Wichtigkeit. In der Stundenastrologie haben sie nur selten irgendeine Bedeutung. Selbst die knappe Darstellung in diesem Kapitel verleiht ihnen mehr Aufmerksamkeit als sie verdienen und sie führt, wie ich festgestellt habe, bei Studenten zu übermäßigem Gebrauch der Fixsterne. Halten Sie es wie immer einfach: Falls Sie Zweifel haben, ob Sie einen Fixstern in die Deutung einbeziehen sollen, ist es wahrscheinlich besser, ihn außen vor zu lassen.

Ich würde den Gebrauch der Fixsterne auf Gelegenheiten beschränken, in denen der Zusammenhang einen eindeutigen, spezifischen Bezug zur Natur des Fixsterns hat. Beispielsweise wurde der römische Konsul Regulus bei seiner Rückkehr nach Afrika getötet. Hieße die Frage also: „Soll ich nach Afrika gehen?", würde der Herr von 1 auf dem Fixstern Regulus nicht notwendigerweise den Tod vorhersagen, er wäre aber ein sehr entschiedenes „Nein!" ◆

Die Fixsterne sind das, was wir normalerweise als „Sterne" bezeichnen, im Unterschied zu den „Wandelsternen" oder Planeten. Wie Ihnen ein Ausflug nach draußen in sternklarer Nacht zeigen wird – zumindest, wenn Sie nicht in einer Stadt sind –, gibt es unzählige von ihnen. Ungefähr Hundert von ihnen haben wirklich astrologische Bedeutung, für die Stundenastrologie braucht von diesen etwa Hundert nur eine Handvoll beachtet zu werden. Die Fixsterne werden je bedeutender, je weiter wir in der astrologischen Skala nach oben steigen: In der Geburtsastrologie sind sie nützlich; in der mundanen Astrologie sind sie von unschätzbarem Wert; stundenastrologische Anfragen sind im Allgemeinen jenseits ihres Interesses.

Die Sterne, die eine größere Bedeutung für die stundenastrologische Deutung haben, sind:

Algol	steht auf	26° ♉
Alcyone		29° ♉
Aldebaran		09° ♊
Regulus		29° ♌
Vindemiatrix		10° ♎
Spica		23° ♎
Antares		09° ♐

Die Positionsangaben sind so genau, wie wir sie brauchen, und korrekt für die Zeit, da dies hier geschrieben wird, also 2005. Obwohl sie „fix" sind, bewegen sich die Sterne, wenngleich sehr viel langsamer als die Planeten: grob geschätzt ein Grad alle 72 Jahre. Nach 2010 können Sie Regulus als auf 0° Jungfrau stehend ansehen. Steht ein Signifikator oder eine Hausspitze innerhalb weniger Grade von einem dieser Sterne entfernt (begrenzen Sie das für Vindemiatrix auf 1 Grad), kann das wichtig sein – wenn der Stern eine Bedeutung verkörpert, die zum Kontext der Frage passt.

Uns interessieren *ausschließlich* Konjunktionen mit Fixsternen: keine Aspekte. Planeten stehen entweder auf Sternen oder nicht: Betrachten Sie Planeten (in der Stundenastrologie) nicht als auf Sterne zulaufend. Ein Beispiel: Lautete die Frage: „Kann ich meine Ehe zusammenhalten?", wäre der Herr von 7 auf Vindemiatrix ein Hinweis darauf, dass der Ehepartner des Fragestellers eine Scheidung möchte. Dass der Herr von 7 auf Vindemiatrix landet, wenn er 5 Grad vorwärtsgelaufen sein wird, heißt nicht, dass der Ehepartner in naher Zukunft eine Scheidung verlangen wird. Derartige Bewegungen sollten vernachlässigt werden. Die Ausnahme von dieser Grundregel kommt zum Tragen, wenn wir die Stundenastrologie dafür benutzen, um einen Zeitpunkt zum Handeln zu wählen.[37] In einem derartigen Fall kann ein Planet, der beispielsweise auf Regulus aufläuft, sehr gut den optimalen Zeitpunkt anzeigen.

Vernachlässigen Sie Antiszien, die auf Fixsterne fallen.

Algol

Caput Algol. Das Haupt der Medusa. Das ist der unheilvollste aller Sterne. In der Stundenastrologie verbindet man mit ihm die allgemeine Vorstellung, dass jemand seinen Kopf verliert. Das kann buchstäblich so sein, aber halten Sie jede Versuchung zur Großen Oper, die Sie verspüren könnten, aus Ihrer

---

[37] Vgl. Kapitel 27.

stundenastrologischen Deutung heraus. Ja, solche blutrünstigen Dinge passieren; aber im Allgemeinen tun sie das nicht, vor allem dann nicht, wenn die Frage lautet: „Werde ich eine Arbeitsstelle bekommen?" oder „Kann ich diese Wohnung kaufen?". Das Verlieren des Kopfes kann gewöhnlich bildlich verstanden werden.

Ein Beispiel: Die Fragestellerin machte sich Sorgen, dass das Kindermädchen, das sie einzustellen erwog, die Arbeit nicht bewältigen könnte. Der Signifikator des Kindermädchens stand auf Caput Algol und bestätigte genau die Befürchtungen der Fragestellerin: Das Kindermädchen könnte ihren Kopf verlieren.

Algol steht in Stier, der Mond und Venus werden jede Menge essenzieller Würden haben, wenn sie darauf stehen. In diesem Beispiel war der Mond Signifikator des Kindermädchens. Jede Menge Würden, also war sie eine anständige Person – aber trotzdem nicht in der Lage, die Aufgabe zu meistern.

Alcyone

Das ist der Hauptstern im Sternenhaufen, der Plejaden oder die Weinenden Schwestern genannt wird. Weinen ist hier der Hauptgedanke: Es wird Bedauern geben; die Dinge werden nicht gut ausgehen.

Wie alle Sternenhaufen, schädigen auch die Plejaden das Augenlicht, weshalb das ein Hinweis sein kann, dass derjenige, dessen Signifikator auf Alcyone steht, nicht klar sehen kann oder getäuscht wird.

Aldebaran

Das südliche Auge des Stiers. Das ist der hellste Stern im Sternbild Stier (obwohl er sich, gemessen am Tierkreis, in dem Teil des Tierkreises befindet, der Zwillinge genannt wird).[38] Er wird mit der Frühlings-Tagundnachtgleiche in Verbindung gebracht, dem Anfang des Jahres. Also ist die Vorstellung hier die eines Beginns, eines positiven Anfangs.

Ein Beispiel: Wenn die Frage heißt: „Sollte ich mir eine neue Arbeitsstelle suchen?", wäre Aldebaran auf dem Aszendenten ein Hinweis darauf, dass es Zeit ist, einen neuen Zyklus zu beginnen, also: „Ja, eine neue Arbeitsstelle könnte angemessen sein".

---

[38] Bezüglich der Unterscheidung zwischen den Tierkreiszeichen und den Sternbildern, welche die gleichen Namen tragen, siehe *Die wahre Astrologie*, Kapitel 5. Hier ist der wichtige Punkt, dass Zeichen und Sternbilder nicht das Gleiche sind und nicht durcheinandergebracht werden dürfen.

Regulus

Cor Leonis. Das Herz des Löwen. Das ist der hellste Stern im Löwen. Jeder Stern, der das „Herz" eines Sternbilds ist, ist die Verkörperung des Gedankens, den das Sternbild ausdrückt – also ist Regulus das löwenhafteste Teil von Löwe: der Super-Löwe. Er ist im höchsten Maße vielversprechend für materielle Errungenschaften, und in der Stundenastrologie kann seine Bedeutung gewöhnlich auch darauf beschränkt werden. Er ist nicht unbedingt glücklich, aber er bringt Erfolg.

Lautete die Frage: „Werde ich die Beförderung erhalten?", wäre der Signifikator des Fragestellers auf Regulus ein starkes positives Zeugnis. Hieße die Frage: „Liebt sie mich?" oder „Wird Mieze nach Hause kommen?", wäre es unwahrscheinlich, dass ein Signifikator auf Regulus irgendetwas zu unserer Deutung hinzufügt.

Vindemiatrix

Der Traubensammler. Der Witwenmacher. Er hat einen starken Bezug zu Scheidung und Trennung. Hieße die Frage also „Gibt es für unsere Beziehung eine Zukunft?", wäre Vindemiatrix auf dem Aszendenten das unmittelbare Zeugnis für „Nein".

Er hat auch einen Bezug zur Geschichte vom Zauberlehrling – Sie haben sie vermutlich in *Fantasia*[39] gesehen. Überspanntheit. Sich Kräfte anmaßen, die man nicht kontrollieren kann. Dummheit um der Dummheit willen: etwas Bescheuertes tun, obwohl Ihnen bewusst ist, dass es bescheuert ist. „Soll ich eine spirituelle Schule eröffnen?" und der Signifikator des Fragestellers auf Vindemiatrix: „Nur, wenn Sie sich selbst und anderen schaden wollen".

Spica

Die Ähre der Jungfrau. Das ist der hellste Stern im Sternbild Jungfrau. Er steht mit Unserer Lieben Frau in Verbindung und ist deshalb überaus beschützend. Spica aufsteigend ist nicht notwendigerweise ein Hinweis dafür, dass alles wie gewünscht laufen wird, aber selbst wenn die Dinge nicht gut laufen, werden Sie am Ende okay sein; Sie werden sich in guten Händen befinden.

Spica kann sehr wohltätig sein und Belohnung bringen, aber er trägt nicht denselben Sinn von materiellen Errungenschaften in sich wie Regulus. Dennoch ist er der sehr viel glücklichere der beiden Sterne.

---

[39] Walt Disney-Film aus dem Jahr 1940. (Anmerkung des Übersetzers)

Antares

Cor Scorpionis. Das Herz des Skorpions. So wie Regulus der löwenhafteste Teil von Löwe ist, ist dies der skorpionischste Teil von Skorpion (obwohl er sich derzeit in Schütze befindet). Das ist der Stern in Blakes:

> *Tiger, Tiger, Flammenpracht,*
> *In der Wälder dunkler Nacht.*[40]

Er ist sehr mächtig, aber – wie wir es von einem Super-Skorpion erwarten dürfen – nicht der Wohltätigste unter den Sternen.

Direkt gegenüber von Aldebaran, dem Stern der Frühlings-Tagundnachtgleiche, stehend, wird Antares mit der Herbst-Tagundnachtgleiche verbunden. Und da Aldebaran mit Anfang und dem Beginn eines neuen Zyklusses zu tun hat, geht es bei Antares um Schließung und Zyklusende. Das ist in keiner Weise immer negativ zu verstehen. Nehmen wir an, die Frage lautet: „Soll ich in den vorgezogenen Ruhestand gehen?" Antares auf der Himmelmitte (oder dem Aszendenten) wäre ein Hinweis darauf, dass sich ein Zyklus schließt und dass es Zeit ist weiterzugehen.

Andere Sterne

Andere Sterne können in besonderen Zusammenhängen wichtig sein. Nehmen wir an, eine Frau fragt: „Soll ich zur Armee gehen?", und der Herr von 10 stünde auf Bellatrix („der weibliche Krieger"): Das wäre ein wichtiges Zeugnis. Aber wenn wir uns hier mit allen diesen Möglichkeiten befassen wollten, würde das Kapitel über die Fixsterne länger als der Rest des Buches – was hieße, die Bedeutung der Sterne für die stundenastrologische Deutung im hohen Maße zu übertreiben. Ich plane, eines meiner nächsten Bücher den Fixsternen zu widmen; bis dahin würde ich meinen, dass die Gefahr, ihre Bedeutung zu überschätzen, größer ist als jene, sie außen vor zu lassen. Haben Sie keine Angst: Die Unkenntnis ihrer Bedeutungen wird Sie nicht von einer soliden Deutung abhalten: Es wird stets noch andere Zeugnisse geben.

Wenn Sie sich weiter mit den Sternen beschäftigen möchten, empfehle ich Ihnen Vivian Robsons Buch *Fixsterne – Bedeutung und Konstellationen im*

---

[40] Gedicht *Der Tiger* von William Blake (1757–1827). (Anmerkung des Übersetzers)

Horoskop.⁴¹ Es basiert auf traditionellen Quellen, obwohl manches verwässert ist. Ignorieren Sie alle Bezüge auf Alvidas und Wilson, wenn Sie dieses Buch lesen. Für die Zwecke der Stundenastrologie lassen Sie auch seine speziellen Anmerkungen für jeden auf einen Fixstern fallenden Planeten beiseite. In der Geburtsastrologie ist es sinnvoll, derart spezifisch zu sein. Wir können sagen: „Ihr Saturn ist auf Regulus, deshalb..." Aber in der Stundenastrologie ist es nicht „Ihr Saturn", der eine Facette von Ihnen darstellt, sondern „Ihr Signifikator", also Sie als ganze Person: Es ist genauso wenig „Ihr Saturn auf Regulus" wie „Sie sind auf Regulus". Beschränken Sie sich deshalb auf die allgemeinen Bedeutungen der Sterne.

Robson führt die Positionen der Fixsterne für 1920 auf. Um diese auf den aktuellen Stand zu bringen, müssen Sie „ein Grad und ein bisschen" zu den Positionen, die er angibt, hinzuaddieren. Die Sterne haben ihre jeweils individuellen Bewegungen genauso wie die grundsätzliche Progression von 1 Grad in 72 Jahren (50" pro Jahr). Die individuellen Bewegungen sind winzig, aber sie reichen aus, um die exakte Rechnung von 1 Grad in 72 Jahren ungenau zu machen.⁴² Aber es ist nutzlos, diese Positionen bis auf die Minute zu berechnen. Ab 2015 können wir den „Grad und ein bisschen" auf „eineinhalb Grad" aufrunden. Wenn Sie Lillys Horoskope studieren, ziehen Sie von den Positionen, die Robson angibt, 4 Grad ab und 5 Grad von denen, die ich oben genannt habe.

Wenn Sie andere Sterne in Ihre Deutungen einbeziehen, vielleicht weil Sie mit ihnen schon vertraut sind, achten Sie darauf, sie nicht zu wörtlich zu nehmen. Manchmal fordert der Zusammenhang eine wortwörtliche Interpretation heraus, wie wir es oben an dem weiblichen Krieger gesehen haben. Meistens ist das nicht so, also betrachten Sie sie stattdessen so, als fügten sie dem ganzen eine beschreibende Färbung hinzu. Ein Stern auf dem Aszendenten eines Stundenhoroskops kann wie die Illustration auf dem Umschlag eines Romans verstanden werden: Sie enthüllt uns nicht alle Einzelheiten von dem, was passieren wird, aber sie gibt uns einen allgemeinen Hinweis darauf, was das Thema des Romans ist. Wenn Sie die Einzelheiten haben möchten, lesen Sie das Buch – oder, in unserem Fall, deuten Sie das Horoskop. Die Geschichte wird durch das Horoskop erzählt, ob Sie das Cover anschauen oder nicht.

---

[41] Vivian Robson *Fixed Stars and Constellations in Astrology*, London (?) 1923, in einer neuen Ausgabe erhältlich in der Reihe „Astrology Classics" bei „The Astrology Center of America". Deutsch unter dem Titel oben, München 1990. (Ergänzung durch den Übersetzer)

[42] Sie haben wahrscheinlich schon mal Fernsehsendungen gesehen, in denen dargestellt wurde, wie sich die Sternbilder im Lauf von Jahrtausenden verändern: Dort sehen wir die individuellen Bewegungen am Werk.

Ein Beispiel: Der Tierarzt hatte mir den Rat gegeben, bei meiner Hündin die Eierstöcke entfernen zu lassen. Ich erstellte ein Horoskop, um zu schauen, ob das klug wäre. Alle Fixsterne haben die Natur eines oder mehrerer Planeten. In diesem Horoskop standen alle relevanten Signifikatoren auf Sternen mit einer Venus-Saturn-Natur: Begrenzung (Saturn) ihres weiblichen Fortpflanzungssystems (Venus). Aber das sagte mir nichts, was ich nicht schon durch die Art der Frage wusste.

Die Seele der Stundenastrologie ist eine schnelle, effiziente Deutung. Dafür brauchen Sie nicht die Mehrheit der Fixsterne. Sie mögen versucht sein loszuhetzen und ihre Anwendung zu erforschen. Es ist weitaus besser, mit einfachen Werkzeugen zu arbeiten und solide Deutungen zu erstellen. In der Stundenastrologie ist weniger wirklich mehr. Sich diese Maxime tief in Ihr Herz einzubrennen, ist eine wichtigere Lehre als all die vielen Details der Legionen von Fixsternen zu erlernen.

Die wichtigsten, die Augen schädigenden Sterne – körperlich oder bildlich – sind:

Der Andromeda-Nebel	auf	27° ♈
Capulus		24° ♉
Die Plejaden		29° ♉
Die Hyaden		5° ♊
Ensis		23° ♊
Praesaepe		7° ♌
Copula		25° ♍
Foramen		22° ♎
Aculeus		25° ♐
Acumen		28° ♐
Spiculum		0° ♑
Facies		8° ♑
Manubrium		14° ♑

Anders als oben bemerkt, empfehle ich Ihnen, diese Sterne nicht zu berücksichtigen, es sei denn, die Frage führt Sie zu ihnen („Bin ich hier im Besitz aller Fakten?" „Ist die Augenoperation eine gute Idee?").

12

Arabische Punkte

Früher habe ich in der Stundenastrologie sehr viel mit Arabischen Punkten (im Deutschen auch *Lospunkte* genannt – Anmerkung des Übersetzers) gearbeitet. Heute gebrauche ich sie immer seltener, weil ich finde, dass sie uns in den meisten Horoskopen nichts von größerer Bedeutung erzählen – und in der Stundenastrologie interessieren uns Dinge von geringer Bedeutung nicht. Dennoch gibt es Umstände, in denen es sich lohnt, einen Blick auf einen von ihnen zu werfen. In den meisten Fragen wird ein Arabischer Punkt nicht die zentrale Antwort geben. Widerstehen Sie also dem Impuls, immer noch unergründlichere Lospunkte zu errechnen, in der Hoffnung, dass einer von ihnen ganz plötzlich Ihre Deutung verwandeln wird. Das wird er nicht tun.

Ein Arabischer Punkt ist ein Punkt im Horoskop, der Informationen zu einem speziellen Thema bereithält. Es gibt Hunderte von diesen Lospunkten für alles Mögliche, angefangen von Aprikosen, über den Tod des Königs, bis zum Arrangieren einer Scheinehe. Der Lospunkt wird berechnet, indem man die Entfernung zwischen zwei Punkten (normalerweise zwei Planeten) nimmt und diese an einen dritten Punkt (in der Regel den Aszendenten) anlegt. Der wertvollste und am häufigsten benutzte Lospunkt ist der *Glückspunkt*, auch *Fortuna* genannt. Er wird errechnet, indem man die Strecke von der Sonne zum Mond misst und diese Distanz dann an den Aszendenten anlegt. Wenn die Sonne auf 10° Stier steht und der Mond auf 25° Stier, liegen 15 Grad zwischen Sonne und Mond, folglich wird der Glückspunkt 15 Grad vom Aszendenten entfernt liegen, und zwar entgegen dem Uhrzeigerrichtung.

Die meisten Software-Programme werden Sie mit einer Liste von Arabischen Punkten für jedes Horoskop versorgen. Aber wenn Sie noch immer die Seite Ihrer Software benutzen, die Ihnen diese und andere Informationen bereitstellt, haben Sie nicht aufgepasst: Höre Sie auf damit! Lospunkte zu berechnen, ist nicht schwer, aber die Mühe, die damit verbunden ist, mag ausreichen, um Sie davon abzuhalten, sie unnötig zu gebrauchen.

Noch wichtiger: Die Art, wie die Lospunkte in den Computerprogrammen präsentiert werden, ist falsch. Was die Software bereitstellt, ist eine Liste aller mögliche Lospunkte, die in diesem Horoskop in einem engen Aspekt mit einem Planeten stehen. Befindet sich der Punkt der Linsen in Konjunktion mit Saturn, wird er auf der Liste erscheinen – ohne Rücksicht auf den Umstand, dass die Frage „Wird sie mich heiraten?" lautet und Linsen damit nichts zu tun haben. Dass irgendein Lospunkt zufällig im Aspekt zu einem Planeten steht, ist ohne Bedeutung. Es heißt nicht, dass der Lospunkt aus diesem Grund in diesem Horoskop wichtig ist.

Der richtige Gebrauch der Lospunkte ist, zu entscheiden, welcher Lospunkt uns interessiert, ihn zu errechnen und dann zu schauen, was er und – besonders wichtig – sein Dispositor machen. Sie können sich im Aspekt zu einem Planeten befinden oder auch nicht.

DIE BERECHNUNG

Wenn Sie bereits wissen, wie man das macht, können Sie diesen Kasten überspringen.

All unsere Gradmaße (6° Widder, 17° Krebs usw.) sind Angaben in himmlischer Länge. Sie sagen uns, wie weit ein Punkt entlang der Ekliptik liegt. Ein Planet auf 12° Stier befindet sich im zweiten 30-Grad-Abschnitt des Tierkreises (den wir Stier nennen) und 12 Grad innerhalb dieses Abschnitts.

Wenn wir die Entfernung von einem Planeten zu einem anderen messen, indem wir zählen, wie viel Grade zwischen ihnen liegen, messen wir den Abstand in Himmlischer Länge. Aber zu denken: „Die Distanz zwischen ihnen beträgt 3 Zeichen und 17 Grad", ist schwerfällig und lädt zu Fehlern ein. Es ist viel einfacher mit *absoluter Länge* zu arbeiten. Das ist die Entfernung, in der sich etwas von 0° Widder befindet, aber ausgedrückt in der Anzahl der Grade, nicht als soundso viele Zeichen und Grade. Unser Beispielplanet auf 12° Stier steht auf 42° absoluter Länge. Um ihn, von 0° Widder aus startend, zu erreichen, müssen wir durch die 30 Grad wandern, die das Zeichen Widder ausmachen, und dann noch 12 Grad im Zeichen Stier: alles in allem 42 Grad.

Die absolute Länge von 0° eines jeden Zeichens ist:

♈	0°	♎	180°
♉	30°	♏	210°
♊	60°	♐	240°
♋	90°	♑	270°
♌	120°	♒	300°
♍	150°	♓	330°

Prägen Sie sich diese Tabelle ein.

Ein Planet auf 14° Löwe hat also eine absolute Länge von 120° (0° Löwe) + 14° = 134°. Ein Planet auf 8° Fische hat 330° (0° Fische) + 8° = 338°.

Der Vorgang, die Entfernung zwischen Planet 1 und Planet 2 zu bestimmen und diese dann zum Aszendenten (oder einem anderen Punkt) hinzuzuaddieren, kann einfacher so ausgedrückt werden: AC + Planet 2 – Planet 1.

Nehmen wir an, wir möchten den Glückspunkt in einem Horoskop bestimmen, in dem die Sonne auf 17°34' Löwe, der Mond auf 4°52' Waage und der Aszendent auf 22°36' Jungfrau stehen.

Die Formel für den Glückspunkt ist AC + Mond – Sonne.

AC ist auf 22°36' Jungfrau.
  0° Jungfrau ist gleich 150°, + 22°36' = 172°36'
Mond ist auf 4°52' Waage.
  0° Waage ist gleich 180°, + 4°52' = 184°52'
Sonne ist auf 17°34' Löwe.
  0° Löwe ist gleich 120°, + 17°34' = 137°34'

AC + Mond: 172°36'
                + 184°52'
                ─────────
                 356°88'

Achten Sie auf die Minuten-Spalte: 88 Minuten. Es gibt nur 60 Minuten je Grad, aber vernachlässigen Sie diese rechnerische Feinheit hier. Wenn Sie es unterlassen, an dieser Stelle die Minuten in Grad umzuwandeln (sie es hier also bei 88 Minuten belassen), stellen Sie sicher, dass Sie den dritten Teil der Formel ohne Schwierigkeiten abziehen können. Behandeln Sie Grad und Minuten als je eigene Summe, selbst wenn Sie mehr als 100 in der Minuten-Spalte haben sollten. Das wird Sie von den üblichen Fehlern dieser Berechnung freihalten.

AC + Mond: 356°88'
– Sonne: – 137°34'
219°54'

Der Glückspunkt liegt also auf 219°54' absoluter Länge.
Schauen Sie in der Tabelle der absoluten Längen nach, um die höchste Zahl kleiner als 219°54' zu finden.
Das ist 210° für 0° Skorpion.
Also befindet sich der Glückspunkt in Skorpion.
Ziehen Sie 210° von der absoluten Länge von 219°54' ab:

219°54'
– 210°00'
9°54'

Folglich liegt der Glückspunkt auf 9°54' Skorpion.

Hinweis: Sie können während der Berechnung jederzeit 360°00' hinzuzählen oder abziehen, wenn Sie damit die Summe einfacher machen. Wenn Sie sehen, dass die Zahl, die Sie abziehen müssen, größer ist als die Zahl, die Sie durch das Aufaddieren der beiden anderen Zahlen erhalten, zählen Sie 360 zum Betrag, den Sie durch die Addition erhalten haben, hinzu. Wenn Ihr Endergebnis größer als 360 ist, ziehen Sie 360 ab. Wenn Ihr Endergebnis der Minuten größer als 60 ist, ziehen Sie davon 60 ab und zählen Sie 1 zur Gradzahl hinzu.

Lassen Sie uns noch eines machen. Nehmen wir an, wir möchten den Punkt des Rücktritts und der Entlassung haben, dessen Formel lautet: Saturn + Jupiter – Sonne. Nehmen wir weiter an, dass Saturn auf 17°54' Widder steht, Jupiter auf 4°58' Stier und die Sonne auf 20°17' Schütze.

	Saturn + Jupiter:	17° 54'
		+ 34° 58'
		51°112' achten Sie auf
		die Minuten-Spalte

                         51°112'
– Sonne: – 260° 17'
das können wir nicht machen, also zählen wir 360°00' hinzu

                         51°112'
                      + 360° 00'
                       411°112'   nun können wir
                                    die Sonne abziehen

                       411°112'
                      – 260° 17'
                       151° 95'

Also liegt der Lospunkt auf 151°95' absoluter Länge.
Das sind gleichwohl Grade und Minuten, nicht Grade und Kommazahlen. Folglich müssen wir jetzt die Minuten-Spalte anpassen: 95 Minuten = 1 Grad und 35 Minuten.
Deshalb sind 151°95' = 152°35'
Was ist die höchste Zahl kleiner als diese in der Tabelle?
150. Also befindet sich der Lospunkt in Jungfrau.

                       152° 35'
                     – 150° 00'
                          2° 35'

Der Lospunkt befindet sich auf 2°35' Jungfrau.
   Wie Ihnen ein wenig Übung bald zeigen wird, ist diese Berechnung weitaus einfacher, als sie scheinen mag. Ich habe zahlreiche Schüler gehabt, die sich zu ihrer Zahlenblindheit bekannten, aber alle haben gelernt, das hier ohne allzu viele Qualen zu vollbringen.

Anwendung der Lospunkte

Es ist eine Grundregel, dass die Lospunkte nichts tun, sondern dass ihnen etwas widerfährt. Sie senden keine Aspekte aus (ein Lospunkt ist nichts weiter als ein Punkt im Raum: Er hat kein Licht und kann deshalb keinen Aspekt aussenden); sie haben Aspekte, die in ihre Richtung ausgesandt werden. Nehmen wir an, Jupiter steht genau im Quadrat zum Punkt der Ehe: Was immer Jupiter darstellt, wird die Ehe belasten; das zeigt uns nicht, dass die Ehe irgendeine Wirkung auf Jupiter hat.

Abgesehen davon können bestimmte Lospunkt in bestimmten Umständen handeln, als sendeten sie Aspekte aus. Wenn mein Signifikator auf die Opposition zum Punkt des Rücktritts und der Entlassung zuläuft, ist das ein Zeugnis, dass ich meine Stelle verlieren könnte. Was der Lospunkt hier macht, ist, dass er eher den Zeitpunkt eines Ereignisses markiert – etwa so wie ein Kilometerstein eine Stelle auf einer Straße markiert – als dass er das Ereignis selbst darstellt. Wenn mir der Kilometerstein sagt, dass es noch 100 Kilometer bis zur Stadt sind, könnte ich mich dazu entschließen anzuhalten, um etwas zu essen; das heißt nicht, dass der Kilometerstein mich dazu gebracht hat anzuhalten, um etwas zu essen. Aber das ist eine Spitzfindigkeit; im Horoskop kann die Verbindung zwischen Lospunkt und Handlung als direkt angesehen werden.

Wenn Sie einen Aspekt zum Lospunkt nehmen, um ein Ereignis anzuzeigen, beschränken Sie sich auf Konjunktion und Opposition. Andere Aspekte werden vermutlich nicht das Ereignis anzeigen, außer es gibt ein starkes, entsprechendes Zeugnis an anderer Stelle.

Bewerten Sie die Stärke eines Lospunkts wie die eines Planeten: Sie werden durch Verbrennung, Aspekte von Planeten und so weiter beeinflusst. Seien Sie mit der Zuschreibung von Stärke wegen der Häuserplatzierung vorsichtig: Wenn der Punkt der Arbeit, die getan werden muss, im 12. Haus steht, heißt das, dass er schwach ist oder dass er nahelegt, mit großen Tieren zu arbeiten?

Bleiben Sie beim Thema. Beziehen Sie keine Lospunkte mit ein, es sei denn, sie haben einen direkten Bezug zum Kontext. Wenn die Frage lautet: „Wann werde ich heiraten?", bedeutet die Konjunktion des Punkts des Todes mit dem Herrn von 7 nicht, dass Sie einen Axt-Mörder heiraten werden. Es sagt überhaupt nichts: Es hat keinen Bezug und sollte deshalb nicht verwandt werden. Lautet die Frage: „Ich bin todkrank; werde ich heiraten, bevor ich sterbe?", könnte der Punkt des Todes durchaus von Belang sein.

Gedrehte Horoskope

Wenn Sie Horoskope drehen, drehen Sie auch die Lospunkte. Wenn ich frage: „Ist Ballerina zu sein wirklich der Herzenswunsch meiner Tochter?", ist es nutzlos, mir den radikalen Punkt der Berufung anzuschauen. In der Frage geht es nicht um meine Berufung; es geht um ihre. Also müssen wir den Lospunkt drehen und ihn an ihre 10. Hausspitze anlegen, nicht an meine.

Der Glückspunkt

Obwohl das der wichtigste Lospunkt in der Geburtsastrologie ist, der von den meisten Software-Programmen ganz selbstverständlich angezeigt wird, ist seine Rolle in der Stundenastrologie begrenzt. Nur selten erzählt er uns etwas, das nicht auch anderswo angezeigt wird.

Die Formel des Glückspunkts ist AC + Mond − Sonne. Es ist verbreitete Praxis, die Formel für Nachthoroskope umzukehren (AC + Sonne − Mond). Ich rate Ihnen dringend, das nicht zu tun: Gebrauchen Sie die Standardformel sowohl am Tage als auch in der Nacht. Die meisten Software-Programme erlaubt Ihnen zu wählen, ob Sie die Formel bei Nacht umkehren wollen oder nicht.

Der Glückspunkt kann den Schatz des Fragestellers darstellen – was immer das im Zusammenhang der Frage auch sein mag. Wenn der Glückspunkt also genau auf einer Hausspitze steht, kann das anzeigen, dass die Angelegenheiten dieses Hauses für den Fragesteller wichtig sind. „Wann werde ich heiraten" und der Glückspunkt auf der Spitze 5 könnte andeuten, dass der „Schatz" des Fragestellers darin besteht, Kinder zu haben. Der Lospunkt muss dabei innerhalb von ein oder zwei Grad zur Hausspitze stehen, um diese Bedeutung zu haben.

Da der Glückspunkt der Schatz des Fragestellers ist, kann er bei Fragen zu verlorenen Dingen die vermisste Sache darstellen. Aber normalerweise ist das nicht so: Der Glückspunkt steht in unserer Liste möglicher Signifikatoren weit unten.

Er kann in Geldfragen eine Rolle spielen. Je allgemeiner die Frage ist, desto eher kann er diese Rolle übernehmen. „Wie sehen meine Finanzen über die kommenden Monate hin aus?" und ein starker Jupiter im Trigon zum Glückspunkt: sehr rosig! In einer spezifischeren Frage wie etwa „Werde ich durch den Kauf und die Vermietung dieser Wohnung Geld verdienen?" wäre selbst ein so rosiges Zeugnis nur von zweitrangiger Bedeutung. Schauen Sie sich für die Hauptlinie der Deutung das Haus an, auf das die Frage zielt (in diesem Fall das 5. Haus: das 2. vom 4. Haus, der Profit aus Grundbesitz).

Als Grundregel gilt: Wenn Sie bemerken, dass dem Glückspunkt etwas zustößt, etwa ein genauer Aspekt, kann es sich lohnen, das anzuschauen, obwohl es unwahrscheinlich ist, dass es eine wesentliche Bedeutung hat. Sie müssen nicht eigens danach Ausschau halten („Ich frage mich, wie es dem Glückspunkt geht.")

◆ Ich bin hier den alten Texten viel zu genau gefolgt, vor allem in den Bemerkungen über Geld. Es gibt nie, *niemals*, eine direkte Verbindung zwischen dem Glückspunkt und materiellem Wohlstand. Unsere berühmten Vorfahren behaupten oft, dass es eine gäbe, vor allem in ihren Deutungen über Angelegenheiten des 2. Hauses, aber das ist ein krasses Missverständnis der Natur des Glückspunkts, befeuert durch den Wunsch nach noch einem weiteren Ding, das der Astrologe in die Mischung werfen kann, um eine irgendwie zufriedenstellende Deutung vorlegen zu können. Hätten sie schon von den Asteroiden gewusst, hätten sie diese eimerweise dazugeworfen.

Ich kann mich nicht erinnern, dass der Glückspunkt jemals etwas von Bedeutung zur Deutung eines Stundenhoroskops beigetragen hat. Lilly stellt Beispiele vor, die zeigen, dass der Glückspunkt das tut, aber wenn man diese Deutungen sorgfältig analysiert, zeigt sich, dass er damit falsch lag. Vergleichen Sie dafür zum Beispiel die Horoskope in der *Christlichen Astrologie*, Kapitel 63 und 64. Diesen Punkt werde ich ausführlich in der *Praxis der Stundenastrologie* behandeln. ◆

Der Punkt der Ehe: AC + DC – Venus

Dieser Lospunkt spielt in vielen Beziehungsfragen eine wichtige Rolle. Ich verwende ihn mehr als alle anderen Lospunkte zusammen.

Dieser Punkt erzählt uns etwas über die Qualität der Beziehung zwischen zwei Menschen und über ihre Einstellungen zueinander. Er sagt uns auch, bildlich gesprochen, etwas über die Einstellung der Beziehung zu jedem von ihnen: Wenn die Rezeption zeigt, dass der Lospunkt einen Partner hasst, erkennen wir, dass die Beziehung dieser Person schadet.

◆ Hier hätte ich deutlicher sein können. Rezeptionen beziehen sich auf den Dispositor des Lospunkts, nicht auf den Lospunkt selbst. Siehe die hinzugefügte Bemerkung unten. ◆

Er bezieht sich nicht ausschließlich auf die formelle Ehe. Da er mittels Aszendent und Deszendent errechnet wird, bezieht er sich ausschließlich auf die Beziehung zwischen den Personen, die durch das 1. und 7. Haus dargestellt werden. Wenn der Herr von 7 der Geliebte der verheirateten Fragestellerin ist, beschreibt der Punkt der Ehe ihre Beziehung zum Geliebten, nicht ihre Ehe.

Schauen Sie sich dieses Beispiel an:

Herr von 1 ist Mars auf 19° Jungfrau, er zeigt den Fragesteller.
Herrin von 7 ist Venus auf 12° Zwillinge, sie zeigt die Ehefrau des Fragestellers.
Der Punkt der Ehe liegt auf 5° Jungfrau.
Es handelt sich um ein Nachthoroskop.

Mögen sich die Ehepartner gegenseitig?
Überprüfen Sie die Rezeptionen, um das herauszufinden (Kapitel 8).
Mars befindet sich im Gesicht von Venus, Venus steht im Gesicht von Mars.
Es gibt also eine gegenseitige Rezeption zwischen ihnen, aber nur per Gesicht. Das ist sehr schwach – ein schwaches Glimmen von Zuneigung.
Mars steht auch noch im Fall von Venus: Der Fragesteller kann seine Frau nicht ausstehen.
Aber Mars und Venus teilen ein mächtiges Interesse an Merkur: Mars steht in Merkurs Zeichen und Erhöhung, Venus in seinem Zeichen und Triplizität. Was immer Merkur darstellt, ist für beide von größter Wichtigkeit.
Was ist Merkur?
Der Punkt der Ehe befindet sich auf 5° Jungfrau, damit ist Merkur der Dispositor über den Punkt der Ehe. Merkur stellt die Ehe dar.
Wir sehen also, dass die Partner, obwohl sie einander nicht mögen, beide ihre Ehe schätzen. Das ist vor allem in Horoskopen vom Typ „Wird unsere Ehe fortbestehen?" verbreitet. In solchen Fällen ist es auch normal zu entdecken, dass der Dispositor des Punkts der Ehe selbst vom Herrn von 5 beherrscht wird: Was ist für die Ehe wichtig? Die Kinder.

Wenn Sie bei Beziehungsfragen sehen, dass beide Parteien ein starkes Interesse an einem nicht identifizierten Planeten haben, werden Sie gewöhnlich entdecken, dass dieser Planet über den Punkt der Ehe herrscht. Es ist, als wären drei eigenständige Einheiten in die Sache involviert: der Ehemann, seine Frau und die Ehe selbst.

Der Dispositor eines Arabischen Punkts steht für die Sache selbst. Der Dispositor des Punkts der Ehe steht für die Ehe; der Dispositor des Punkts der Operation steht für die Operation; der Dispositor des Punkts des Weizens steht für den Weizen des Fragestellers. Das ist wichtig: Es versetzt uns in die Lage herauszufinden, wie die Einstellungen der beteiligten Personen gegenüber der Sache sind, während der Zustand des Dispositors uns über den Zustand der Sache mindestens so viel erzählen wird wie der Zustand des Lospunkts selbst.

Einige Beispiele dazu, was das uns zeigen kann:

* „Habe ich eine Zukunft mit Bob?" und der Signifikator der Fragestellerin zeigt kein Interesse am Herrn von 7 (Bob), aber steht in starken Würden des Dispositors des Punkts der Ehe: „Sie scheinen Bob nicht besonders zu mögen. Das Horoskop legt nahe, dass Sie eine Beziehung wünschen, und er ist der Kerl, der gerade zufällig da war".

* „Wann werde ich einen Ehemann finden?" und der Herr von 1 hat gerade das Zeichen betreten, das der Dispositor über den Punkt der Ehe beherrscht. Die Fragestellerin hat erst kürzlich beschlossen, dass sie heiraten möchte. Das kommt häufig vor, wenn die Ehe arrangiert wird.

* „Wird sie mich verlassen?" und der Herr von 7 auf 29 Grad des Zeichens, das der Dispositor über den Punkt der Ehe beherrscht. Sie ist zumindest dabei, ihr Interesse an der Ehe zu verlieren, und es ist gut möglich, dass sie sie auch physisch verlässt. Welche der Möglichkeiten es ist, werden andere Zeugnisse zeigen. Aber vielleicht befindet sich ihr Signifikator in der stationären Phase und wird rückläufig, bevor er das Zeichen verlässt: „Sie denkt ernsthaft darüber nach, zu gehen, aber sie wird ihre Meinung ändern."

* „Wird unsere Ehe lang und glücklich sein?" und der Dispositor über den Punkt der Ehe ist am Beginn eines fixen Zeichens platziert und hat jede Menge essenzieller Würden: „Die Ehe wird lang (fixes Zeichen) und glücklich (essenziell stark) sein".

* „Wird meine Mutter zustimmen?" und der Herr von 10 (Mama) steht im Fall des Dispositors über den Punkt der Ehe: „Nein!"

* „Werden wir Kinder haben?" und der Punkt der Ehe sowie sein Dispositor in fruchtbaren Zeichen: ein starkes Zeugnis für „Ja".

Der Punkt der Ehe gibt keine Antwort auf die Frage: „Wann werden wir heiraten?" Der Zeitpunkt wird weder durch einen Aspekt von einem der Partner zum Punkt der Ehe noch durch einen Aspekt zu dessen Dispositor angegeben.

Wir brauchen einen Aspekt zwischen den beiden Personen. Der Lospunkt zeigt die Beziehung, nicht das Ereignis der Eheschließung.

◆ Wie gesagt, stellt der Dispositor des Lospunkts die Sache dar, also steht der Dispositor des Punkts der Ehe für die Beziehung zwischen den beiden Menschen. All die anderen Würden und Schwächen, in denen sich der Lospunkt befindet, haben überhaupt keine Bedeutung. Wir würden niemals denken: „Der Lospunkt erhöht Mars" oder „Der Lospunkt ist im Exil von Saturn". Alle Rezeptionen, die den Lospunkt betreffen, werden von seinem Dispositor abgelesen, nicht von der Position des Lospunkts selbst. Befände sich der Dispositor des Lospunkts zum Beispiel im Fall des Herrn von 1, würden wir urteilen, dass der Fragesteller von der Beziehung enttäuscht ist. Stünde der Lospunkt selbst im Fall des Herrn von 1, würde uns das gar nichts sagen. Dies ist so, weil Rezeptionen Zweibahnstraßen sind, aber es ist für den Planeten nicht möglich, in einer Würde oder Schwäche des Lospunkts zu stehen. Schauen Sie sich die Würdentabelle auf Seite 64 an. Dort sind Planeten aufgeführt, aber keine Lospunkte: Ein Planet kann nicht in der Erhöhung oder im Exil eines Lospunkts, sondern nur eines anderen Planeten stehen. ◆

Der Punkt der Ehe von Frauen: AC + Saturn − Venus
Der Punkt der Ehe von Männern: AC + Venus − Saturn
Der Punkt des Ehepartners: AC + DC − Herr von 7

Ich erwähne diese Lospunkte hier nur, damit Sie nicht verwirrt sind, wenn Sie ihnen anderenorts begegnen. Sie sind nur wichtig, wenn eine Ehe arrangiert werden soll, und obwohl ich viele Horoskope zu diesem Thema bearbeitet habe, habe ich selbst dort nie festgestellt, dass sie hilfreich sind. Reservieren Sie diese Punkte für die Geburtsastrologie. Die ersten beiden dieser Lospunkte kehren ihre Formel bei Nacht um, also ist die Ehe der Frauen bei Tag gleich der Ehe der Männer bei Nacht und vice versa.

Der Punkt der Scheidung: AC + DC − Mars

Es gibt die Vorstellung, dass die Formel dieses Lospunkts die umgekehrte des Punkts der Ehe wäre. Das ist falsch: Die Scheidung ist nicht das Gegenteil der Ehe.

Wie nicht anders zu erwarten, findet man in Fragen, in denen Scheidung eine echte Option ist, häufig einen oder beide Ehepartner in Hauptwürden des Dispositors dieses Lospunkts. Es kann sehr gut sein, dass ein Partner ihn erhöht und glaubt, dass die Scheidung die Lösung aller Probleme wäre; der andere könnte im Fall des Dispositors stehen und die Vorstellung fürchten und hassen.

Anders als der Punkt der Ehe, bezieht sich dieser Lospunkt auf ein konkretes Ereignis, also kann uns ein Aspekt zu ihm das Ereignis und dessen Zeitpunkt anzeigen. Der Signifikator läuft auf die Konjunktion mit dem Punkt der Scheidung zu: „Sie werden sich scheiden lassen" (natürlich nur, sofern die anderen Zeugnisse damit übereinstimmen). Der Signifikator läuft auf die Opposition zum Punkt der Scheidung zu: „Sie werden geschieden werden, aber sich wünschen, dass das nicht passiert wäre."

„Wird unsere Scheidung die Kinder in Mitleidenschaft ziehen?" und der Herr von 5 und der Dispositor des Punkts der Scheidung im gegenseitigen Exil: „Darauf können Sie wetten! Die Kinder hassen die Scheidung und die hasst sie".

Rechnen Sie diesen Lospunkt nur dann aus, wenn die Frage eine Scheidung als ernsthafte Möglichkeit nennt! Völlig egal, wo der Lospunkt platziert sein mag: Solange Scheidung keine Option ist, spielt er keine Rolle – als ob Hamlet in einer Produktion von *Othello* auf der Bühne herumliefe. Es ist vollkommen egal, wie überzeugend er improvisiert: Er ist im falschen Stück und sollte ignoriert werden. Das trifft auf alle Lospunkte zu.

◆ Ich benutze diesen Lospunkt nicht mehr. Kein Mensch interessiert sich für eine Scheidung. Menschen mögen sagen: „Ich will die Scheidung", aber das ist nicht das, was sie meinen. Was sie meinen, ist: „Ich möchte nicht länger verheiratet sein". ◆

Der Punkt des Rücktritts und der Entlassung

Dies ist eine Rarität unter den Lospunkten, da er aus den Positionen dreier Planeten errechnet wird: Saturn + Jupiter − Sonne. Schauen Sie sich ihn bei Fragen von der Art „Werde ich meine Stelle behalten?" an.

Wie der Punkt der Scheidung bezieht er sich auf ein Ereignis, also kann uns ein Aspekt zu diesem Lospunkt dieses Ereignis anzeigen. Wäre die Frage: „Soll ich zurücktreten?", dann würde der Signifikator des Fragestellers auf dem Weg zur Opposition zum Punkt des Rücktritts und der Entlassung nahelegen: „Sieht ganz danach aus, dass Sie das machen werden, aber Sie werden es bereuen".

Nehmen wir an, der Dispositor über den Punkt der Entlassung sitzt auf dem Aszendenten: Der Gedanke, dass er gefeuert werden könnte, lastet auf dem Fragesteller. Für sich genommen, zeigt dieses Zeugnis allerdings nur, dass die Vorstellung auf ihm lastet; es zeigt nicht, dass er gefeuert wird.

„Sind die Lospunkte präzise?" Im Moment, da am 1. Mai 1997 die Wahllokale für die britischen Parlamentswahlen schlossen, stand der Mond (natürlicher Signifikator der Menschen oder der Wählerschaft) – auf die Bogenminute – genau auf dem Punkt des Rücktritts und der Entlassung im Geburtshoroskop der Konservativen Partei – welche die Wählerschaft aus dem Amt entließ.

Der Punkt der Berufung: MC + Mond – Sonne
Der Punkt des Ruhms: AC + Jupiter – Sonne

Obwohl diese beiden Lospunkte in der Geburtsastrologie von größtem Nutzen sind, kann es sich lohnen, sie sich auch in Stundenhoroskopen zu beruflichen Fragen anzuschauen. Der Punkt der Berufung ist der Gleiche wie der Glückspunkt, nur dass er an die Himmelmitte statt an den Aszendenten angelegt wird. Da er auf dem Glückspunkt basiert, rate ich Ihnen, ihn nicht in einem Nachthoroskop umzukehren. Der Punkt des Ruhms dreht sich bei Nacht um.

Obwohl es ein seltenes Stundenhoroskop wäre, in dem er diese Bedeutung hätte, ist der Glückspunkt die Seele, weshalb mit ihm die Vorstellung verknüpft wird, dass er der Schatz des Fragestellers ist: „die wertvolle Perle". Die Berufung ist das, was die Seele gerufen wird zu tun. Deshalb ist der Punkt der Berufung der gleiche Bogen wie der Glückspunkt, angelegt an die Himmelsmitte, welche (10. Haus) unsere Handlung zeigt. Der Lospunkt kann uns Einsicht in die tiefsten Sehnsüchte des Fragestellers bezüglich der Richtung seines Handelns geben.

„Ich werde sterben, wenn Papi es schafft, dass ich Buchhalter werde!" mit Merkur in Opposition zum Punkt der Berufung: Wir können sehen warum. Die Buchhaltung steht in Opposition zur Natur der Seele des Fragestellers. Der Punkt der Berufung in einem fruchtbaren Zeichen auf der Spitze 5: „Vielleicht sollten Sie zu Hause bleiben und Kinder kriegen". Oft gibt es eine starke Betonung des 2. Hauses: „Sie müssen aufhören, nur von Luft zu leben, und anfangen, richtiges Geld zu verdienen, zum Besten Ihrer Seele".

Der Punkt des Ruhms wird auch Punkt der Arbeit, die getan werden muss, genannt. Dies ist vielleicht der bessere Name für ihn, denn es macht uns zwar nicht notwendigerweise berühmt, aber es hat die Bedeutung von „ein Mann muss tun, was ein Mann tun muss". Das spielt sich auf einer materielleren Ebene ab als die Berufung. Wenn das die Bestimmung der Seele ist, heißt dies: „Sie befinden sich in dieser Zeit, an diesem Ort und haben diese Fähigkeiten; das ist es, was getan werden muss".

Der Punkt des Todes

Dafür gibt es diverse Formeln. Diejenigen, die ich benutze, lauten AC + Spitze 8 – Mond und Spitze 8 + Saturn – Mond. Das soll nicht heißen, dass andere Formeln falsch sind, aber zwei reichen vollkommen aus.

Seien Sie mit der Anwendung vorsichtig. Der Tod ist ein bedeutsames Ereignis im Leben: Wir müssen nicht kleine Zeugnisse zusammenkratzen, um ihn anzuzeigen. Nehmen Sie nicht einen Aspekt zum Punkt des Todes als alleiniges Zeugnis dafür, dass jemand sterben wird.

Bei Fragen, in denen es direkt um den Tod geht, benutze ich diese Lospunkte nicht mehr. Wenn die Person sterben wird, wird das durch andere Zeugnisse (einen Aspekt zum Herrn von 8 zum Beispiel) angezeigt werden. Das Horoskop, in dem der Tod ausschließlich, oder auch nur in erster Linie, durch einen Lospunkt angezeigt wird, muss mir erst noch unter die Augen kommen. Wenn Sie an dieser Stelle nicht ein wenig Zurückhaltung üben, werden Ihre Horoskope mehr Leichen produzieren als ein Kriminalfilm aus Hongkong.

Reservieren Sie diese Lospunkte für Fragen, in denen der Tod eine schattenhafte Figur ist, der im Hintergrund lauert: Wird er auf die Bühne kommen? Ein politischer Verbannter fragt: „Ist es sicher für mich, in mein Land zurückzugehen?" und die Punkte des Todes oder ihre Signifikatoren sind voll im Spiel: „Das wäre zu riskant". Das ist kein klares Zeugnis für: „Nein, Sie werden getötet werden"; aber es reicht aus, um Vorsicht zu rechtfertigen.

Ganz ähnlich bei: „Soll ich mich operieren lassen?" Finden wir den Punkt des Todes auf der Himmelsmitte (das Horoskop dominierend) oder im gleichen Grad wie den Punkt der Operation: „Nein, zu viel Risiko". Der Lospunkt allein für sich genommen wird nicht anzeigen, dass der Tod Sie davonträgt; er kann anzeigen, dass Sie ihm näher kommen als es klug ist.

Der Punkt der Operation: AC + Saturn – Mars

Dieser Punkt dreht sich bei Nacht um und ergibt: AC + Mars – Saturn. In den meisten Stundenhoroskopen zu Operationen können wir Mars, ihren natürlichen Herrscher, nehmen, um die Operation darzustellen. Wenn Mars jedoch der

Signifikator des Fragestellers oder der Erkrankung ist, brauchen wir eine weitere Option – die dieser Lospunkt bieten kann. Selbst wenn wir Mars benutzen können, lohnt es sich, diesen Lospunkt zu errechnen und zu schauen, was er uns zu sagen hat.

Seien Sie vorsichtig! Selbst im günstigsten Fall ist eine Operation nicht nett: Erwarten Sie nicht, glückliche Planeten in freundlichen Aspekten zueinander zu sehen. Zu entdecken, dass der Signifikator der Krankheit vom Dispositor des Punkts der Operation regiert wird, ist sehr vielversprechend: Die Operation hat Macht über die Krankheit. Herrscht die Krankheit über den Punkt der Operation oder seinen Herrscher, ist das überaus misslich.

Die Leute stellen Fragen zu Laseroperationen an ihren Augen. Zu sehen, dass der Punkt der Operation oder sein Dispositor auf einem Fixstern steht, der die Augen schädigt (vgl. Seite 155), wäre ein negativer Hinweis. Schauen Sie sich auch die Beziehung zwischen dem Lospunkt, zusammen mit seinem Dispositor, sowie Sonne und Mond an, den natürlichen Herrschern über die Augen.

Die umgedrehte Formel dieses Lospunkts ergibt den *Punkt der Krankheit*. Das ist eine Möglichkeit für den Signifikator einer Krankheit, aber wir haben bessere. Ich rate dazu, diesen Lospunkt der Geburtsastrologie vorzubehalten.

Lospunkte für Massenwaren

Weizen, Oliven, Baumwolle, Weintrauben: diese und andere mehr, alle haben ihre Lospunkte. In lange vergangenen Tagen waren Anfragen dazu, wann man sein Getreide am besten auf den Markt bringen oder ob man dies oder jenes pflanzen soll, ein Hauptteil des Geschäfts eines Astrologen. Diese Lospunkte waren von unschätzbarem Wert, um derartige Fragen zu entscheiden – obgleich solche Fragen in der modernen Welt äußerst rar gesät sind. Ein starker Jupiter wirft ein Trigon auf den Punkt des Mais'; ein schwacher Saturn steht in Opposition zum Punkt des Weizens: Setzen Sie nächstes Jahr auf Mais. Der Herr von 8 (das 2. vom 7. Haus: das Geld der anderen Leute) läuft in zwei Grad auf die Konjunktion mit dem Punkt der Gurken zu: Bringen Sie Ihre Gurken in zwei Tagen auf den Markt und Sie werden ein dickes Geschäft machen.

Da dies ein Lehrbuch und keine Enzyklopädie ist, werde ich diese Lospunkte hier nicht auflisten. Wenn Ihnen eine derartige Frage gestellt wird – und unter den Tausenden von Stundenhoroskopen, die ich gemacht habe, kann ich mich nur an eine einzige erinnern –, dann schlagen Sie bei Al-Biruni nach, der eine umfassende Liste von Lospunkten angibt.[43] Wenn Sie den Punkt für eine Massenware brauchen, die er nicht aufführt, studieren Sie die Art, wie seine anderen Formeln aufgebaut sind, und ersetzen Sie dann den natürlichen Herrscher der Ware durch den über jene, um die es geht.

Andere Lospunkte

Wenn Sie den Drang verspüren, andere Lospunkte in Ihre Horoskope einzubeziehen, schauen Sie bezüglich der Formeln bei Al-Biruni nach. Wenn man mit seinen Tabellen arbeitet, dann lautet die Rechenart Platz 3 + Platz 2 − Platz 1. Aber wenn Sie diesen Drang verspüren, weitere Lospunkte in Ihre Horoskope einzubauen, haben Sie vermutlich die Grundlagen der Stundenastrologie nicht verstanden. Lassen Sie uns zunächst das Haus bauen, bevor wir anfangen, an ihm außen irgendwelche Schnörkel anzubringen. Sie brauchen diese Lospunkte nicht! Besondere Techniken werden niemals einen mangelnde Arbeit an den Grundlagen ausgleichen. Also arbeiten Sie noch etwas mehr an den Grundlagen.

◆ In der ersten Zeile dieses Kapitels schrieb ich, dass ich die Lospunkte immer weniger benutze. Mit Ausnahme des Punktes der Ehe, der sehr nützlich sein kann, benutze ich sie heute fast gar nicht mehr. Wie die Fixsterne, sind sie von großer Bedeutung in der Geburtsastrologie, aber von geringem Nutzen in der Stundenastrologie. Wenn Sie bemerken, dass Sie sie mehr als nur gelegentlich für ein Horoskop benutzen, dann benutzen Sie sie zu viel. *Keep it simple!* – Halten Sie es einfach! ◆

---

[43] Al-Biruni, Absätze 476-479.

13

Zeitbestimmung

Sammeln Sie sich: Jetzt wird's ein bisschen kniffelig. Fragesteller wollen nicht nur wissen, ob Dinge passieren; sie haben die Angewohnheit wissen zu wollen, wann Dinge passieren. Also müssen wir in der Lage sein, unsere Vorhersagen zeitlich zu bestimmen.

Das ist möglich, und zwar mit großer Genauigkeit: Ich habe Vorhersagen bis auf die Minute genau bestimmt, obwohl es töricht wäre, das für Klienten zu tun – es ist amüsant, aber dient keinem praktischen Zweck. Manchmal ist die Bestimmung der Zeit eindeutig, so eindeutig, dass sie genauso einfach ist wie alles andere, was wir bislang besprochen haben. Weit häufiger jedoch müssen wir dafür Überlegungen und Möglichkeiten in Einklang bringen.

Die Methode

Nehmen Sie an, Sie haben ein Stundenhoroskop erstellt und es so gedeutet, dass es ein Ereignis geben wird: „Ja, das und das wird passieren". Normalerweise wird dieses Ereignis durch einen Aspekt angezeigt. Und genau dieser Aspekt wird uns gewöhnlich den Zeitpunkt des Ereignisses angeben.

Gelegentlich müssen wir woanders nachschauen, um den Zeitpunkt zu bestimmen, entweder weil der das Ereignis anzeigende Aspekt uns keinen Zeitpunkt gibt, der zutreffen könnte, oder weil das Ereignis durch etwas anderes als einen Aspekt angezeigt wird. Schauen Sie sich noch mal das Horoskop zum vermissten Kater in Kapitel 1 an. Dort wurde das Ereignis – die Rückkehr des Katers – nicht durch einen Aspekt, sondern durch den rückläufigen Jupiter angezeigt. Jupiter machte keinen bedeutsamen Aspekt, also musste uns etwas anderes den Zeitpunkt der Rückkehr des Katers zeigen. In diesem Fall war es der Mond, der auf einen Aspekt zum Aszendenten zulief.

Der passende Aspekt, einmal identifiziert, kann uns den Zeitpunkt eines Ereignisses in verschiedener Weise anzeigen.

Jede Zeitbestimmung bezieht sich auf den Moment, für den das Stundenhoroskop erstellt wird. Das ist der „Zeitpunkt Null".

Vergangene Ereignisse nutzen

Falls sie uns zur Verfügung steht, ist das die mit Abstand zuverlässigste und genaueste Methode der Zeitbestimmung. Das hängt davon ab, ob das Horoskop uns ein vergangenes Ereignis anzeigt. Nehmen wir an, die Frage lautet: „Wann werde ich wieder heiraten?", und wir wissen, dass unsere Fragestellerin vor drei Jahren geschieden wurde. Das Horoskop zeigt uns, wie sich ihr Signifikator von Mars, dem natürlichen Herrscher der Scheidungen, entfernt. Steht er 5 Grad von Mars entfernt, wissen wir, dass nach dem Maßstab dieses Horoskops 5 Grad = 3 Jahre sind. Wenn also ihr Signifikator in 10 Grad auf einen Aspekt zum Herrscher des 7. Hauses, der den künftigen Ehemann darstellt, zuläuft, ist die Deutung einfach: „Sie werden in 2 x 3 Jahren = 6 Jahren wieder heiraten". Es ist, als ob das Horoskop über einen Maßstab verfügt, so wie wir den Maßstab auf einer Karte angegeben finden können.[44]

Zeichen und Haus

Leider zeigen uns nur wenige Horoskope vergangene Ereignisse an. Oder – da ich im Prinzip davon ausgehe, dass sie das alle tun sollten – es sind nur wenige Horoskope, welche diese Ereignisse mit so ausreichender Klarheit darstellen, dass sie benutzt werden können. Also müssen wir andere Methoden finden. Das ist der Punkt, an dem die Sache anfängt kompliziert zu werden.

Aus Gründen, die ich nicht verstehe, ist die Zeitbestimmung das eine Gebiet der Stundenastrologie, auf dem die Schüler allergrößte Widerstände dagegen zeigen, das Wissen aufzunehmen. Passen Sie auf! Das hier funktioniert.

Wir haben also unseren Aspekt. Wenn wir einen Aspekt haben, wird es eine Anzahl von Graden geben, zwischen der Position, auf welcher dieser zulaufende Planet jetzt ist, und jener, an welcher der Aspekt perfekt werden wird. Abgesehen von der Möglichkeit, dass dies eines der Horoskope ist, in denen wir die Zeitbestimmung aus einem vergangenen Ereignis herleiten können, entspricht diese Anzahl von Graden der Anzahl an Zeiteinheiten (Stunden, Tage, Jahre usw.), die zwischen dem Zeitpunkt der Fragestellung und dem Ereignis liegen.

---

[44] Das Horoskop in *Die wahre Astrologie* auf den Seiten 20-25 gibt ein Beispiel dafür.

Nehmen Sie die Anzahl von Graden, die der applikative Planet zurücklegen muss, bevor er den Aspekt perfekt macht. Nehmen wir an, der Aspekt entsteht durch die Sonne auf 10° Stier, die auf Mars auf 14° Löwe zuläuft. Wie weit muss die Sonne laufen, um den Aspekt perfekt zu machen?

Die Antwort lautet nicht: 4 Grad.

Mars steht nicht still und wartet, bis die Sonne aufholt. Auch Mars bewegt sich.

Was uns interessiert, ist nicht die Entfernung, die der applikative Planet zurücklegen muss, um die Position des anderen Planeten jetzt im Horoskop zu erreichen.

Was uns interessiert, ist die Entfernung, die der applikative Planet zurücklegen muss, um den Aspekt perfekt zu machen. Dafür werden Sie Ihre Ephemeride konsultieren müssen.

Meine Schüler kann man daran erkennen, dass sie die Worte KONSULTIEREN SIE IHRE EPHEMERIDE auf ihrer Stirn eingebrannt stehen haben. Das Einbrennen ist schmerzhaft, also passen Sie hier bitte auf. *Es kommt darauf an, wo der Aspekt perfekt wird.*

Wenn die Sonne auf 10° Stier steht und auf Mars auf 14° Löwe zuläuft, wird der Aspekt im Regelfall bei etwa 17°, nicht 14° Stier perfekt werden. Die Sonne muss 7 Grad, nicht 4 Grad zurücklegen, um den Aspekt perfekt zu machen.

Es sind diese 7 Grad, die wichtig sind.

Also fragen Sie sich selbst:

* Wo wird dieser Aspekt perfekt? (laut Ihrer Ephemeride)
* Wie weit muss der applikative Planet wandern, um diesen Punkt zu erreichen?

Wir haben nun die Anzahl der Grade bestimmt. Sie sagen uns, wie viele Zeiteinheiten bis zum Ereignis verstreichen werden. Nun müssen wir herausfinden, welche Zeiteinheit die passende ist. Sind es Stunden, Tage, Wochen, Monate oder Jahre? Wenn Sie Lilly gelesen haben, dann werden Sie festgestellt haben, dass er hier nichts als Verwirrung stiftet. Erstens stellt er zwei sich widersprechende Zeitskalen vor; zweitens heftet er diese an festgelegte Zeiteinheiten. Die Empfehlung, dass zum Beispiel Eckhäuser = Jahre sind, ist ganz und gar nicht hilfreich. Wenn die Frage lautet: „Wann wird mich mein Freund anrufen?", sind Jahre kein passendes Konzept. Legen Sie also Lilly zur Seite und hören Sie gut zu.

Jede Frage hat ihren eigenen Zeitrahmen, der normalerweise eine kurze, eine mittlere und eine lange Möglichkeit beinhaltet. Für die verliebten Teenagerin, die wissen will: „Wann wird mich mein Freund anrufen?", könnten Minuten eine kurze, Stunden eine mittlere und Tage eine lange Option sein. Für die ältere Fragestellerin, die fragt: „Wann werde ich den Richtigen treffen?", müssen Jahre die längste Möglichkeit sein, woraus sich Monate als mittlere und Wochen als kurze Optionen ergeben. Die drei Einheiten werden direkt aufeinander folgen: So etwas wie Minuten, Monate und Jahre gibt es nicht.

„Aber dieser angenommene Zeitrahmen begrenzt die Möglichkeiten dessen, was das Horoskop uns erzählen kann." Nein. Wir können Perfektion in weniger als einem Grad haben, folglich wird unsere Entscheidung, dass Jahre, Monate und Wochen die vernünftigen Wahlmöglichkeiten für „Wann werde ich den Richtigen treffen?" sind, Cupidos Flügel nicht beschneiden. Eine Perfektion innerhalb von weniger als einem Grad kann bei der schnellsten Option noch immer „heute Nachmittag!" ergeben.

Ja, über die richtige Auswahl der Zeiteinheiten (schnell/mittel/langsam) kann man manchmal diskutieren; aber weniger oft als Sie vielleicht denken. Gewöhnlich ist es ganz offensichtlich. Erinnern Sie sich im Zweifelsfall daran, dass der größte theoretische Abstand zu einem Aspekt etwas unter 30 Grad liegt (ein Planet auf 0° eines Zeichens macht einen Aspekt auf 29° desselben Zeichens perfekt). Daraus ergibt sich ein Maximum von etwas weniger als 30 einer beliebigen Zeiteinheit. Beispielsweise könnte Stunden als schnellste Zeiteinheit unwahrscheinlich erscheinen, wenn Sie nur an ein paar Stunden denken; sobald Sie aber an das Maximum von 29 Stunden – mehr als ein Tag – denken, erkennen Sie, dass die Zeiteinheit einen weiteren Spielraum von Möglichkeiten bereithält.

Sobald Sie die kurze, mittlere und lange Einheit ausgewählt haben, bestimmen Sie, welche davon die angemessene ist, indem Sie sich das Zeichen und Haus anschauen, in denen der applikative Planet steht. Lassen Sie Zeichen und Haus des Planeten, auf den der andere zuläuft, außer Acht. Uns interessiert *nur* der applikative Planet. *Nur* der applikative Planet. Manche Schüler leisten an dieser Stelle Widerstand und bestehen darauf, Haus und Zeichen des Planeten, auf den der andere zuläuft, mit einzubeziehen. Wenn Sie den Eindruck haben, dass ich auf diesem Punkt herumreite, erinnern Sie sich daran, dass ich dies aufgrund meiner langen Lehrerfahrung sage. Nur, nur, nur!

Befindet sich der applikative Planet in einem fixen Zeichen, gibt das uns die längste Zeiteinheit, in einem kardinalen Zeichen, die kürzeste, und in einem veränderlichen Zeichen, die mittlere der von uns für diese Frage bestimmten, vernünftigerweise zur Auswahl stehenden Zeiteinheiten.

Das ist sehr einfach. Es wird komplizierter, wenn wir die Häuser einbeziehen, weil in ihnen ein Widerspruch eingebaut ist. Gemäß ihrer Eigenart gleichen Eckhäuser fixen Zeichen und weisen auf die langsamste Zeiteinheit hin. Fallende Häuser ergeben – wie man es von einem buchstäblich „fallenden" Haus erwarten könnte – die schnellste Zeiteinheit; nachfolgende Häuser die mittlere Zeiteinheit. Wenn wir Haus und Zeichen zusammensetzen, erhalten wir zum Beispiel lang + lang, was auf unsere längste Zeiteinheit hindeuten muss, oder kurz + kurz, was unsere kürzeste bedeuten muss. Alle anderen Kombinationen würden uns die mittlere Einheit ergeben.

Ja, dieses System gewichtet in hohem Maße zugunsten der mittleren Zeiteinheit. Das sagt uns vermutlich etwas über die Natur der Dinge; aber wenn das Horoskop uns die schnellste oder langsamste Möglichkeit anzeigen möchte, dann ist es durchaus in der Lage, dies zu tun.

Nun zum Widerspruch: Eckhäuser sind ihrer Natur nach langsam. Aber ein Planet in einem Eckhaus hat jede Menge akzidentieller Würden. Akzidentielle Würden erhöhen die Fähigkeit eines Planeten zu handeln. Wenn der Planet also handeln will, ist er sehr gut in der Lage, dies zu tun und wird das deshalb wahrscheinlich tun. Also sind Eckhäuser schnell.

Der Schlüssel liegt hier im Wort „will": das Thema des *Willens*. Wenn Dinge sich wie in einem natürlichen Prozess entwickeln, wird sich alles, was in einem Eckhaus steht, langsam entwickeln. Wenn der (oder das), für den (oder das) das Eckhaus auch immer steht, sich vor dem Hintergrund des Kontexts der Frage in einer Position befindet, in der er handeln kann, und wenn (und nur wenn) die Rezeptionen darauf hindeuten, dass er auch handeln will, dann wird er schnell handeln. Dieser eingebaute (scheinbare) Widerspruch ist der Grund, warum Lilly zwei, sich scheinbar widersprechende Tabellen aufführt.

Ein Beispiel: Ich frage: „Wann wird der Scheck eintreffen?", und finde den Signifikator des Schecks in einem Eckhaus. Es gib nichts, was der Scheck tun könnte, um seine eigene Ankunft zu beschleunigen. Die Frage des Willens ist irrelevant. Das Eckhaus würde eine langsame Zeiteinheit nahelegen.

Wenn auf der anderen Seite indische Frauen fragen: „Wann werde ich den Mann treffen, den ich heiraten werde?", findet man ihre Signifikatoren meistens in Eckhäusern. Wenn sie sich einmal entschieden haben, dass es Zeit ist zu heiraten, können sie eine ganze Menge tun, um den Prozess zu beschleunigen – ganz im Gegensatz zu Bridget Jones, die nur warten kann, bis sich Cupido selbst in ihr Leben drängt. Wenn diese, in Eckhäusern befindlichen Signifikatoren uns einen bevorstehenden Aspekt anzeigen und wenn (wie es zu erwarten steht, wenn die Fragestellerin bereit ist, Geld für die Frage zu bezahlen) ihre Rezeptionen anzeigen, dass sie die Ehe möchte, können wir diese Position in den Eckhäusern als Hinweis auf eine schnelle Zeiteinheit auffassen, *weil sie die Fähigkeit und den Willen hat zu handeln.*

Das Umgekehrte trifft ebenfalls zu. Für Dinge, die sich aus sich selbst heraus entwickeln – wie ein Apfel, der vom Baum fällt –, zeigen fallende Häuser Dinge an, die schnell passieren. Aber wenn der Wille eine Rolle spielt, hat die Person, die durch das fallende Haus dargestellt wird, wenig Möglichkeit zu handeln – also wird die Position in einem fallenden Haus die Dinge verlangsamen.

Prägen Sie sich diese Tabelle ein:

	kürzeste	*mittlere*	*längste*
Zeichen:	kardinal	veränderlich	fix
Haus:	fallend	nachfolgend	Eckhaus
Aber:	Der Wille kann ein Eckhaus schnell und ein fallendes Haus langsam machen.		

Einige Beispiele: „Wann werde ich eine bessere Stelle bekommen?" Jahre müssen unsere längste Einheit sein, also wären Monate die mittlere und Wochen die schnelle Einheit. Der Planet des Fragestellers befindet sich in einem nachfolgenden Haus, einem kardinalen Zeichen und wird den Aspekt nach 6 Grad perfekt machen. Unsere Antwort wird „6 irgendwas" lauten. Nachfolgend ist mittel; kardinal ist schnell. Das ist also nicht schnell + schnell, was uns unsere schnellste Einheit (Wochen) ergeben würde; es ist auch nicht langsam + langsam, was uns unsere langsamste Einheit (Jahre) ergeben würde; also muss es die mittlere sein. Sie werden in 6 Monaten eine bessere Stelle bekommen.

„Meine Wohnung steht zum Verkauf. Wann werde ich sie verkaufen?" Tage, Wochen und Monate wären realistisch. Der Signifikator des Käufers (Herr von 7) läuft auf den Aspekt zu, der in 5 Grad perfekt sein wird. Er befindet sich in einem fixen Zeichen und einem Eckhaus. Langsam + langsam. Das würde uns 5 Monate als Zeitbestimmung geben, unsere längste Einheit. ABER: Erinnern Sie sich an den Willen! Der Signifikator ist in einem Eckhaus, also ist der Käufer sehr gut in der Lage zu handeln. Möchte er handeln? Überprüfen Sie die Rezeptionen: „Mein Gott – die Rezeptionen zeigen, dass er ganz scharf darauf ist zu kaufen". Er möchte also kaufen und er ist in der Lage zu kaufen, also können wir seine Position in einem Eckhaus als schnell ansehen. Schnell (in einem Eckhaus und willens) + langsam (fix) ergibt für uns eine mittlere Einheit: 5 Wochen.

Selbst mit der wechselhaften Natur der Eckhäuser ist das wirklich nicht so kompliziert. In der Mehrzahl der Horoskope ist das alles, was Sie brauchen, um die Zeit zutreffend zu bestimmen. Aber nicht in allen Horoskopen: Es gibt Abweichungen.

So sehr ich betont habe, dass es die Entfernung ist, die ein Planet zurücklegen muss, um einen Aspekt perfekt zu machen, die uns interessiert, und so sehr das zutrifft, gibt es doch einige Horoskope, in denen wir den Planeten, auf den der andere zuläuft, so behandeln, als stände er still. Ich habe das Beispiel bereits oben erwähnt: „Wenn die Sonne auf 10° Stier steht und auf Mars auf 14° Löwe zuläuft, wird der Aspekt im Regelfall bei etwa 17°, nicht 14° Stier perfekt werden. Die Sonne muss 7 Grad, nicht 4 Grad zurücklegen, um den Aspekt perfekt zu machen. Es sind diese 7 Grad, die wichtig sind". Manchmal würden wir gleichwohl die 4 Grad von der Sonne bis zur jetzigen Position von Mars nehmen und vernachlässigen, dass auch Mars weiterläuft. Das machen wir, wenn:

* der zweite Planet, sobald wir ihn als sich bewegend ansehen, uns eine Zeitspanne geben würde, die innerhalb der Realität der Frage nicht möglich ist;

* wir zwei differierende Zeugnisse der Zeitbestimmung im Horoskop haben, und die Behandlung des Planeten, auf den sich der andere zubewegt, als still stehend, bringt diese beiden Zeugnisse in Übereinstimmung (das heißt beide zeigen dieselbe Zeitspanne an).

In manchen Horoskopen berücksichtigen wir nur das Zeichen des applikativen Planeten, nicht das Haus. „In welchen Horoskopen?" In jenen, in denen wir nur das Zeichen des applikativen Planeten berücksichtigen, nicht sein Haus. Ich wünschte, ich könnte hier eine Regel zitieren, aber ich habe nie eine gefunden. Sie sehen einfach wie „nur-Zeichen-Horoskope" aus. Wenn Sie genug Erfahrung haben, werden Sie einen Blick für sie entwickeln. Es mag sein, dass im Großteil von ihnen der Planet in einem fixen Zeichen steht und wir so die längste Zeiteinheit erhalten. Das ist zumindest mein Eindruck; aber behandeln Sie diese Empfehlung mit Vorsicht. Schauen Sie sich das Horoskop auf Seite 146 als Beispiel an.

Bisher haben wir Anzahl der Grade = Anzahl der Zeiteinheiten genommen. Das ist normalerweise ausreichend genau. Um eine noch größere Präzision zu erreichen, können wir diese Zahl anpassen. Wenn der applikative Planet deutlich schneller oder langsamer als seine normale Geschwindigkeit läuft, wird er weniger oder mehr Zeit brauchen, um dieselbe Anzahl an Graden zu bewältigen. Wir können dann, sofern wir möchten, die Zahl der Zeiteinheiten entsprechend nach oben oder unten anpassen. Seien Sie hier nicht übergenau: Der Planet muss *erheblich* schneller oder langsamer als gewöhnlich laufen, damit es sich lohnt, dies zu bedenken. Ein paar Bogenminuten pro Tag sind für Jupiter eine Menge; für den Mond sind sie bedeutungslos.

Ich habe Vorhersagen zeitlich mit einem unnötigen Genauigkeitsgrad bestimmt, indem ich sorgsam das genaue Verhältnis berechnete, mit dem der Planet sich schneller oder langsamer als der Durchschnitt bewegte; aber das macht wenig Sinn. „Ein bisschen" reicht als Anpassung vollkommen aus. Danach zu streben, unserer Klientin zu sagen, dass sie den Richtigen um 3 Minuten nach 10 Uhr am Montag, den 28. treffen wird, befriedigt nur unser Ego. „Um das Ende des Monats herum" ist alle Genauigkeit, die erforderlich ist. Gebrauchen Sie Ihren gesunden Menschenverstand: Wenn das Ereignis später in dieser Woche stattfinden wird, ist es angemessen, dass wir den Tag vorhersagen; wenn es innerhalb der nächsten 20 Jahre passieren soll, reicht die Vorhersage des Jahres vollkommen aus. Widerstehen Sie dem Impuls, groß anzugeben. Wenn Sie vorhersagen: „Sie werden in drei Jahren heiraten", und sie macht das, wird man Sie als großen Astrologen betrachten. Wenn Sie vorhersagen: „Sie werden am 17. August in 3 Jahren heiraten", und sie heiratet am 18. August, werden Sie der Astrologe sein, der daneben lag.

Hinweis: Wenn der applikative Planet schneller oder langsamer als gewöhnlich läuft, beeinflusst das *nur* die Zahl der Zeiteinheiten; es beeinflusst nicht unsere Wahl, welche Zeiteinheiten das sind. Wenn wir errechnet haben, dass die Zeitspanne 6 Wochen beträgt, dann werden daraus durch Anpassung gemäß der Planetengeschwindigkeit 5 oder 7 Wochen; nicht 6 Tage oder 6 Monate.

Doppelte Zeichen machen Dinge langsamer. Auch das beeinflusst nur die Anzahl der Zeiteinheiten, nicht ihre Art. „Etwas langsamer" ist so genau, wie wir sein können oder zu sein brauchen. In der Praxis müssen wir diese Faktoren normalerweise nicht mit einbeziehen, aber sie funktionieren.

Erfolgt der Aspekt zu einem rückläufigen Planeten und wird der Aspekt aus diesem Grund perfekt, kann das Ereignis schneller passieren als es die Zahl der Grade nahelegt. Um wie viel schneller? Erneut „ein bisschen". In einem solchen Fall ist es wahrscheinlich am besten, die Anzahl der Grade als Obergrenze der möglichen Dauer anzusehen, die durch ein „wahrscheinlich eher" genauer bestimmt wird.

Wenn uns das Horoskop zwei Aspekte anzeigt, die darauf hindeuten, dass das Ereignis stattfinden wird, werden diese Aspekte, wie zu erwarten, die gleiche Zeit anzeigen. „So ziemlich die gleiche" ist ausreichend. Wenn ein Aspekt 12 Einheiten anzeigt und der andere 3, ist die Zuordnung von 12 Wochen = 3 Monate ausreichend genau, um das Vertrauen in unsere Vorhersage zu stärken.

Lassen Sie die Echtzeit außer Acht. Es ist ein verbreiteter Fehler unter Schülern, egal wie hart man sie schlägt, an der Vorstellung festzuhalten, dass, wenn die Ephemeride zeigt, dass der Aspekt am kommenden Dienstag passieren wird, auch das Ereignis am kommenden Dienstag stattfinden wird. Das wird es nicht! Was uns die Ephemeride zeigt, ist die Zeit, gesehen durch unsere Wahrnehmung, welche eine Illusion ist; mit dem, was uns die Planeten zeigen, nähern wir uns, soweit es uns auf einfache Weise möglich ist, dem an, was Zeit tatsächlich ist. Arbeiten Sie mit der symbolischen Methode der Zeitbestimmung, die wir oben behandelt haben.

Die Ephemeriden-Zeit gewinnt Bedeutung, wenn unsere Fragen zu allgemeinen Hinweisen über längere Zeiträume gestellt werden oder wenn wir über die direkten, durch die Frage gegebenen Zeitgrenzen hinausgehen möchten, um zu sehen, was in einem längeren Zeitraum geschehen wird. Das passiert häufig, um dem Fragesteller zu versichern, dass noch nicht alles verloren ist.

Einige Beispiele: Nehmen wir an, die Frage lautet: „Können Sie mir einige allgemeine Hinweise über mein Geschäft in den nächsten paar Monaten geben?", und wir sehen, dass das Geschäft des Fragestellers durch Jupiter dargestellt wird, der in drei Monaten in sein eigenes Zeichen eintreten wird. Wir könnten das so deuten, dass die Dinge sich ungefähr in dieser Zeit anfangen werden, zum Besseren zu entwickeln. Meine Erfahrung ist, dass der Fragesteller gewöhnlich entgegnen wird: „O ja, das ist unmittelbar nach der großen Fachmesse", oder etwas Ähnliches, und dass sich solche Hinweise als zutreffend erweisen.

Oder nehmen wir an, die Frage lautet: „Ist das wirklich der Mann meiner Träume?", und das Horoskop gibt uns offensichtlich die Deutung: „Sind Sie verrückt geworden?" Wir könnten weiter schauen und bemerken, dass der Signifikator der Fragestellerin in einigen Monaten sein Exil verlassen und sich in einige interessante Rezeptionen hineinbewegen wird, und könnten hinzufügen: „Aber im Herbst werden Sie sich sehr viel wohler in Ihrer Haut fühlen und so in der Lage sein, eine Beziehung zu beginnen, die Sie nährt, statt sich aus Verzweiflung jemand Unpassenden zu greifen, wie Sie es jetzt gerade tun". Oder Worte, die in diese Richtung gehen.

Wenn wir auf lange Sicht schauen, zeigt der Durchgang eines Planeten durch ein gesamtes Zeichen eine der natürlichen Zeiteinheiten, im Allgemeinen einen

Monat oder ein Jahr. Wenn also zum Beispiel das Geschäft des Fragestellers durch Venus auf 28° Löwe dargestellt würde, in einer Frage zu langfristigen Aussichten, könnten wir deuten (die anderen Zeugnisse weisen in die gleiche Richtung): „Sie mögen im Moment das Gefühl haben, dass die Welt Ihnen zu Füßen liegt (Venus auf Regulus), aber Sie sind dabei in eine schwierige Periode einzutreten (Eintritt in die Jungfrau). Das nächste Jahr (Durchgang durch die Jungfrau) sieht ganz danach aus, dass es eine Geschichte mit einigem Potenzial sein könnte (Venus in der Triplizität), das sich aber nie ganz entwickeln wird (Venus im Fall). Alles in allem wird es in dieser Phase mehr Ab- als Aufschwünge geben; aber danach (Venus geht in die Waage) wird alles wie von selbst laufen. Beißen Sie also die Zähne zusammen und halten Sie bis dahin durch."[45] Schauen Sie nicht weiter als bis zu den nächsten ein, zwei Zeichen; sollten wir weiter schauen, werden wir den Eindruck haben, dass jedem alles passiert.

Mit dem weiter in die Zukunft Schauen sollte man sparsam umgehen. Die Neulinge in der Stundenastrologie sind oft versucht, Planeten um das Horoskop herumzujagen als wäre es ein Schlangen-und-Leitern-Brett[46]; diesen Impuls sollte man besser zügeln. In den allermeisten Horoskopen sind wir am nächsten Aspekt interessiert und an nichts jenseits davon.

Lilly führt mehrere Beispiele an, in denen ein Transit in „Echtzeit" von Bedeutung ist. Wenn zum Beispiel Merkur auf Jupiter zuläuft, deutet er das nicht als: „Es sind noch vier Grad bis zur Perfektion: Es wird in vier Wochen passieren", sondern als: „Meine Ephemeride zeigt, dass der Aspekt sich am kommenden Dienstag um 3.56 Uhr ereignen wird: Dann wird es passieren".[47] Machen Sie das zu Hause nicht! Ich bitte Sie.

Wenn Sie sich unbedingt in dieser Art von Sachen ausprobieren möchten, dann tun Sie das am besten mit nebensächlichen Dingen. Beispiel: Wir haben entschieden, dass unser Fragesteller seine Freundin in sechs Monaten heiraten wird, basierend auf den 6 Grad, die es braucht, um den Aspekt zwischen den Beiden perfekt zu machen. Wir bemerken, dass beide Planeten in großen Würden des Herrschers ihres 4. Hauses stehen, was uns zeigt, dass ihr Vater in der Angelegenheit ein gewichtiges Wort mitzureden hat. Wir vermerken weiter, dass der Planet unseres Fragestellers am Freitag, den 28. um 11.52 Uhr im Transit die Spitze des 12. Hauses passieren wird, wobei es eine gegenseitige Rezeption zwischen dem Herrscher von 12 und dem Signifikator des Vaters der Freundin besteht. Da das

---

[45] Das Medizinhoroskop auf Seite 180 in *Die wahre Astrologie angewandt* zeigt ein Bespiel dafür.
[46] Altes indisches Brettspiel. (Anmerkung des Übersetzers)
[47] Vgl. zum Beispiel *Lilly*, S. 423-426.

12. Haus das der Tiere, größer als eine Ziege, ist, raten wir unserem Klienten, am 28. um 11.52 Uhr auf den Markt zu gehen, wo er genau das Kamel kaufen kann, das den Vater letztlich davon überzeugen wird, die Heirat seiner Tochter zu erlauben.

Zum Thema der Transite, lassen Sie uns einen Blick auf die Vorstellung werfen, dass, wenn etwas im Stundenhoroskop in Konjunktion mit etwas im Geburtshoroskop ist, das Horoskop „radikal" oder in irgendeiner Weise realer wäre. Ich stelle eine Frage zum Thema Liebe und sehe, dass Venus im Stundenhoroskop genau auf meinem Geburts-Aszendenten steht. Macht dieser Umstand das Horoskop „radikal"? Natürlich nicht. Es zeigt, dass Venus im Transit über meinen Aszendenten läuft, und ich denke, nicht überraschend, über die Liebe nach. Das ist alles. Lassen Sie uns nicht vergessen, dass das, mit dem wir uns beschäftigen, ein kongruentes System ist: Alles passt zusammen, auf vertrackteste und unendlich bemerkenswerte Arten und Weisen. Dass Venus auf meinem Aszendenten ist, mag anzeigen, dass ich über die Liebe nachdenke – eine Tatsache, die dadurch, dass ich zu einem Astrologen gehe, um diesen zu fragen: „Liebt sie mich?", ganz offensichtlich ist – aber das sagt nichts darüber aus, ob die Liebe erwidert wird. Solche Überlegungen tragen nur dazu bei, die Angelegenheit verworrener zu machen. Alle Horoskope sind „radikal", und wir sind gut beraten, das Geburtshoroskop des Fragestellers klar von den Stundenhoroskopen zu trennen, damit sie keine Ungeheuer ausbrüten.

Ein besonderer Fall, in dem die „Echtzeit"-Bewegung der Planeten wichtig sein kann, tritt in Fragen zu verlorenen Gegenständen auf. In derartigen Horoskopen wird man oft feststellen, dass der Signifikator verbrannt ist: Der Gegenstand kann nicht gesehen werden. Vorausgesetzt, alles andere im Horoskop deutet auf seine Wiedererlangung hin, können wir nach unserer Ephemeride greifen, den genauen Moment notieren, an dem der Planet die Verbrennung verlassen wird, und deuten: „Sie werden den Gegenstand zu dieser Zeit wiederfinden". Daraus mag das merkwürdige Bild von Tausenden von Leuten entstehen, die alle, rund um den Globus, ihre Hände frohlockend in die Luft werfen, da sie ihre Besitztümer genau um 8.22 Uhr GMT wiedergefunden haben, aber das scheint mit einem akzeptablen Grad von Zuverlässigkeit zu funktionieren und das ist alles, wonach wir suchen.

Wenn in der Frage ein Datum besonders erwähnt wird, ist es oft von Bedeutung, weshalb es sich lohnt, die Planetenstände für dieses Datum im Bezug auf das Stundenhoroskop zu prüfen. Als Grundregel gilt: Wenn wir den Fragesteller auf wenige Worte begrenzen, werden diese wenigen Worte, egal wie sie lauten, normalerweise wichtig sein; wenn sich diese wenigen Worte auf Zeitpunkte beziehen, lassen Sie uns danach schauen.

Eine Klientin setzte alles daran, dass ihr Sohn in einer Schule angenommen werden würde, wobei die Aussicht darauf immer unwahrscheinlicher erschien. Ihr Streben danach, ihn in einer Privatschule unterzubringen, hatte ihn von den akzeptablen Optionen einer staatlichen Schule ausgeschlossen, während er bei der Privatschule, die sie wollte, abgelehnt worden war, und zwar aus, wie sie glaubte, nicht stichhaltigen Gründen. Der Junge hatte eine Aufnahmeprüfung bei einer anderen Schule vor sich und einen Einspruch bei der gewünschten Schule, beides zu angegebenen Daten. Wie würde es ihm ergehen?

Sein Signifikator, der Herr von 5, war Jupiter. Die Schulen wurden durch das 9. Haus und dessen Herrscher, den Mond, dargestellt. Die Prüfung war am 18. Mai. Der Mond, Herr von 9, war an diesem Tag per Transit auf der Spitze des 5. Hauses des Stundenhoroskops. Das ist ein positives Zeugnis, aber es gab keine gegenseitige Rezeption mit dem Herrn von 5. An dieser Schule kam der Junge zufriedenstellend durch, allerdings ohne Stipendium. Der Einspruch an der zweiten Schule sollte am 10. August entschieden werden. An diesem Tag passierte der Signifikator des Jungen, Jupiter, im Transit die Spitze 9, wo er, da sie in Krebs lag, erhöht war – also befindet sich der Junge dort und man hält große Stücke auf ihn. Wird er das Stipendium erhalten? Ja. Und so geschah es.

Ähnlich wird, wenn die Frage einen bestimmten Zeitrahmen nennt, dieser im Horoskop widergespiegelt. Man kann davon ausgehen, dass das Ende des Zeichens, in dem sich der fragliche Planet gegenwärtig befindet, das Ende des Zeitrahmens darstellt. Wenn ich frage: „Werde ich in diesem Jahr im Lotto gewinnen?", und sehe, dass mein Signifikator, unmittelbar nachdem er sein gegenwärtiges Zeichen verlassen haben wird, in eine Konjunktion mit dem Herrscher des 11. Hauses (Sterntaler) laufen wird, würde ich deuten: „Nein; aber dafür Anfang des nächsten Jahres".

Schließlich gibt es da noch diese höchst willkommenen Fragen, die nur eine mögliche Zeiteinheit zulassen. „Wann wird das und das heute passieren?" ist die häufigste von ihnen. „Minuten" sind normalerweise keine Option, weil wir wissen, dass das Ereignis nicht in 29 Minuten passieren kann. „Tage" sind unmöglich, weil uns nur heute interessiert. „Stunden" sind unsere einzige Option. Hurra!

Die Goldene Regel in Sachen Zeitbestimmung ist, wie überall sonst in der Astrologie, dass wir nicht perfekt sein müssen. Es ist erlaubt zu deuten: „Es könnte in drei Tagen sein; aber wenn ich alle Belege gegeneinander abwäge, ist es meiner Ansicht nach wahrscheinlicher, dass es in sechs Tagen sein wird".

◆ Ein paar der oben angesprochenen Punkte wurden nicht nachdrücklich genug betont. Erstens, denken Sie, wenn der Wille für die Berechnung der Zeit wichtig ist, daran, dass unbelebte Objekte keinen Willen haben. Egal in welchem Haus sein Signifikator stehen oder was dessen Rezeptionen andeuten mögen: Es gibt nichts, was ein Brief tun kann, um sein eigenes Eintreffen zu beschleunigen. Zweitens können wir aus der Frage, die gestellt wurde, nicht auf eine Absicht schließen. Wenn die Klientin fragt: „Wann werde ich ihn heiraten", mag es schlüssig erscheinen, dass sie heiraten möchte – aber dem ist nicht so. Es ist nicht ungewöhnlich, nachdem man auf das Horoskop geschaut hat, darauf zu erwidern: „Sie wollen doch eigentlich gar nicht wirklich heiraten, oder?" „Nein, nicht wirklich" Die Absicht müssen wir aus den Belegen im Horoskop herleiten, nicht aus unseren eigenen Annahmen. ◆

◆ In den seltenen Fällen, bei denen der Planet, dessen Bewegung die Zeit bestimmt, durch mehr als ein Zeichen oder Haus läuft: Arbeiten Sie stets mit der Zeiteinheit, die durch Zeichen und Haus angezeigt wird, in denen sich der Planet jetzt befindet. Versuchen Sie nicht, sie anzupassen, indem Sie zum Beispiel denken: „Das sind 6 Einheiten der längsten und dann 4 der mittleren Zeiteinheit".

Bleiben Sie bei echten Zeiteinheiten wie Stunden, Tagen oder Wochen. Sie werden niemals sagen: „Ich werde es in 3 mal 14 Tagen machen". Und genauso wenig wird das Horoskop es so sagen.

Die Zeit wird nicht immer in so und so vielen Tagen, Monaten oder Jahren angezeigt. Sie wird oft als „nachdem das und das stattgefunden hat" dargestellt. Das ist vollkommen ausreichend. „Wann werde ich einen neuen Mann finden?" „Wenn Sie aufhören, sich mit dem letzten herumzuquälen." „Wann werde ich eine bessere Position erhalten?" „Wenn Sie sich dafür qualifiziert haben." ◆

14

Wie lautet die Frage und wer stellt sie?

Der vielleicht wichtigste Teil der stundenastrologischen Deutung ist noch vor der Erstellung des Horoskops zu bewältigen. Das ist die Bestimmung, welche Frage tatsächlich gestellt wird.

Oft kommen die Fragen in Schwaden unwichtiger Details eingehüllt daher. Es ist eine Kunst, diese Schwaden zu durchschneiden, um an den Kern der Angelegenheit zu gelangen. Sie haben sicherlich auch schon mal die Erfahrung gemacht, dass Sie, während Sie sich einen Film anschauen, plötzlich feststellen: „Ach – das ist ja *Romeo und Julia*, nur verkleidet!" oder „Das ist *Schneewittchen*, ins New York von heute verlagert!" Sie haben bemerkt, dass unter der Verkleidung der Kern der Geschichte von *Romeo und Julia* oder *Schneewittchen* steckt. Genauso ist es in der Stundenastrologie: Dort gibt es bestimmte Standardfragen, die wieder und wieder in verschiedenen Gewändern daherkommen.

* Liebt sie mich?
* Werde ich die Stelle bekommen?
* Werde ich gewinnen?
* Bin ich verhext?
* Wird der König entthront?
* Werde ich das Geschenk vom König erhalten?
* Können wir das Geschäft abschließen?

Halten Sie Ihre Ohren offen und Sie werden sie schnell erkennen, sobald Sie sie hören. Wenn Sie sich von unwichtigen Details ablenken lassen, werden Sie am Ende eine Frage beantworten, die gar nicht gestellt worden ist.

Genauso ist es nicht immer so klar, wie es scheint, wer eigentlich die Frage stellt. Da gibt es die direkten Fragen, die von der Person gestellt werden, um die es geht. Und es gibt jene direkten Fragen, die von jemandem über jemand anders gestellt werden. Soweit, so einfach.

Dann gibt es Fragen, die von jemandem gestellt werden, der als Sprachrohr für jemand anders fungiert. Nehmen wir an, Erika möchte mir eine Frage stellen, aber wir haben keine gemeinsame Sprache. Sie hat eine Freundin, die Englisch spricht, also bittet sie diese, die Frage in ihrem Auftrag zu stellen. Die Freundin stellt keine eigene Frage über Erika; sie übermittelt Erikas Frage lediglich an mich. Ich muss die Freundin außer Acht lassen und die Angelegenheit genauso behandeln, als ob Erika selbst mich fragen würde: Also erhält Erika das 1. Haus der Fragestellerin.

Seien Sie sich über den Unterschied im Klaren:

* Die Freundin stellt ihre eigene Frage: „Wird meine Freundin Erika Rudolph heiraten?"

* Die Freundin übermittelt Erikas Frage: „Werde ich Rudolph heiraten?"

Im ersten Beispiel würde Erika das 11. Haus erhalten; im zweiten würde sie das 1. Haus erhalten.

Dann gibt es Fragen, die während einer Unterhaltung auftauchen und es ist unklar, wer tatsächlich fragt. Ich plaudere mit meinem Freund über seine beruflichen Aussichten. Es taucht die Frage auf: „Wann werde ich eine bessere Arbeitsstelle bekommen?" Aber wer fragt hier wirklich? Ist es mein Freund, bin ich es oder ist es mein Freund, der die Frage ausspricht, die ich ihm in den Mund gelegt habe? Seien Sie in derartigen Situationen wachsam, vor allem wenn Sie eifrig jeden, den Sie kennen, dazu drängen, eine stundenastrologische Frage zu stellen, damit Sie Ihre Fähigkeiten verbessern können. Das ist einer der Vorteile professioneller Tätigkeit: Das Honorar, das von Hand zu Hand geht, macht es sehr klar, wer der Fragesteller ist.

◆ Wenn Sie Fragen von Freunden oder aus der Familie bearbeiten, besteht das Risiko, dass Sie zu viele Informationen haben. Je mehr Sie glauben, über die Situation zu wissen, desto schwerer kann es sein, das Horoskop jenseits dieser Vorannahmen objektiv zu deuten. Bei eigenen Fragen ist das Risiko sogar noch größer: Wenn Sie das Horoskop zu einem Sachverhalt deuten, den Sie über Wochen in Ihrem Kopf durchgesprochen haben, erfordert es einen Grad von Objektivität, den nur wenige von uns besitzen, um etwas anderes zu sehen als das Drehbuch, das Sie so sorgfältig einstudiert haben. ◆

Da gibt es jene, die die Bandbreite stundenastrologischer Untersuchung rigoros eingrenzen würden. „Sie können so was nicht fragen: Es ist zu belanglos."

„Sie können so was nicht fragen: Es ist zu wichtig." Zwischen dem, was zu belanglos, und dem, was zu wichtig ist, überlebt herzlich wenig.

Mit wenigen kleinen Einschränkungen, können Sie alles fragen. Belanglos? Wer bin ich, dass ich Ihnen sagen kann, dass Ihre Anliegen belanglos sind und dass ich deshalb ein kosmisches Veto gegen sie einlege? Es kann sein, dass, aus der großen Perspektive gesehen, „Wer wird Präsident?" größeres Gewicht hat als „Wo ist die Katze?", aber tatsächlich ist es mein Interesse eines Schaulustigen an der ersten Frage, die belanglos ist; der Aufenthaltsort des Kätzchens ist es ganz sicher nicht. Im Vergleich mit dem Aufstieg und Untergang von Imperien, sind unsere großartigsten Anliegen nichts – und doch wird Erlösung innerhalb eines Moments erworben oder verloren, also kann die Angelegenheit eines Moments nicht belanglos sein.

Es wird behauptet, dass wir keine „wichtigen" Fragen stellen können, solche wie „Wer wird die Wahl gewinnen?", weil so viele Menschen die gleiche Frage stellen und die gleiche Frage kann nicht mehr als ein Mal gestellt werden. Lassen Sie uns einmal über diese Aussage nachdenken: „Die gleiche Frage kann nicht mehr als ein Mal gestellt werden".

Das trifft zu; aber nicht in dem Sinn, in dem es gemeint ist. Für die Astrologie ist die Tatsache grundlegend, dass jeder Moment verschieden ist. DIESER Moment unterscheidet sich von DIESEM Moment. Jeder ist verschieden, und was immer auch in ihm passiert, wird von diesem Moment geprägt sein. Nehmen Sie das weg und wir haben keine Astrologie mehr. Folglich ist es nicht nur nicht erstrebenswert, die gleiche Frage zwei Mal zu stellen – es ist unmöglich. Selbst wenn die Frage mit den gleichen Worten gestellt wird, ist es nicht die gleiche Frage.

Genauso wenig gibt es einen Grund, warum jemand die gleiche Frage nicht an mehr als einen Astrologen richten sollte. Ärzte können zweite Meinungen abgeben; Astrologen können genau das Gleiche machen. Die Wahrheit ist ein robustes Tier; sie haut nicht einfach ab, wenn mehr als eine Person auf sie schaut. Jede Einzelfrage zum selben Thema bietet ein Schnittbild derselben Situation, so wie ein Zoologe verschiedene Querschnitte eines Wurms erstellen könnte, um sie unter das Mikroskop zu legen. Verschiedene Querschnitte, aber derselbe Wurm, also auch dieselbe Antwort. Wenn 50 oder 500 Menschen fragen: „Wer wird die nächsten Wahlen gewinnen?", wird der Kosmos, welcher ein unendlich feiner Mechanismus ist, 50 oder 500 verschiedene Wege finden, um die gleiche Antwort darzustellen. Egal wie viele Leute Einzelbilder aus *Vom Winde verweht* untersuchen, am Ende der Geschichte wird Rhett Butler stets fortgehen.

Ein Klient wird die scheinbar gleiche Frage in verschiedenen Stadien der Situation stellen. Typisch ist: „Soll ich ihn rausschmeißen?", gefolgt von „Soll ich ihn wirklich rausschmeißen?" und „Werde ich damit leben können, wenn ich ihn rausschmeiße?" Diese aufeinander folgenden Horoskope kann man so betrachten, dass sie sich auf genau die gleichen Weisen aufeinander beziehen, wie sich Geburtshoroskope von Familienmitgliedern aufeinander beziehen. Es zeigen sich die gleichen Muster, und gewöhnlich nähert sich die Fragestellerin, indem sie Frage auf Frage stellt, einer Position, von der aus sie sich in der Lage fühlt, eine Entscheidung in die eine oder andere Richtung zu treffen.

Andere Klienten werden ähnliche Fragen zu anderen Situationen stellen. „Werde ich durch dieses Vorsprechen einen Job bekommen?" „Werde ich durch das morgige Vorsprechen einen Job bekommen?" Die ersten paar dieser Fragen werden zu klaren Resultaten führen. Nach einer Weile werden die Horoskope allerdings mehr und mehr nichtssagend, fast als verlöre der Kosmos das Interesse an der Situation und sagt: „Wenn du den Hinweis bis jetzt nicht befolgt hast, werde ich hier nicht weiter für dich den Tanzbären machen." Typischerweise werden diese Horoskope anfangen, kleinere Ereignisse anzuzeigen, die sich an diesem Tag ereignen werden („O, sieh mal, dein Vater wird dich besuchen kommen"), aber wenig von Bedeutung über die Arbeitssituation sagen. Es ist möglich, dass dies das sinkende Interesse an den wiederholten Fragen entweder beim Fragesteller oder beim Astrologen widerspiegelt, oder die Art der wahren Frage ändert sich in dem Maße, wie der Fragesteller daran zweifelt, dass er ein erfolgreiches Vorsprechen haben könnte. Im letzten Fall stellt der Klient die Frage weniger, um Informationen zu erhalten, als dass er hofft, dass die Beratung ein magisches Werk vollbringen möge. Das wird sie nicht tun.

Fragen wie diese grenzen ans Mechanische und das Mechanische ist eine tatsächliche Begrenzung dessen, was gefragt werden kann. Die Frage muss einen Funken echten Interesses beinhalten, selbst wenn die Frage „banal" und nur schwerlich von einer lebensverändernden Qualität ist. Es liegt zum Beispiel kein Funke echten Interesses in: „Wird in dieser Woche die 1 in der Lotterie gezogen?", „Wird in dieser Woche die 2 in der Lotterie gezogen?" usw.

Dann gibt es noch solche Produkte der vierten Art wie: „Ist die Stundenastrologie wahr?" und „Ist die Bibel das Wort Gottes?". Ein Moment des Nachdenkens sollte klar machen, warum man das nicht fragen kann.

Ergänzungsfragen sind in Ordnung: „Wann werde ich heiraten? Werden wir Kinder haben? Wird er sich mit meiner Familie verstehen? Wird er eine gute Stelle haben?" Das alles kann man aus demselben Horoskop deuten. Aber es ist besser, Fragen zu verschiedenen Themen zu verhindern: „Wann werde ich heiraten? Wann werde ich eine bessere Stelle bekommen? Wo ist der Kater?" Manchmal werden Fragesteller sich mit zwei oder drei Themen herumschlagen, also können diese Fragen, wenn nötig, aus ein und demselben Horoskop gedeutet werden. Aber wenn man viele unzusammenhängende Fragen stellt, entsteht der Eindruck, dass keine von ihnen das tatsächliche Thema ist. Es ist besser, den Klienten zu bitten, noch einmal nachzudenken, welche der Fragen die wichtigste ist, und diese dann zu stellen.

◊ Nehmen Sie sich in Acht vor Fragen, die nicht auf der Suche nach Informationen, sondern nach einer Art himmlischer Erlaubnis für das gestellt werden, was der Fragesteller machen möchte. Solche Fragen kommen häufig bei problematischen Beziehungen vor, wo die Fragestellerin hören möchte: „Ja, die Sterne bestätigen es: Er ist wirklich ekelhaft, Sie sollten ihn rausschmeißen". Eine Frage wie zum Beispiel „Soll ich mich von ihm scheiden lassen?" hat alles mit der persönlichen Moral, aber nichts mit irgendwas zu tun, das man in einem astrologischen Horoskop entdecken könnte. Ich finde nicht, dass es die Aufgabe des Astrologen ist, himmlische Erlaubnis zu erteilen. Vielmehr würde ich behaupten, dass es viel nützlicher ist, den Fragesteller zu ermutigen, eine Frage nach Erlaubnis so umzuformulieren, dass sie eine objektive Antwort ermöglicht, wie etwa: „Warum ist es schiefgegangen?", „Kann es besser werden?" oder „Kann ich etwas tun, um die Sache zu kitten?" ◊

Die Standardoption

Seien Sie sich, wenn Sie Horoskope deuten, stets bewusst, was die „Standardoption" ist: Was passiert, wenn nichts passiert. Wenn ich, fünf Minuten, nachdem ich sie das erste Mal gesehen habe, frage: „Wird sie mich heiraten", müsste es ein starkes Zeugnis sein, damit es uns ein Ja anzeigt. Gibt es ein derartiges Zeugnis nicht, lautet die Antwort: Nein. Wenn ich am Morgen unserer Hochzeit erwache und die gleiche Frage stelle, bräuchte es ein starkes Zeugnis, dass etwas schiefgehen wird, damit die Antwort Nein lautete. Bei der Abwesenheit eines solchen Zeugnisses werden die Dinge wie geplant verlaufen: Die Standardoption ist, dass die Hochzeit weitergehen wird. Im ersten Fall heißt das, wenn nichts passiert, dass es keine Hochzeit geben wird; im zweiten Fall wird das Ereignis, wenn nichts passiert, um es zu unterbrechen, so ablaufen wie geplant und die Hochzeit wird stattfinden. Ganz ähnlich ist es bei Fragen zu anderen Themen.

Deutungseinschränkungen

Es gibt noch eines dieser Themen, die wir nur deshalb behandeln müssen, weil Sie darüber woanders lesen werden.

In lang vergangenen Zeiten, als der Astrologe noch für den König arbeitete, konnte die Verärgerung des Arbeitsgebers durch eine unangenehme Deutung tödliche Folgen haben. Aber eine gewundene Deutung, nur um eine angenehme Antwort geben zu können, war eine kaum bessere Option, da das Ereignis bald zeigen würde, dass die Deutung falsch war. Der Astrologe brauchte eine diplomatische Weise, unwillkommene Fragen abzuwehren, also wurde eine Liste von „Deutungseinschränkungen" entwickelt. Die Liste ist umfassend genug, um sicherzustellen, dass sie für jedes Horoskop, das den Astrologen gefährden könnte, eine Entschuldigung erlaubt, es nicht zu deuten.

Wenn ein König, den nicht mal seine Mutter lieben konnte, fragte: „Liebt mich die Prinzessin aus dem Nachbarland?", konnte der Astrologe das Horoskop in der Gewissheit erstellen, dass er Saturn im 7. Haus entdecken würde oder den Herrn von 7 verletzt oder weniger als 3 (manche Auflistungen sagen 5) oder mehr als 27 Grad eines Zeichens am Aszendenten oder oder oder. Das würde ihn in die Lage versetzen zu erklären: „Ich bin untröstlich, euer Hoheit. Ich würde dieses Horoskop zu gerne deuten, aber ich kann es nicht. Schauen Sie, so steht es in meinem Lehrbuch".

Die einzige Einschränkung, die mehr als eine leere Entschuldigung ist, um einen ignoranten Monarchen zu beeindrucken, ist jene bezüglich der Zahl der Grade am Aszendenten. Steht dort ein früher oder ein später Grad eines Zeichens, befindet sich der Aszendent nahe dem Zeichenwechsel. Da der Aszendent den Fragesteller darstellt, ist es entscheidend, dass der Astrologe an dieser Stelle das richtige Zeichen hat. Ansonsten würde er den falschen Planeten verwenden, um den Fragesteller anzuzeigen und damit zu einer unzutreffenden Deutung gelangen. Heutzutage ist das kein Problem: Die Zeitnahme ist so genau, dass wir immer wissen können, welches Zeichen aufsteigt. In der Vergangenheit war das nicht der Fall – Lilly grummelt über bewölkte Himmel, die es unmöglich machten, mehr als nur eine Schätzung bezüglich der korrekten Zeit abzugeben.

Die eine Einschränkung, die mehr als nur eine Entschuldigung ist, ist nicht mehr aktuell. Die Deutungseinschränkungen, die Entschuldigungen sind, werden nicht mehr gebraucht – außer Sie arbeiten selbst für einen reizbaren König, in welchem Fall ich Ihnen rate, jede mögliche Entschuldigung aus der Luft zu greifen und zu sagen, dass sie mittels der geheimen mündlichen Überlieferung, in der Sie ausgebildet wurden, auf uns gekommen ist. Also: Sie können die Deutungseinschränkungen vergessen.

Es gibt Astrologen, die sich ausgiebig damit beschäftigen und lange darüber brüten, ob ein Horoskop „radikal" sei, womit sie meinen, dass es „fähig ist, gedeutet zu werden". Diese Astrologen haben ihre eigene Übersetzung des berühmten hermetischen Diktums, das da lautet: Wie oben, so hin und wieder unten". Jedes Horoskop kann gedeutet werden. Die Astrologie hört nicht auf zu funktionieren.

Ich werde die Deutungseinschränkungen hier nicht auflisten: Meine Erfahrung mit Schülern ist, dass es in zu vielen Fällen, sobald die Einschränkungen einmal in ihren Kopf eingefügt wurden, unmöglich ist, sie wieder vollständig von dort auszuspülen. Es ist besser, sie gar nicht erst in den Kopf einzusetzen. Sie werden sie nicht vermissen.

15

Fragen zum ersten Haus

Fragen, die sich ausschließlich auf das 1. Haus beziehen, sind selten. Der Held, der wieder zu Bewusstsein kommt und fragt: „Wo bin ich?", wäre ein Beispiel, aber ein Konsultation unter derartigen Umständen steht für mich noch immer aus.

Eine Schauspielerin fragte, ob sie mehr Erfolg haben würde, wenn sie ihren Künstlernamen aufgäbe und zu ihrem eigenen Namen zurückkehrte. Der eigene Name ist eine Angelegenheit des 1. Hauses, also stellte der Herr von 1 den Namen dar. Er war rückläufig: lief also rückwärts, was zu ihrer Idee passte, zu ihrem eigenen Namen zurückzukehren. Aber war das eine weise Entscheidung?

Nehmen wir an, ihr Planet wäre Venus auf 2° Zwillinge, die sich rückwärts in ihr eigenes Zeichen bewegt. Dorthin zurückzugehen wird Venus sehr viel stärker machen: „Ja, wechseln Sie zurück zu Ihrem eigenen Namen". Nehmen wir an, Venus wäre gerade auf 28° Widder rückläufig geworden: Venus stand kurz davor, in ihr eigenes Zeichen Stier einzutreten, wo sie sehr viel stärker geworden wäre; aber sie hat sich abgewandt und wird das nicht tun: „Nein, der Wechsel würde Ihnen schaden; beharrlich in Ihrer augenblicklichen Richtung weiterzugehen, wird Ihnen Erfolg bringen".

Das Zeugnis könnte sich auch durch akzidentielle Faktoren ergeben. Vielleicht entfernt sich ihr Planet rückläufig vom südlichen Mondknoten und läuft auf einen Jupiter in Würden zu: Den Namen zu ändern, ist die bessere Option. Sich rückläufig aus dem 1., einem Eckhaus, in das fallende 12. Haus zu bewegen: Der Wechsel ist schädlich und wird sie von der Bildfläche verschwinden lassen.

DAS SCHIFF, IN DEM ICH SEGLE

Wenn ich über mein Auto nachsinne und frage: „Wird es mich nach Glasgow bringen?", sehe ich mein Auto als das an, was Lilly „das Schiff, in dem ich segle" nannte, also 1. Haus. Ähnlich bei „Wird mein Flug sicher ankommen?" Die Analogie bezieht sich auf den Körper (1. Haus), gesehen als das Gefährt der Seele. Wenn ich frage: „Wird jemand mein Auto kaufen?", betrachte ich das Auto als einen beweglichen Besitz, nicht als Fahrzeug, also wird es durch das 2. Haus angezeigt. In der ersten Frage ist seine Rolle die eines Fahrzeugs; in der zweiten ist es die eines Besitzes, der zufällig ein Fahrzeug ist.

Ich muss mich zum Zeitpunkt, da ich die Frage stelle, nicht auf dem Schiff befinden; tatsächlich muss ich mich überhaupt nicht auf dem Schiff befinden. Wenn ich frage: „Wird mein Schatzschiff den Hafen sicher erreichen?", ist das Schiff das 1. Haus, selbst wenn ich noch nie einen Fuß darauf gesetzt habe. Es ist, als habe meine Seele meinen Körper ausgeschickt, um einen Auftrag auszuführen. Derartige Deutungen sind einfach: Nehmen Sie den Herrn von 1 und schauen Sie, ob ihm etwas Böses zustößt. Bei schweren Unfällen sind die Hauptverdächtigen: Aspekte zu einem geschwächten Mars oder Saturn oder zum Herrn von 8; eine Verbrennung; eine Konjunktion mit dem südlichen Mondknoten. Leichtere Verletzungen, wie etwa ein Aspekt zu einer geschwächten Venus oder einem geschwächten Jupiter, wären ärgerlich, aber nicht katastrophal. Das Fehlen einer jeglichen derartigen Verletzung würde eine sichere Reise versprechen.

KÖRPERLICHE ERSCHEINUNG

Die körperliche Erscheinung des Fragestellers aus dem Horoskop zu beschreiben, könnte wie eine der unsinnigeren astrologischen Operationen erscheinen – vor allem wenn sich Fragesteller und Astrologe im selben Raum befinden. Lilly fand es nützlich:

* wenn der Aszendent sich in einem der ersten oder letzten Grade seines Zeichens befand
* wenn er den Klienten von seinen Fähigkeiten überzeugen musste.

Im ersten der beiden Fälle war die Feststellung, dass der Herr von 1 den Fragesteller, der ihm damals gegenübersaß, zutreffend beschrieb, die Bestätigung dafür, dass er das Horoskop mit dem richtigen aufgehenden Zeichen erstellt hatte und mit der Deutung fortfahren konnte. Mit den modernen Methoden der Zeitnahme brauchen wir derartige Bestätigungen nicht mehr. Genauso würde ich im zweiten Fall von derartigen gymnastischen Übungen, um den Klienten von Ihren Fähigkeiten zu überzeugen, abraten, obwohl es höchst befriedigend sein muss, die Reaktion des Klienten zu erleben, wenn er die Körperstellen, an denen er versteckte Male und Narben hat, hört. Stellen Sie sich einen Chirurg vor, der gefragt wird: „Ich bin mir nicht sicher, dass die Herzoperation, die Sie gemacht haben, erfolgreich war; können Sie mal eben meine Gallenblase herausholen, um mir zu zeigen, dass Sie wissen, was Sie tun?"

Es gibt also keinen Grund, den Fragesteller zu beschreiben. Wir werden gleichwohl gelegentlich nach der Beschreibung einer anderen Person gefragt, üblicherweise des künftigen Ehepartners, manchmal auch eines Diebs. Erstellen Sie die Beschreibung in diesem Fall über den Hauptsignifikator der Person. Bestimmen Sie die Grundeigenschaften dieses Planeten genauer durch den Herrn und andere großen Würden des Zeichens, in dem er sich befindet. Hier geht es nicht um Genauigkeit: Ich hasse den Gedanken, dass wir der Fragestellerin sagen könnten, dass ihr Ehemann 1,90 m groß sein wird, und sie den perfekten Ehemann ablehnt, weil er 1,91 m misst.

Es gibt ein Problem mit der rassekonformen Bestimmung der Erscheinung. Wir können den astrologischen Regeln folgen und den Mann so beschreiben, dass er lockiges, rotes Haar und Sommersprossen hat – aber wenn er Japaner ist, ist es unwahrscheinlich, dass wir damit richtigliegen. Haare, Haut und Augenfarbe werden hauptsächlich durch die Rasse festgelegt, und ich kenne keine Methode, um aus dem Horoskop herauszulesen, welcher Rasse die Person angehören könnte. Nehmen wir an, Fräulein English Rose bittet uns, ihren künftigen Ehemann zu beschreiben; unsere Beschreibung „schwarze Haare und blasse Hautfarbe" könnte gut zu dem japanischen Typen passen, den sie am Ende heiratet. Aber der übliche Hintergrund zu einer solchen Anfrage ist der einer indischen oder pakistanischen Frau, die jemanden aus ihrer eigenen Rasse heiraten wird. In solchen Situationen scheint das Horoskop „schwarze Haare" vorauszusetzen und keine Verpflichtung zu spüren, Saturn in die Beschreibung mit einzubeziehen.

Die folgenden Richtlinien sind alles, was man braucht:

Saturn: hochgewachsen und schlank. Kann dunklere Haare und Hautfarbe verleihen.
Jupiter: groß, sowohl bezüglich Körperlänge als auch Statur; fleischig, vor allem in Wasserzeichen.
Mars: kleingewachsen, muskulös, stabil gebaut.
Sonne: hochgewachsen und gut gebaut, aber nicht so groß wie Jupiter. Üppige Haare.
Venus: kleingewachsen, weicher Körper (im Gegensatz zum muskulösen Körperbau von Mars).
Merkur: mittelgroß und etwas darüber; schlank; glatte Haare.

Mond: fleischig; nicht hochgewachsen. Allgemein größer, wenn der Mond zunimmt, als wenn er abnimmt.

Nehmen wir an, der Signifikator der Person ist Mars auf 4° Waage. Mars ist kleingewachsen und wird durch Venus beherrscht, die ebenfalls kleingewachsen ist. Er befindet sich in großen Saturn-Würden (auf 4° Waage ist er in der Erhöhung und Grenze Saturns), was ein wenig Körperlänge hinzufügt. Das kann unser grundsätzliches Mars-Zeugnis jedoch nur näher bestimmen; also macht es ihn zwar ein bisschen länger, aber es wird ihn nicht zu einem hochgewachsen Menschen machen. Er wird von etwa mittlerer Größe sein oder ein bisschen länger. Mittlere Größe in Bezug auf seine Rasse. Der Saturneinfluss wird ihn auch schlanker machen. Mars ist in seinem Exil, also wird er nicht die Muskeln haben, die Mars normalerweise zeigt; sowohl Mars als auch Saturn sind schlank, also wird er nicht muskulös sein, aber in einer schlanken, nicht schwabbeligen Form. Wäre Mars in Stier, erneut im Exil, wäre die andere große Würde der Mond (neben Venus). Auch in Stier würde es Mars an seinen üblichen Muskeln mangeln, aber er wäre kräftiger gebaut und fleischiger als Mars in der Saturn beeinflussten Waage. Mars in einem Venuszeichen ist, genauso wie Venus in einem Marszeichen, sicherlich attraktiv.

Diese Beschreibung reicht vollkommen aus. „Sie werden ihn am Drachen-Tattoo am linken Unterarm erkennen" mag in einem Roman gut klingen, aber das Ziel der Astrologie ist nicht, dass sich der Astrologe schlau vorkommt.

Enge Aspekte zum Hauptsignifikator können Details der Erscheinung anzeigen: Ein Mars-Quadrat zum Beispiel, das eine sichtbare Narbe anzeigt; ein freundlicherer Aspekt durch Mars, der Pigmentflecken im Gesicht anzeigt. Aber ich rate dazu, solche Details lieber der Bestätigung durch das zu überlassen, was Ihnen der Klient über diese Person erzählt. Wenn der Fragesteller sagt: „Derjenige, den ich verdächtige, der Dieb zu sein, hat eine große Narbe auf der Wange", können wir auf das Horoskop verweisen, das Mars-Quadrat ansprechen und erwidern: „Ja, das würde passen: Bestellen Sie ihn zum Verhör".

Konjunktionen mit den Fixsternen, die auf Seite 155 aufgeführt sind, zeigen Schädigungen der Augen an, obwohl das im Zeitalter von Kontaktlinsen und Laser-Operationen weniger nützlich für eine Beschreibung ist als es einstmals war.

Obgleich die Planeten eine feste, aufsteigende Altersskala zeigen – vom Baby (Mond) bis zum Greis (Saturn) –, sollte diese für die Zwecke der Beschreibung nur vergleichsweise herangezogen werden. Dass der Ehemann durch den Mond dargestellt wird, zeigt, dass sie jemand jüngeren als sie, nicht dass sie ein Baby heiraten wird; Saturn wiederum würde zeigen, dass sie jemand heiratet, der deutlich älter ist als sie, aber nicht notwendigerweise steinalt. Sonne, Venus und Mars können in diesem Zusammenhang alle als mehr oder weniger das gleiche Alter anzeigend angesehen werden.

Wenn Sie meinen, dass Sie nicht ohne die Prüfung der Male und Narben des Fragestellers leben können, sollte dies abseits der ersten, tiefempfundenen Frage erfolgen. Wir können von den Sternen nicht erwarten, dass sie uns jedes Mal dasselbe Muster von Hautunreinheiten zeigen, wenn ein regelmäßiger Klient eine stundenastrologische Frage stellt. Schauen Sie zunächst, welches Zeichen aufsteigt. Welchen Körperteil stellt es dar? (vgl. Seite 59) Dort wird es eine Narbe oder ein Mal geben. Der Grad des Zeichens am Aszendenten wird uns zeigen, wo im entsprechenden Körperteil das Mal liegt: Bei 0° wird es an der Spitze des Körperteils liegen, bei 29° nahe seinem Ende.

Behandeln Sie die Spitze des 6. Hauses und die Position des Mondes in gleicher Weise, bezogen auf Zeichen und Grad, welche zwei weitere Male signalisieren. Ein geschwächter Planet im 1. Haus wird ein Mal im Gesicht anzeigen, wo genau im Gesicht, wird durch den Grad angezeigt. Enge Aspekte zum Aszendenten durch Mars und Saturn zeigen Male gemäß der Zeichen und Grade der Planeten an – aber beschränken Sie sich auf enge Aspekte. Je geschwächter die Planeten sind, desto größer ist das Mal. Ist der Signifikator über der Erde, befindet sich das Mal auf der Vorderseite oder im sichtbaren Bereich des Körperteils; ist er unter der Erde, ist es versteckt. Ist der Herrscher über den Planeten, der das Mal anzeigt, in einem männlichen Zeichen, wird es auf der rechten Seite sein; ist er in einem weiblichen Zeichen, auf der linken Seite.

Lilly sagt, dass diese Regeln nicht nur seine Klienten überzeugt hätten, sondern auch einen großen Anteil daran hatten, ihn von der Richtigkeit der Astrologie zu überzeugen.[48] Bei den seltenen Gelegenheiten, bei denen ich sie angewendet habe, haben sie ausreichend gut funktioniert.

◆ Als ich über die Male und Narben des Fragestellers schrieb, habe ich mich Lilly zu sehr unterworfen. Die Vorstellung, dass wir solche Male im Horoskop erkennen können, sowohl im Geburts- als auch im Stundenhoroskop, ist ein Märchen: man sollte es nicht ernst nehmen. Überlegen Sie mal: In Lillys Tagen traten Pocken in London häufig auf. Ein großer Teil seiner Klienten hatte Narben im Gesicht. Weder kamen sie in Scharen zu seinem Büro, wenn Mars im 1. Haus stand, noch hat es seitdem eine Neusortierung der Planeten gegeben,

---

[48] *Lilly*, S. 178.

die zu dem weit geringeren Anteil an stundenastrologischen Klienten mit Gesichtsnarben heute passen würde.

In vielen der Beispieldeutungen in der *Christlichen Astrologie* gibt Lilly körperliche Beschreibungen der betreffenden Menschen. So oberflächlich beeindruckend das sein mag, bei näherer Betrachtung verdanken sie sich weit mehr einem Hineinlesen in das Horoskop, als dass sie überhaupt etwas mit Astrologie zu tun haben. Beispielsweise schreibt Lilly in Kapitel 60 die schwarzen („*sad*") Haare des Mannes einem Aspekt Saturns zu seinem Signifikator zu. Dabei ignoriert er den engeren Aspekt durch Mars, der angezeigt hätte, dass er ein Rotschopf ist. Gehen Sie nicht davon aus, dass das Horoskop die körperliche Erscheinung widergibt, es sei denn, die Frage wird ausdrücklich danach gestellt. ◈

16

Fragen zum zweiten Haus

VERLOREN, GESTOHLEN UND VERLEGT

Einen verlorenen Gegenstand zu finden, indem man ein Horoskop erstellt, ist spektakulär. Ihn nicht zu finden, ist eine hervorragende Möglichkeit, seine Glaubwürdigkeit auf dem schnellsten Wege zu verlieren. Meine Erfolgsquote mit diesen Fragen liegt weit unter der, die ich mit Stundenhoroskopen im Allgemeinen habe. Das Problem liegt darin, den Symbolismus des Horoskops ins Leben zu übersetzen. Bei den meisten Fragen haben wir eine begrenzte Auswahl an Möglichkeiten – bis zu „Ja, er wird Sie heiraten" oder „Nein, er wird Sie nicht heiraten" als ein extrem einfaches Beispiel –, aber ein verlorener Gegenstand kann überall sein. Da wir es normalerweise mit Orten zu tun haben, die wir nicht kennen, haben wir wenige Informationen, mit denen wir arbeiten können, wenn wir entscheiden, was die Planeten darstellen. Mars könnte in einem Raum den Kamin darstellen, in einem anderen den Waffenschrank. In meiner Wahrnehmung schaue ich oft auf das Horoskop, sehe genau, wo sich der Gegenstand, in astrologischen Begriffen ausgedrückt, befindet, und weiß, dass er ganz offensichtlich wäre – wenn ich nur wüsste, wo er ist. Was ich natürlich nicht weiß.

Außerdem müssen wir bei der Lokalisierung eines verlorenen Gegenstands genau richtigliegen; in vielen anderen Fragen haben wir einen gewissen Spielraum. Ihrem Klienten zu erklären: „Sie haben es beinahe gefunden", wird wahrscheinlich wenig Eindruck machen.

Ich wäre gerne in der Lage, Ihnen Frawleys Idiotensichere Methode, mit hundertprozentiger Erfolgsgarantie, zu präsentieren; aber das kann ich nicht. Frawleys Nicht-Idiotensichere Methode, wie ich sie Ihnen hier vorstelle, funktioniert ausreichend gut. Sie wird einige Gegenstände mit erstaunlicher Genauigkeit finden; sie wird bei der Suche nach anderen in höchst frustrierender Weise danebenliegen. Wie überall in der Astrologie, sollten wir dennoch das feiern, was wir machen können, und uns nicht darüber beklagen, was wir nicht machen können.

Hauptsignifikatoren

Der Gegenstand wird entweder durch das 2. oder das 4. Haus angezeigt, wenn er unbelebt ist, durch das 6. oder 12. Haus, wenn er lebendig ist.

Bei unbelebten Gegenständen haben wir die Wahl zwischen dem 2. Haus, dem Haus der beweglichen Besitztümer, und dem 4. Haus, dem Haus der vergrabenen Schätze. Der Schatz muss dabei nicht absichtlich vergraben worden sein: Es kann sein, dass das von Ihnen abgelegte Dokument von jemand anderem unter einem Zeitschriftenstapel vergraben worden ist. Einige moderne Bücher unterscheiden sehr zwischen einem verlorenen (2. Haus) und einem verlegten (4. Haus) Gegenstand. Die Autoren, die klar zwischen dem Verlust und dem Verlegen einer Sache unterscheiden können, haben einen feineren Verstand als ich. Genauso wenig brauchen wir in der Praxis die Unterscheidung zwischen einem verlorenen Gegenstand und einem vergrabenen Schatz. Egal wie die Umstände des Verlusts sind: Schauen Sie sich die Herrscher des 2. und des 4. Hauses an und benutzen sie den, welcher den Gegenstand am besten beschreibt.

Ein Beispiel: „Wo sind meine Schlüssel?" und das Horoskop zeigt uns Krebs an der Spitze 2, Jungfrau an der Spitze 4. Merkur, der Herrscher der Jungfrau, ist der natürliche Herrscher der Schlüssel: Merkur ist der Signifikator.

Wenn der Fragesteller eine Frage zu verlorenen Gegenständen von jemand anders stellt und Sie das Horoskop drehen müssen, nehmen Sie immer das 2. Haus der Person, ob es den Gegenstand zu beschreiben scheint oder nicht. „Wo ist die Uhr meiner Tochter?": Der Herrscher des 6. Hauses (das 2. vom 5. Haus) wird die Uhr darstellen.

Wird der Gegenstand durch denselben Planeten wie der Fragesteller dargestellt, geben Sie den infrage stehenden Planeten dem Gegenstand. In diesen Fragen geht es vor allem um den Aufenthaltsort der Sache; deren Verhältnis zum Fragesteller ist zweitrangig.

Schauen Sie nach einem verlorenen Tier, nehmen Sie das 6. Haus, wenn es kleiner ist als eine Ziege, das 12. Haus, wenn es größer ist. Uns geht es hier um die gattungsmäßige Unterscheidung: Meine Deutsche Dogge mag größer sein als mein Shetlandpony, dennoch sind Hunde kleine Tiere (6. Haus) und Pferde große Tiere (12. Haus).

Suchen Sie nach einer vermissten Person, nehmen Sie das Haus, welches auch immer, das die Beziehung der Person zum Fragesteller anzeigt, zum Beispiel das 5. Haus für das vermisste Kind, das 6. Haus für den vermissten Angestellten. Das 7. Haus, sagt man, sei das Haus der Flüchtlinge; es ist verlässlicher, das spezifische

Haus der jeweiligen Person zu verwenden. Behalten Sie das 7. Haus vermissten Ehegatten und „x-beliebigen Personen" vor.

Andere Signifikatoren

Der Mond ist der natürliche Herrscher aller verlorenen Dinge, vor allem lebendiger. Aber bleiben Sie, soweit Sie können, bei den oben beschriebenen Hauptsignifikatoren: Für die Verortung auf zwei Planeten zu schauen, wird Sie nur verwirren. In den meisten Horoskopen über verlorene Dinge brauchen wir uns um den Mond nicht zu kümmern. Als zweiter Signifikator ist er nützlich für die zeitliche Bestimmung des Wiederfindens, wenn der Hauptsignifikator keinen Aspekt macht. Als Beispiel dafür schauen Sie sich noch mal das Kater-Horoskop in Kapitel 1 an.

Ja, das kann bedeuten, dass der Mond sowohl den Gegenstand als auch den Fragesteller darstellt, manchmal beide in einem Horoskop. Das ist weniger verwirrend, als es sich anhört, weil der Mond jeden von beiden in jeweils verschiedenen Abschnitten der Deutung anzeigen wird.

Manchmal kann man den natürlichen Herrscher des Gegenstands benutzen, ob er das betreffende Haus beherrscht oder nicht. Tun Sie das, wenn das Horoskop diesen Planeten Ihrer Aufmerksamkeit geradezu aufdrängt oder wenn der Planet und das Zeichen, in dem er steht, den Gegenstand perfekt beschreiben. Ein Klient fragte: „Wo sind meine Pistolen?", und das Horoskop zeigte Mars (Schusswaffe) in Jungfrau (Merkur-Zeichen, also eine kleine Schusswaffe; doppeltes Zeichen, also mehr als eine kleine Schusswaffe) genau auf dem Aszendenten.

Gelegentlich kann der Glückspunkt, der den Schatz des Fragestellers anzeigt – in welchem Sinne das auch zum Kontext der Frage passen mag –, nützlich sein. Ich rate Ihnen gleichwohl, ihn solange beiseitezulassen, bis Sie wirklich feststecken. Selbst dann werden Sie häufiger zu einer Deutung gelangen, wenn Sie beharrlich beim Hauptsignifikator bleiben.

◆ Den Glückspunkt kann man außen vor lassen werden. Zwei Aspekte möchte ich hervorheben: Wenn es im Horoskop einen Planeten gibt, der den Gegenstand genau beschreibt, arbeiten Sie mit diesem, auch wenn er nicht das 2. oder 4. Haus beherrscht. Benutzen Sie nur den Hauptsignifikator des Gegenstands, um herauszufinden, wo er ist: Der Mond kann das Wiederauffinden bestätigen und die Zeit des Wiederfindens angeben, aber er wird nicht anzeigen, wo die Sache ist, außer er ist selbst der Hauptsignifikator. ◆

Wird es gefunden werden?

Wenn der Gegenstand nicht gefunden werden wird, hat es gewöhnlich wenig Sinn zu beschreiben, wo er ist, egal wie leidenschaftlich der Klient von Ihnen fordert, das zu tun.

Das stärkste Zeugnis für eine Rückgewinnung ist ein applikativer Aspekt zwischen dem Gegenstand und dem Fragesteller oder zwischen dem Gegenstand und dem Herrn von 2 (sofern der Gegenstand durch etwas anderes dargestellt wird), was uns anzeigt, dass er in den Besitz des Fragestellers zurückkehrt. Hier sehen wir die beiden Rollen des Mondes: Die Wiedererlangung meiner verloren gegangenen Kuh kann durch den Mond (Fragesteller), der auf einen Aspekt zum Herrn von 12 (Kuh) zuläuft, angezeigt werden; sie kann aber ebenfalls durch den Mond (natürlicher Herrscher der verlorenen Objekte), der auf den Herrn von 1 (Fragesteller) zuläuft, angezeigt werden. Seien Sie für beide Möglichkeiten offen.

Der Mond, der auf einen Aspekt mit seinem eigenen Dispositor zuläuft, ist ein gutes Zeugnis für das Wiederauffinden.

Wenigstens eines der Lichter (Sonne und Mond) über dem Horizont (die Aszendent-Deszendent-Achse) zu haben, ist hilfreich. Das ist ganz buchstäblich zu verstehen: Wenn es kein Licht gibt, können wir nicht sehen, um irgendwas zu finden.

◆ Hinweis: „Es ist hilfreich". Es stellt kein endgültiges Zeugnis für das Wiederfinden dar. Es ist eher die Abwesenheit eines negativen, als ein überzeugendes positives Zeugnis. ◆

Wenn der Herr von 1 verbrannt ist, kann der Fragesteller nicht sehen. Wenn das Objekt verbrannt ist, kann es nicht gesehen werden. Aber eine Verbrennung dauert nicht ewig: Vor allem, wenn der Planet die Konjunktion mit der Sonne schon hinter sich hat und sich so aus der Verbrennung herausbewegt, ist das ein positives Zeichen für das Wiederauffinden.

Steht der Signifikator des Gegenstands nah bei einer Achse, vergrößert sich die Wahrscheinlichkeit des Wiederauftauchens, selbst ohne Aspekt. Genauso ist es mit einer eindeutigen Verortung: In einem derartigen Fall würden wir uns häufig nicht mal die Mühe machen, nach einem Aspekt zu schauen. „Wo ist der Teddybär?" „Im 5. Haus: Im Kinderzimmer." Mit einer solchen Information können wir aufstehen und uns auf die Suche machen, ohne unsere Zeit damit zu vergeuden, nach Aspekten zu jagen.

Ist das 1. oder 2. Haus durch die Gegenwart eines Jupiter oder einer Venus in großen Würden oder durch den nördlichen Mondknoten begünstigt, ist das ein leicht ermutigendes Zeugnis.

◆ Wenn das überhaupt eine Bedeutung hat, ist diese so gering, dass es ruhigen Gewissens übergangen werden kann. ◆

Lilly sagt, dass der Gegenstand, wenn sein Signifikator in seinem Exil oder Fall steht, beschädigt sein oder nur zum Teil zurückgewonnen werden wird. Das trifft manchmal zu, aber ich habe nicht die Erfahrung gemacht, dass das generell so ist.

◆ In den meisten Fällen ist ein Zeugnis des Wiedererlangens oder der Zeitbestimmung überflüssig. Wenn wir erkennen können, wo der Gegenstand ist, können wir normalerweise hingehen und ihn in die Hand nehmen. Wenn wir wissen, wo er ist, ist es sinnlos, Zeit damit zu vergeuden, nach einem Zeugnis zu fahnden, dass wir ihn finden werden, wenn wir dort nachschauen. Und weil es überflüssig ist, scheinen sich die Horoskope oft nicht darum zu kümmern, solch ein Zeugnis bereitzuhalten: Selbst im Nachhinein ist es nicht zu finden oder es liegt zumindest jenseits meines Wissens. Eine Ausnahme gibt es, wenn Mieze vermisst wird. Die wichtige Sache hier ist das Wissen, dass sie nach Hause kommen wird; wo sie sich im Augenblick befindet, ist üblicherweise unwichtig.

Zur Zeitbestimmung: Wenn der Aspekt, der das Wiederfinden des verlorenen Gegenstands anzeigt, in weniger als 1 Grad perfekt wird, kann das normalerweise als „mehr oder weniger sofort" gelesen werden, unabhängig von Zeichen und Haus. ◆

Ist es gestohlen worden?

Wahrscheinlich nicht. Lilly führt eine lange Liste von Zeugnissen auf, die zeigen, dass die Sache gestohlen worden ist;[49] wenden Sie diese konsequent an und Sie werden am Ende Gründe dafür finden, jedermann zu hängen. Die meisten Dinge gehen verloren, weil wir uns nicht mehr daran erinnern können, wo wir sie hingelegt haben; aber sobald wir entdecken, dass sie weg sind, bevölkern Gedanken an einen Diebstahl oder alle möglichen anderen Arten, die Schuld jemand anders in die Schuhe zu schieben, unseren Verstand. Der kluge Astrologe wird nicht dazu ermutigen. Ich rate Ihnen dringend, dass Sie nicht einen Dieb

---

[49] *Lilly*, S. 353 ff.

ins Spiel bringen, außer der Fragesteller selbst führt die Möglichkeit eines Diebstahls an. Das folgt der üblichen Regel: **Schreiben Sie keine exakten Rollen in die Geschichte hinein, außer wenn Sie es wirklich müssen.** Stellen Sie sich selbst als TV-Drehbuchschreiber vor und erinnern Sie sich daran, dass jede neue Rolle, die Sie in die Geschichte einführen, einen Schauspieler mehr bedeutet, der bezahlt werden muss!

Es gibt drei Zeugnisse, die als Beweis für einen Diebstahl stehen können:

* Ein separativer Aspekt zwischen dem Verdächtigen und dem Gegenstand, was uns zeigt, dass der Verdächtige mit dem Gegenstand in Kontakt gekommen ist. Das Gleiche gilt für den allgemeinen Signifikator für einen Dieb (siehe unten).
* Eine enge Konjunktion zwischen dem Verdächtigen und dem Gegenstand, was uns zeigt, dass sich der Gegenstand beim Verdächtigen befindet. Sie kann auch per Antiszie bestehen.
* Der Gegenstand ist im Haus des Verdächtigen, vor allem, wenn er sich unmittelbar innerhalb der Spitze befindet.

Wenn es nur den geringsten Zweifel daran gibt, dass der Gegenstand tatsächlich gestohlen worden ist, wäre ich äußerst vorsichtig damit, „Dieb" zu rufen, ohne eines dieser Zeugnisse zu haben.

Beispiele: „Hat der Bauarbeiter mein Armband gestohlen?" und der Herr von 6 (der Bauarbeiter) löst sich aus dem Aspekt zum Herrn von 2 oder Herrn von 4, wer immer hier das Armband darstellt: Ja, er hat es gestohlen. Gibt es keinen derartigen Aspekt: Nein, er hat es nicht gestohlen. Hinweis: Das muss ein separativer Aspekt sein. Ein applikativer Aspekt, der uns etwas anzeigt, das noch nicht passiert ist, kann uns keinen Diebstahl anzeigen, der schon stattgefunden hat. Lilly stellt ein Horoskop über etwas gestohlenes Geld vor.[50] Der Herr von 2 (das Geld des Fragestellers) steht per Antiszie (eine Antiszie lässt auf etwas Geheimes oder Verborgenes schließen) in Konjunktion mit dem Signifikator des Diebes. Hätten der Bauarbeiter und das Armband in Konjunktion gestanden, körperlich oder per Antiszie, würde das anzeigen, dass der Bauarbeiter das Armband noch immer hat.

---

[50] *Lilly*, S. 434.

Wenn der Fragesteller *weiß*, dass der Gegenstand gestohlen worden ist, liegen die Dinge anders. Dann müssen wir die Tatsache des Diebstahls nicht beweisen. Fragen, bei denen der Diebstahl gewiss ist, werden weiter unten besprochen.

Wo ist es?

Sobald Sie den Signifikator des Gegenstands identifiziert haben, schauen Sie auf das Horoskop und finden Sie heraus, wo er ist. Denken Sie daran: Dieser Planet *ist* der vermisste Gegenstand; wo sich der Planet befindet, dort wird der Gegenstand sein.

Die bei Weitem zuverlässigste Art, das zu bestimmen, ist die über die Hausbedeutungen. Nach meiner Erfahrung ist das die einzige Methode, die es lohnt, mit ihr zu arbeiten. Wie beim verlorenen Kater in Kapitel 1 („Wo ist der Kater?" „Im Haus des Katers"), so ist es in den meisten anderen Fragen. „Habe ich meine Schlüssel im Haus meines Freundes liegenlassen?" und der Signifikator der Schlüssel ist im 11. Haus (Freunde): „Ja, sie sind bei Ihrem Freund". Ein Fragesteller hatte den Stein seines Ringes verloren. Der Signifikator stand in Konjunktion mit dem Aszendenten, was anzeigte, dass der Stein sehr (sehr!) nah beim Fragesteller war. Er war in das Futter seines Jacketts gerutscht.

Es ist verführerisch, das, was der Fragesteller sagt, für wahr zu halten. Tun Sie das nicht! Wenn der Fragesteller wüsste, was mit dem Gegenstand los ist, wäre dieser nicht verloren. Die Feststellungen des Fragestellers müssen mit äußerster Vorsicht behandelt werden. Denken Sie immer daran: **Die Wahrheit steht im Horoskop, nicht in dem, was man Ihnen erzählt.** Nach meiner Erfahrung sind die gebräuchlichsten Orte, wo sich verlorene Gegenstände befinden:

* genau da, wo sie nach Aussage des Fragestellers ganz bestimmt nicht sind
* bei den Kindern
* beim Ehepartner.

Wenn das Horoskop einen von diesen Orten unterstützt, ignorieren Sie alle Beteuerungen des Gegenteils.

Ist der Signifikator im 7. Haus, muss unsere erste Vermutung sein, dass sich die vermisste Sache beim Ehepartner befindet. Das 7. ist das Haus des Diebs, also könnte das bedeuten, dass der Dieb sie hat; doch erinnern Sie sich an die Anmerkungen oben. Es gibt weit mehr Ehepartner als Diebe. Erinnern Sie sich gleichwohl daran, dass das 7. Haus nicht nur das Haus des Ehepartners ist. Es ist auch das 3. vom 5. Haus, was es zum Haus der Geschwister des Kindes macht:

der jüngere Bruder oder die jüngere Schwester. Gehen Sie immer erst mit der offensichtlichsten Option, was in diesem Fall der Ehepartner ist; wenn das den Gegenstand nicht wieder zutage fördert, können Sie weiter zum jüngeren Kind gehen. Sie müssen nicht gleich beim ersten Mal die richtige Antwort finden: Dies ist eine Beratung, keine magische Handlung.

Fragen Sie den Klienten nach einer Liste von Verdächtigen. Wurde der Gegenstand zu Hause verloren: Wer lebt dort? Wenn außerhalb des Heims: Wo ist der Fragesteller gewesen? Arbeitet der Fragesteller? Wen hat er besucht? Sie sind berechtigt, diese Fragen zu stellen.

Für die Grundfrage „Wo ist es?" ist ein Mond void of course ohne Bedeutung: Der Gegenstand muss irgendwo sein, selbst wenn dieses irgendwo „zerstört" bedeutet.

Zu Hause

1. Haus: die Haustür oder der Eingangsbereich (der Eingang ins Horoskop); der eigene Platz des Fragestellers im Haus.

2. Haus: die Küche (das 2. Haus beherrscht den Rachen und damit, was in diesen hineingeht). Der Abstellraum oder die Speisekammer. Die Garderobe oder der Kleiderschrank. Der Raum nächst dem Eingang. **Jedes Haus kann als das nächste zum angrenzenden Haus gelesen werden.**

3. Haus: in einem Büro wäre das der Postraum. Der Kommunikationsbereich. Korridore, Flure und Treppenabsätze.

4. Haus: der informelle Bereich in einem Haus (im Gegensatz zum 10. Haus: der formelle Bereich). Die Einliegerwohnung. Der Keller (die Basis des Horoskops).

5. Haus: das Schlafzimmer oder der Aufenthaltsraum der Kinder. Das Spielzimmer.

6. Haus: Der Bereich der Bediensteten, folglich die Abstellkammer. Die Hundehütte.

7. Haus: der Bau des Ehegatten.

8. Haus: die Toilette (das 2. Haus ist da, wo die Nahrung hineinkommt, das 8. Haus, wo sie hinausgeht). Das Badezimmer (wo Schmutz entfernt wird).

9. Haus: das Studierzimmer. Die Kapelle, der Schrein, der Meditationsraum. Ein oberer Treppenabsatz oder ein Korridor oben (höhere Version des 3. Hauses).

10. Haus: das Arbeitszimmer zu Hause. Der formelle Bereich des Hauses (wenn Lilly von „der Halle" spricht, meint er das große Gesellschaftszimmer, da wo Sie

die Hoheiten auf Besuch unterhalten, nicht einen Korridor). Das Dachgeschoss (Spitze des Horoskops).

11. Haus: das Gästezimmer (wo Ihre Freunde übernachten).

12. Haus: die Garage (wo die Pferde gehalten werden) oder Ställe. Die Rumpelkammer.

Oberhalb der Aszendent-Deszendent-Achse kann oben im Haus bedeuten; unterhalb unten im Haus.

Im Raum

Sobald Sie sich für einen Raum entschieden haben, schauen Sie nach anderen Faktoren der Stellung des Planeten, um weitere Informationen zu erhalten.

Ein Signifikator in einem:

* Erdezeichen: auf, nahe oder unter dem Fußboden.
* Luftzeichen: hoch oben, vielleicht auf einem Regal oder an einem Haken. Wo es hell ist. Am Fenster oder nahe dem Fernseher.
* Feuerzeichen: wo es heiß ist. Nahe den Wänden.
* Wasserzeichen: wo es feucht ist. Wo es behaglich ist.
* Veränderliche Zeichen können anzeigen, dass es sich in etwas befindet – in einem Kasten oder Schrank.

◆ Die Verbindung von Feuerzeichen und Wänden ist falsch und sollte ignoriert werden. Die Überlegung dahinter ist, dass Wände aus Ziegelsteinen errichtet sind und diese in der Herstellung gebrannt werden. Aber woraus die Wand errichtet und wie das Material hergestellt wird, ist ohne Bedeutung. ◆

Ein Planet auf der Spitze eines Hauses oder nahe einem Zeichenwechsel innerhalb eines Hauses zeigt an, dass der Gegenstand nahe der Tür ist. Nahe der nächsten Hausspitze kann anzeigen, dass er sich an dem, der Tür gegenüberliegenden Ende befindet.

Schauen Sie nach engen Aspekten zu diesem Planeten. In Konjunktion mit dem Mond: Es befindet sich nahe am Aquarium. In Opposition zu Saturn: gegenüber der Uhr.

Wie oben bereits bemerkt, ist das das größte Problem bei der Verortung verlorener Gegenstände: Alles im Universum wird durch nur sieben Planeten beschrieben. Wir könnten uns vorstellen, dass der Mond ein Aquarium darstellt; es könnte aber auch ein Kronleuchter sein, ein weißes Sofa oder jede von einer Million anderer Möglichkeiten. Das festgestellt, zeigen Verbindungen mit Merkur oft an, dass es sich bei den Büchern oder dem Nippes befindet; Verbindungen mit Venus: nahe der Kleidung (vor allem von Frauen), Bettzeug oder weichen Ausstattungsgegenständen. Bezüglich der anderen Planeten habe ich keine derartigen wesentlichen Zuschreibungen festgestellt.

Außerhalb des Zuhauses

Ist er in einem Eckhaus, kann das anzeigen, dass der Gegenstand in Reichweite oder nahe dem Platz ist, an dem er sein sollte. In einem fallenden Haus könnte er weit weg sein. In einem nachfolgenden Haus irgendwo dazwischen. Was „weit weg" heißt, wird durch den Zusammenhang bestimmt: „Wo ist mein die Welt bereisender Sohn, von dem ich lange nichts mehr gehört habe?" ist wahrscheinlich weiter weg als „Wo ist meine Katze?".

Geben Sie gleichwohl der natürlichen Bedeutung des Hauses Priorität. Ist der Gegenstand im 9. Haus und wir wissen, dass die Fragestellerin das College besucht, dann kann es sehr gut in ihrem College sein, selbst wenn sich das unweit der Wohnung befindet.

Manchmal wissen wir nicht, ob sich der vermisste Gegenstand innerhalb oder außerhalb der Wohnung befindet. Ist er im 9. Haus, kann das anzeigen, dass er weit weg ist, möglicherweise in einem Haus der 9. Haus-Art (Kirche, Schule). Oder es kann uns zeigen, dass er sich zu Hause an einem Platz der 9. Haus-Art befindet: Im Studierzimmer oder nahe eines Schreins. Im 10. Haus: Ist er ist am Arbeitsplatz oder zu Hause im Festsaal? Ich kenne keine Methode, um zu unterscheiden, welche von beiden Möglichkeiten es ist? Versuchen Sie es mit der wahrscheinlicheren; wenn das nicht funktioniert, versuchen Sie die Alternative. Prägen Sie sich ein: Sie müssen es nicht gleich beim ersten Mal richtig machen.

Es gibt verschiedene Methoden, aus dem Horoskop heraus eine Richtung zu bestimmen. Die einzige Methode, bei der man überhaupt von Zuverlässigkeit sprechen kann, basiert auf den Himmelsrichtungen Norden-Süden-Osten-Westen, welche die Grundstruktur des Horoskops bilden: Die Sonne geht im Osten auf (Aszendent), bewegt sich über den Süden (MC), um im Westen unterzugehen (Deszendent), und kehrt in den Osten zurück, indem sie den IC passiert, welcher Norden ist. In der Mitte zwischen Norden und Osten liegt natürlich der Nordosten. Die Zeichen mit einzubeziehen hieße, die Angelegenheit nur zu verwirren: Es mag uns das Versprechen offerieren, die Richtung zu präzisieren, aber in der

Praxis schafft das nur Widersprüche. Norden und ein wenig westlich ist eine Präzisierung; Norden und ein wenig südlich ist Unsinn. Hinweis: Merken Sie sich, dass in einem Horoskop, anders als auf einer Landkarte, der Süden oben liegt.

Das Finden der Richtung ist nur für den Gebrauch draußen gemeint, um vermisste Menschen oder Tiere zu lokalisieren: Benutzen Sie es nicht innerhalb des Zuhauses – es sei denn, das Haus des Fragestellers hat einen Ost- und einen Westflügel.

Wenn Sie nach jemandes Aufenthaltsort fragen, denken Sie daran, dass in einem gedrehten Horoskop das Zuhause dieser Person fast immer durch ihr 1. Haus angezeigt wird, nicht durch ihr 4. Haus – genauso wie bei dem Kater in Kapitel 1. „Wo ist mein Bruder?" und der Herr von 3 (mein Bruder) ist im 3. Haus (das Haus meines Bruders): Er ist zu Hause.

Bellos Signifikator im 12. Haus ist ein Hinweis darauf, dass er sich im Tierheim (das 12. ist das Haus der Gefängnisse) befinden könnte.

Diebstahl

Manche Fragen zu Diebstählen haben einen konkreten Verdächtigen: „Hat der Bauarbeiter mein Armband gestohlen?", mit dem Hintergedanken, dass die Fragestellerin, sofern er es nicht gestohlen hat, das Armband vermutlich verloren hat. Bei anderen Fragen ist der Dieb „eine oder mehrere unbekannte Personen".

Gibt es einen konkreten Verdächtigen, arbeiten Sie in der üblichen Weise mit dem Herrscher des Hauses dieser Person, zum Beispiel mit dem Herrn von 3 für den Nachbarn oder dem Herrn von 6 für den Bauarbeiter. Gibt es keinen konkreten Verdächtigen, sind die Wahlmöglichkeiten für den Signifikator des Diebs – in der Rangfolge der Präferenz – folgende:

* ein Planet, der peregrin, in seinem Exil oder Fall ist *und* in einem Eckhaus oder im zweiten Haus steht
* der Herr von 7
* Merkur als natürlicher Herrscher der Diebe.

Wenn wir wissen, dass der Gegenstand gestohlen worden ist, benötigen wir keinen separaten Aspekt zwischen dem Dieb und dem Gegenstand, um das zu beweisen.

Sobald wir den Signifikator des Diebs haben, können wir in der üblichen Weise eine Beschreibung erstellen (vgl. Seite 193). Nehmen wir Merkur als Signifikator, weil er der natürliche Herrscher der Diebe ist, können wir natürlich Merkur nicht für eine Beschreibung heranziehen – nicht alle Diebe sehen merkurisch aus. Benutzen Sie in derartigen Fällen Merkurs Dispositor.

Ein Signifikator in einem doppelten Zeichen ist ein guter Hinweis darauf, dass es mehr als einen Dieb gibt.

Leider ist es in der Regel nicht sehr sinnvoll, den Dieb zu beschreiben, außer er ist dem Fragesteller bekannt.

◆ „Warum benutzen wir nicht einfach den Herrn von 7 als Signifikator für den Dieb?" Weil wir, wenn wir das tun, die in den meisten Fällen einzige nützliche Identifizierung, die wir geben können, ausschließen. Eine körperliche Beschreibung des Diebs ist nutzlos, außer wir haben eine sehr kurze Liste von Verdächtigen. Was wir aber sinnvollerweise tun können ist, zu bestätigen oder auszuschließen, dass die Sache durch den Bauarbeiter, den Nachbarn oder den Bruder der Freundin gestohlen worden ist, je nachdem welches Haus der Planet, der den Dieb darstellt, regiert. Wenn Sie den Herrn von 7 als Standardoption verwenden, bleiben wir mit keiner anderen Identifizierung zurück als: „Der Dieb ist... der Dieb".

Hinter der Priorisierung eines peregrinen Planeten steht der Gedanke, dass es sich beim Dieb nicht um einen Schurken durch und durch handelt, der Wochen damit verbringt, den ganz großen Raubüberfall zu planen (ein Planet im Exil oder Fall), sondern um jemanden ohne moralischen Kompass, der Ihr Portemonnaie mit Freuden mitnimmt, wenn Sie es auf dem Tisch liegen lassen. Aber diese Interpretation der essenziellen Würden greift in diesem Zusammenhang zu kurz. Ein erhöhter Planet könnte vor diesem Hintergrund jemanden darstellen, der sich für so großartig hält, dass er die Besitzrechte einfacher Sterblicher nicht weiter beachten muss.

Aber dass der Verdächtige kein Ausbund an Tugend ist, beweist noch lange nicht, dass er der Dieb war. Wenn wir uns daran erinnern, dass das Horoskop ein Abbild der Wirklichkeit ist, müssen wir diesen Gedanken beiseitelegen. Genauso wenig können wir – gemäß des Prinzips „die Rolle, nicht der Schauspieler" – ganz gewiss nicht Merkur die Schuld für alles in die Schuhe schieben! Wer hat es gestohlen? Derjenige, dessen Fingerabdrücke drauf sind. Was, in der Sprache des Horoskops, der Planet ist, der sich aus einem Aspekt mit dem Signifikator des Gegenstands löst oder sich gerade in einem exakten Aspekt zu ihm befindet. Dieser und nur dieser ist es, den wir zum Verhör vorladen müssen.

Lilly demonstriert das, unbeabsichtigt, in seinem Beispielhoroskop zum Diebstahl in der *Christlichen Astrologie* (Kapitel 63). Er nimmt Merkur als Signifikator für den Dieb, weil er der einzige peregrine Planet in einem Eckhaus ist, und diese Zuschreibung hat sich als richtig herausgestellt. Aber das war ein Glückstreffer. Was Lilly nicht bemerkt zu haben scheint ist, dass der Herr von 2, das gestohlene Geld des Fragestellers, per Antiszie genau in Konjunktion mit Merkur steht: Herr Merkur hat die Beute. Es ist das, was den Dieb identifiziert. ◊

◊ Wenn wir *sicher* wissen, dass der Gegenstand gestohlen worden ist, wird er durch den Herrn von 2 dargestellt; dann haben wir nicht mehr die Option des Herrn von 4. Wir könnten einen Planeten vorziehen, der den Gegenstand ganz eindeutig beschreibt, aber das wird selten der Fall sein: Nehmen Sie im Zweifel den Herrn von 2. Es sei denn, die gestohlene Sache ist belebt, dann arbeiten Sie, wie üblich, mit dem Herrn von 6 oder dem von 12.

„Aber wenn ich jemandem Geld geliehen habe, wird dieses Geld nicht mehr als meines, sondern als das der anderen Person angesehen. Als solches wird es durch das 2. Haus dieser Person, nicht durch mein 2. Haus dargestellt. Die gestohlene Sache ist im Moment ganz bestimmt nicht in meinem Besitz. Warum benutzen wir trotzdem weiterhin mein 2. Haus, um sie darzustellen?" Weil wir, wenn wir das nicht so machen, unsere Deutung in den meisten Fällen jedes Nutzens berauben würden. Wir wissen nicht, wer es gestohlen hat: Deshalb wird die Frage gestellt. Mit wessen 2. Haus sollen wir also arbeiten? Die einzige Option wäre das 2. vom 7. Haus: Der Besitz des Diebs. Was wiederum heißen würde, dass der Herr von 7 den Dieb darstellt. „Wer also ist der Dieb?" „Ach so, es ist der Dieb?" Das ist nicht hilfreich. Das 2. Haus des Fragestellers als den Gegenstand beizubehalten, erlaubt uns, Verdächtige ein- oder auszuschließen, je nachdem wessen Signifikator im Kontakt mit dem Herrn von 2 gewesen ist: „Nein, es war nicht der Bauarbeiter; aber war Ihr Ex kürzlich zu Besuch?" Unterschiedliche Drehbücher für unterschiedliche Situationen. ◊

◊ Seien Sie vorsichtig, wenn Sie Diebstahlsfragen deuten. Auch wenn derartige Deutungen überaus wertvoll sein können: Was einmal gesagt worden ist, kann niemals wieder zurückgenommen werden; seien Sie also besonders vorsichtig, bevor Sie Beschuldigungen aussprechen. Lillys Worte besitzen die Weisheit langer Erfahrung: *Ich hasse Fragen über Diebstähle, es sei denn sie kommen von einem sehr engen Freund. Denn sie bringen im Allgemeinen Skandal über den Künstler, weil wenige Menschen glauben, dass die Person des Diebs mit irgendeiner rechtschaffenen Kunst beschrieben werden kann. Genauso oft wird die Partei verwechselt und einer wird statt eines anderen beschuldigt, woraus so viel Unheil entsteht. Denn wenn der*

Künstler eine Person nur annähernd so beschreibt, wie die Partei aussieht, der sie misstrauen, werden sie sich mit großer Überzeugung genau an diese Deutung halten, selbst wenn wir tun, was wir können, um ihnen darin zu widersprechen. Ich habe erlebt, dass die Besonnenen sehr von unserer Deutung profitiert haben und dass sie mehr wiedergefunden haben als sie erwartet haben etc. Aber auch das Gegenteil.[51]

◊

Wo ist mein Schal?

Die Fragestellerin, eine ältere Frau, hatte einen altertümlichen schwarzen Schal getragen und ihn irgendwo aufgehängt, aber sie konnte sich nicht mehr daran erinnern, wo? Der Herr von 2 oder der Herr von 4? Saturn, der Herr von 4, beschreibt eine schwarze und altertümliche Sache zutreffend.

Wo steht Saturn? Im 5. Haus. Also befindet sich der Schal an einem Ort, der Freizeitaktivitäten gewidmet ist. Wären die Kinder der Fragestellerin mögliche Verdächtige, wäre die offensichtliche Empfehlung hier: „Beschuldigen Sie die Kinder", aber die waren es hier nicht.

Beschreiben Sie den Ort der Freizeit. Saturn ist in einem Feuerzeichen, also ein feuriger Platz der Freizeit. Ein Restaurant würde passen.

Gut: Sagen wir, der Schal ist in einem Restaurant. Es mag andere Optionen geben, aber diese scheint realistisch, also greifen wir sie auf, führen sie durch und schauen, wohin sie uns führen. Nun müssen wir das Restaurant beschreiben und lokalisieren. Also gehen wir einen Schritt tiefer in das Horoskop hinein. Saturn ist der Schal. Dass er in Widder ist, hat uns gesagt, dass er sich in einem Restaurant befindet, also *ist* der Herrscher von Widder das Restaurant.

Mars befindet sich genau auf dem MC. Auf einer Achse: nahe der Wohnung. Innerhalb eines Grads von der Achse: sehr nahe bei der Wohnung. Wir könnten das 10. Haus auch als Arbeitsplatz auffassen und deuten, dass das Restaurant sehr nahe am Arbeitsplatz ist, aber die Fragestellerin befand sich bereits im Ruhestand.

Widder hatte uns gesagt, dass sich der Schal in einem Restaurant befindet. Der Planet, der über Widder herrscht, zeigt uns, wo dieses Restaurant ist. Das macht er über seine Platzierung – als ob das Restaurant selbst der verlorene Gegenstand wäre. Das Zeichen, in dem sich der Planet befindet, wird uns das Restaurant beschreiben. Stünde Mars in Steinbock: ein indisches Restaurant; in Krebs: ein chinesisches; in Löwe: ein französisches oder italienisches Restaurant.

---

[51] *Englands Propheticall Merline*, S. 133.

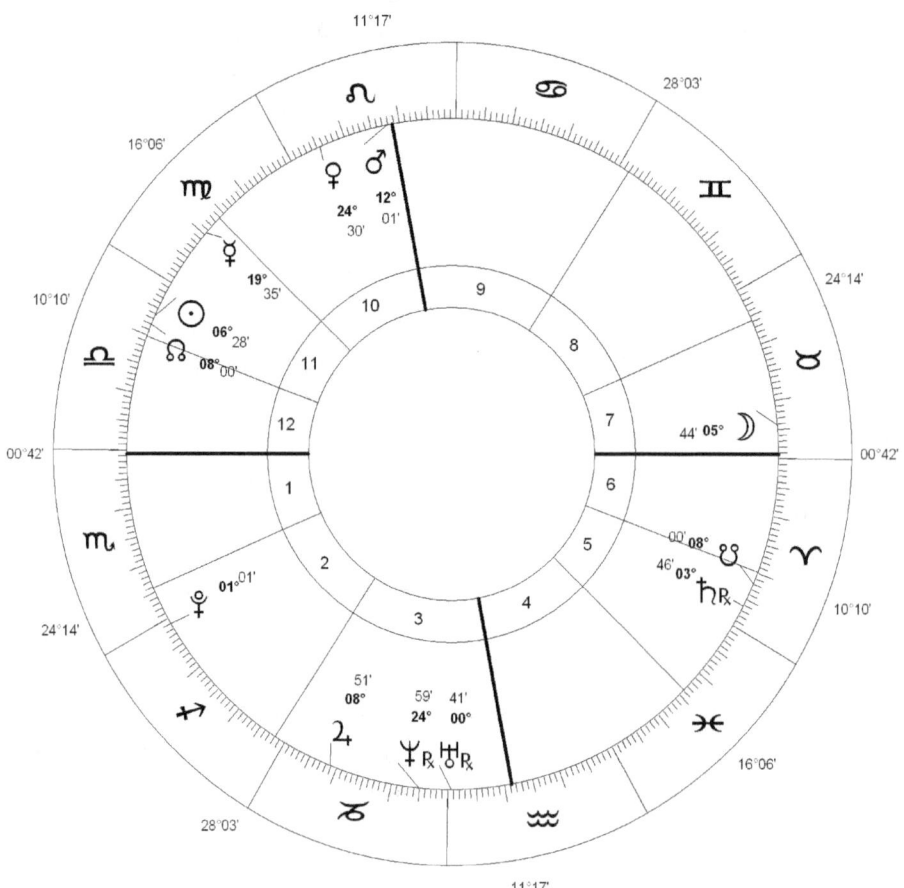

Wo ist mein Schal? 29. September 1996, 9.22 Uhr Britischer Sommerzeit, London.

Der Schal ist in einem französischen oder italienischen Restaurant, unweit der Wohnung der Fragestellerin. „Ach ja – da gibt es ein französisches Restaurant im Nachbarhaus. Dort war ich neulich Abend." Und dort wurde der Schal gefunden.

Achten Sie hier auf das eindeutige Beispiel für ein Grundprinzip aller traditionellen Astrologie: **Planeten *sind*, Zeichen *beschreiben*. Planeten sind Substantive, Zeichen Adjektive.**

Ein wichtiger Punkt: Wir haben hier mehrere Schritte tiefer hinein in das Horoskop getan. Nehmen wir an, die Situation wäre anders. Nehmen wir an, Mars wäre selbst der Signifikator des verlorenen Gegenstands und die Fragestellerin würde in einem Büro arbeiten. Mars ist im 10. Haus: Sie hat den Schal bei der Arbeit liegenlassen. Wo bei der Arbeit? Mars steht direkt auf der Hausspitze: Nahe der Tür. Mars ist in einem Feuerzeichen: Gibt es eine Heizung in der Nähe der Tür? Oder vielleicht ist der Schal direkt an der Wand.

„Was ist der Unterschied?" Wenn uns der Signifikator sagt, dass der Gegenstand an einem bestimmten Ort liegt, brauchen wir diesen nicht zu lokalisieren. Also können wir die anderen Hinweise verwenden, um uns seinen Aufenthaltsort innerhalb des Ortes zu zeigen. Aber Saturn zeigte uns im Schal-Horoskop nur, dass der Schal sich an einer der Freizeit gewidmeten Stätte befand. Das gibt uns eine ganze Reihe von möglichen Orten, also müssen wir einen aus diesem Angebot auswählen – wir sind immer noch auf der Suche nach einem konkreten Ort. Schauen Sie sich noch mal das Kater-Horoskop an. Der Kater befindet sich im Haus des Katers. Es gibt nur ein passendes Kater-Haus für diese Frage: Wir müssen nicht weitersuchen. Wäre Mars das gesuchte Objekt in diesem Horoskop gewesen, welches darauf hinweist, dass es sich im Büro befindet: Es gibt nur ein Büro, also müssen wir nicht weitersuchen. Aus der weiten Palette von „Orten der Freizeit" müssen wir einen aussuchen, also müssen wir die Auswahl, wie oben gezeigt, genauer bestimmen.

Wir haben das Zeichen, in dem Saturn steht, verwendet, um die Art des Freizeitorts zu beschreiben: Er ist in einem Feuerzeichen, also ist es eine feurige Art von Ort, etwa wie ein Platz, an dem Dinge gekocht werden. Nehmen wir an, Saturn hätte in einem Luftzeichen gestanden. Wir dürfen das nicht zu wörtlich nehmen: Ein Heißluftballon ist ein luftiger Freizeitort; wahrscheinlicher wären ein Kino oder ein Theater, ein Café, wo Menschen sich treffen, um sich zu unterhalten, vielleicht auch ein Schachklub. Luft steht für die geistigen Fähigkeiten, könnte also alles beschreiben, was diese beschäftigt. Ähnlich könnte ein wässriger Ort der Freizeit ein Swimmingpool sein, aber es ist wahrscheinlicher, dass es eine Kneipe ist. Merken Sie sich das als eine Grundregel: Seien Sie flexibel.

GELD

Obwohl das 2. Haus das Geldhaus ist, ist es doch nicht dasjenige, welches uns hauptsächlich interessiert, wenn Leute eine Frage zum Geld stellen. Sie fragen nicht nach ihrem Geld, sondern nach dem von jemand anders, das sie gerne hätten. Wo im Horoskop wir dieses andere Geld finden, hängt vom Kontext der Frage ab. Wessen Geld ist es?

Üblicherweise ist es entweder das 8. oder das 11. Haus. Das 8. Haus, das 2. vom 7. Haus, ist das Geld des Ehegatten, Geschäftspartners, Klienten, Feindes und „jeder x-beliebigen anderen Person". Das 11. Haus, das 2. vom 10. Haus, ist das Geld aus der Arbeit, das des Chefs oder Königs. Es ist auch das Haus der „Sterntaler". Deshalb ist:

* „Wann bekomme ich meinen Lohn?" 11. Haus
* „Wird diese Stelle anständig bezahlt?" 11. Haus
* „Erhalte ich einen Steuernachlass?" 11. Haus
* „Wann wird mich dieser Klient bezahlen?" 8. Haus
* „Werde ich bei der Pferdewette heute Abend gewinnen?" 8. Haus
* „Hat mein Liebster überhaupt Geld?" 8. Haus
* „Werde ich in der Lotterie gewinnen?" 11. Haus.

Und:
* „Kann ich von der Astrologie leben?" 10. Haus (vgl. Kapitel 22)
* „Werde ich Vaters Bargeld erben?" 5. Haus
* „Werde ich Gewinn machen, wenn ich dieses Haus verkaufe?" 5. Haus (vgl. Kapitel 18).

Lassen Sie uns Schritt für Schritt unseren Weg durch dieses Labyrinth finden.

Aktien und Wertpapiere

Das ist am einfachsten, also werden wir das als erstes erledigen. Es ist ein Märchen, dass Aktien, Wertpapiere und Obligationen als „Geld anderer Leute" eine Angelegenheit des 8. Hauses sind. Das sind sie nicht: Ihre Aktien sind Ihr eigenes Geld (2. Haus) in anderer Form. Wenn Sie Aktien kaufen, wird Ihr Geld genauso wenig das Geld von jemand anders, als wenn Sie Ihr Bargeld in eine fremde Währung umtauschen. Es bleibt Ihr Geld, das in seinem Wert steigen oder fallen kann.

Fragen über Kapitalanlagen sollten also nach dem Zustand des 2. Hauses und der Verfassung und den Handlungen des Herrn von 2 gedeutet werden. Zeichenwechsel sind an dieser Stelle oft entscheidend. „Sollte ich meine Ersparnisse von A nach B umtauschen?" und der Herr von 2 ist dabei, ein fruchtbares Zeichen zu verlassen und in ein unfruchtbares zu wechseln: „Nein, Ihre Ersparnisse werden so nicht wachsen". Der Herr von 2 dabei, ein Zeichen, in dem er peregrin steht, zu verlassen, um eins, in dem er Würden hat, zu betreten: „Ja, Ihren Ersparnissen wird das gut tun".

Als Grundregel: Wohin der Herr von 2 geht, zeigt die Zukunft, *sofern der Wechsel vorgenommen wird*. Also ist der Herr von 2 auf dem Weg zum südlichen Mondknoten ein Zeugnis dafür, nicht zu wechseln; auf dem Weg zum nördlichen Mondknoten, ein Zeugnis für einen Wechsel. Aber seien Sie vorbereitet, flexibel zu sein, wenn das Horoskop etwas anderes nahelegt. Nehmen wir zum Beispiel an, dass der Herr von 2 am Ende des Zeichens ist, als er auf den südlichen Mondknoten trifft, und dass er im nächsten Zeichen in Würden stehen wird. Hier können wir die Begegnung mit dem südlichen Mondknoten im derzeitigen Zeichen als das nehmen, was passiert, wenn alles bleibt wie es ist, und den Übergang in das nächste Zeichen als den in Aussicht stehenden Wechsel. In diesem Beispiel würde der Fragesteller von einem Wechsel profitieren: Bleibt er an Ort und Stelle, wird sein Geld darunter leiden (der Herr von 2 in Konjunktion mit dem südlichen Mondknoten). Das Horoskop hat uns mit dem Zeichenwechsel einen vorrangigen Hinweis für einen Wechsel gegeben.

Fragt der Klient nach einer bestimmten Massenware, ist es sinnvoll, nach dem natürlichen Herrscher dieser Ware zu schauen. „Ich denke darüber nach, Gold zu verkaufen und Internet-Aktien zu kaufen" und die Sonne (Gold) steht kurz vor einer Konjunktion mit Saturn, während Merkur (Computer) dabei ist, in die Jungfrau einzutreten: „Kaufen Sie die Internet-Aktien!" Seien Sie dennoch vorsichtig: Das gilt nur für konkrete Fragehoroskope; es bedeutet nicht, dass der Goldpreis jedes Mal fällt, wenn die Sonne in Konjunktion zu Saturn steht!

Wenn Ihr Fragesteller Überlegungen anstellt, den Markt für Gurken oder ein anderes Produkt zu beherrschen, können Sie sich auch den Arabischen Punkt für diese Massenware anschauen und sowohl den Lospunkt als auch seinen Herrscher bewerten.

Entlohnt werden oder Geld zurückerhalten

Wir müssen uns darüber klar sein, woher das Geld kommt. In der Regel liegt das auf der Hand: Wenn Sie für eine Firma arbeiten, wird Ihr Lohn durch das 2. vom 10. Haus angezeigt, welches das 11. Haus ist. Aber manchmal ist es nötig, sich Gedanken über die Natur der Arbeitsbeziehung zu machen. Ist es eine Beziehung Mitarbeiter-Chef oder ist es eine Klientenbeziehung? Wenn Sie sich beispielsweise dazu entschließen, als Astrologe zu arbeiten, ist die Person, die zur Beratung zu Ihnen kommt, Ihr Klient: 7. Haus. Für „Wird er mich bezahlen?" würden Sie ins 8. Haus schauen, um sein Geld darzustellen. Das ist auch der Fall, wenn Ihr Klient ein Unternehmen ist. Wenn das Unternehmen Sie jedoch als hausinternen Astrologen auf seine Gehaltsliste setzt, ist Ihr Gehalt 11. Haus. Das Gleiche gilt für jede freiberufliche Arbeit, die Sie vielleicht für die AstroHoroskope AG verrichten. Ihre allgemeine Frage: „Kann ich von der Astrologie leben?", bezieht sich auf das 10. Haus, weil es das 2. vom 9. Haus ist und als solches den Gewinn, den Sie aus Ihrem Wissen ziehen (Kapitel 22), anzeigt. Verwenden Sie diesen Zugang nicht in einer Untersuchung über eine konkrete Bezahlung.

Bezieht sich die Frage auf die Höhe der Bezahlung, schauen Sie sich den Herrscher des Hauses, welches das Geld anzeigt, und seine essenziellen und akzidentiellen Würden an. Je stärker der Planet, desto höher der Betrag. Schauen Sie auch nach Schwächungen oder Stärkungen für das betreffende Haus: Ein starker Jupiter auf seiner Spitze ist beispielsweise eine gute Nachricht; ein schwacher Saturn nicht.

Hinweis: Bei Fragen, in denen es ausschließlich um die *Höhe* des Geldbetrags geht, benötigen wir keinen Aspekt. Aber wenn es einen gibt, müssen wir uns seine Natur anschauen. Das Konzept des finanziellen Gewinns geht davon aus, dass er zu uns kommt: Sonst wäre es kein Gewinn. Das Gleiche gilt für den Arbeitslohn. Nehmen wir an, der Herr von 11 ist stark und läuft auf ein Quadrat zum Herrn von 1 zu: „Das Gehalt ist gut, aber es kann sich etwas hinziehen, bis Sie es bekommen, oder Sie müssen dafür etwas Druck machen".

Häufiger geht es in derartigen Fragen weniger um die Höhe des Betrags als um das „wann" und „ob" seines Eintreffens. In diesem Fall brauchen wir einen Aspekt: kein Aspekt, kein Eintreffen. Schauen Sie nach einem Aspekt zwischen dem Signifikator des Geldes und entweder dem Klienten (der Herr von 1 oder der Mond) oder dem Herrn von 2. Das 2. Haus kann als das Portemonnaie oder Bankkonto des Fragestellers angesehen werden, also würde uns ein Aspekt zwischen dem Geld und dem Herrn von 2 zeigen, wie das Geld im Portemonnaie des Fragestellers ankommt. Dabei ist es egal, welcher Signifikator auf welchen zuläuft: Die Frage unterstellt, dass das Geld zum Fragesteller kommt.

Wenn Sie jemandem Geld geliehen haben, ist es jetzt das Geld dieser Person. Wenn Sie fragen: „Wird er mir das Geld zurückzahlen?", ist es das 2. Haus dieser Person, das uns interessiert (also das 2. vom 3. Haus, wenn ich es meinem Bruder geliehen habe; das 2. vom 11 Haus, wenn ich es meinem Freund geliehen habe). Schauen Sie, ob es einen Aspekt zwischen dem Herrscher dieses Hauses und entweder dem Herrn von 1, dem Mond oder dem Herrn von 2 gibt. Wenn es keinen Aspekt gibt, der die Rückzahlung anzeigt, kann ein günstiger

Aspekt zwischen dem Signifikator dieser Person und dem des Fragestellers eine bevorstehende Vereinbarung zwischen beiden anzeigen. Achten Sie auf gravierende Schädigungen des Signifikators, der das Geld dieser Person darstellt: Sie werden nicht bezahlt werden, weil sie kein Geld hat. Der Signifikator innerhalb seines eigenen Hauses ist auch eine schlechte Nachricht, egal wie stark er ist: Die Person mag jede Menge Geld haben, aber es bleibt in ihrer Tasche.

Glücksspiel
Einmal habe ich einen Artikel an eine amerikanische Astrologiezeitschrift geschickt, inklusive der Deutung eines Stundenhoroskops „Werde ich heute bei der Pferdewette gewinnen?" Als Antwort erhielt ich einen hitzigen Brief, in dem ich für meine Dummheit beschimpfte wurde, mich überhaupt an so eine Frage heranzuwagen, denn es sei unmöglich zu wissen, ob jemand gewonnen hat oder nicht. Da Astrologen Geschöpfe sind, die weit über den vulgären Konzepten von Gewinn und Verlust stehen, sollte ich erklären, dass, wenn Sie am Ende mehr Geld haben als zu Beginn, Sie gewonnen haben; wenn Sie am Ende weniger haben, haben Sie verloren.

Glücksspiel wird oft als eine Aktivität des 5. Hauses angesehen. Aber wenn jemand eine Frage zum Glücksspiel stellt, ist der Punkt, um den es geht, der zu erzielende Gewinn; ich bin noch nie gefragt worden: „Werde ich auf der Pferderennbahn eine gute Zeit haben?" Eine gute Zeit haben ist eine Angelegenheit des 5. Hauses; Gewinn zu machen ist es nicht.

Die Wette ist ein Wettkampf zwischen Ihnen und dem Buchmacher, folglich ist er Ihr Feind (7. Haus) und sein Geld sein 2. Haus, welches das radikale 8. Haus ist. Es ist sein Geld, das Sie haben wollen, also wird ein Erfolg durch einen Aspekt zwischen dem Herrn von 8 und entweder dem Herrn von 1, dem Mond (sofern dieser weder den Buchmacher noch dessen Geld darstellt) oder dem Herrn von 2 angezeigt. Noch einmal: Es ist egal, welcher Planet auf welchen zuläuft.

Vorausgesetzt, es gibt so einen Aspekt, zeigt die Stärke des Herrn von 8, wie viel der Fragesteller gewinnen wird, in Relation zu seinem Einsatz. Das kann helfen, über eine Wette zu entscheiden. Nehmen wir an, der Fragesteller hat sich entschlossen, eine bestimmte Mannschaft zu unterstützen. Vielleicht bietet der Buchmacher eine Reihe von Wetten auf den Sieg dieser Mannschaft an, jede zu einer anderen Quote. Ist der Herr von 8 stark und zeigt damit einen hohen Gewinn an, kann der Fragesteller die riskantere Wette mit höheren Quoten wählen. Ist der Herr von 8 schwach, sollte er bei der sichereren Option mit niedrigen Quoten bleiben.

Bei derartigen Fragen – und bei solchen über Geldanlagen – sollte der Fragesteller davon überzeugt werden, zuerst seine Hausaufgaben zu machen. Das Horoskop wird zuverlässiger sein, wenn er einige Mühe darauf verwendet hat, aus den angebotenen Wetten auszuwählen.

Lotterien sind keine Wettkämpfe. Zumindest sind sie nur dann ein Wettkampf, wenn der Fragesteller ein System entwickelt hat, um die Lottogesellschaft auszutricksen: Dann wird daraus ein „wir gegen sie", was wie oben mit dem 8. Haus gedeutet werden sollte. Lotterien werden so aufgefasst, als streckte der Fragesteller seine Hände aus, um zu sehen, ob etwas monetäres Glück in sie hineinfällt: Sterntaler. Als solche werden sie mit dem 11. Haus gedeutet: Gibt es einen Aspekt zwischen dem Herrn von 11 und dem Fragesteller oder seiner Brieftasche? Wenn der Fragesteller nur nach einem Jackpot fragt, muss der Herr von 11 außergewöhnlich stark sein, um ein „Ja" zu erlauben.

Stellt der Klient eine Frage zum Preisgeld seines eigenen Pferdes, schauen Sie nach dem 2. Haus des Pferdes (Gewinn durch das Pferd). Das Pferd ist 12. Haus, also ist sein 2. Haus das radikale 1. Haus. Lassen Sie den Klienten für einen Moment beiseite und weisen Sie den Herrn von 1 dem Gewinn durch das Pferd zu. Idealerweise wäre es ein starker Wohltäter, der entweder das 1. oder das 2. Haus begünstigt (das 1. Haus wird jetzt als der Fragesteller angesehen). Andernfalls wird ein Aspekt zwischen dem Herrn von 1 und entweder dem Mond oder dem Herrn von 2 den Gewinn anzeigen.

Ich habe mal eine stundenastrologische Frage zur Wette auf ein Fußballspiel gestellt. Das Horoskop zeigte den Herrn von 2, der auf eine Opposition zum Herrn von 1 zulief. Das machte keinen Sinn. Wie sollte mein Geld zu mir kommen? Entweder verschwindet mein Geld oder das Geld des Buchmachers kommt zu mir. Mit nagender Neugier platzierte ich die Wette. Das Spiel wurde zur Halbzeit abgebrochen und alle Wetteinsätze zurückgezahlt. Mein Geld kam zu mir – per Opposition, weil ich den Ärger hatte, extra hinzufahren, um es mir abzuholen.

◆ Stundenhoroskope zu diesem Thema werden weitaus detaillierter in meiner *Sportastrologie* besprochen. ◆

Das Geld des Partners

In Lillys Tagen lautete eine beliebte Frage: „Hat meine künftige Ehefrau Geld und kann ich es in meine Hände bekommen?" Das Geld der Ehefrau wird durch das 8. Haus dargestellt. Um herauszufinden, wie viel Geld da ist, schauen Sie sich den Zustand des Herrn von 8 und alle Schwächungen und Begünstigungen für das 8. Haus an. Um zu sehen, ob der Fragesteller das Geld bekommt, schauen Sie nach einem Aspekt zum Herrn von 1, dem Mond oder dem Herrn von 2. Deuten Sie die Aspekte gemäß ihrer Natur: Bei Trigonen kommt das Geld zum Beispiel leicht, bei Oppositionen kommt es erst nach einer derartigen Anstrengung, dass es den Kampf nicht wert ist.

Ein Beispiel: Nehmen wir an, der Herr von 1 steht in der Erhöhung des Herrn von 8. Der Fragesteller denkt, dass es jede Menge Geld gibt und möchte es unbedingt haben. Nehmen wir weiter an, dass der Herr von 8 im Exil steht. Es gibt nur wenig Geld. Der Fragesteller macht ein Trigon zum Herrn von 8. Es mag nicht sehr viel Geld geben, aber dem Fragesteller stehen die Türen zum vorhandenen Geld offen.

Das kann eine wichtige Überlegung sein, wenn es darum geht, künftige Geschäftspartner einzuschätzen.

Das Geld der Regierung

Wenn der Klient eine Frage zu Steuernachlass, Pension, Sozialhilfe oder anderen staatlichen Leistungen stellt, wird das Geld durch den Herrn von 11 (das 2. vom 10. Haus: das Geld der Regierung) angezeigt. Schauen Sie nach einem Aspekt zum Fragesteller oder dem Herrn von 2, um den Empfang des Geldes anzuzeigen; die Stärke des Herrn von 11 und das 11. Haus zeigen, wie viel es ist.

Das 11. Haus zeigt auch „das Geschenk des Königs": jede Gunst, die wir von der Person an der Macht erhalten. Für eine Leistung aus der sozialen Sicherung, zu der diese Person berechtigt ist, können die Rezeptionen des Herrn von 10 (die Regierung) vernachlässigt werden: Das Verfahren hängt nicht davon ab, wer wen mag. Aber für, zum Beispiel, „Werde ich das Stipendium des Beirats für Kunst erhalten?" ist die Haltung der verleihenden Körperschaft (Herr von 10) wichtig. Idealerweise würden wir hoffen, ihn in der Erhöhung unseres Fragestellers zu finden. Könige sind vielbeschäftigte Leute und mögen deshalb nicht die Zeit haben, jeden zu erhöhen, der Ihre Geschenke verdient, aber negative Rezeptionen (per Exil oder Fall) wären nicht sehr vielversprechend. Je einzigartiger das

Geschenk ist (der Orden Pour le Mérite oder nur das Eiserne Kreuz?), desto stärker die Rezeption, die wir erwarten würden zu sehen.

Erbschaften

Erbschaften sind nur im allgemeinen Sinn 8. Haus: Geld von den Toten. Verwenden Sie für jede konkrete Untersuchung das 2. Haus dessen, wer auch immer das Geld hinterlässt. Das Geld wird betrachtet, als gehörte es noch immer dem Dahingeschiedenen. Schauen Sie wie üblich nach einem Aspekt, um zu zeigen, dass es kommt, und nach der Stärke, um zu zeigen, wie viel es ist. Halten Sie Ausschau nach Aspekten des Signifikators des Geldes zu anderen Planeten oder nach gegenseitigen Rezeptionen: Das kann anzeigen, dass noch jemand anders seine Finger im Spiel hat. Identifizieren Sie diesen planetaren Eindringling nach dem Haus, das dieser Planet beherrscht. Wird der Aspekt vom Geld zum Herrn von 1 beispielsweise durch den Herrn von 6 verhindert: Das Geld geht an das Katzenheim.

Es hilft natürlich, wenn die Person, die das Geld hinterlässt, den Fragesteller mag – oder zumindest nicht hasst; also schauen Sie sich die Rezeptionen des Planeten dieser Person an und was sie bezüglich der Haltung des Dahingegangenen gegenüber dem Fragesteller offenbaren.

Ein Beispiel zum Geldmachen

Ich hatte mit einer anderen Technik als der Stundenastrologie eine astrologische Einschätzung eines sportlichen Wettkampfs erstellt. Es reizte mich, auf meine Wahl des Siegers zu wetten, also stellte ich die Frage: „Werde ich gewinnen, wenn ich X unterstütze?"

Das Geld des Buchmachers, das ich zu gewinnen hoffte, ist der Herr von 8: Merkur. Gibt es einen applikativen Aspekt zwischen Merkur und dem Herrn von 1 (Saturn)? Nein.

Gibt es einen applikativen Aspekt zwischen Merkur und dem Mond? Ja – obwohl das Quadrat des Mondes zu Jupiter eine Verhinderung sein könnte.

Gibt es einen applikativen Aspekt zwischen Merkur und dem Herrn von 2 (Jupiter)? Nein – obwohl der Mond zunächst Jupiter und dann Merkur aspektiert und damit das Licht von Jupiter auf Merkur überträgt.

Beachten Sie auch, dass Merkur und Jupiter per Antiszie sehr nahe beieinander stehen (die Antiszie von Merkur landet auf 10°55' Wassermann, die von Jupiter

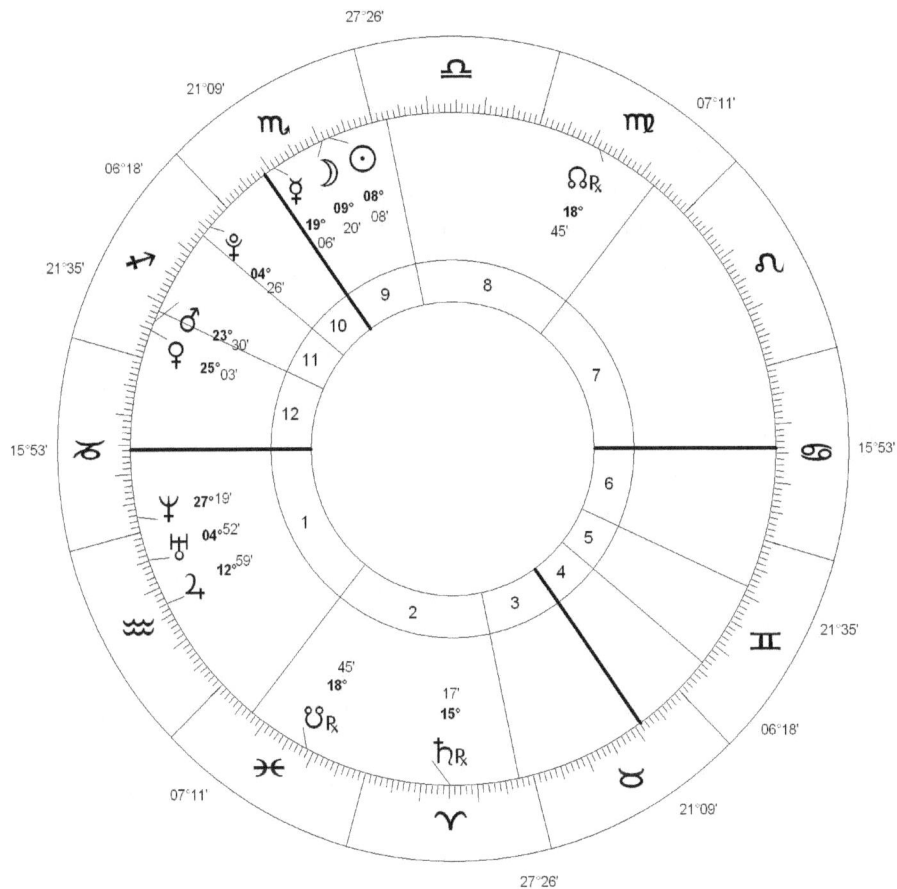

Soll ich Silber kaufen? 31. Oktober 1997, 12.36 Uhr GMT, London.

auf 17°01' Skorpion). Aber beide Planeten entfernen sich von der Antiszie des jeweils anderen.

Also haben wir zwei positive Zeugnisse: Einmal wandert der Mond zu Merkur, was – da Aspekte Konjunktionen häufig nicht verhindern – mich und das Geld zusammenbringt. Zweitens nimmt der Mond Jupiter (mein Geld) auf und bringt es zu Merkur (das Geld, das ich haben möchte).

Das sieht vielversprechend aus. ABER: Beide Zeugnisse hängen vom Mond ab und der ist verbrannt. Er ist handlungsunfähig. Sofern man noch schwächer als total zerstört sein kann, ist der verbrannte Mond schwächer als alle anderen verbrannten Planeten, weil seine Fähigkeit zu handeln immer davon abhängt, ob er Licht hat, und wenn er in Konjunktion mit der Sonne steht, hat er kein Licht.

Werde ich gewinnen? Nein. Die extreme Schwäche des Mondes kann die positiven Zeugnisse nicht zum Tragen bringen.

Eine derartige Deutung war – und wird es mit ein bisschen Übung auch für Sie sein – eine Sache von wenigen Minuten: ein schneller Blick über das Horoskop. Ich hatte das Horoskop noch immer auf meinem Computerbildschirm, als ein Klient anrief. Er war ein regelmäßiger Klient, der einfache Fragen direkt stellte, es verging also nicht viel Zeit zwischen dem Erstellen meines eigenen Horoskops und dem Hören seiner Frage. Das Horoskop war das gleiche.

Seine Frage lautete: „Soll ich Silber kaufen?" Wir können solche Fragen deuten, indem wir auf den Herrn von 2 schauen und die Frage als „Soll ich mein Geld in Silber umtauschen?" verstehen. Gleichwohl lenkt das Wort „Silber" unsere Aufmerksamkeit auf den Mond.

Wie geht es dem Mond? Ach du liebe Güte! Er steht im Zeichen seines Falls; er ist verbrannt, so nahe an der Sonne, dass er kein Licht hat. Er könnte kaum schwächer stehen.

Der Mond *ist* das Silber; ist das also eine gute Zeit Silber zu kaufen? Ja! Es ist so schwach, dass es nicht schwächer werden kann: Das ist, zum allermindesten, eine Wette, bei der man nicht verlieren kann.

Es ist wichtig, dass der Mond dabei ist, sich von der Sonne zu lösen. Obwohl er so gut wie kein Licht hat, ist er dabei, seinen Aufschwung zu beginnen und Licht aufzunehmen.

Dieses Zeugnis reicht für die Deutung aus. Es wird durch den Herrn von 2 bestätigt, der sich auf Fische, sein eigenes Zeichen, zubewegt.

„Ja, kaufen Sie Silber." Der Silberpreis stieg im folgenden Monat dramatisch an.

Dieses Horoskop ist von besonderem Interesse, weil es zwei Fragen zeigt, die offenkundig die gleichen sind: „Werde ich Gewinn machen?", beide nach demselben Horoskop gedeutet, und trotzdem gibt es entgegengesetzte Antworten. Bei all ihrer Einfachheit ist diese Methode unendlich subtil.

17

Fragen zum dritten Haus

WAHR ODER FALSCH?

Ist diese Information, dieser Tratsch oder dieses Gerücht wahr?

Hier schauen wir nach Zeugnissen dafür, dass die Information (der Tratsch, das Gerücht) wahr ist. Wenn wir nur wenige oder keine derartigen Zeugnisse haben, ist sie per Standardantwort falsch. Ein Void-of-course-Mond spricht dafür, dass sie keine Folgen hat, egal ob sie wahr ist oder falsch.

Damit sie wahr ist:

* sollten die Achsen des Horoskops in fixen Zeichen liegen
* sollten sich der Herr von 1, der Herr von 3, der Mond und der Dispositor des Mondes in fixen Zeichen und Eckhäusern befinden oder wenigstens in fixen Zeichen und nachfolgenden Häusern.

Schauen Sie sich den Zustand des 3. Hauses an: Eine Verletzung an dieser Stelle (wie etwa ein geschwächter Saturn auf der Spitze) kann uns Unwahrheit signalisieren. Aber seien Sie vorsichtig: Das könnte auch anzeigen, dass der Fragesteller durch diese Information geschädigt werden wird. Der Kontext wird normalerweise klar machen, was hier wahrscheinlicher ist.

Bei so vielen Zeugnissen werden Sie nur selten ein einstimmiges Urteil erhalten. Die Mehrheit der Zeugnisse reicht aus.

Sowohl Eckhausplatzierung als auch fixe Qualität bringen ein Gefühl von Solidität mit sich. Was wir hier also machen ist, die Information kraftvoll gegen das Horoskop schlagen, um zu sehen, ob sie real ist oder eine Illusion.

◆ Heute würde ich die Vorstellung, dass die Zeichen an den Achsen von irgendeiner Bedeutung sind, zurückweisen. In keinem anderen Typ Frage kümmern wir uns darum, ob die Achsen oder wichtigen Hausspitzen kardinal, fix oder veränderlich sind; es gibt keine Begründung dafür, warum wir es hier tun sollten.

Beachten Sie, dass die wichtigen Planeten fix *und* in Eckhäusern stehen müssen, nicht fix *oder* in Eckhäusern. Ich sehe keinen Grund dafür, den Dispositor des Mondes hier einzubeziehen; sogar der Gedanke, den Mond selbst mit einzubeziehen, ist, um das Allermindeste zu sagen, im höchsten Maße zweifelhaft. Man könnte argumentieren, den Herrn von 1 einzubeziehen, um zu prüfen, ob der Fragesteller überhaupt irgendein Verständnis der Wirklichkeit hat – aber das bei weitem wichtigste Zeugnis ist das des Herrn von 3. ◇

Ist diese Vorhersage oder dieser Traum wahr?

Verwenden Sie die gleichen Zeugnisse wie oben, aber schauen Sie auf das 9. Haus und seinen Herrn, statt des 3. Hauses und seines Herrn.

Warnung!

Diese Fragen sind selten; belassen Sie es dabei! Sie können sagen: „Ist es wahr, dass ich Jane heiraten werde?" oder „Ist es wahr, dass ich die Arbeitsstelle bekommen werde?" Wenn Sie in diese Falle gehen, werden Sie bald jede Frage als Angelegenheit des 3. Hauses ansehen. In die gleiche Falle können Sie mit dem 11. Haus tapsen, dem Haus der Hoffnungen und Wünsche: „Wird mein Wunsch, Jane zu heiraten / die Stelle zu bekommen, in Erfüllung gehen?" Nutzen Sie stets den direktesten Weg: Was so aussieht, als sei es: „Ist das wahr?", kann üblicherweise neu verortet werden. Wenn die Klientin fragt: „Ich habe von einem Gerücht gehört, dass mich mein Freund betrügt. Ist das wahr?", dann bringen Sie es auf den Punkt: Das ist eine Frage des 7. Hauses über ihren Freund, nicht eine Frage des 3. Hauses über wahr oder falsch. Selbst wenn Sie geträumt haben, dass Sie Ihre Liebste heiraten, fragen Sie besser, statt „Ist mein Traum wahr?", „Werde ich sie heiraten?"

In meiner ganzen Laufbahn habe ich nicht mehr als eine Handvoll von „Ist das wahr?"-Fragen gedeutet. Diejenigen, die mir in den Sinn kommen, sind ein Fragesteller, der hoffte, die Belohnung für das Auffinden eines vermissten Jungen zu erhalten, indem er fragte, ob die Gerüchte über dessen Aufenthaltsort zutreffen, und meine eigene Frage zu einer unwahrscheinlichen Vorhersage eines Fernsehastrologen in einer Sylvester-Fernsehshow.

Kann ich ihm vertrauen?

Schauen Sie sich den, wie üblich per Haus ausgewählten, Signifikator der Person an. Je mehr essenzielle Würden er hat, desto ehrenwerter ist sie. An dieser Stelle ist die fixe Qualität nicht unbedingt eine gute Sache: Wenn der Planet der Person im Exil und in einem fixen Zeichen steht, wird sie stur an ihrer Unehrlichkeit festhalten.

Mit Merkur ist es immer verzwickt, selbst wenn er in Würden steht. Merkur ist von Natur aus amoralisch. Deshalb wird er – selbst wenn er stark ist oder wenn ein anderer Planet mit jeder Menge essenzieller Würden in einem Merkurzeichen steht – wahrscheinlich jemanden darstellen, der nur solange ehrlich ist, wie es ihm passt. Wenn er sich in Zwillinge aufhält, mag er die Wahrheit auf spielerische Weise missachten oder sich an seinen Taschenspielertricks erfreuen; steht er in der Jungfrau, wird er das Kleingedruckte hervorziehen, um zu beweisen, dass seine Unehrlichkeit am Ende doch ehrlich ist, und Sie damit noch mehr in die Irre führen, weil Sie ihm glauben.

◆ Diese Frage ist üblicherweise zu vage, um nützlich zu sein: Ich kann einem Dieb vertrauen – sich so wie ein Dieb zu verhalten. Es ist besser, sie in konkreten Begriffen zu formulieren: „Wird er seine Finger in der Kasse stecken, wenn ich ihm die Verantwortung für den Laden übertrage?" „Wird er meine Bewerbung wirklich unterstützen, wie er es versprochen hat?"

Grundsätzlich ist die Person je ehrenwerter, je mehr essenzielle Würden ihr Signifikator hat. Aber seien Sie vorsichtig. Wenn der Planet im eigenen Zeichen, vor allem aber wenn er in der eigenen Erhöhung steht, wird die oberste Priorität dieser Person diese Person selbst sein. Das kann mit einer herablassenden Haltung gegenüber anderen einhergehen. ◆

BRIEFE, TELEFONANRUFE, BESUCHER

Das 3. Haus ist in dieser Hinsicht selten von Bedeutung. Hieße die Frage: „Hat sie meinen Brief erhalten?", könnten wir nach einem separativen Aspekt (der uns etwas anzeigt, was bereits passiert ist) zwischen ihr und dem Herrn von 3, dem Brief, schauen. Der Herr von 3 in ihrem 1. oder 2. Haus wäre ein Zeugnis für das Eintreffen des Briefs: Er ist bei ihr oder in ihrem Besitz.

Meistens geht es um den Brief von jemand anders: „Wann werde ich von ihm hören?" oder „Wann wird das Buch, das ich bestellt habe, eintreffen?" Nehmen

Sie den Herrscher des 3. Hauses des Absenders, um den Brief dieser Person darzustellen. Das bringt uns normalerweise zum 9. Haus, da diese Art Fragen gewöhnlich zu Liebespartnern oder jenen Menschen gestellt wird, mit denen der Fragesteller eine Geschäftsbeziehung hat (indem er beispielsweise ein Buch bestellt). Alle diese Personen werden durch das 7. Haus dargestellt, dessen 3. das radikale 9. Haus ist. Sobald Sie die richtigen Signifikatoren gefunden haben, schauen Sie nach einem applikativen Aspekt mit dem Herrn von 1, dem Mond oder dem Herrn von 2. Ein Aspekt mit dem Herrn von 2 zeigt den Brief, wie er in den Besitz des Fragestellers gelangt. Anschließend terminieren Sie die Ankunft des Briefs in der üblichen Weise mittels der Grade. Gibt es keinen Aspekt, gibt es kein Eintreffen des Briefs.

Wenn Sie ein Buch bestellt haben, ist der Punkt, um den es geht, das Eintreffen des Buchs: Das Paket des Verkäufers, das 3. vom 7. Haus. Bei Ihrem Liebsten oder dem Anruf Ihrer Mutter ist der Punkt, um den es geht, der Kontakt mit dieser Person. Deshalb würde uns ein Aspekt dieser Person (der Herr von 7 oder jener von 10) zum Fragesteller ein „Ja" geben: Es ist nicht nötig, den Telefonanruf einzeln als das gedrehte 3. Haus auszuweisen. Haben wir das Buch einmal bestellt, möchten wir keinen weiteren Kontakt mit dem Verkäufer haben, also würde uns ein applikativer Aspekt zum Herrn von 7 in diesem Fall kein „Ja" geben.

Merken Sie sich, dass der Brief, sobald Sie ihn haben, nicht mehr das 3. Haus des Absenders, sondern Ihr 2. Haus ist: Ihr Besitz.

Lautet die Frage: „Wann wird diese Person eintreffen?", nehmen Sie den Herrscher des Hauses dieser Person (des 11., wenn es der Freund des Fragestellers ist; des 6., wenn es der Klempner ist) und schauen Sie nach einem Aspekt zum – in dieser Rangfolge – Aszendenten, Herrn von 1, zum Mond oder der Spitze 4 (welche die Wohnung des Fragestellers ist). Ohne Aspekt, keine Ankunft dieser Person. Gibt es einen Aspekt, bestimmen Sie die Zeit auf die gewohnte Weise. Solche Fragen haben typischerweise einen begrenzten Zeitrahmen, indem sie zum Beispiel annehmen, dass die Person an diesem Nachmittag eintreffen wird. Das macht die Zeitbestimmung sehr viel einfacher. Alles von weniger als einem Grad kann im Allgemeinen als „in Kürze" aufgefasst werden, obwohl wir die Zeit auf die Minute bestimmen können. In derartigen Fragen können Bogenminuten oft als Zeitminuten aufgefasst werden. Wenn der Signifikator also noch 35' vom Aszendenten entfernt ist, wird die Person in 35 Minuten eintreffen.

Es ist egal, welcher Planet auf welchen zuläuft. Wenn der Herr von 1 auf den Besucher zuläuft, statt der Besucher auf den Herrn von 1, heißt das nicht, dass der Fragesteller sich auf die Strümpfe machen muss, um seine Angebetete aufzugabeln. Wer zu wem geht, wird durch die Frage bestimmt.

Der Aspekt zum Aszendenten zeigt die Ankunft *nur* dann an, wenn die Ankunft der Person auch in der Frage angenommen wurde (wie in meinen Beispielen hier) oder wenn sie durch andere Zeugnisse im Horoskop bestätigt wird. Heißt die Frage: „Werde ich meinen seit Langem verschollenen Freund jemals wiedersehen?", zeigt der auf den Aszendenten zulaufende Signifikator des Freunds, dass er mir auf der Seele liegt; es zeigt nicht, dass er jeden Moment an meine Tür klopfen wird.

◆ Seien Sie sich im Klaren darüber, was wichtig ist. Wenn Sie eine Frage zum Geld stellen, das per Post eintreffen soll, lautet Ihre Frage: „Wann wird das Geld eintreffen?", nicht „Wann wird der Brief eintreffen?" Es ist das 2., nicht das 3. Haus des Absenders, das hier von Interesse ist. Entgegen dem, was ich oben geschrieben habe, trifft das auch auf Handelwaren wie Bücher zu, die per Post eintreffen. Es ist der Besitz des Verkäufers, der auf dem Weg zu Ihnen ist, also ist es der Herr des 2. Hauses des Verkäufers, nicht der seines 3. Hauses, der uns interessiert. Selbst wenn Sie für die Ware bereits bezahlt haben, ist sie solange nicht Ihr Besitz, bis sie eingetroffen ist, also wird sie nicht durch Ihr eigenes 2. Haus angezeigt. Das 2. Haus ist das des beweglichen Besitzes: Wenn Sie ihn noch nicht haben, können Sie ihn auch nicht umherbewegen.

Bei einer Frage wie „Was wird er von dem Brief halten, den ich ihm geschickt habe?" geht es normalerweise nicht um die Reaktion auf den Brief selbst („Auf was für einem schönen Papier er geschrieben ist!"), sondern um die Reaktion auf die Person, die ihn geschrieben hat. Also ist der Brief für die Deutung nicht wichtig. ◆

18

Fragen zum vierten Haus

IMMOBILIENGESCHÄFTE

Werde ich das Haus kaufen/verkaufen?

Diese Fragen werden auf die gleiche Weise gedeutet. Dem Fragesteller wird, egal ob Käufer oder Verkäufer, wie immer das 1. Haus gegeben; der anderen Partei das 7. Haus. Was wir sehen möchten, ist ein applikativer Aspekt zwischen dem Herrn von 1 und dem von 7. Die tatsächliche Frage lautet: „Werden wir das Geschäft abschließen?", also interessieren uns in erster Linie die Herren von 1 und 7 und nicht die Immobilie selbst, welche durch den Herrn von 4 angezeigt wird.

Hat die andere Partei im Horoskop ein bestimmtes Haus, benutzen Sie dieses anstelle des 7. Hauses. Lautet die Frage: „Wird mein Bruder mein Haus kaufen?" oder „Kann ich das Haus meines Freundes kaufen?", arbeiten Sie mit dem 3. bzw. dem 11. Haus.

Es ist egal, um welchen Aspekt es sich zwischen Käufer und Verkäufer handelt: Nur wenige Horoskope zeigen uns etwas Optimistischeres als ein Quadrat. Oppositionen scheinen die Norm zu sein, aber ohne ihren üblichen Beiklang des Bedauerns. Das spiegelt vermutlich die übergroßen Anstrengungen wider, die notwendig sind, um bei diesen Geschäften einen Abschluss zu erzwingen. Achten Sie auf die Rezeptionen. Eine gegenseitige Rezeption zwischen den Herren von 1 und 7 ist überaus ermutigend: Beide wollen das Geschäft machen. Das Fehlen von Rezeptionen ist gewöhnlich kein Problem; negative Rezeptionen (per Exil oder Fall) schon. Ein Verkäufer, dessen Signifikator im Fall des Käufers steht, wird zögern, an diesen zu verkaufen, obwohl ihn am Ende eine Notlage dazu zwingen könnte.

Die Stellung der Signifikatoren und ihre Stärke zeigen, wer in den Verhandlungen die Oberhand hat. In diesem Kontext gibt es eine grundlegende Unterscheidung zwischen der Position auf und der innerhalb einer Hausspitze. **Der Planet auf der Spitze besitzt Macht über dieses Haus, wie ein Feind, der versucht, Ihr Burgtor einzurammen; der Planet innerhalb der Spitze wird**

von diesem Haus beherrscht, wie ein Feind, der in ihm in der Falle sitzt. Folglich gilt: Der Herr von 7 auf dem Aszendenten zeigt, dass die andere Partei ganz scharf auf das Geschäft ist (im Zeichen des Herrn von 1) und vielleicht auf das Tempo drückt (der Planet auf dem Aszendenten kann oft als etwas angesehen werden, das auf dem Fragesteller lastet). Der Herr von 7 innerhalb des 1. Hauses zeigt, dass der Fragesteller die andere Partei in der Hand hat. Häufiger finden wir den Herrn von 1 im 7. Haus: Der Fragesteller ist verzweifelt und die andere Partei weiß das.

◆ Beachten Sie gleichwohl, dass der Punkt der Stärke in solchen Fragen selten eine Rolle spielt. Der Käufer ist selten in der Lage, den Verkäufer zum Verkauf zu zwingen, und der Verkäufer nur selten, den Käufer zum Kauf zu zwingen. So zeigt der Signifikator der einen Partei auf der Spitze der anderen zwar den Enthusiasmus der Person, es kann aber auch ein ungünstiges Zeugnis sein. Wenn die Frage lautet: „Kann ich den Verkäufer dazu überreden, den Preis zu senken?", ist Ihr Planet auf der Spitze des Verkäufers ein äußerst negatives Zeugnis. Wenn Sie so scharf darauf sind, was für einen Anreiz könnte der Verkäufer haben, den Preis zu senken? ◆

Obwohl es logisch erscheint, dass der Herr von 4 auf dem Weg zu einem Aspekt mit dem Signifikator des Käufers den Verkauf der Immobilie anzeigt, ist das ein weit weniger überzeugendes Zeugnis als das Zusammenkommen der Herren von 1 und 7. Der Herr von 10 zeigt uns den Preis der Immobilie. Geht dieser auf den Verkäufer zu, ist das ein so nachrangiges Zeugnis, dass es normalerweise vernachlässigt werden kann: Lassen Sie sich nicht dazu verleiten, eine Deutung allein darauf zu stützen. Ohne das Geschäft, wie es uns die Herren von 1 und 7 anzeigen, wechseln weder die Immobilie noch das Geld den Besitzer.

◆ Ich habe bezüglich der Wichtigkeit eines Aspekts zwischen dem Herrn von 4 und dem Verkäufer untertrieben. Schauen Sie stets zuerst nach einem Aspekt Herr 1/Herr 7. Wenn es keinen derartigen gibt, aber einen zwischen dem Herrn von 4 und dem Käufer, wird dieser gewöhnlich ausreichen. ◆

Ein alltäglicher Fall: Die Herren von 1 und 7 laufen auf einen Aspekt miteinander zu, was uns anzeigt, dass der Verkäufer (unser Fragesteller, der Herr von 1) die Immobilie verkaufen wird. Aber bevor der Aspekt perfekt wird, geschieht eine Verhinderung. Wer ist dieser Planet, der uns da in die Quere kommt? Der

Herr von 8, das Geld des Käufers (das 2. vom 7. Haus: das Geld der anderen Person). Er steht in seinem Fall. Was verhindert also den Vollzug des Geschäfts? Der Käufer kann das Geld nicht aufbringen.

Jeder unidentifizierte Planet, der den Verkäufer aspektiert, bevor der Signifikator des Käufers seinen Aspekt perfekt macht, kann als eine andere Person aufgefasst werden, die dazwischenkommt, um die Immobilie zu kaufen.

Sie müssen nicht nach dem Makler schauen. Sobald es einen Aspekt zwischen den Herren von 1 und 7 gibt, ist die Einbeziehung eines Maklers ohne Belang; diese Rolle brauchen wir auf der Bühne nicht. Gibt es jedoch einen Planeten, der das Licht sammelt oder überträgt, um den Aspekt herbeizuführen, kann dieser als der Makler aufgefasst werden.

◆ Ein bevorstehender Aspekt zwischen dem Verkäufer und dem Herrn von 4 hat keine Bedeutung und kann vernachlässigt werden, es sei denn er verhindert einen Aspekt mit dem Käufer. Aspekte bringen Dinge in Kontakt. Aber der Verkäufer ist bereits im Kontakt mit der Immobilie: Sonst wäre er nicht in der Lage, sie zu verkaufen.

Behalten Sie den Stand der Verhandlungen im Auge. In einem frühen Stadium benötigen wir ein starkes Zeugnis, dass das Geschäft abgeschlossen wird. In einem sehr späten Stadium, in dem über alle Punkte bereits Einigung erzielt worden ist, aber der Käufer fragt: „Wird es klappen?", ist alles, was wir für ein Ja brauchen, die Abwesenheit eines zwingenden negativen Zeugnisses (vgl. Seite 189). Nehmen wir an, die Spitze 7 stünde in einem solchen Horoskop auf 10° Widder. Der Herr von 1 auf 9° Widder würde nichts anderes anzeigen, als die Sorge des Fragestellers um das Geschäft. Aber der Herr von 1 auf 29° Fische und kurz davor, ins 7. Haus einzutreten, wäre ein starkes Zeugnis: „Ja, Sie werden dort einziehen".

Beachten Sie, dass die Immobilie durch den Herrn von 4 dargestellt wird, egal ob der Fragesteller kauft oder verkauft. Wenn er verkauft, ist es der Herr von 4, weil es seine Immobilie ist; wenn er kauft, ist es der Herr von 4, weil es seine potenzielle Immobilie ist. Alles im Horoskop leitet sich aus der Perspektive des Fragestellers ab. Es ist genauso seine potenzielle Immobilie wie der Herr von 7 seine potenzielle Freundin („Wird sie mit mir ausgehen?") oder der Herr von 10 seine potenzielle Arbeitsstelle („Werde ich den Job bekommen?") anzeigen.

„Aber widerspricht das nicht dem Punkt über das vom Verkäufer abgeschickte Paket in den Ergänzungen im vorherigen Kapitel?" Nein, weil die Frage „Wann wird das Päckchen eintreffen?" nicht zu etwas gestellt wird, das potenziell meines ist, sondern zu etwas, das tatsächlich noch immer dem Verkäufer gehört. Die Fragen zur Freundin, Arbeitsstelle oder dem Haus forschen danach, ob sich ein Potenzial realisiert; die Frage zum Päckchen will wissen, wann eine reale Sache eintreffen wird. ◈

Der Zustand des Hauses

Der Herr von 4 ist das Gebäude, also wird seine Verfassung den Zustand der Immobilie anzeigen. Der Herr von 4 im eigenen Zeichen: sehr gut – die Immobilie ist tadellos. Ist er in seiner Erhöhung, ist das Haus in gutem Zustand, aber – eingedenk der Beimischung übertriebener Güte, die diese Würde mit sich bringt – vielleicht nicht ganz so gut, wie es scheint: Achten Sie auf kosmetische Farbanstriche, die kleinere Mängel verdecken. Geringere Würden zeigen niedrigere Grade eines guten Zustands. Ist der Herr von 4 peregrin, ist der Zustand des Hauses nicht gut und mag sich – peregrine Planeten neigen eher zum Schlechten – weiter verschlechtern. Es sein denn, es handelt sich um ein mobiles Zuhause: In diesem Fall kann die Tatsache, dass der Signifikator peregrin ist, als Beschreibung der Natur des Besitzes angesehen werden, ohne solche schädlichen Implikationen.

Befindet sich der Herr von 4 in seinem Exil oder Fall, gibt es Probleme. Die Natur des Zeichens wird uns Hinweise geben, was für Probleme das sind:

* Luftzeichen: überprüfen Sie Dach und Fenster
* Wasserzeichen: überprüfen Sie Rohrleitungen und die Dämmung
* Feuerzeichen: überprüfen Sie die Heizung, Wände und Verputzung
* Erdzeichen: überprüfen Sie das Fundament.

◆ Wie bereits oben (Seite 206) in Bezug auf verlorene Sachen angemerkt wurde, ist die Zuordnung von Feuerzeichen zu Wänden und, als Erweiterung, Verputzung falsch. Dass Wände – vielleicht – aus Ziegelsteinen und diese wiederum mit Feuer hergestellt wurden, bedeutet nicht, dass Feuerzeichen Wände darstellen. ◈

Schauen Sie nach weiteren Verletzungen des Signifikators. Eine Opposition zu Saturn zum Beispiel: Das Haus mag wunderschön sein, aber die Fabrik gegenüber wird das Leben im Haus zur Qual machen. Geschwächte Planeten im 4. Haus zeigen andere Probleme, die nach der Natur des Zeichens zu bestimmen sind.

Der Herr von 10 ist der Preis. Sein Zustand wird uns sagen, ob der Preis hoch oder niedrig ist. Ist der Fragesteller der Käufer, kann es von Bedeutung sein, dass der Preis sich in einem fixen Zeichen befindet: Es macht keinen Sinn, ein niedrigeres Angebot zu machen. Am Ende eines fixen Zeichens: Ein Angebot ist einen Versuch wert. Achten Sie auch hier auf die Eigenart der Erhöhung: Sie legt nahe, dass der Preis überhöht ist. Auf einem Verkäufermarkt mag das etwas Unvermeidliches sein, aber es könnte auch andere Gründe für die Übertreibung geben – Gerüchte, dass die Eisenbahn in die Stadt kommt oder dass ein Filmstar nahebei ein Haus gekauft hat.

Worauf wir hoffen, ist ein Gleichgewicht zwischen dem Zustand der Immobilie und dem des Preises. Idealerweise würde jedes Ungleichgewicht zugunsten des Fragestellers ausfallen. Es mag ein krasses Ungleichgewicht zu seinen Ungunsten herrschen und doch kann es Gründe für ihn geben, zu kaufen: Das Haus fällt auseinander, aber Omi hat mal darin gewohnt, oder er möchte um jeden Preis in der Nähe des Stadions seiner Lieblingsmannschaft wohnen. Das Horoskop wird eine klare Analyse ermöglichen, sodass der Fragesteller entscheiden kann, ob das Ungleichgewicht akzeptabel ist oder nicht.

Einige Beispiele:

* Der Herr von 4 ist in seinem eigenen Zeichen; der Herr von 10 auch: Das Haus ist teuer, aber Sie werden erhalten, wofür Sie bezahlt haben.
* Der Herr von 4 steht in seiner Grenze; der Herr von 10 in seiner Erhöhung: Das Haus ist okay, aber der Preis ist überhöht.
* Der Herr von 4 steht in seinem Exil; der Herr von 10 auch: Die Immobilie ist Schrott, aber der niedrige Preis bedeutet, dass es sich trotzdem lohnen könnte, sie zu erwerben.

Achten Sie auf Rezeptionen zwischen den Herren von 1 und 4. Der Herr von 1 in der Erhöhung des Herrn von 4: Der Fragesteller hat gewissermaßen einen Narren an diesem Haus gefressen. Egal wie gut das Haus ist, ist es unwahrscheinlich, dass sich seine Erwartungen erfüllen werden. Hat in dem Haus, das der Fragesteller kaufen möchte, sein Lieblingsdichter gewohnt, wäre die Erhöhung verständlich: Er schätzt das Haus höher ein, als es das tatsächlich verdient. Der Herr von 4 im Exil des Herrn von 1: Das Haus hasst den Fragesteller und wird ihn deshalb nicht glücklich machen.

Die meisten Käufer sähen gern Spielraum für eine künftige Entwicklung des Preises nach oben: Schauen Sie sich den Zustand des Herrn von 10 jetzt an und wie der sich verändert, wenn er sich weiter durch den Tierkreis bewegt, sowie die Natur des gegenwärtigen Zeichens: Ein fixes Zeichen deutet auf wenig Veränderung hin.

Wurde das Haus in erster Linie gekauft, um Gewinn zu machen, egal ob durch Sanierung und Verkauf oder durch Vermietung, wird der Gewinn durch den Herrn von 5 (das 2. vom 4. Haus: das Geld des Hauses) angezeigt.

Fragt der Klient nach einer Immobilie, die er erwägt zu kaufen, werfen Sie einen Blick auf die Nachbarn. Dabei interessieren uns die Nachbarn des Hauses, das er kaufen möchte, nicht seine jetzigen Nachbarn, also werden diese durch das 6. Haus angezeigt, welches das 3. vom 4. Haus ist: die Nachbarn des Hauses. Eine Klientin fragte, ob sie ihren festen Wohnsitz in ihrer Ferienwohnung nehmen sollte. Der Herr von 4 war die Sonne in der Waage, also befand sich das Haus in einem schlechten Zustand (in seinem Fall). Es wurde beherrscht oder dominiert durch Venus, die ihrerseits im Exil stand. Venus herrschte über das 6. Haus. Das Haus befand sich in seinem Fall (in Waage), weil es durch seine Nachbarn (Venus) dominiert wurde, die ihrerseits furchtbar waren (in ihrem Exil). Die Klientin erzählte mir später haarsträubende Geschichten über die Nachbarn, die das Dorf terrorisierten.

◆ Behalten Sie die Wirklichkeit der Situation im Auge, wenn Sie sich den Zustand der Immobilie anschauen: Die Menschen kaufen selten das Haus, das sie haben möchten, sondern das am wenigsten schlechte, das sie sich leisten können. Sprechen Sie Punkte in Bezug auf den Zustand der Immobilie nur an, wenn der Klient danach fragt. Wenn die Frage lautet: „Wird das Geschäft zustande kommen?", muss man dem Fragesteller nicht erzählen: „Ach, aber der Platz sieht nicht besonders gut aus!" Der Fragesteller weiß das vermutlich schon, es sei denn, er ist sehr wohlhabend.

Wenn der Wunsch besteht, über den Preis zu verhandeln, denken Sie daran, dass der Preis keine eigenen Entscheidungen über Angelegenheiten trifft. Der Herr von 10 kann uns, wie oben gesehen, einige Hinweise geben, aber der Herr von 7: der Verkäufer, ist viel wichtiger. Der Herr von 7 in einem fixen Zeichen ist ein stärkeres Zeugnis, dass der Preis sich nicht ändern wird, als wenn der Herr von 10 in einem solchen Zeichen steht.

Obwohl die Schriften das 10. Haus für den Preis benutzen, ist es in vielen Fragen angemessener, das 5. Haus zu gebrauchen: den Gewinn aus der Immobilie. Wenn der Fragesteller der Käufer ist, wird der Herr von 10 der Preis sein („Kann ich den Preis drücken?"). Ist der Fragesteller der Verkäufer und fragt: „Kann ich mit diesem Verkauf ordentlich Geld machen?", benutzen Sie den Herrn von 5. Die Frage bezieht sich in diesem Fall auf den Gewinn aus dem Haus.

Auch wenn das 3. vom 4. Haus die Nachbarn des neuen Hauses sein können, seien Sie vorsichtig damit, wie Sie das interpretieren. Im Beispiel oben stand der Herr von 6 für die Nachbarn. Aber ohne zusätzliche Informationen, die das bestätigen, könnten das zum Beispiel auch die örtlichen Verkehrsanbindungen sein (es geht um das 3. Haus: Routinereisen), die so schlecht sind, dass das Leben dort ziemlich beschwerlich wäre. Oder viele andere Sachen. Behalten Sie immer im Kopf, dass weniger mehr ist. Es ist besser zu sagen: „Hier gibt es eine schwerwiegende Verletzung, aber ich weiß nicht genau, was sie anzeigt", anstatt darauf zu hoffen, dass man einen Glücktreffer landet, indem man sie an eine bestimmte Vorstellung heftet. Es ist leicht, aus ein paar Hinweisen im Horoskop einen ganzen Roman zu entwickeln. Machen Sie das nicht! ◇

◆ Eine häufige Frage lautet: „Soll ich dieses oder jenes kaufen?" Wenn der Fragesteller eine Option favorisiert, benutzen Sie den Herrn von 4 für diese und einen anderen Planeten, den Sie mittels Beschreibung auswählen, für die Alternative. Dann vergleichen Sie deren Zustand. Hat der Fragesteller keinen klaren Favoriten, wählen Sie alle Signifikatoren durch Beschreibung aus. Um das zu tun, fragen Sie den Klienten, was an jedem Haus das Besondere ist. Halten Sie die Antworten kurz! Wenn Sie die Fragesteller an der kurzen Leine führen, werden sie Ihnen die wenigen wichtigen, beschreibenden Worte nennen, die für das fragliche Horoskop relevant sind. Wenn es zum Beispiel um eine Wahl zwischen einem sehr alten Haus und einem Haus an einem Fluss geht, könnten Saturn das alte Haus und ein Planet ein oder zwei Grad innerhalb eines Wasserzeichens dasjenige am Fluss anzeigen. Die große Wohnung oder das Penthaus: Jupiter für die große Wohnung, ein Planet in einem Luftzeichen oder nahe dem MC (der Spitze des Horoskops) für das Penthaus. Verschiedene Leute werden dieselben Häuser verschieden beschreiben. Einer könnte sagen: „Dieses ist neu erbaut, das andere ist alt", während ein anderer sagen würde: „Dieses steht nahe am Fluss, jenes ist in der Nähe meiner Arbeit" oder „Das eine ist groß, das andere klein". Das Horoskop ist die Schöpfung des Fragestellers, also können Sie darauf vertrauen, dass die Auswahl der beschreibenden Kriterien durch den Fragesteller für dieses Horoskop sachdienlich ist. Es ist bei dieser Bitte um eine Beschreibung nicht unüblich, dass sie die stundenastrologische Untersuchung überflüssig macht: „Das hier ist nahe am Strand, jenes neben einer Fabrik... ach, die Entscheidung ist gefallen!"

Haben Sie keine Angst davor, den Fragesteller einige Arbeit machen zu lassen. Akzeptieren Sie keine Liste mit einem Dutzend möglicher Immobilien:

Lassen Sie diese durch den Fragesteller bis auf zwei, allerhöchstens drei zusammenstreichen. ◊

Immobilien vermieten

Fragen zur Vermietung und Verpachtung von Immobilien sollten in der gleichen Weise wie Kauf oder Verkauf gedeutet werden. Es ist die gleiche Frage: „Kann ich das Geschäft machen?" Diese Fragen werden mit dem 1. und 7. Haus gedeutet. Manche modernen Autoren folgen Lilly darin, dass sie Mieter dem 6. Haus zuschreiben, aber das ist falsch. In Lillys Tagen war Ihr Mieter Ihnen untergeben: Er hätte vermutlich auf Ihrem Land gearbeitet; er hätte sicherlich bei einer Wahl seine Stimme, wenn er denn eine gehabt hätte, nach Ihren Anweisungen abgegeben. Das ist nicht länger der Fall: Ein Mietvertrag wird zwischen zwei, auf gleicher Ebene stehenden Parteien geschlossen. Beachten Sie, dass es nicht die Astrologie ist, die sich verändert hat; es ist die Bedeutung des Worts.

◊ Ich stoße mit meiner Aussage, dass Mieter nicht länger 6. Haus-Personen sind, auf beträchtlichen Widerstand. Die heutige Situation ist nicht mehr so wie sie war, als Lilly schrieb. Das ist keine Frage der Meinung; es ist eine der historischen Fakten. Wenn ich heute eine Wohnung miete, kann ich sicher sein, dass der Vermieter, wenn ich krank bin, nicht mehr seine Frau schicken wird, um mich zu pflegen. Genauso wenig wird er von der Kanzel herab dazu ermahnt werden, mir zu Weihnachten ein Festessen zu bereiten, wenn ich gerade harte Zeiten durchlebe. Mieter als 6. Haus zu behandeln, ähnelt dem Füttern Ihres Autos mit Heu. ◊

Der einzige Unterschied zwischen Fragen zum Verkauf und zur Vermietung besteht bei einer Opposition zwischen den Herren von 1 und 7. Während das bei Fragen zum Kauf und Verkauf akzeptabel ist, verheißt es bei langfristigen Beziehungen zwischen Mieter und Vermieter Reue.

„Soll ich an diese Leute vermieten?" Schauen Sie sich die Natur und den Zustand des Herrn von 7 an: Je besser sein Zustand, je mehr kann man den Leuten vertrauen. Nehmen wir an, der Herr von 7 ist Jupiter im Fall: ein geschwächter Wohltäter. Die Leute sehen ganz okay aus, sind aber innen verfault. Achten Sie darauf, dass der Herr von 7 nicht die Herrn von 4 oder 5 schädigt (Mieter, die der Immobilie oder dem Gewinn aus ihr schaden).

Lautet die Frage: „Soll ich das Haus verkaufen oder vermieten?", würde der Herr von 7 in einem kardinalen oder fixen Zeichen einen Verkauf nahelegen; die den doppelten Zeichen innewohnende Dualität würde eine Vermietung nahelegen. Deutet der Herr von 7 auf eine Vermietung hin, welche aber schädigend sein würde, raten Sie dem Fragesteller zum Verkauf und vice versa. Vielleicht ist der Herr von 10 (der Preis) in einer Frage zum Verkauf im Moment schwach, wird aber bald an Stärke gewinnen: Wir könnten dem Fragesteller raten, die Immobilie für eine Weile zu vermieten, um sie dann zu verkaufen, wenn der Markt wieder anzieht.

◆ Wie bei meiner Ergänzung oben, ist es, wenn Sie deuten, ob man verkaufen oder vermieten soll, das 5. Haus, das wichtig ist, nicht das 10. Haus. ◇

Soll ich den Bauernhof oder den Arbeitsplatz nehmen?

◆ In diesem gesamten Abschnitt bin ich Lilly viel zu eng gefolgt. Mea culpa. Bei so einer Frage ist das 4. Haus das Areal, um das es geht; das 7. Haus ist die Person, von der Sie es kaufen oder mieten. In der Frage geht es um das Geld, das man mit diesem Areal machen kann, also ist das Geld das 5. Haus: das 2. vom 4. Haus, der Gewinn aus der Immobilie. Das 10. Haus wird nur der Preis sein, zu dem Sie kaufen oder mieten, es könnte uns also einige Hinweise dazu geben, ob dieser zu hoch oder zu niedrig ist. Aber der wichtige Teil ist der Gewinn: 5. Haus. Der Gedanke, dass das 4. Haus „das Ende der Angelegenheit" ist, ist vollkommen falsch: Es ist das Areal, um das es geht.

Die Hausstellung des Herrn von 1 ist für sich genommen ohne Bedeutung, außer er steht gerade innerhalb des 7. Hauses, was anzeigt, dass der Fragesteller in einer schwachen Verhandlungsposition ist. Das bedeutet gleichwohl auf keinen Fall notwendigerweise ein „Nein". Es ist viel besser, wenn das 4. und vor allem das 5. Haus durch die Anwesenheit eines günstigen Planeten gestärkt werden als wenn es das 1. Haus wäre.

Hinweis: In dieser Frage geht es nicht um den Erfolg oder sonst wie um eine spezielle Karriere, sondern um die Profitabilität einer bestimmten Immobilie. Das ist also nicht „Kann ich von dem Einkommen als Friseur leben?" (siehe Kapitel 23), sondern „Lohnt es sich, diesen konkreten Salon zu mieten?" ◇

Wenn der Fragesteller darüber nachdenkt, eine Immobilie zu kaufen oder zu mieten, um auf oder in ihr zu arbeiten, müssen Sie in einer etwas anderen Art und Weise an das Horoskop herangehen als bei einem normalen Hauskauf. Diese Fragen gehen davon aus, dass die Immobilie frei ist, sofern der Fragesteller sich entschließt sie zu nehmen, also schauen wir nicht nach einem Aspekt zwischen den Herren von 1 und 7. Die Fragen gehen auch davon aus, dass die Immobilie in irgendeiner Form der Arbeit dient: „Soll ich den Bauernhof kaufen?" „Soll ich das Aufnahmestudio mieten?" „Soll ich den Laden kaufen?"

Der Fragesteller ist 1. Haus; der Verkäufer oder Vermieter 7. Haus. Das 10. Haus zeigt den Gewinn an, den der Fragesteller durch die Übernahme des Areals erzielen wird. Das 4. Haus zeigt, was am Ende dabei herauskommt.

Den Herrn von 1 im 1. Haus zu entdecken oder in einem Zeichen, welches das Zeichen am Aszendenten per Trigon oder Sextile aspektiert, ist ein guter Hinweis darauf, dass der Fragesteller ein gutes Geschäft macht. Je näher der Herr von 1 dem Aszendenten steht oder je enger der Aspekt ist, desto besser. Ähnlich ist ein günstiger Planet (noch einmal: das kann *jeder* Planet in guten essenziellen Würden sein) im 1. Haus ein positives Zeichen. Jeder geschwächte Planet ist ein schlechtes Zeichen, außer es handelt sich dabei um den Herrn von 7. Steht der Herr von 7 im Zeichen des Aszendenten, wird er immer in seinem Exil stehen. Sitzt der Herr von 7 auf dem Aszendenten, zeigt das, dass die andere Partei Druck ausübt, um das Geschäft perfekt zu machen; ist der Herr von 7 gerade innerhalb des Aszendenten, zeigt das, dass der Fragesteller die andere Partei in der Hand hat und damit über beträchtliche Stärke verfügt, mit der er die Vertragsbedingungen diktieren kann.

Untersuchen Sie die Vertrauenswürdigkeit des Verkäufers. Befindet sich der Herr von 7 im Exil und im 12. Haus: caveat emptor! Käufer, pass auf! Ein schwer geschädigter Herr von 7 oder ein durch die Präsenz von verletzten Planeten geschwächtes 7. Haus warnen den Fragesteller, auf das Kleingedruckte im Vertrag zu achten: die Vertragsbedingungen könnten unvorteilhaft sein.

Deuten Sie den Zustand des 10. Hauses und seines Herrn in der gewohnten Weise. Das 4. Haus zeigt „das Ende der Geschichte": Wird der Fragesteller auf das Ganze als ein gutes Geschäft zurückblicken oder wird er es bedauern? Deuten Sie das nach den üblichen Regeln: Ist der Herr von 4 zum Beispiel ein Jupiter in Würden, ist es ein gutes Geschäft; ist es ein geschwächter Saturn, ist es ein schlechtes; steht eine starke Venus im 4. Haus, ist es ein gutes Geschäft; ein schwacher Mars, ein schlechtes.

ANDERE FRAGEN ZUM VERKAUF

Ist die Frage, ob das Geschäft zustande kommt oder nicht, wird sie ganz genauso gedeutet wie die Fragen zum Hauserwerb oben: Wir möchten einen applikativen Aspekt zwischen den Herren von 1 und 7 sehen. Handelt es sich um eine Frage, die sich nicht auf Immobilien bezieht, und geht es um eine Opposition, würde das uns sagen, dass das Geschäft Bedauern auslösen wird. Hat die andere Partei ein bestimmtes Haus im Horoskop („Wird mir mein Onkel sein Auto verkaufen?"), benutzen Sie dieses statt des 7. Hauses.

Häufiger geht es in der Frage nicht darum, ob das Geschäft gemacht werden kann, sondern ob es gemacht werden soll: „Sollte ist dieses Auto/Boot/diese Antiquität kaufen?" Das Objekt wird durch das 2. Haus angezeigt. Obwohl es sich noch nicht im Besitz des Fragestellers befindet, ist es sein potenzieller Besitz; also können wir die Frage mit dem 2. Haus in der gleichen Weise deuten, wie wir die Aussichten für den Fragesteller in Liebesdingen hinsichtlich eines potenziellen Partners deuten können, indem wir diesem das 7. Haus geben. Das trifft auf alle Fragen zum beweglichen Besitz (2. Haus) des Fragestellers zu; heruntergekocht lautet die Frage: „Sollte ich etwas von meinem 2. Haus-Zeug (Geld) gegen dieses andere 2. Haus-Zeug (das begehrte Objekt) eintauschen?" Was uns das Horoskop zeigt, ist die Qualität des begehrten Objekts.

Wie ist sein Zustand? Nehmen wir an, das gebrauchte Auto, über das ich nachdenke, wird durch Venus auf 28° Fische angezeigt. Es befindet sich derzeit in seiner Erhöhung (hübsch, aber überschätzt) und es steht kurz davor, in sein Exil einzutreten. Kaufen Sie es nicht! Wie immer können Sie Schwächungen gewöhnlich vernachlässigen, wenn das Zeugnis als beschreibend aufgefasst werden kann. Wenn ich vorhabe, das Auto aufzufrisieren, um damit Rennen zu fahren, wäre der Eintritt des Signifikators in das kardinale Feuerzeichen Widder vollkommen angemessen.

Gibt es Zweifel an der Vertrauenswürdigkeit des Verkäufers, schauen Sie sich den Herrn von 7 an: Je mehr essenzielle Würden er hat, desto eher kann man ihm vertrauen.

◆ Vertrauenswürdigkeit ist nicht immer eine so einfache Angelegenheit. Siehe die Ergänzung auf der Seite 225. ◆

19

Fragen zum fünften Haus

SCHWANGERSCHAFT

Bin ich schwanger?

In Zeiten, da der Schwangerschaftstest so leicht am Tresen des Apothekers erhältlich ist, wird diese Frage seltener als früher gestellt. Häufiger ist die Frage: „Ist meine Hündin schwanger?" Die Methode ist die gleiche, nur dass man das Horoskop dreht, wenn die Frage bezüglich die Hündin gestellt wird.

◆ Vieles in diesem Abschnitt lehnt sich zu stark an Lilly an und sollte übergangen werden. Das trifft vor allem auf alle Anmerkungen über Wohl- und Übeltäter zu, über Planeten, die den Aszendenten aspektieren, oder über einen Planeten in einem Eckhaus.

Ein starkes positives Zeugnis ist ein separativer Aspekt zwischen dem Herrn von 1 oder dem Mond und dem Herrn von 5: Mama ist in Kontakt mit dem Baby gekommen. Aber denken Sie daran, dass die Verhinderung auch in der Rückschau funktioniert (siehe Seite 129): Wenn einer der Planeten seit dem Aspekt, der die Empfängnis anzeigt, einen anderen Aspekt gemacht hat, ist der die Empfängnis anzeigende Aspekt verhindert: Soweit es uns angeht, hat sie nicht stattgefunden. Ein applikativer Aspekt zwischen Mama und dem Baby ist ein definitives Nein. Wenn ihr Kontakt in der Zukunft liegt, kann Mama jetzt nicht schwanger sein. Beachten Sie, dass das nicht heißt: „Im Moment nicht, aber Sie werden sehr bald schwanger werden". Die Klientin fragt nicht nach der Zukunft, sondern nur nach der augenblicklichen Situation.

Der Herr von 5 gerade innerhalb von Mamas Haus – das Baby innerhalb von Mama – wird fast immer ein Ja ergeben. Dieses Zeugnis kann aber durch andere zwingende Zeugnisse überstimmt werden, wie zum Beispiel durch einen bevorstehenden Aspekt zwischen Mama und dem Baby.

Der Herr von 5 exakt in einer Station ist äußerst negativ. Ein stationärer Planet bewegt sich nicht. Wenn er sich nicht bewegt, ist er nicht lebendig. Ich meine hier wirklich „exakt".

In solchen Fragen spielt es keine Rolle, wenn der Herr von 5 essenziell geschwächt oder rückläufig ist. ◊

Das eindeutigste und stärkste Zeugnis ist, den Herrn von 5 im 1. Haus, nahe dem Aszendenten zu entdecken. Das gibt uns ein klares Bild vom Kind (Herr von 5) in der Mutter und ist ein definitives Ja. Bei einem so eindeutigen Abbild der Situation brauchen wir keinen Aspekt, der Mutter und Kind verbindet. Der Herr von 1 oder der Mond im 5. Haus zeigen uns nur die Fragestellerin, die über das Schwangersein nachdenkt; dies bräuchte unterstützende Zeugnisse, um ein Ja zu erlauben. Wären der Herr von 1 oder der Mond zusätzlich noch eng von einem starken Wohltäter aspektiert oder stünde ein solcher nahe der Spitze 5, wäre das ausreichend.

Der Herr von 1, der Herr von 5 oder der Mond im Aspekt und in starker gegenseitiger Rezeption mit einem Planeten in einem Eckhaus, ist ein Zeugnis für ein Ja. Der Herr von 1 im engen Trigon oder Sextil zum Aszendenten ist hilfreich.

Ein Übeltäter nahe der Spitze 5 oder dem Aszendenten ist ein Zeugnis für ein Nein, es sei denn, der Übeltäter ist Herr von 1 oder 5. Ein verbrannter Herr von 5 ist ein starkes Nein.

◆ Mit der Nebenbestimmung, dass, wenn die Sonne Herrin von 1 und der Aspekt separativ sind, ein verbrannter Herr von 5 ein starkes Ja wäre: Mama und das Baby waren im Kontakt, und wir können die Verbrennung, wie immer, außer Acht lassen, wenn ein Aspekt mit der Sonne das ist, was wir haben möchten (vgl. Seite 84 oben). ◊

Schwangerschaft und Tod sind die Fälle, in denen Antiszien nicht die Wirkung eines körperlichen Aspekts erzielen können: Begründen Sie nie ein Ja zur Deutung einer Frage über Schwangerschaft allein mit der Stärke einer Antiszie.

Hinweis: Während es ermutigend ist, diese Zeugnisse in fruchtbaren Zeichen zu finden, schließt der Umstand, sie in unfruchtbaren Zeichen zu entdecken, ein positives Resultat nicht aus. Unfruchtbare Zeichen haben bei allgemeinen Fragen vom Typ „Werde ich jemals...?" (siehe unten) eine größere Bedeutung.

◆ Die Sache mit den fruchtbaren und unfruchtbaren Zeichen kann beiseitegelassen werden. Wenn es einen Kontakt zwischen Mama und dem Baby gibt, der eine Empfängnis anzeigt, ist Mama offensichtlich nicht unfruchtbar. Gibt es keinen derartigen Kontakt, mag sie sehr wohl fruchtbar sein, aber sie ist noch nicht schwanger. Fruchtbar/unfruchtbar sind nur bei einem allgemeinen „Werde ich Kinder haben?" von Bedeutung.
Der Punkt oben zur Antiszie ist stichhaltig. ◆

Ein noch wichtigerer Hinweis: Den Herrn von 5 im 8. Haus zu sehen, ist *kein* Problem. Das bedeutet nicht, dass die Fragestellerin ein totes Baby im Bauch trägt! Aber den Herrscher von 5 vor dem Eintritt in das 8. Haus zu entdecken, kann ein Zeugnis dafür sein, dass die Fragestellerin schwanger ist und eine Fehlgeburt erleiden wird.

◆ Ein Signifikator, der das 8. Haus betritt, ist niemals ein Zeugnis dafür, dass diese Person sterben wird. Genauso wenig ist der Umstand, dass der Herr von 5 das 8. Haus betritt, ein Zeugnis für eine Fehlgeburt. ◆

Für alle Fragen zur Schwangerschaft, in denen andere Zeugnisse anzeigen, dass die Frau schwanger ist, gilt, dass der südliche Mondknoten oder ein geschwächter Übeltäter im 5. Haus das Potenzial einer Fehlgeburt anzeigen. Dieses Potenzial benötigt unterstützende Zeugnisse, damit es sich realisiert: Gründen Sie Ihre Deutung nicht allein darauf. Eine Fehlgeburt ist ein Ereignis, kein Potenzial, und braucht als solches Aktion im Horoskop, die uns anzeigt, dass es sich ereignet.

◆ EXTREM WICHTIG: Ich kann mir keine Situation vorstellen, in der „Sie werden eine Fehlgeburt erleiden" eine Deutung ist, die ausgesprochen werden kann, selbst wenn sie im Horoskop eindeutig angezeigt wird. Wir müssen nicht immer alles sagen, was wir sehen können. Sich menschlich zu verhalten, ist weit wichtiger, als recht zu haben. ◆

Ist sie schwanger?
Das wird im Großen und Ganzen genauso gedeutet wie oben, außer dass uns der Herr von 5 im 1. Haus natürlich kein Ja geben wird: Es ist nicht die Schwangerschaft des Fragestellers, die uns interessiert. Diese Frage wird gewöhnlich von einem Mann zu einer Frau gestellt, mit der er wenigstens ein Mal geschlafen hat,

was sie (in diesem Zusammenhang) zu einer 7. Haus-Person macht. Also würde der Herr von 5 in 7 ein Ja anzeigen, genauso wie der Herr von 11 (das 5. vom 7. Haus, ihr Baby) im 7. Haus. In einem derartigen Horoskop waren die Herren von 5 und 11 in Konjunktion im 7. Haus: Das unterstrich das Ja; es versprach nicht, das es Zwillinge werden würden. Hätten sie in einem doppelten Zeichen gestanden, hätte das darauf hindeuten können.

Bezieht sich die Frage nicht auf eine 7. Haus-Person, sondern zum Beispiel auf die Schwester oder die Mutter des Fragestellers, würden wir auf das jeweilige Haus und das 5. Haus von dort aus schauen. Der einzige Umstand, in dem wir zwei Häuser haben können, die das Baby anzeigen, besteht, wenn ein männlicher Fragesteller eine Frage zu einer Frau stellt, die sein Kind austrägt: Das radikale 5. ist „mein Baby", das gedrehte 5. Haus „ihr Baby" (ohne dass darin die Vermutung läge, das Kind sei nicht vom Fragesteller). Beziehen Sie nie das gedrehte 11. Haus mit ein, wenn die Frage von jemand anders als dem Vater gestellt wird.

Wenn Sie Zeugnisse betrachten, die sich auf die Stellung in Eckhäusern beziehen, sind es ausschließlich die radikalen Eckhäuser die hier zählen: **Häuser werden nicht dadurch zu Eckhäusern, dass man sie dreht** (z. B. ist das 4. vom 3. Haus in einem Horoskop über meine Schwester kein Eckhaus).

◆ Wie in der Ergänzung auf Seite 239 bemerkt, ist es bei diesen Fragen ohne Bedeutung, wenn ein Planet in einem Eckhaus steht. ◈

Werde ich schwanger?

Nach meiner Erfahrung wird diese Frage im Allgemeinen von jenen gestellt, die über eine Fruchtbarkeitsbehandlung nachdenken. Sie kommt gelegentlich als „Werde ich während dieses Urlaubs schwanger" oder Ähnliches daher.

Im Prinzip ist nichts einfacher als das: Wir suchen nach einem Aspekt, der Mutter (Herr von 1 und Mond) und Baby (Herr von 5) auf die gewohnte Weise verbindet. Der Herr von 5 und einer oder beide Signifikatoren der Fragestellerin in einem fruchtbaren Zeichen (Krebs, Skorpion, Fische) machen die Deutung vielversprechender. Selbst wenn alle drei Signifikatoren in einem unfruchtbaren Zeichen (Zwillinge, Löwe, Jungfrau) stehen, wird uns ein eindeutiger Aspekt zwischen starken Planeten eine Empfängnis anzeigen. Als unterstützendes Zeugnis ist ein wohltätiger Planet im 5. Haus, vor allem Jupiter in Krebs oder Fische, hilfreich. Das Gleiche gilt für den nördlichen Mondknoten.

Achten Sie auf Verletzungen der Signifikatoren oder des 5. Hauses, besonders durch Saturn. Saturn im 5. Haus, zumal wenn er nahe der Spitze steht, ist ein starkes negatives Zeugnis (es sei denn, er ist Herr von 1, wodurch diese Stellung das Interesse der Fragestellerin am Thema widerspiegeln würde). Ein verbrannter Herr von 5 wäre ein definitives Nein, außer die Sonne wäre Herrin von 1.

Erinnern Sie sich daran, dass Jupiter und Venus nicht unbedingt hilfreich sind. Wie wohltätig sie sind, kann von ihrem Zustand abhängen. Eine Klientin fragte nach ihrer Unfähigkeit, schwanger zu werden. Jupiter stand gerade innerhalb der Spitze 7, in Zwillinge. Da er sich in seinem Exil befindet, verletzt Jupiter das Haus, in dem er steht: den Ehemann. Jupiter ist der natürliche Herrscher der Spermien. In seinem Exil und in einem unfruchtbaren Zeichen: Der Ehemann hat wenige Spermien. Oder Venus in der Jungfrau: Würde per Triplizität, Schwäche per Fall, in einem unfruchtbaren Zeichen; es gibt Spaß, aber keine Empfängnis. Sie tun gut daran, die Fragestellerin daran zu erinnern, dass selbst der beste Astrologe fehlbar ist: eine Vorhersage ist keine verlässliche Form der Empfängnisverhütung.

◆ Wenn ein Mann fragt: „Werden wir ein Kind bekommen?", wird ein Aspekt zwischen dem Herrn von 5 sowie entweder dem Herrn von 1 oder dem von 7 (der Frau) ein Ja ergeben. Stellt die Frau die Frage, trifft dies auf einen Aspekt zwischen den Herren von 5 und 7 nicht zu. ◆

Horoskope für Fruchtbarkeitsbehandlungen sind häufig fein ausbalanciert, und es erfordert Takt, mit der Fragestellerin umzugehen. Die Horoskope sind deshalb fein ausbalanciert, weil die Situation fein ausbalanciert ist: Wenn das Paar mit Fruchtbarkeit gesegnet wäre, würde es die Frage nicht stellen. Oft ist die Deutung entweder: „Es sieht nicht wirklich danach aus; aber bedenken Sie, dass der Astrologe fehlbar ist", oder: „Ich kann Ihnen kein eindeutiges Ja geben, aber es gibt hier ausreichend Potenzial dafür, dass Sie zu dem Schluss kommen könnten, dass es sich lohnt weiterzumachen".

Schauen Sie zunächst nach potenzieller Fruchtbarkeit: Prüfen Sie die Herren von 1, 5, 7 und 11, den Mond und seinen Dispositor. Wir betrachten die Herren von 7 und 11 als Signifikatoren des Ehemanns und seines Baby-Potenzials (obwohl uns bei direkten Fragen vom Typ „Werde ich schwanger?" ein Aspekt, der die Herren von 1 und 11 verbindet, *nicht* die Schwangerschaft anzeigt).

◆ Es besteht keine Notwendigkeit, den Dispositor des Mondes mit einzubeziehen. Es gibt viel Überflüssiges in den alten Schriften – und zwar aus der

Überlegung heraus, dass je mehr Zeugnisse wir in eine Frage hineinwerfen können, desto größer wird unsere Chance sein, dass wir imstande sind, eine befriedigende Antwort zusammenzuklauben. Das gilt unabhängig davon, ob diese Zeugnisse irgendeine Bedeutung in sich tragen. Dies ist ein Beispiel dafür. ◈

Sind sie in fruchtbaren oder unfruchtbaren Zeichen? Die anderen Zeichen sind neutral. Fruchtbare Zeichen sind positiv, aber die Abwesenheit von unfruchtbaren Zeichen reicht aus, um die Hoffnung zu stärken. Lassen Sie die Zeichen an den Spitzen dieser Häuser außer Betracht: Bei so vielen einbezogenen Häusern werden wir dort sehr wahrscheinlich eine Streuung von fruchtbaren und unfruchtbaren Zeichen finden, aber die Häuserherrscher können überall stehen.

◈ Die Art des Zeichens an der Spitze eines Hauses hat nirgends eine Bedeutung, in keinem Typ von Frage. Alles was das Zeichen uns sagt ist, welcher Planet über dieses Haus herrscht. ◈

Schauen Sie dann nach Stärkungen oder Schwächungen der Häuser 1, 5, 7, 11 und Ihren Herrschern. Wenn Sie bis hierhin ein klares Nein haben, können Sie aufhören. Sofern die Zeugnisse von Unfruchtbarkeit nicht erdrückend sind, machen Sie weiter und schauen Sie nach einem Aspekt, der anzeigt, dass das bestehende Potenzial auch verwirklicht werden wird. Schauen Sie sich wegen der Fruchtbarkeitsbehandlung nicht das 10. Haus an: Das 10. Haus ist die Behandlung in Krankheits-Horoskopen, spielt hier aber keine Rolle. Wenn die Empfängnis durch eine Fruchtbarkeitsbehandlung erfolgt, ist es typisch, dass die Verbindung von Mutter und Kind entweder durch die Sammlung oder eine Übertragung des Lichts erfolgt. Es ist egal, welcher Planet diese Verbindung herstellt oder welches Haus er beherrscht: Er wird uns die Empfängnis anzeigen. Die Einbeziehung eines dritten Planeten in der Sammlung oder Übertragung des Lichts spiegelt die Beteiligung einer dritten Partei während einer Fruchtbarkeitsbehandlung wider.

Sobald Sie einen Planeten haben, der Mama und das Baby verbindet, schauen Sie sich seine Natur an (ist es ein netter oder ein böser Planet?), seine Rezeptionen mit den Herren von 1 und 5 (befindet er sich in Mamas Zeichen und will ihr helfen oder in Mamas Fall und schadet ihr?) sowie jedwedes andere Zeugnis, das es um das 5. Haus herum gibt. Der Aspekt reicht aus, um die Empfängnis anzuzeigen; diese anderen Faktoren werden uns sagen, was danach passiert – insbesondere, ob das Baby über die normale Schwangerschaftsdauer ausgetragen werden wird.

Dann der wichtigste Schritt: Gebrauchen Sie Ihren Verstand und, noch wichtiger, Ihr Herz, bevor Sie mit der Fragestellerin sprechen. Sie können nicht lügen; aber Sie müssen auch nicht alles, was Sie sehen, mitteilen.

Werde ich jemals schwanger?
Genauso wie bei „Werde ich jemals heiraten?" müssen wir uns hier die Standardantwort überlegen. Ist die Fragestellerin 20, müssen wir mit Ja deuten, außer das Horoskop zeigt uns ein klares Nein. Ist die Fragestellerin 50 Jahre alt, müssen wir mit Nein antworten, außer es gibt ein sehr klares Ja.

Für den „Werde ich jemals"-Teil müssen wir uns wie oben nur das Potenzial anschauen: Prüfen Sie die Herren von 1, 5, 7 und 11 sowie den Mond und seinen Dispositor.

◆ Wie in der Ergänzung oben bereits angemerkt, gibt es keinen Grund, den Dispositor des Mondes in die Deutung einzubeziehen. ◆

Stehen sie in fruchtbaren oder unfruchtbaren Zeichen? Die anderen Zeichen sind neutral. Die fruchtbaren Zeichen sind positiv, aber auch die bloße Abwesenheit unfruchtbarer Zeichen stärkt die Hoffnung. Schauen Sie sich nicht die Zeichen an den Spitzen dieser Häuser an: Uns interessieren die Zeichen, in denen sich die Herrscher dieser Häuser befinden. Gibt es einen Aspekt zwischen den Herren von 1 und 5, umso besser, aber für eine Fragestellerin mit 20 reichen einige Zeichen der Fruchtbarkeit und die Abwesenheit schwerer Verletzungen des 5. Hauses und seines Herrschers aus, um mit Ja zu deuten.

Ist unsere Fragestellerin 50, müssten wir alle oder zumindest die meisten unserer Schlüsselplaneten in fruchtbaren Zeichen haben sowie einen starken Aspekt zwischen den Herren von 1 und 5, ohne ernsthafte Schädigungen.

Die Frage wird häufig von einem „wann" begleitet oder wird tatsächlich als „wann" gestellt, mit einem vorausgesetzten „werde ich". Im letzteren Fall müssen wir zunächst das „werde ich" bestimmen, bevor wir uns dem „wann" zuwenden, es sei denn, das Ja springt uns förmlich aus dem Horoskop entgegen. Sobald wir entschieden haben, dass die Fragestellerin schwanger werden wird, wissen wir, dass die Zeitbestimmung irgendwo im Horoskop steht. Horoskope, die sich gut benehmen, bieten uns einen deutlichen Aspekt, mit dem wir arbeiten können; aber nicht alle Horoskope benehmen sich so gut. Das kann ein Dehnen unserer astrologischen Muskeln erfordern. Aber bei langfristigen Angelegenheiten wie diesen können wir die Planeten durch die gewöhnlichen Verhinderungen, wie etwa andere Aspekte oder Zeichenwechsel, hindurchschieben. Die einzigen unüberwindlichen Hindernisse sind Stationen und eine Konjunktion mit der Sonne. Mit so viel Freiheit werden Sie einen Weg finden, um die Fragestellerin und den Herrn von 5 zu verbinden. Hinweis: Sie können das *nur* machen, weil Sie bereits herausgefunden haben, dass die Hauptantwort auf die Frage ein „Ja" ist. Sobald Sie Mama und das Baby in Verbindung gebracht haben, berechnen Sie die Zeit in der gewohnten Weise.

◆ Führen Sie in Fragen wie diese nicht die Sonne als natürliche Herrscherin der Männer und Venus als natürliche Herrscherin der Frauen ein. Deren Nutzen besteht einzig darin zu helfen, das psychologische Netz auseinanderzunehmen, das zwei Menschen zusammenhält (Kapitel 21). Hier spielen sie keine Rolle. ◆

Anzahl und Geschlecht

Streben Sie in Bezug auf die Anzahl der Kinder, die die Fragestellerin haben wird, nicht nach Exaktheit. Das ist eine, wie Lilly sagen würde, „zu pingelige Frage". Unsere Möglichkeiten sind: 1, 1 oder 2, einige, viele Kinder. Das ist vollkommen ausreichend genau.

Schauen Sie sich die Herren von 1, 5, 7 und 11 sowie den Mond und seinen Dispositor an.

◆ Erneut wie in der Ergänzung auf den Seiten 243-244: Beziehen Sie auch hier nicht den Dispositor des Mondes mit ein. ◆

Sobald Sie entschieden haben, dass es wenigstens ein Kind geben wird: Wie stark sind die Zeugnisse der Fruchtbarkeit? Stehen all diese Planeten in fruchtbaren Zeichen, wäre das ein Zeugnis für „viele"; nur einer in einem fruchtbaren Zeichen würde auf nur ein Kind hindeuten. Stehen die Fruchtbarkeit anzeigenden Planeten akzidentiell stark (wirklich stark – es besteht keine Notwendigkeit, hier spitzfindig zu sein), erhöht das die Anzahl, die es wahrscheinlich geben wird. Eine Position in einem Eckhaus ist hier von besonderer Bedeutung; aber passen

Sie Ihre Vorstellung von „akzidentieller Stärke" der Frage an. Nehmen wir zum Beispiel an, Jupiter ist der Herr von 1 und in Krebs – etwa so fruchtbar, wie ein Hinweis nur sein kann – und er steht nahe der Spitze 5: Das wäre ein mächtiges Zeugnis für viele Kinder, obwohl es sich nicht in einem Eckhaus befindet.

Beachten Sie, dass Zwillinge und Jungfrau, obwohl unfruchtbar, auch doppelte Zeichen sind. Wenn die Gesamtdeutung ist, dass die Fragestellerin Kinder haben wird, können sie ein Hinweis auf mehr als eins sein.

Schauen Sie sich bezüglich des Geschlechts die gleichen Planeten an: Sind sie männlich oder weiblich? Sind die Zeichen, in denen sie stehen, männlich oder weiblich? Obwohl man versucht sein könnte den Umstand, dass der Mond weiblich ist, zu ignorieren, weil er in allen derartigen Untersuchungen mitspielt, empfehle ich, ihn einzubeziehen – und damit dem Weiblichen einen Vorsprung zu verschaffen –, weil wir damit das Ungleichgewicht zugunsten des Männlichen ausgleichen. Geben Sie jedem dieser Planeten mit beträchtlicher akzidentieller Stärke besonderes Gewicht.

Die Mehrheit der Zeugnisse sagt uns das Geschlecht des ersten Kindes. Gibt es eine bedeutende widersprechende Meinung, kann das als Hinweis auf das Geschlecht des zweiten Kindes aufgefasst werden – sofern Sie gedeutet haben, dass es ein zweites geben wird. Weiter als das müssen wir nicht gehen.

◆ Diese Methode, das Geschlecht eines oder mehrerer Kinder zu bestimmen, funktioniert nicht. Womit ich nicht meine, dass sie nicht besser funktioniert als das Werfen einer Münze: Sie funktioniert weitaus schlechter. Das Verhältnis zwischen männlichen und weiblichen Geburten ist ungefähr 50 zu 50. Bei allerdings nur zwei weiblichen Planeten, bewirkt diese Methode ein gewaltiges Ungleichgewicht zugunsten der männlichen Geburten. Der Grund dafür ist einfach. Im größten Teil der Geschichte der Astrologie konnte der Astrologe ein Lächeln auf das Gesicht des Klienten zaubern, indem er ausrief: „Es ist ein Junge!" Das ist eines der krassesten Beispiele von Jahrmarktsastrologie, von denen die alten Texte übersät sind.

Ich kenne keine Methode, die funktioniert. Was als die naheliegendste Lösung erscheinen mag – lediglich darauf zu schauen, ob der Herr von 5 in einem männlichen oder weiblichen Zeichen steht –, funktioniert nicht. Aber ich bin mehr als glücklich darüber, keine Antwort hierzu zu haben. Denn wenn wir daran denken, dass eine Antwort, die nicht zur Laune des Fragestellers passt, wahrscheinlich dazu führt, dass es überhaupt kein Kind geben wird, scheint ein diskretes Schweigen die weitaus bessere Option. Auf der anderen Seite sind derartige Antworten in zunehmendem Maße, etwa in Form eines Schwangerschaftstests, woanders zu erhalten.

Apropos, es gibt andere Fragen, die Klienten versuchen zu stellen: „Ist das Kind, das meine Frau austrägt, wirklich von mir?" „Ist der Typ, der mich die letzten 30 Jahre großgezogen hat, wirklich mein Vater?" „Ist sie wirklich eine Jungfrau?" Einige meiner Schüler haben mir diesbezüglich vehement widersprochen, aber soweit ich sehen kann, lautet die Antwort auf diese Fragen „Ja", und dafür braucht man kein Horoskop zu erstellen. Solche Fragen sind unterhalb der Menschenwürde. ◊

 Wann wird das Baby zur Welt kommen?

Bei dieser Frage schauen wir nach irgendeinem Wandel im Zustand des Herrn von 5, innerhalb eines realistischen Zeitrahmens. Das Erste, wonach wir schauen, ist ein Zeichenwechsel, der anzeigt, dass sich die Situation für das Baby ändert – fast als ob das Baby umziehen würde. Sich gut benehmende Horoskope bieten ein derartiges Zeugnis an. Bei sich weniger gut benehmenden Horoskopen ist das Beste, was ich empfehlen kann, sich den Kopf zu kratzen und sich nach einem plausiblen Hinweis eines bedeutenden Wandels umzuschauen. Wir müssen dafür offen sein, was immer uns das Horoskop anbietet. Die gewöhnliche Annahme ist, dass uns eine Geburt durch einen bevorstehenden Aspekt zwischen Mama und dem Baby angezeigt wird. Das ergibt keinen Sinn. Ein Aspekt bringt zwei Dinge in Kontakt, aber Mama und das Baby sind bereits in einem engeren Kontakt als sie jemals wieder sein werden. ◊

ADOPTION

Das Kind, das der Fragesteller adoptieren möchte, ist 11. Haus: das 5. vom 7. Haus – das Kind von jemand anders (außer es handelt sich um das Kind einer konkreten Person: Z. B. wäre das Kind der Schwester das 5. vom 3. Haus). Üblicherweise lautet die Frage: „Werde ich das Kind bekommen?", weshalb wir einen Aspekt zwischen dem Signifikator der Fragestellerin und dem Herrn von 11 zu entdecken hoffen.

Sobald das Kind adoptiert ist, ist es das Kind des Fragestellers. Alle Fragen zum Kind sollten dann über das 5. Haus gedeutet werden, genauso als wäre es ein natürliches Kind.

20

Fragen zum sechsten und zum achten Haus

MEDIZINISCHE FRAGEN

Die Deutung medizinischer Fragen ist ein riesiges Thema, welches, vollständig behandelt, ein eigenes Buch erforderte, das länger als dies hier wäre. Ich kann hier nicht mehr machen als einen, für viele einfache Untersuchungen vollkommen ausreichenden, Überblick über die Methode zu geben und den Leser, der eine umfassendere Behandlung des Themas benötigt, in die richtige Richtung zu weisen.

Der entscheidende erste Punkt ist, **dass das 6. Haus, obwohl es das Haus der Krankheit ist, in medizinischen Fragen *nicht* die Krankheit darstellt.** Nehmen wir an, die Frage lautet: „Werde ich die Goldmedaille gewinnen?", und der Herr von 1 läuft auf einen Aspekt mit dem Herrn von 10 (Erfolg, Sieg: die Medaille) zu, aber der Aspekt wird durch den Herrn von 6 verhindert. Die Deutung wäre: „Sie würden sie gewinnen; aber Sie werden krank". In einer Frage wie dieser ist Krankheit ein Aspekt unter vielen. In einem Horoskop zu einer medizinischen Frage ginge es jedoch im gesamten Horoskop um diese kranke Person, die an dieser Krankheit leidet: Das Thema Krankheit wäre nicht auf ein Haus beschränkt. Springen Sie also in diesem Fall nicht zum Herrn von 6 als Signifikator der Krankheit.

Prognose oder Diagnose?

Medizinische Fragen teilen sich in zwei Gruppen: „Was fehlt der Person? und „Was wird passieren?". Die Diagnose-Frage ist zu komplex, um hier behandelt zu werden; aber ich kann Ihnen die Methode vorstellen. Wenn Sie dieser folgen, werden Sie in der Lage sein, den Planeten zu bestimmen, der die Krankheit darstellt. Anschließend können Sie bezüglich der Diagnose in Richard Saunders' Buch *The Astrological Judgment and Practice of Physick*[52] nachschauen.

---

[52] („Astrologische Deutung und medizinische Praxis") London, 1677. Es gibt eine gute, moderne englische Ausgabe in der Reihe *Astrology Classics*, herausgegeben von *The Astrology Center of America*.

Saunders war ein Zeitgenosse Lillys, der sehr viel von ihm hielt. Sein Buch enthält eine Aufstellung jedes Planeten in jedem Teil eines jeden Zeichens, beschreibt die Beschwerden, die diese Stellung anzeigt, ihre unmittelbare Ursache (das Ungleichgewicht im Körper, das sich in den Symptomen manifestiert) und was man tun kann, um sie zu behandeln. Er stellt auch eine Methode vor, wie man an eine stundenastrologische Frage zu einer Krankheit herangehen kann, aber lassen Sie diese links liegen: Wenn Sie ihr folgen, werden Sie fortwährend falschliegen. Wenden Sie die Methode, die ich hier vorstelle, an und greifen Sie dann für die Diagnose zu Saunders.

Vorsicht: Saunders unterteilt die Beschwerden, wie es in der traditionellen Medizin üblich ist, in vier Kategorien, von Leiden des ersten Grads, welche die mildesten sind, bis zu solchen des vierten Grads, die unerträglich und oft tödlich sind. Sie werden sich ohne Zweifel an die Filme erinnern, in denen die Polizisten jemand „den dritten Grad" verabreichen[53]: Eine gehörige Tracht Prügel, die aber nicht tödlich ist. Diese Grade müssen innerhalb des Zusammenhangs, den die Krankheit selbst vorgibt, gesehen werden: Wenn die Erkältung des Fragestellers als „im vierten Grad" beschrieben wird, heißt das, es ist eine schwere Erkältung; es bedeutet nicht, dass der Fragesteller daran sterben wird.

Die Methode, die in den Büchern, einschließlich Saunders' *Astrological Judgement*, vorgestellt wird, ist wirr und oft fehlerhaft, zum großen Teil weil die Autoren die stundenastrologische Methode mit der Deutung eines *Dekumbitur*-Horoskops vermischen, ohne zwischen beiden zu unterscheiden. Ein Dekumbitur ist ein Horoskop, das für den Moment erstellt wird, da sich der Patient ins Bett legt oder wenn eine Urinprobe beim Astrologen/Arzt abgegeben wird. Ein Dekumbitur-Horoskop ist weit schwerfälliger als ein Stundenhoroskop und sollte nur angewandt werden, wenn Sie der behandelnde Arzt sind, den Patienten alle paar Tage besuchen und Ihre Behandlung überprüfen wollen.

◆ Ich rate dringend zur Bescheidenheit in diesen Fragen. Ich bin entsetzt über die Bereitwilligkeit, mit der manche „Medizinastrologen" Rezepte anbieten, obwohl sie – jenseits dessen, dass sie zwei Bücher gelesen oder an einem Wochenendworkshop teilgenommen haben – über keinerlei medizinisches Wissen verfügen. Die Astrologen-Ärzte der Vergangenheit kannten sich in der Medizin genauso gut aus wie in der Astrologie. Die Astrologie allein ist nicht genug. ◆

---

[53] Redewendung aus amerikanischen Kriminalfilmen der 40er und 50er Jahre, die für Gewaltandrohung in Polizeiverhören, um ein Geständnis zu erzwingen, steht. (Anmerkung des Übersetzers)

Der Ausgangspunkt: Bin ich krank?

Gelegentlich werden Fragen wie diese gestellt: „Wird sich diese laufende Nase zu einer Erkältung auswachsen, die meinen Urlaub ruiniert?" „Soll ich meinen Weltrekordversuch abblasen?" Häufiger ist diese Frage überflüssig: Wäre die Person nicht krank, würde die Frage nicht gestellt werden. So oder so ist das jedoch unser Eintrittspunkt in die medizinische Astrologie.

Schauen Sie auf den Herrn von 1, wenn der Klient eine Frage zu sich selbst stellt, oder auf den Herrscher desjenigen Hauses, welches die jeweilige Person darstellt, um die es geht. Ich werde den Planeten im ganzen folgenden Abschnitt als Herrn von 1 bezeichnen; passen Sie das, wenn nötig, an, falls der Klient eine Frage zu jemand anders stellt. Was für eine Natur hat der Herr von 1: heiß/trocken, kalt/trocken, heiß/feucht oder kalt/feucht? Schauen Sie dann das Zeichen an, in dem er steht: Was ist seine Natur? Steht der Planet in einem Zeichen, das nicht genau seiner Natur entspricht, ist das ein Hinweis, dass es der Person tatsächlich nicht gut geht. Das Gleiche gilt, wenn der Planet verletzt, rückläufig, verbrannt oder sonst wie geschwächt ist. Beachten Sie, dass ein Planet in einem Zeichen entgegengesetzter Natur stehen und es trotzdem beherrschen kann, wie zum Beispiel der heiß/trockene Mars im kalt/feuchten Skorpion.

Der Signifikator der Krankheit wird jener Planet sein, egal welcher es ist, der den Herrn von 1 schädigt. Ist der Herr von 1 in einem Zeichen mit anderer Natur als seiner eigenen, wird es der Herrscher dieses Zeichens sein. Das Gleiche gilt, wenn der Herr von 1 in seinem Exil oder Fall steht. Ist er verbrannt, nehmen Sie die Sonne, die in diesem Fall der schädigende Planet ist; es lohnt sich außerdem, einen Blick auf die Herrscher der Zeichen zu werfen, in denen die beiden Planeten stehen. Leidet der Herr von 1 unter einem ungünstigen Aspekt, nehmen Sie den aspektierenden Planeten. Schauen Sie auch auf Planeten, die einen engen Aspekt auf den Aszendenten werfen, vor allem wenn das Problem im Kopf oder Gesicht sitzt.

Der Herr von 1 kann selbst die Krankheit darstellen, vor allem wenn er sich in einem Zeichen befindet, das er beherrscht, aber eine entgegengesetzte Natur hat, oder wenn er rückläufig ist. Wenn rückläufig, schauen Sie sich auch den Herrscher des Zeichens an, in dem er sich befindet.

Es kann mehr als einen Signifikator für die Krankheit geben. Manchmal zeigen sie unterschiedliche Ebenen der Ursachen an („Sie leiden an Herzrasen, aber das wird durch Ihre finanziellen Sorgen noch verschlimmert"); manchmal gibt es auch mehr als ein Problem. Beachten Sie, dass jeder Planet in jedem Zustand Signifikator der Krankheit sein kann: es sind nicht nur die bösen Buben. Als

Jupiter durch Krebs lief, habe ich viele Horoskope vor mir gehabt, in denen er der Signifikator war und sich die Krankheit durch ein Übermaß an Feuchte auszeichnete.

Da Sie nun den oder die Signifikator(en) der Krankheit ausgemacht haben, schauen Sie bezüglich der Diagnose bei Saunders nach. Da er im 17. Jahrhundert schrieb, benutzt Saunders nicht das gleiche medizinische Modell wie die heutigen Ärzte, aber eingedenk dessen ist seine Diagnose trotzdem noch immer zutreffend.

◆ Diese Überprüfung, ob Planet und Zeichen kompatibel sind, gilt *nur* für den Signifikator der kranken Person. In nahezu allen Fällen versuchen wir nicht festzustellen, ob die Person tatsächlich krank ist („Gehen Sie zurück an die Arbeit!"), sondern folgen Lillys Terminologie, um uns den Signifikator der Krankheit zu zeigen. Es ist sinnlos zu prüfen, ob der Signifikator der Krankheit, der Signifikator des betroffenen Körperteils oder irgendetwas anderes in einem kompatiblen Zeichen stehen. Das betrifft nur den Signifikator der Person.

Es ist ohne Bedeutung, ob das Zeichen, in dem sich der Planet befindet, vollkommen oder nur teilweise inkompatibel ist. Ist das Zeichen vollkommen inkompatibel (zum Beispiel ein heiß-kalter Planet in einem heiß-feuchten Zeichen), heißt das nicht, dass die Krankheit schlimmer ist als wenn es nur teilweise inkompatibel wäre (zum Beispiel ein kalt-trockener Planet in einem kalt-feuchten Zeichen). Diese Inkompatibilität verrät uns nichts über die Art der Krankheit. Alles, was sie tut, ist uns auf den Planeten hinzuweisen, der diese Krankheit darstellt.

Verwenden Sie in medizinischen Fragen den Mond nicht als Ko-Signifikator der Person. Ein Planet reicht vollkommen aus! Wenn Sie zwei benutzen, werden Sie jeder Person weit mehr als ihren gerechten Anteil an den Krankheiten anhängen.

Wenn Sie nach den Körperteilen schauen, arbeiten Sie nur mit den akzidentiellen Herrschern (d. h. dem Herrscher des entsprechenden Hauses), nicht mit natürlichen Herrschern. Geht es zum Beispiel um das Herz der Person, schauen Sie nach dem Herrn von 5, nicht nach der Sonne. ◆

Was wird passieren?

Befindet sich der Signifikator der Krankheit in einem fixen Zeichen, wird die Krankheit lange dauern; in einem kardinalen Zeichen, wird sie kurz sein; in einem veränderlichen Zeichen, wird die Krankheit kommen und gehen oder es wird bessere und schlechtere Tage geben. Bestimmen Sie das genauer durch das Zeichen, in dem der eigene Signifikator der Person steht, nach den gleichen Kriterien.

◆ Die Menge an essenziellen Würden oder Schwächen, die der Signifikator der Krankheit hat, ist ohne Bedeutung. Krankheit ist ihrer Natur nach unangenehm. Wird die Krankheit durch Jupiter in Fische angezeigt, wird sie nicht der größte Spaß sein, den Sie jemals hatten. Genauso wenig wird sie besonders bösartig sein, wenn sie durch einen geschwächten Saturn dargestellt wird. ◆

Schauen Sie sich an, was immer den Signifikator der Person schwächt. Bewegt sich der Signifikator darauf zu oder davon weg? Wenn zum Beispiel die Krankheit durch einen Signifikator in einem inkompatiblen Zeichen dargestellt wird: Hat er erst kürzlich das Zeichen betreten oder steht er kurz davor es zu verlassen? Falls er es verlässt: Wird sich sein Zustand verbessern oder verschlechtern? Erfolgt die Schwächung durch einen Aspekt: Handelt es sich um einen applikativen (es wird schlimmer) oder einen separativen (es wird besser) Aspekt?

Ändert der Signifikator seine Richtung? Ein Planet in seiner ersten Station (er wird rückläufig) gleicht einem Mann, der sich auf sein Krankenbett legt: Er ist krank und es wird noch schlimmer. Ein Planet in der zweiten Station gleicht einem Mann, der sich vom Krankenbett erhebt: Er fühlt sich noch wackelig, aber er ist auf dem Weg der Besserung.

◆ Wenn die Frage lautet: „Wann wird es mir besser gehen?", denken Sie daran, dass die Genesung ein allmählicher Prozess ist, nicht etwas, was in einem Augenblick passiert, als machte jemand das Licht an. Nehmen wir an, die Genesung wird dadurch angezeigt, dass der Signifikator nach 10 Grad das Zeichen wechselt. Die Deutung würde lauten: „10 Tage (oder Wochen oder Monate) und noch einiges mehr". Der Patient wird dann mehr oder weniger wieder in seinem normalen Zustand sein, aber die Realität der Situation sieht normalerweise so aus, dass die letzten Symptome noch eine Weile fortbestehen, wie Gäste, die länger bleiben als sie willkommen sind. ◆

Schwächungen durch Mars sind in der Regel akut, solche durch Saturn lang andauernd. Aber berücksichtigen Sie die Art des Problems: Der Bruch eines Beins geschieht schnell, ein Vorgang vom Typ Mars, aber die Heilung ist langsam.

Diese allgemeinen Hinweise beziehen sich auf nicht bedrohliche Allerweltskrankheiten. Nach meiner Erfahrung konsultieren Menschen mit nicht bedrohlichen

Allerweltskrankheiten mit einer geringeren Wahrscheinlichkeit einen Astrologen als jene, deren Krankheiten sich als tödlich erweisen könnten. Bei der Mehrheit der medizinischen Anfragen müssen wir damit anfangen, dass wir klären, ob der Patient leben oder sterben wird. Folglich:

FRAGEN ZUM TOD

Ich werde hier alle Fragen über den Tod behandeln, solche, die sich auch auf Krankheiten beziehen, und solche, die das nicht tun.

Sie können sich sehr gut dazu entschließen, dass Sie Fragen zum Tod nicht bearbeiten möchten, aber es ist genauso gut für Sie zu wissen, wie sie gedeutet werden. Fragen müssen sich nicht offensichtlich auf den Tod beziehen, um mit ihm zu tun zu haben: In vielen Fällen müssen wir uns die Zeugnisse bezüglich des Todes anschauen, um uns zu vergewissern, dass er nicht eintreten wird (zum Beispiel, wenn ein politischer Flüchtling fragt: „Ist es für mich sicher, nach Hause zurückzukehren?"). Obwohl der Gedanke, den Tod vorherzusagen, abstoßend sein könnte, gibt es für Menschen viele Gründe, dies ernsthaft wissen zu wollen. Die häufigsten sind, dass der Fragesteller finanzielle Vorkehrungen für die Versorgung älterer Verwandter treffen muss („Erhöhe ich den Dispokredit oder muss ich eine Hypothek auf das Haus aufnehmen?") oder dass der Patient eine Behandlung für eine möglicherweise tödliche Krankheit erhält.

Obwohl die Techniken, den Tod mittels eines Stundenhoroskops vorherzusagen, zuverlässig sind, denken Sie daran, dass Sie es nicht sind. Abgesehen von Fällen mit ernsten Erkrankungen, rate ich Ihnen dringend davon ab, den Tod vorherzusagen, außer – sofern das möglich ist – Sie haben das anhand des Geburtshoroskops überprüft. Das schützt nicht vor Fehlern, aber es bedeutet, dass Sie mit Ihrer Deutung zwei Mal falschliegen müssen. „Aber warum soll ich mich mit dem Stundenhoroskop herumschlagen, wenn ich ohnehin auf das Geburtshoroskop schauen muss?" Weil es Ihnen eine wertvolle Abkürzung bietet: Statt die Progressionen vieler Jahre durchsuchen zu müssen, wird Sie das Stundenhoroskop direkt zu einem wahrscheinlichen Datum führen.

Seien Sie wie immer bezüglich der Genauigkeit, die Sie anbieten, realistisch. Wird der Tod in der nächsten Woche eintreten, ist es sinnvoll, den Tag zu nennen oder wenigstens, ob es am Anfang oder Ende der Woche sein wird. Wird der Tod in zwanzig Jahren eintreten, ist die Nennung des Jahres vollkommen ausreichend.

Eine größere Genauigkeit zu erreichen, ist sehr schlau, aber unser Ziel ist nicht zu demonstrieren, wie schlau wir sind.

Es gibt zwei Hauptfragen zu diesem Thema: Die allgemeine „Wann werde ich sterben?" und die speziellere Frage „Werde ich sterben?", welche sich auf den Tod infolge der Krankheit bezieht, die der Fragesteller gerade hat.

Wann werde ich sterben?

Das Tolle an dieser Frage ist, dass wir wissen, dass das Ereignis sicher eintreten wird, also wissen wir, dass es irgendwo im Horoskop eine Zeitbestimmung geben muss. Das bedeutet, dass wir viele der üblichen Regeln beiseitelassen können. Wir können Verhinderungen ignorieren: Sie können als Ereignisse am Wegesrand aufgefasst werden. Wir können unsere Signifikatoren so weit wie nötig durch die Zeichen treiben. Es gibt nur zwei Barrieren, bei denen wir unseren Signifikatoren nicht gestatten können, sie zu passieren:

* eine Konjunktion mit der Sonne
* eine Station.

Eine Konjunktion mit der Sonne ist eine unüberwindliche Hürde. Bei einer Station sinkt die Geschwindigkeit eines Planeten auf null. Wie bei der Zeitbestimmung, müssen wir die Zeit anpassen, wenn der Planet erheblich schneller oder langsamer als normal läuft – ein Planet mit einer Geschwindigkeit von null würde uns eine unendliche Zeit anzeigen. Das mag den Fragesteller erfreuen, aber es ist unwahrscheinlich, dass es sich als richtig herausstellt.

Horoskope, die sich gut benehmen, haben einen Aspekt zwischen den Herren von 1 und 8. Wie immer ist es egal, welcher Planet auf welchen zuläuft. Jeder Aspekt kann töten: Es gibt keinen Unterschied zwischen Trigonen und Oppositionen. Jeder Planet kann töten: Selbst wenn der Herr von 8 ein Wohltäter in großen Würden ist, wird die Person trotzdem sterben. Ich wäre äußerst vorsichtig, den Tod aufgrund einer Antiszie zu deuten. Der Tod kann nicht die Beimischung des Geheimen oder Versteckten haben, welches die Antiszie mit sich bringt: Selbst wenn der Tod anderen unbekannt ist, ist er für die Person, die stirbt, sehr eindeutig.

Der Herr von 1 auf der Spitze des 8. Hauses ist *kein* Zeugnis in dieser Frage: Er zeigt nur an, dass der Fragesteller über den Tod nachdenkt. Ähnliches gilt für den Herrn von 8 auf dem Weg zur einer Konjunktion mit dem Aszendenten: Das zeigt, dass der Gedanke des Todes auf dem Fragesteller lastet, aber es zeigt nicht, dass der Tod selbst kommt, um einen Besuch abzustatten. Aber diese

Dinge können bei Fragen, in denen der Tod binnen kurzer Frist als sicher gilt, als Zeugnis des Todes angesehen werden und uns als solche die Zeitbestimmung ermöglichen („Man hat mir gesagt, dass ich nur noch Wochen zu leben habe; wann kommt das Ende?"). Während jedoch der Eintritt des Herrn von 1 ins 8. Haus unter diesen Umständen den Tod anzeigen kann, zeigt uns ein Herr von 1 bereits im 8. Haus das nicht: Der Fragesteller ist nicht bereits tot.

◆ Ich unterstreiche diesen Punkt. Wenn der Signifikator auf die Spitze des 8. Hauses zuläuft, ist das für die „Ob"-Frage „Wird die Person sterben?" niemals ein Zeugnis. Es kann in der „Wann"-Frage ein Zeugnis für die Zeitbestimmung sein. Aber *nur* dann, wenn der Tod sicher ist. ◆

In jenen Horoskopen, in denen es keinen applikativen Aspekt zwischen den Herren von 1 und 8 gibt (denken Sie daran: der Aspekt muss perfekt werden), müssen wir für den einen oder anderen einen anderen Signifikator finden. Da es nur zwei Gründe für das Fehlen eines Aspekts geben kann – siehe oben –, müssen Sie einen Ersatz-Signifikator für den Planeten finden, der entweder in Konjunktion zur Sonne steht oder die Phase der Station durchläuft. Das ist der Signifikator, der sich unkooperativ verhält, also tauschen Sie ihn aus und behalten den anderen. Wird der Herr von 1 also rückläufig, bevor er den Herrn von 8 aspektiert, behalten Sie den Herrn von 8 und finden eine Alternative für den Herrn von 1.

Ist der Mond wie gewöhnlich Ko-Signifikator des Fragestellers, kann er stattdessen benutzt werden. Ist auch dieser ausgeschlossen, ist die Sonne in ihrer Rolle als Geberin des Lebens eine gute Alternative. Ist der Herr von 8 ausgeschlossen, arbeiten Sie mit Saturn, als natürlichem Herrscher des Todes, oder mit dem Dispositor über den Punkt des Todes.

Es gibt mehrere Versionen des Punkts des Todes. Ich arbeite mit AC + Spitze 8 – Mond und Spitze 8 + Saturn – Mond. Keine von beiden wird bei Nacht umgekehrt. Übertreiben Sie es jedoch nicht mit diesen Lospunkten! In Notfällen sind sie nützlich – wenn die Planeten nicht mitarbeiten und wir wissen, dass es einen Tod geben muss. Für alle Fragen, in denen der Tod nicht sicher ist, gilt: Nehmen Sie nicht die Lospunkte, um ihn anzuzeigen. Wird der Tod nicht durch die Planeten dargestellt, ist es sehr unwahrscheinlich, dass die Person sterben wird.

◆ Der Punkt des Todes sollte nur als eine letzte Zuflucht benutzt werden, wenn der Tod sicher ist und es überhaupt nichts sonst gibt, an das wir die

Zeitbestimmung heften könnten. Wenn Sie ihn zu anderen Gelegenheiten benutzen, werden Sie Ihre Klienten weit vor der Zeit umbringen. ◇

Wenn Sie das Horoskop drehen, weil der Klient nach dem Tod einer anderen Person fragt, müssen Sie sich sowohl den Herrscher des radikalen als auch des gedrehten 8. Hauses anschauen. Normalerweise werden Sie feststellen, dass der eine oder andere im Spiel ist; manchmal gilt das für beide.

Wenn Sie den Aspekt, der den Tod anzeigt, gefunden haben, bestimmen Sie die Zeit in der üblichen Weise – unter Berücksichtigung des Alters des Fragestellers. Das ist ein Moment, wo der Astrologe sich die Daumen drückt und auf ein günstiges Ergebnis hofft: Einen frühen Tod vorherzusagen, ist nicht angenehm. Wenn Sie jedoch nicht darauf vorbereitet sind, das zu tun, sollten Sie derartige Fragen nicht deuten.

Werde ich sterben?

So seltsam manche stundenastrologischen Fragen auch sind: „Werde ich sterben?" als allgemeine, langfristige Frage steht in meiner Praxis noch aus. Ich werde mich hier mit dem Tod aufgrund einer bestimmten Krankheit oder einer besonderen Situation („Ist es für mich sicher, in mein Land zurückzukehren?") auseinandersetzen. Ich werde das so behandeln, als fragte der Klient nach seinem eigenen Schicksal, und arbeite deshalb mit dem Herrn von 1; fragt der Klient nach jemand anders, benutzen Sie stattdessen das jeweils passende Haus. Denken Sie daran, **dass der Mond nicht zum Ko-Signifikator der Person wird, nach der der Klient fragt.**

◆ Benutzen Sie ihn auch nicht als Ko-Signifikator für den Fragesteller, es sei denn, wie im Abschnitt oben, der Tod ist sicher. ◇

Ein applikativer Aspekt zwischen den Herren von 1 und 8 ist das Hauptzeugnis für den Tod. Bestimmen Sie die Zeit in der üblichen Weise. Ein separativer Aspekt muss gemäß der jeweiligen Situation gedeutet werden. Der Tod ist vermutlich noch nicht eingetreten – oder die Frage sollte nicht gestellt werden –, also ist das normalerweise ein positives Zeugnis: Die Person ist mit dem Tod in Kontakt gekommen; sie lebt noch; sie wird überleben. Außer ein weiteres tötendes Zeugnis steht vor der Tür. Liegt die Person jedoch im Koma, bedeutet dieser separative

Aspekt üblicherweise, dass der Tod, in jeder sinnvollen Bedeutung des Wortes, bereits eingetreten ist: Siehe das Horoskop weiter unten als Beispiel.

Halten Sie die Augen bezüglich einer Übertragung oder Sammlung des Lichts offen.

Denken Sie daran, dass Sie sich die Herren sowohl des radikalen 8. als auch des gedrehten 8. Hauses anschauen müssen, wenn der Klient eine Frage zu jemand anders stellt: Beide können töten.

Der Eintritt in die Verbrennung oder verbrannt zu sein und weiterhin auf die Sonne zuzulaufen, ist ein Zeugnis für den Tod.

◈ Ich würde den Eintritt in die Verbrennung nicht als Zeugnis für den Tod nehmen. Schon die Verbrennung selbst kann kein Zeugnis sein, weil es beim Tod keine Abstufungen gibt: Sie sind entweder tot oder nicht tot. Sie können nicht ein bisschen tot sein, also können Sie auch nicht noch „toter" werden. ◈

In der Verbrennung sein und sich von der Sonne fortzubewegen, ist ein Zeugnis dafür, dass das Schlimmste vorüber ist. Mit der üblichen Nebenbedingung, dass „alle anderen Dinge gleich bleiben", kann das als Zeugnis für das Überleben angesehen werden.

Ist die Situation bereits sehr ernst, kann jede deutliche Verschlechterung in Bezug auf den Zustand des Hauptsignifikators als tödlich angesehen werden. In einem Horoskop lag die Person, nach der gefragt wurde, im Koma – ihr Hauptsignifikator war der Mond in Krebs. Alles schien bestens zu sein: jede Menge essenzieller Würden und ein kalter/feuchter Planet in einem kalten/feuchten Zeichen. Aber die Zeugnisse müssen innerhalb des Zusammenhangs gedeutet werden. Der Mond befand sich im 30. Grad von Krebs, er war im Begriff, das Zeichen zu verlassen, womit er in das trockene/heiße Zeichen Löwe eintreten und alle seine Würden verlieren würde. Der Zustand der Person stand unmittelbar davor, sich dramatisch zu verschlechtern. Sie lag im Koma: Wie viel schlechter konnte es ihr noch gehen? Das war das Zeugnis für den Tod.

Äußerst wichtig: Eine gegenseitige Rezeption zwischen dem Signifikator der Person und dem des Todes rettet. Wie Lilly sagt: „Nach einer Phase der Verzweiflung tritt die Genesung ein".[54] Ja, das funktioniert, selbst bei einem eindeutigen applikativen Aspekt zwischen den Herren von 1 und 8 – allerdings nur bei einer Rezeption mit großen Würden. Seien Sie gleichwohl wachsam, was im Horoskop sonst noch passiert: Im Beispiel des letzten Absatzes wurde der Tod

---

[54] *Lilly* S. 286.

durch Jupiter in Krebs dargestellt. Da der Signifikator der Person der Mond in Krebs war, bestand eine mächtige gegenseitige Rezeption zwischen der Person und dem Tod. Mit dem Zeichenwechsel des Signifikators der Person, wodurch er alle Würden verlor, war der Tod sicher.

„Wenn sich Tod und Person lieben (gegenseitige Rezeption), werden sie sicher zusammen sein wollen, also wird die Person sterben?" Nein. Die Überlegung hier ist, dass der Tod und die Person Freunde sind – weshalb der Tod die Schlüssel auf dem Tisch liegenlassen wird, um sich umzudrehen und die Person aus seinen Fängen entkommen zu lassen.

◆ Eine gegenseitige Rezeption zwischen der Person und dem Tod rettet nur, wenn die Frage lautet: „Werde ich oder werde ich nicht sterben?" Wenn der Tod sicher ist („Wann werde ich sterben?"), rettet sie nicht. ◆

Der Tod ist ein Ereignis von einiger Bedeutung: Sie werden es nicht durch ein kleines Zeugnis dargestellt finden, das irgendwo in einer dunklen Ecke des Horoskops herumliegt. Wenn es kein eindeutiges Zeugnis für den Tod gibt, wird die Person leben.

Ein enger Aspekt, vor allem eine Konjunktion, zwischen dem Herrn von 1 und entweder Venus oder Jupiter in großen Würden ist ein positives Zeichen – außer dieser hilfreiche Planet regiert über das 8. Haus oder ist Signifikator der Krankheit.

Der Signifikator der Person nahe der Spitze 7 ist ein Zeugnis für den Tod. Obwohl die Position in einem Eckhaus stärkt, geht ein Planet am Deszendenten in seiner primären Bewegung (die scheinbare Bewegung der Planeten rund um die Erde) unter, was ein offensichtliches Zeichen für Sterben ist. Das trifft besonders dann zu, wenn dieser Signifikator die Sonne ist.

Fällt die Hausspitze der Person oder sein Signifikator auf Antares mit seiner Bedeutung der Beendigung von Zyklen, ist das ein schlechtes Zeichen.

◆ Die drei letzten Punkte sind sehr untergeordnet. Da der Tod etwas Absolutes ist, benötigen wir ein absolutes Urteil. Eine auf der Gewichtung untergeordneter Zeugnisse basierende Mehrheitsmeinung wird das nicht leisten.

Weil der Tod etwas Absolutes ist, das nicht näher bestimmt werden kann, ist es ohne Belang, wie viele essenzielle Würden der Herr von 8 hat. Sie sind entweder tot oder nicht tot. Sie werden nicht irgendwie „töter" sein, wenn der Herr von 8 im Exil steht, oder weniger tot, wenn er Würden hat.

In vielen Horoskopen ist die Bestimmung des Todeszeitpunkts eindeutig (und denken Sie daran: Fühlen Sie sich nicht gedrängt, eine Zeitbestimmung zu geben, wenn Sie nicht nach einer gefragt werden!). Bei anderen Horoskopen ist sie nicht so klar, aber innerhalb der Umstände ausreichend. Wenn der Fragesteller zum Beispiel ein Flugticket buchen muss, um eine sterbende Verwandte zu besuchen, mag das Horoskop zwar keinen exakten Zeitpunkt angeben, aber etwas sagen wie: „Sehr bald: Machen Sie sich auf den Weg und besuchen Sie sie jetzt!" oder „Nicht in nächster Zeit, es gibt hier keine Dringlichkeit". Manchmal aber kann die Zeitbestimmung des Todes, wie die der Geburt, verborgen bleiben, selbst in der Rückschau. Unser Wissen ist immer nur auf Ausschnitte begrenzt, aber bei Horoskopen, die nicht mal den Hauch einer plausiblen Andeutung anzubieten scheinen, ist meine beste Erklärung die, dass es bestimmte Karten zu geben scheint, die Gott gerne ganz nah an seiner Brust hält – ganz besonders den Eintritt in das und den Austritt aus dem Leben. Ich habe keine bessere Antwort darauf. ◇

Wird meine Freundin leben?

Die Fragestellerin sagte: „Meine Freundin ist ins Krankenhaus eingeliefert worden. Sie liegt im Koma. Die Ärzte wissen nicht, was mit ihr los ist, aber sie glauben, dass sie eine Gehirnblutung erlitten haben könnte. Was ist das Problem? Was wird passieren?"

Die Fragestellerin spielt in dieser Frage keine Rolle, also gehen wir direkt zum 11. Haus, dem Haus der Freunde. Sein Herrscher Merkur stellt die Freundin dar. Weil wir Merkur in Zwillinge stehend finden, könnten wir glauben, dass es der Freundin gut geht. Aber dem ist nicht so: Obwohl Merkur in einem Zeichen steht, das er beherrscht, ist er dort in medizinischen Fragen in einem sehr schlechten Zustand. Merkur ist ein kalter/trockener Planet. Er befindet sich in einem heißen/feuchten, und damit seiner eigenen Natur entgegengesetzten, Zeichen. Er fühlt sich alles andere als wohl. Die Freundin ist krank. Was wir natürlich schon wussten: Die Frau liegt im Koma.

Welcher Planet verursacht Merkurs Probleme? Wir können uns den Herrscher des Zeichens, in dem Merkur steht, anschauen. Womit wir erneut bei Merkur sind: Es gibt keinen Grund, warum der Signifikator der Krankheit nicht der gleiche sein sollte wie der der Patientin. Aber hier haben wir einen wahrscheinlicheren Missetäter, vor allem wenn wir an den plötzlichen Ausbruch der Krankheit denken. Merkur löst sich gerade aus einer Opposition zu Mars. Mars ist peregrin und rückläufig, es ist also eine bösartige Sorte Mars.

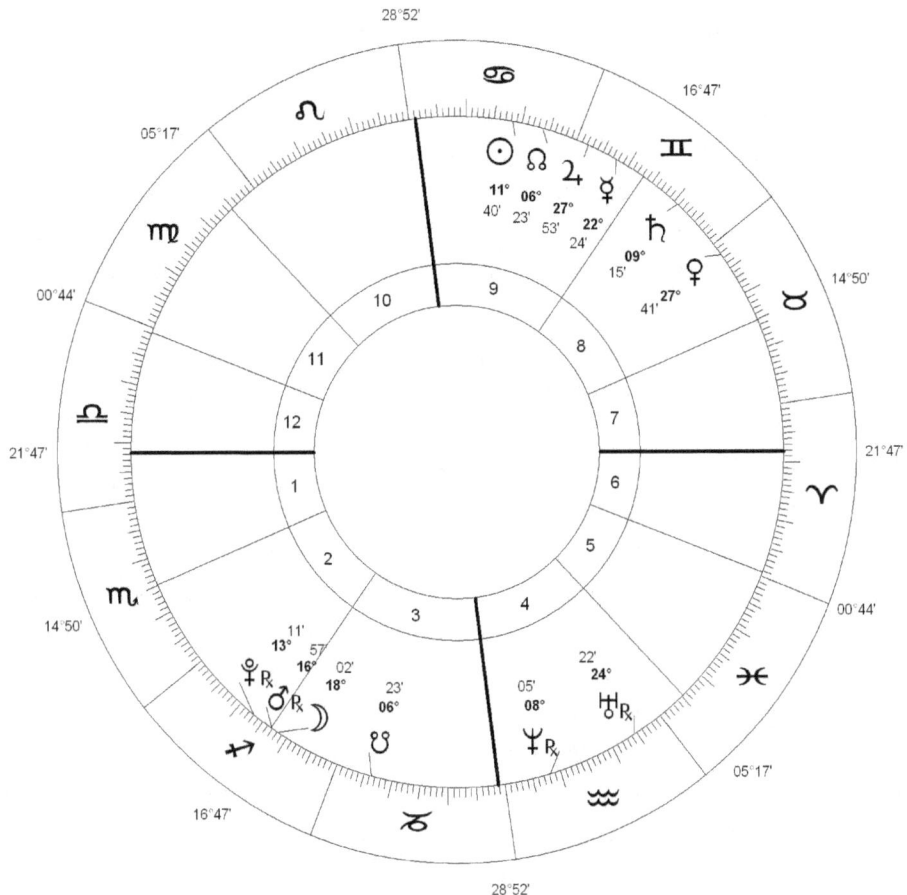

Wird meine Freundin leben? 3. Juli 2001, 14.18 Uhr Britischer Sommerzeit, London.

Der Aspekt, den der Mond als letzten gemacht hat, kann ebenso in Erwägung gezogen werden. Sein letzter Aspekt war just zu diesem bösartigen Mars. Damit ist Mars als Signifikator der Krankheit bestätigt.

◆ Es gibt keinen Grund, den letzten Aspekt des Mondes ins Spiel zu bringen. Das ist etwas, das Lilly aus der Methode zur Deutung von Dekumbitur-Horoskopen übernommen hat. ◆

Mars ist in diesem Abschnitt von Schütze, sagt Saunders, „extrem heiß und trocken, was die radikale Feuchte und Flüssigkeit im Körper verzehrt und austrocknet und damit das Leben des Menschen vollkommen auslöscht".⁵⁵ Er tut das, indem er „den Körper und das Blut mit viel dicker, roter Galle, welche heiß und sehr trocken ist," infiziert. Rote Galle ist der feurige Körpersaft, der feurige Teil der menschlichen Konstitution. Die Ärzte mutmaßen eine Gehirnblutung; hätte dieser tödliche Mars im 1. Haus der Freundin gestanden (das 1. Haus ist das Haus des Kopfs), hätte er das sehr gut darstellen können: eine Art feuriger Explosion im Gehirn. Aber da steht Mars nicht; er ist im 5. Haus (das 5. vom 11. Haus), welches das Haus des Herzens ist. Sie hatte einen Herzinfarkt. Was sich bei der Autopsie bestätigte.

Was wird mit ihr passieren? Sie liegt im Koma, also muss unsere erste Frage lauten: „Wird sie leben oder sterben?" Wenn wir uns mit dem Tod von jemand anders als dem Fragesteller beschäftigen, müssen wir uns sowohl das gedrehte als auch das radikale 8. Haus anschauen. In diesem Fall wird das gedrehte 8. Haus (das 8. vom 11.: das radikale 6. Haus) durch Mars beherrscht. Merkur (die Freundin) löst sich aus der Opposition mit ihm. Wenn die kranke Person aufrecht im Bett sitzt und sich unterhält, ist das ein höchst positives Zeichen: Sie ist dem Tod begegnet; sie lebt immer noch; sie wird überleben. Im Zusammenhang mit jemandem, der im Koma liegt, kann das so aufgefasst werden, als habe sich der Tod, im tatsächlichen Sinn, bereits ereignet.

Der Mond löst sich von Mars und läuft auf Merkur zu, wobei er das Licht zwischen beiden überträgt und den Aspekt erneuert: Die Freundin wird sterben. Die Zahl der Grade, die der Mond laufen muss, um die Opposition perfekt zu machen, gibt uns die Zeitbestimmung: Sie wird am Spätnachmittag dieses Tages für tot erklärt werden. In der glücklicherweise kleinen Zahl von stundenastrologischen Fragen, die mir zum Tod von Menschen im Koma gestellt worden sind, ist diese Erneuerung eines separativen Aspekts durch die Übertragung des Lichts das typische Bild, um die Erkenntnis der Ärzte, dass es keine Hoffnung mehr gibt, darzustellen.

◆ Die Übertragung des Lichts durch den Mond ist gültig. Sie widerspricht nicht meiner obigen Ergänzung, den letzten Aspekt des Mondes außen vor zu lassen. Da ging es um Lillys Ratschlag, sich den letzten Aspekt, den der Mond gemacht hat, anzuschauen, weil es sich um den Mond handelt. Hier schauen wir nicht auf den Mond, weil er es ist, sondern weil er der Planet ist, der das Licht von Mars auf Merkur überträgt. ◆

---

⁵⁵ Richard Saunders, *The Astrological Judgment and Practice of Physick*, The Astrology Center of America, Astrology Classics, Abingdon MD, 2003, S. 169.

ÄRZTE, BEHANDLUNG UND OPERATION

„Ist dieser Arzt überhaupt gut?" „Ist diese Behandlung wirksam?" „Sollte ich diese Operation machen lassen?" Seien Sie vorsichtig, wenn Sie solche Fragen deuten. Die Astrologie mag beredt sein, aber es ist unwahrscheinlich, dass Sie vollständig verstehen, was sie sagt, wenn Sie nicht über solide medizinische Kenntnisse verfügen. Aber wir können, auch ohne derartige Kenntnisse, die Empfehlung geben, dass „Ihnen diese Pillen mehr schaden als nutzen; vielleicht gibt es eine Alternative" oder dass „dieser Arzt überfordert zu sein scheint; können Sie darauf bestehen, einen Spezialisten zu konsultieren?".

Ärzte sind als gebildete Leute im Allgemeinen 9. Haus („War das die Katze des Arztes, die meine Katze die Straße entlang gejagt hat?"), aber der Arzt, der sich um diese Krankheit kümmert oder möglicherweise um sie kümmern wird, ist 7. Haus. Fragt der Klient nach der Krankheit von jemand anders, wird der Arzt das 7. Haus dieser Person sein. Menschen fragen häufig nach der Behandlung ihres Ehepartners: Der Ehepartner ist 7. Haus, folglich wird sein Arzt das 7. vom 7., also das 1. Haus sein. Das ist in Ordnung: Wir brauchen den Fragesteller im Horoskop nicht, also können wir den Herrn von 1 dem Arzt zuweisen.

◆ Der Arzt ist 7. Haus, weil er als Partner des Fragestellers bei der Wiedererlangung der Gesundheit angesehen wird. Der Tierarzt ist ebenfalls 7. Haus: Der Partner des Fragestellers bei der Heilung der Katze. Nicht das 7. Haus der Katze. ◆

Nehmen Sie in diesem Zusammenhang den Herrn von 10 für die Behandlung. Das gilt nur für diesen Kontext: Das 10. Haus ist die Behandlung, die verabreicht wurde, nicht jene, die gegeben werden sollte. In manchen Fällen wird eine Operation als Teil mehrerer verordneter Behandlungsschritte angesehen und kann als solche als 10. Haus aufgefasst werden. Für sich genommen ist eine Operation jedoch eine Angelegenheit des 6. Hauses. Es kursiert auch die Vorstellung, dass sie 8. Haus wäre, aber das ist falsch: Das Ziel der Operation ist es gerade, uns aus dem 8. Haus herauszuhalten. In der Praxis können wir im Allgemeinen direkt zu Mars gehen, dem natürlichen Herrscher der Operationen. Wenn Sie zwischen Arzt und Chirurgen unterscheiden müssen („Mein Arzt sagt dieses, aber mein Chirurg sagt jenes"), reservieren Sie das 7. Haus für den Arzt und benutzen Sie den Dispositor über den Planeten, der die Operation repräsentiert (gewöhnlich Mars), für den Chirurgen. Es macht nichts, wenn dieser Planet über sich selbst herrscht: Beziehen Sie dieselben Hinweise sowohl auf den Chirurgen als auch auf die Operation.

Haben Sie den zutreffenden Planeten bestimmt, schauen Sie sich seine Stärke und seine Rezeptionen mit dem Patienten und der Krankheit an. Essenzielle Schwäche ist nicht notwendigerweise ein Problem, wenn sie beschreibend ist. Ein Beispiel: Wenn Mars die Operation ist, würde Mars in einem Venuszeichen eine gynäkologische oder kosmetische Operation sehr gut beschreiben. Wäre das die Art der Operation, könnte die essenzielle Schwäche vernachlässigt werden. Wichtiger als Würden – obwohl Stärke natürlich hilfreich ist – sind Rezeptionen. Wir würden hoffen, den Signifikator der Krankheit in einer großen Würde entweder des Arztes, der Behandlung oder der Operation zu finden. Wird die Krankheit vom Doktor beherrscht, hat er Macht über sie. Befinden sich Arzt, Behandlung oder Operation in großen Würden der Krankheit, wäre das ein negatives Zeugnis: Die Krankheit ist der Boss. Arzt, Behandlung oder Operation in Würden des Signifikators des Patienten ist hilfreich – wenn auch weniger stark als ein Zeugnis, das Macht über die Krankheit anzeigt; aber es ist von größter Wichtigkeit, dass Arzt, Behandlung oder Operation nicht im Exil oder im Fall des Signifikators des Patienten stehen.

Einige Beispiele: Nehmen wir an, der Patient ist Jupiter, die Krankheit Mars und die Behandlung Saturn. Mars ist in Wassermann: Gut – die Behandlung hat Macht über die Krankheit. Saturn steht in Schütze: Gut – die Behandlung liebt den Patienten und möchte ihm deshalb helfen. Aber Saturn in Steinbock wäre eine schlechte Nachricht: Trotz seiner essenziellen Stärke, erhöht er Mars, was anzeigt, dass die Krankheit Macht über die Behandlung hat, und er befindet sich im Exil von Jupiter, was anzeigt, dass die Behandlung dem Patienten schadet.

Bestimmte Fixsterne können bei Fragen zu Augenoperationen von Bedeutung sein – siehe Seite 155.

Erwarten Sie nicht, dass Horoskope zu Operationen nett aussehen. Egal wie heilsam die Operation sein mag, sie bleibt ein drastischer Eingriff.

Manchmal werden Sie gebeten werden, zwei Ärzte zu vergleichen. Sie können nicht beide durch das 7. Haus des Patienten dargestellt werden. Die Bitte um eine kurze Beschreibung der beiden wird Sie in die Lage versetzen, sie im Horoskop zu identifizieren. Beispielsweise dachte eine Fragestellerin, dass ihr Sohn eine Operation bräuchte, und fragte, ob diese durch einen Chirurgen des Nationalen Gesundheitsdienstes oder durch eine Privatklinik durchgeführt werden sollte. Ihr Sohn erhielt bereits eine Behandlung durch den Nationalen Gesundheitsdienst und sein 7. Haus (der ihn behandelnde Arzt) wurde durch den Mond (das Volk) beherrscht. Der Herrscher des 7. Hauses der Fragestellerin (den wir als den Arzt, über den die Mutter nachdachte, ansehen können) war Jupiter, der natürliche Herrscher der reichen Leute. Der Mond stand auf 29° Skorpion unmittelbar davor, die Mars-Würden zu verlassen: Der Arzt des Nationalen Gesundheitsdienstes entschied am Ende, dass der Sohn die Operation doch nicht bräuchte.

◇ Bedenken Sie die reale Situation. Vielleicht steht der Herr von 7 im Exil: ein schlechter Arzt. Aber ein schlechter Arzt kann zufällig über die richtige Behandlung stolpern, während gleichzeitig bei vielen Krankheiten selbst der beste Arzt nicht in der Lage sein wird, sie zu heilen. ◇

PERSONAL EINSTELLEN

Wenn Sie bei der Arbeit jemanden einstellen, ein neues Dienstmädchen engagieren oder den Klempner anrufen, wird der zukünftige Angestellte durch das 6. Haus dargestellt. Idealerweise wird der Herr von 6 essenziell stark sein (die Person ist ehrlich und verfügt über die notwendigen Fähigkeiten), akzidentiell ohne Schwächungen (keine Hinderungsgründe, diese Fähigkeiten anzuwenden) und in Würden des Herrn von 1. Das Letztere ist wichtig, weil der Diener Anweisungen befolgen muss. Allzu oft zeigt das Horoskop das Gegenteil: Der Herr von 1 steht in großen Würden des Herrn von 6, was uns zeigt, dass der Fragesteller den künftigen Diener mag. Das ist nicht der beste Grund, um jemanden einzustellen. Der Herr von 6 im Exil oder Fall des Herrn von 1 wäre ein Nein.

Halten Sie Ausschau nach Schädigungen des 6. Hauses. Der südliche Mondknoten im 6. Haus wäre beispielsweise ein definitives Nein. Seien Sie stets vorsichtig mit Merkur und den Zeichen, die er regiert: Selbst im besten Fall kann seine Vorstellung von Ehrlichkeit eine anpassungsfähige sein. Eine Klientin rief an, um zu fragen, ob sie ihrer Putzfrau trauen könne, welche durch Jupiter in Zwillinge dargestellt wurde. Ein geschwächter Planet in einem Merkurzeichen: eindeutig nicht! Wenige Minuten später rief die Frau zurück, um zu berichten, dass sie nach oben gegangen sei und ihre Putzfrau dabei erwischte habe, wie sie ihre besten Kleider in einen Koffer packte.

Wenn Sie gefragt werden: „Soll ich A, B oder C einstellen?", geben sie das 6. Haus dem favorisierten Kandidaten und finden Sie andere Signifikatoren für die Rivalen. Belassen Sie es bei A, B oder C: Ein Fragesteller, der nicht in der Lage ist, eine engere Auswahl zu treffen, behandelt die Angelegenheit nicht mit dem nötigen Ernst, warum also sollten Sie das tun? Bitten sie den Fragesteller um eine kurze Beschreibung jedes Kandidaten. Solange sie kurz gehalten wird, wird die Beschreibung alle notwendigen Hinweise enthalten, um dem Kandidaten einen Planeten zuzuweisen. „Einer von ihnen ist ein Rotschopf (Mars) und der andere sehr ernst (Saturn)." Sie können darauf vertrauen, dass jeder Fragesteller die passenden identifizierenden Worte nennen wird, denn das Horoskop ist ein Abbild seiner Realität. Sobald Sie für jeden Kandidaten einen Planeten gefunden haben, vergleichen Sie diese gemäß den oben genannten Kriterien.

Wir suchen bei diesen Fragen nicht nach Aspekten, da wir annehmen, dass der Fragesteller diese Person, wenn er sich für sie entschieden hat, einstellen kann. Laufen jedoch Fragesteller und Kandidat auf eine Opposition zu, ist das eine deutliche Warnung davor, dass die Anstellung dieses Kandidaten bereut werden wird.

Wann wird der Klempner eintreffen?

Wenn ich so ein Horoskop erstelle, würde ich erwarten, dass der Herr von 6 auf eine Konjunktion mit dem Aszendenten (auf das Haus des Fragestellers) zuläuft. Sollte das nicht der Fall sein, würden ein Aspekt zwischen den Herren von 1 und 6 oder, im Notfall, auch der Herr von 6 auf dem Weg zur Spitze 4 ausreichen. Bestimmen Sie die Zeit in der üblichen Weise. Kein Aspekt, kein Eintreffen.

21

Fragen zum siebenten Haus

LIEBE UND EHE

Als ich mit meiner stundenastrologischen Praxis anfing, erwartete ich, dass Beziehungsfragen den Großteil meines Geschäfts ausmachen würden. Das hat sich nicht bewahrheitet – ich hätte mir nie die Bandbreite der gestellten Fragen vorstellen können –, und doch gab es erheblich mehr Fragen zu Beziehungen als zu jedem anderen Einzelthema. Grob gesprochen, unterteilen sie sich in zwei Gruppen: „Wird es anfangen?" und „Wird es zu Ende gehen?" Falls Sie sich wundern, warum ich Ehestreitigkeiten hier so viel Aufmerksamkeit schenke, denken Sie daran, dass in harmonischen Beziehungen lebende Menschen selten den Drang verspüren, wegen ihnen einen Astrologen zu konsultieren.

◆ Denken Sie an Tolstois Worte: „Alle glücklichen Familien gleichen einander; jede unglückliche Familie ist auf ihre eigene Weise unglücklich". Da die glücklichen keine Fragen stellen, bleiben wir auf der unüberschaubaren Vielfalt des Unglücks sitzen. Es gibt natürlich wiederholt auftauchende Themen. Aber streben Sie ohne Unterlass danach, wenn Sie das Gewebe der Gefühle, das jedes Horoskop bietet, auseinandernehmen – denn diese Horoskope sind nicht nach dem simplen Schwarz-Weiß-Muster eines „Ja, Sie kriegen den Job" oder „Nein, Sie kriegen ihn nicht" gestrickt –, die Wahrheit zu erkennen, wie sie sich in dem von Ihnen gedeuteten Horoskop zeigt. Das wird weder genauso sein wie in dem Horoskop, das Sie vor ein paar Tagen gedeutet haben, noch wie in dem Drama, das Sie gestern Abend im Fernsehen gesehen haben, noch wie das, was in Ihrem eigenen Liebesleben passierte, als Sie 25 waren. Mehr als bei jedem anderen Thema ist es, wenn Sie diese Fragen deuten, leicht, Ihre eigenen Drehbücher einzuführen. Achten Sie sorgfältig darauf, das Sie das nicht tun. Überprüfen Sie, um das zu vermeiden, jeden Schritt Ihrer Deutung anhand der Beweislage im Horoskop, um sicherzustellen, dass er nicht den Zeugnissen, die Sie dort finden, widerspricht. Passt ein Schritt nicht zu den astrologischen Beweisen, ist er falsch und muss von Neuem überdacht werden. ❖

Die Signifikatoren

Bei Fragen zu Liebe und Ehe werden der Fragesteller wie immer durch den Herrn von 1 und den Mond (außer der Mond ist der Herr des Hauses, auf das sich die Frage bezieht, in diesem Fall das 7. Haus) und die Person, nach der gefragt wird, durch das 7. Haus dargestellt. Die Person, nach der gefragt wird, wird selbst dann durch das 7. Haus angezeigt, wenn die Beziehung nur als Sehnsucht oder Möglichkeit existiert. Lautet die Frage zum Beispiel: „Wann werde ich dem Mann begegnen, den ich heiraten werde?", schauen wir auf das 7. Haus, selbst wenn im Moment kein Kandidat am Horizont zu sehen ist. Wenn eine Fragestellerin darüber nachdenkt, einen Freund zu 7. Haus-Pflichten zu befördern, würden wir uns das 7. Haus anschauen, nicht das 11. Haus: Die tatsächliche Frage ist: „Ist So-und-so ein geeigneter Partner?". Dass So-und-so im Moment ein Freund ist, ist unwichtig. Bezieht sich die Frage auf die Gefühle, die eine spezifische Person für die Fragestellerin hegt, müssen wir vielleicht ein anderes Haus anschauen. Um „Ist mein Nachbar in mich verknallt?" zu deuten, würden wir beispielsweise auf den Herrn von 3 schauen.

Dem Mann wird, egal ob Fragesteller oder Person, nach der gefragt wird, die Sonne als Ko-Signifikator zugeteilt und der Frau Venus. Das ist *ausschließlich* in Beziehungsfragen so. Herrschen Sonne oder Venus über das 1. oder 7. Haus, können sie nicht auf diese Weise zugewiesen werden: Die Person, die durch das Haus dargestellt wird, hat das Vorrecht auf ihre Dienste. Benutzen Sie *nicht* Mars statt der Sonne, selbst wenn diese schon vergeben ist. Geht es in der Frage um eine Mann-Mann- oder Frau-Frau-Beziehung, können Sonne und Venus nicht in dieser Weise benutzt werden, denn wir haben keine Begründung, sie der einen statt der anderen Person zuzuweisen.

Folglich gilt:

1. Der Fragesteller erhält den Herrn von 1 und den Mond.
2. Die Person, nach der gefragt wird, erhält den Herrn von 7.
3. Egal, ob Fragesteller oder Person, nach der gefragt wird, erhalten der Mann die Sonne und die Frau die Venus – ES SEI DENN es bestehen schon Ansprüche auf beide aus den Punkten 1 und 2.

In vielen Beziehungsfragen ist mehr als eine 7. Haus-Person im Spiel: „Ich bin verheiratetet, aber habe ich mit meinem Liebhaber eine Zukunft?" Vergeben Sie den Herrn von 7 immer an die Person, nach der im Besonderen gefragt wird, in diesem Fall also an den Liebhaber. Falls nötig, können wir einen anderen Planeten finden, um für die weitere Person zu stehen. Gewöhnlich ist man auf der sicheren Seite, wenn man Saturn als Signifikator des unerwünschten Ehepartners nimmt. Im Zweifel werden die Rezeptionen die Wahl des Planeten klar machen oder bestätigen, dass wir mit unserer Wahl richtigliegen: Lesen Sie weiter unten Näheres zu diesem Thema.

◇ Ist keine dritte Person in die Situation involviert, wird die Person, nach welcher der Klient fragt, immer durch den Herrn von 7 dargestellt. Gibt es eine dritte Person, wird die Person, nach der gefragt wird, *im Allgemeinen* durch den Herrn von 7 repräsentiert. Prüfen Sie diese Möglichkeit als erste, um zu sehen, ob sie zu den Anhaltspunkten im Horoskop passt. Aber manchmal ist die Person, nach der gefragt wird, nicht im Brennpunkt der Aufmerksamkeit des Fragestellers. Beispielsweise könnte man „Habe ich eine Zukunft mit meinem Liebhaber?" übersetzen in „Kann ich meine Ehe retten?" oder vice versa.

Saturn kann sehr gut den unerwünschten Ehepartner darstellen, aber überprüfen Sie das wie immer anhand der Beweise: Das Plädoyer für einen anderen Planeten könnte zwingender sein. Wenn der eine Planet des Fragestellers gerade in Saturns Zeichen eingetreten ist und der andere vor Kurzem angefangen hat, Saturn zu erhöhen, ist Saturn nicht der Signifikator der Person, die der Fragesteller loswerden möchte!

Klienten können in ihrer Fragestellung unklar sein. Ein unvergesslicher Fall war „Werden wir uns trennen?" Als ich der Fragestellerin sagte, dass das Horoskop keinen Sinn ergibt, entgegnete sie, dass sie sich bereits 14 Tage zuvor getrennt hätten. Also hieß die Frage nicht „Werden wir uns trennen?", sondern „Werden wir wieder zusammenkommen?" und die Standardantwort war nicht, dass, wenn er die Fragestellerin nicht verlässt, nichts passiert, sondern dass, wenn er die andere Frau nicht verlässt, nichts passiert. ◇

Manche Fragen mit mehr als einer 7. Haus-Person schließen keinen betrogenen Ehepartner mit ein: „Ich gehe seit einigen Wochen mit Tom aus, aber Mensch!, da gibt es diesen neuen Typen auf der Arbeit!" In vielen Fällen kann man die Frage auf „Wie sind die Aussichten mit dem neuen Typen?" herunterkochen, also würde man ihm, als Person, nach der direkt gefragt wird, das 7. Haus geben. In anderen Situationen ist es weniger eindeutig. Seien Sie offen für das, was Ihnen das Horoskop zeigt. Beispielsweise könnte ein Planet, mit dem einer der Signifikatoren der Fragestellerin gerade einen Aspekt gebildet hatte, den neuen Typen anzeigen; das Gleiche gilt für einen Planeten, der kürzlich das 10. Haus betreten hat (er ist gerade am Arbeitsplatz aufgetaucht).

Rezeptionen werden uns in Horoskopen, in denen außer dem Herrn von 7 noch jemand im Spiel ist, häufig zu den richtigen Signifikatoren führen. Ist diese Person in irgendeiner Weise ein Thema, werden uns das die Rezeptionen bestätigen. Zum Beispiel fragt eine Frau: „Wird meine Ehe fortbestehen?" Venus ist Herrin von 1 und Mars Herr von 7. Die Fragestellerin hat den Mond als ihren Ko-Signifikator und hätte zusätzlich noch Venus, weil sie eine Frau ist – was in diesem Fall nicht so ist, weil sie Venus als Herrin von 1 bereits hat. Ihr Ehemann hat die Sonne als Ko-Signifikator, weil er ein Mann ist. Nehmen wir an, Mars und Sonne sind beide in Krebs, während der Mond in Fische steht: Einer der Signifikatoren unserer Fragestellerin und beide Signifikatoren ihres Ehemanns befinden sich in großen Jupiter-Würden. Was immer Jupiter darstellt, muss für beide wichtig sein. Der Ehemann erhöht Jupiter – mit allem, was uns diese Würde von übertriebener Aufmerksamkeit erzählt –, während der Mond durch Jupiter beherrscht wird. Jupiter könnte also sehr gut die Geliebte des Ehemanns darstellen: Er ist verrückt nach ihr, während sie, durch die Rolle, die sie in ihrem Leben angenommen hat, Macht über die Fragestellerin hat.

Lilly sagt uns, dass wir den Planeten, von dem sich der Mond gerade gelöst hat, als weiteren Signifikator für den Fragesteller und den Planeten, auf den der Mond als Nächstes zuläuft, als weiteren Signifikator für die Person, nach der gefragt wird, nehmen sollen. Tun Sie das nicht! Diese zusätzlichen Signifikatoren überladen das Bild nur in sinnloser Weise.

◆ Das ist ein weiteres Konzept, das es nur gibt, um die Übermittlung einer erfreulichen Deutung zu ermöglichen. Der Mond wird normalerweise den Fragesteller darstellen. Wenn also der Planet, auf den der Mond zuläuft, automatisch Prinz Charme anzeigt, heißt das: „Oh, schauen Sie, Ihr Planet läuft auf seinen zu: Ihre Träume werden wahr!" ◆

Ein weiterer Signifikator, der häufig von größter Wichtigkeit ist, ist der Dispositor über den Punkt der Ehe. Wenn unsere Hauptsignifikatoren ein starkes Interesse, abzulesen an den Rezeptionen, an einem Planeten teilen, der bislang noch keine Rolle im Horoskop spielt, wird dieser Planet in vier von fünf Fällen der Dispositor des Punkts der Ehe sein. Gehen Sie für die Erörterung dieses und anderer Lospunkte noch mal zu den Seiten 163-167 zurück.

Bei manchen Fragen ist der Punkt der Scheidung nützlich (vgl. Seiten 166-167). Mars kann für sich genommen auch Signifikator der Scheidung sein, sofern er nicht schon in Gebrauch ist und eine der beiden Personen, um die es geht, darstellt. Wenn er sehr nahe der Handlung steht, und nur dann, kann Uranus ebenfalls Scheidung und Trennung anzeigen. Wenn die Frage zum Beispiel lautet: „Wird die Beziehung fortbestehen?", ist Uranus auf der Spitze 7 ein Zeugnis dafür, dass sie nicht fortbestehen wird. Steht er stattdessen auf dem Aszendenten, kann das jedoch lediglich anzeigen, wie der Gedanke an Scheidung auf der Fragestellerin lastet.

Rezeptionen

Schauen Sie sich bezüglich der Rezeptionen noch mal Kapitel 8 an.

Wir haben nun bis zu drei Signifikatoren (den Herrn von 1, den Mond und entweder Sonne oder Venus) für unseren Fragesteller und entweder einen oder zwei (den Herrn von 7 und entweder Sonne oder Venus) für die Person, nach der gefragt wird. Jeder der Signifikatoren zeigt eine andere Facette dieser Person:
  * die Herren von 1 und 7 zeigen die Person als denkendes Wesen, als Persönlichkeit, als „Kopf"
  * der Mond zeigt den Fragesteller, aber im Besonderen seine Emotionen: das Herz
  * Sonne und Venus zeigen – *sofern sie als natürliche Signifikatoren für Mann oder Frau gebraucht werden* – das Tier.

Dieses Tier hat viel mit sexueller Attraktion zu tun, und Sie werden selten falschliegen, wenn Sie dies als einfache Unterteilung der Person in Kopf, Herz und Wollust gebrauchen. Es geht aber noch darüber hinaus. Es zeigt den biologischen Imperativ, sich mit jemandem aus dem anderen Geschlecht zu vereinen. Vergessen Sie alle politische Korrektheit, wenn Sie sich das anschauen: Das ist reinstes Tarzan und Jane: „Du gute Frau. Komm zurück in meine Höhle und gebäre mir starke Kinder". Es ist der Mann ganz als Mann; die Frau ganz als Frau. Nach meiner Erfahrung entstehen viele Probleme, die hinter Fragen zu Beziehungen stehen, aus einem Mangel zu erkennen, welche große Rolle diese Seite der Natur bei der Bildung von Haltungen spielt.

◇ Der letzte Punkt ist ein besonders wichtiger, der hier nicht ausreichend betont wird. Vor allem wenn die Beziehung etabliert ist und die Flamme der Leidenschaft etwas ruhiger brennt, haben problematische, die Sonne (wenn sie Signifikator des Mannes in seinen Männersachen ist) betreffende Dinge häufig weniger mit der Kunstfertigkeit zwischen den Bettlaken zu tun als mit der Bereitschaft oder Fähigkeit, den Lebensunterhalt zu verdienen. Ähnliches gilt für Venus, wenn sie für die Frau in ihren Frauensachen steht. Was Tarzan und Jane von sich selbst und voneinander erwarten. ◇

Die Rezeptionen zeigen uns die Motive und Werte der beteiligten Personen. In vielen Beziehungsfragen ist ihre Analyse alles, was wir brauchen: „Liebt er mich wirklich?" oder „Was passiert in unserer Beziehung?" Selbst bei Fragen, die auf ein Ereignis zielen („Wird sie mich heiraten?"), sind Rezeptionen von äußerster Wichtigkeit: Die andere Person wird nicht heiraten (oder sich verabreden oder die Beziehung fortsetzen), ohne ein Motiv dafür zu haben. Dieses Motiv braucht nicht Liebe zu sein. Ein Beispiel: Die Signifikatoren der Fragestellerin befinden sich in keiner einzigen Würde der Person, nach der gefragt wird, erhöhen aber den Herrn von 8. „Sie lieben den Kerl nicht; Sie haben es auf sein Geld abgesehen (das 8. Haus ist das 2. vom 7. Haus: das Geld des Partners). Unglücklicherweise hat er keins (der Herr von 8 steht im Exil)".

Wie dieses Beispiel andeutet, klären wir in derartigen Fragen oft die Gefühle des Fragestellers genauso wie wir die der anderen Person analysieren. Nehmen wir an, die Frage lautet: „Hat meine Beziehung mit X eine Zukunft?", und die Signifikatoren der Fragestellerin zeigen wenig Interesse an denen von X, werden aber alle beherrscht vom Dispositor über den Punkt der Ehe: „Sie haben keinerlei echte Gefühle für diesen Typen; Sie wollen nur eine Beziehung haben und er kam zufällig vorbei". Das ist nicht die ganze Antwort auf so eine Frage, aber es wird große Auswirkungen auf sie haben. Oft lautet die Antwort auf „Gibt es mit ihm eine Zukunft?" nicht Ja oder Nein, sondern: „Sind Sie sich wirklich sicher, dass Sie eine Zukunft mit ihm haben möchten?"

Dass wir unterschiedliche Signifikatoren zur Verfügung haben, die uns verschiedene Teile des Wesens der Person darstellen, ist wichtig. Nur seltenen stimmen in einem Horoskop alle Signifikatoren des Fragestellers miteinander überein. Wahrscheinlich stellen die Leute keine stundenastrologischen Fragen, wenn Sie einen vollkommen einheitlichen Blick auf die andere Person haben, sondern nur wenn sie einen unangenehmen Zwiespalt wahrnehmen.

Ein Beispiel. Der Fragesteller ist ein Mann und:

der Herr des AC (der Fragesteller als Kopf) steht im Fall des Herrn von 7
der Mond (das Herz des Fragestellers) befindet sich in Löwe
die Sonne (der Fragesteller als Mann) ist in der Erhöhung des Herrn von 7.

„Sie fühlen sich sehr von ihr angezogen (die Sonne erhöht den Herrn von 7); diese extreme (Erhöhung) Attraktion dominiert Ihre Gefühle und lässt Sie ohne Zweifel denken, dass Sie sie lieben (der Mond wird von der Sonne, welche der Fragesteller als Mann ist, beherrscht, hat aber selbst keinerlei Interesse am Herrn von 7); aber ihre Persönlichkeit können Sie nicht ausstehen (der Herr des AC im Fall des Herrn von 7)."

Vermischte Anmerkungen

Rezeptionen per Erhöhung sind sehr machtvoll, aber nicht dafür gemacht, Bestand zu haben. Denken Sie daran, dass uns die Erhöhung, wie alle anderen Rezeptionen, nicht das Geringste über die Gefühle der anderen Person erzählt: Wir müssen uns die Signifikatoren der anderen Person anschauen, um über sie etwas zu erfahren. Bei „Gibt es für unsere Beziehung eine Zukunft?" ist es nicht ungewöhnlich, dass einer der Signifikatoren des Fragestellers sich dem Ende des Zeichens nähert, in dem er den Herrn von 7 erhöht. Wenn andere Zeugnisse damit übereinstimmen, zeigt das: „Nein, Ihre Beziehung nähert sich ihrem Ende – weil Sie selbst sie bald nicht mehr fortsetzen möchten". Da der Fragesteller noch immer Leibeigner dieser Erhöhung ist, wird einer solchen Deutung ausnahmslos mit Unglauben begegnet.

Der Signifikator einer Frau ist verbrannt in einem Horoskop, in dem die Sonne den Mann als Mann darstellt: Sie ist von seiner maskulinen Anziehungskraft überwältigt. Das kann sogar dann der Fall sein, wenn die Rezeptionen negativ sind. Auch die Verbrennung ist nicht von Dauer.

Die Signifikatoren einer Frau sind schwach, zeigen wenig Interesse an dem Mann, nach dem sie fragt, und werden von Venus beherrscht, welche sie als Frau anzeigt. Sie hat das Gefühl, dass sie als Frau etwas Aufmerksamkeit benötigt. Ähnliches gilt für einen Mann, dessen Signifikatoren schwach sind und in den Haupt-Würden der Sonne stehen.

Seien Sie in Bezug auf das, was Sie zu finden erwarten, nicht unrealistisch! Menschen bringen es fertig, befriedigende Beziehungen zu haben, ohne dass all ihre Signifikatoren stark und in mächtigen gegenseitigen Rezeptionen stehen.

Der Herr von 1 wird sich auf der Spitze 7 automatisch im Exil befinden. Das zeigt, dass der Fragesteller die Person, nach der er fragt, liebt und dass er wegen dieser Liebe verwundbar ist. In diesem Fall kann das Exil außer Acht gelassen werden. Steht der Herr von 1 in dem anderen vom Herrn von 7 beherrschten Zeichen, wird er noch immer im Exil sein und die Rezeption zeigt erneut, dass der Fragesteller diese Person liebt. Doch verdeutlicht uns das eine ganz andere Dynamik: Der Fragesteller ist unglücklich und liebt deshalb diese Person („O diese wundervolle Person, die mein Unglücklichsein beenden wird"). Mit der offensichtlichen Folge, dass der Fragesteller, sobald er aufhört unglücklich zu sein, auch aufhören wird sie zu lieben. Die gleiche Unterscheidung trifft zu, wenn der Herr von 7 im Zeichen des Aszendenten oder in dem anderen, vom Herrn von 1 beherrschten Zeichen steht.

Zur Konjunktion: Wenn in Beziehungsfragen einer der Hauptsignifikatoren in Konjunktion mit einem Planeten steht, der nicht einer der Hauptsignifikatoren ist, ist das ein sicheres Zeichen, dass die dadurch dargestellte Person mit jemand anders schläft. Denken Sie daran, dass Lilly und seine Zeitgenossen das Wort „Kopulation" als Synonym für Konjunktion benutzten – was es auch ist: Es ist genau das, was eine Konjunktion meint. Eine Frau fragte: „Wann werde ich einen Mann treffen?", und das Horoskop zeigte ihren Signifikator in Konjunktion mit zwei anderen Planeten. „Worum geht es Ihnen eigentlich? Sie schlafen im Moment mit zwei Männern." „Ja, aber die zählen nicht."

◆ Hier wurde etwas übertrieben, und zwar in der Hinsicht, dass diese Konjunktion mit einem nicht identifizierten Planeten gewöhnlich anzeigt, dass diese Person mit jemand anders zugange ist. Aber es kann auch andere Dinge bedeuten, wenn es zwingende Beweise gibt, die in eine andere Richtung weisen. Ein Beispiel: Eine Frau fragte, ob ihr Freund sie heiraten würde. Die Rezeptionen zeigten, dass sie wenig Interesse an ihm hatte, und einer ihrer Signifikatoren stand in Konjunktion mit einem anderen Planeten, der sie sehr interessierte. Ein verwirrendes Bild – das sich durch den Planeten erklärt, mit dem sie in Konjunktion stand: Der Herr von 5, sie war schwanger. ◆

Zu Mars: Wenn die Rezeptionen zeigen, dass Mars in dieser Situation wichtig ist, und er ist weder Signifikator einer der beiden Personen noch Dispositor des Punkts der Ehe, kann es gut sein, dass er hier als natürlicher Herrscher entweder der Wollust oder Scheidung agiert. Oder er kann, wie jeder nicht zugewiesene Planet, „irgendeine andere Person" darstellen.

Führen Sie keine zusätzlichen Personen ein, ohne gute Indizien dafür zu haben, es zu tun. Sie schreiben hier keine Seifenoper!

Wann werde ich?

Bestimmen Sie die Signifikatoren, suchen Sie dann nach einem Aspekt zwischen einem Signifikator des Fragestellers und einem der Person, nach der gefragt wird, bestimmen Sie die Zeit in der üblichen Weise. Ein applikativer Aspekt zur Spitze 7 reicht *nicht* aus. Genauso wenig wie einer zum Punkt der Ehe oder seinem Dispositor. Schauen Sie sich die Rezeptionen an: Ohne einige passende Rezeptionen wird der Aspekt das Ereignis nicht zustande bringen.

Lautet die Frage: „Wann werde ich heiraten?", bezieht sich die Zeitbestimmung auf die Entscheidung; das Ereignis selbst – wenn die Kirche gebucht und der Caterer bereit sind –, hängt von den beteiligten Personen ab. Ich kenne keine Möglichkeit, zwischen der Ehe und einer Vereinbarung ohne Trauschein zu unterscheiden, obwohl ein applikativer Aspekt, wenn die Beziehung bereits existiert, als Abbild ihrer Formalisierung in einer Ehe aufgefasst werden kann.

Das Horoskop wird normalerweise die nächste bedeutende Beziehung anzeigen, weniger den „Seelenpartner", nach dem manchmal gefragt wird.

„Was, wenn es keinen Aspekt gibt?" Fragesteller ignorieren gewöhnlich die vorausgehende Frage „Werde ich?" und springen gleich direkt zum „Wann?" Wenn das Horoskop einen Aspekt anzeigt, können wir das Gleiche tun; wenn nicht, müssen wir unter Umständen untersuchen, ob es jemals so eine Beziehung geben wird: siehe weiter unten. Normalerweise stehen jedoch die Signifikatoren des Fragestellers in solchen Fällen schwach und es gibt mehr Rezeptionen zwischen seinen eigenen Signifikatoren als zwischen diesen und den Signifikatoren des künftigen Gefährten. Üblicherweise werden Sie sehen, wie die Signifikatoren des Fragestellers auf Orte zustreben, in denen sie weniger schwach sind. Oft wird das nächste Zeichen, in das sie eintreten, ihr eigenes sein. In derartigen Fällen brauchen wir das „Werde ich jemals?" nicht ansprechen und können stattdessen andeuten, dass der Fragesteller im Moment unglücklich ist und zu sehr damit beschäftigt, seine in der Vergangenheit geschlagenen Wunden zu lecken, als dass er für eine Partnerschaft bereit wäre, dass das aber nach einer wie auch immer langen Zeit (bestimmen Sie den Zeitpunkt des Zuwachses an Stärke wie üblich) wieder der Fall sein wird – also lassen Sie uns dann einen neuen Blick auf die Situation werfen. Derartige Horoskope zeigen oft die kürzliche Trennung einer Partnerschaft durch separative Aspekte, vor allem Oppositionen.

Wird nach einer Beschreibung der gesuchten Person gefragt, nehmen Sie den Herrn von 7, nicht irgendeinen der Ko-Signifikatoren. Bestimmen Sie die Hinweise durch den Herrn von 7 näher mittels seines Dispositors, anderer großer Würden und enger Aspekte zu ihm. Deuten Sie das Vermögen der Person, nach der gefragt wird, durch das 8. Haus (das 2. vom 7. Haus) und ihre Berufstätigkeit durch das 4. Haus (das 10. vom 7. Haus).

Um zu entscheiden, wo sie sich treffen werden, müssen wir bestimmen, wer zu wem geht. Das wird *nicht* dadurch angezeigt, welcher Signifikator auf welchen zuläuft. Wessen Signifikatoren haben mehr akzidentielle Stärke? Es wird diese Person sein, die dahin geht, wo die andere ist. ABER: Obwohl die Position in einem Eckhaus viel akzidentielle Stärke verleiht, ist die Position des Signifikators der Person, nach der gefragt wird, auf der Spitze 7 *und* im selben Zeichen wie die Spitze, ein mächtiges Zeugnis dafür, dass diese Person nicht herauskommen wird, um zu spielen, egal welche Aspekte es geben mag. Ähnlich wird der Fragesteller, wenn sich seine Planeten im 1. Haus befinden, nicht besonders bewegen, damit sich etwas ereignet. Es mag seltsam klingen, dass der Klient diese Frage mit so einer Haltung gestellt hat, aber das ist keineswegs selten. Andere Zeugnisse zeigen im Allgemeinen, dass die Fragestellerin fühlt, sie sollte in einer Beziehung leben, obwohl sie eigentlich keine möchte – oder keine mit einer anderen Person.

Wenn Sie entschieden haben, welche Person zu welcher geht – Person A geht zu Person B –, nehmen Sie das Haus, das durch den aspektierten Signifikator von Person B besetzt ist, um anzuzeigen, wo das Treffen stattfindet. Das wird gewöhnlich das 10. (auf der Arbeit), 11. (durch Freunde) oder 9. Haus sein. Das 9. Haus deckt die meisten der anderen normalen Treffpunkte ab: Abendkurse, Kirche, Urlaub. Bei Fragestellern, die aus einer Kultur kommen, in der man ein arrangiertes und herbeigeführtes Zusammentreffen erwartet, wird es das Heiratsbüro darstellen. Welches die Rolle ausfüllt, die einst dem lokalen weisen Mann (9. Haus) zukam, um eine Heirat zu vermitteln, und als solches wird es selbst durch das 9. Haus dargestellt.

Werde ich jemals?

Das ist eine jener Fragen, bei der wir uns der Standardoption bewusst sein müssen. Ist der Fragesteller 20 Jahre alt, müssen wir mit Ja deuten, es sei denn, das Horoskop ruft laut Nein; ist der Fragesteller 80, müssen wir mit Nein deuten, es sei denn, das Horoskop ruft laut Ja.

Zeugnisse für eine Ehe:

* der Herr von 1, der Mond oder Venus/Sonne (je nach dem Geschlecht des Fragestellers) in einem fruchtbaren Zeichen
* der Herr von 1 im 7. oder der Herr von 7 im 1. Haus

* der Mond blickt Sonne oder Venus an (unabhängig vom Geschlecht des
Fragestellers). Für die Definition von „anblicken" vgl. die Seiten 134-135.

◆ Der Herr von 1 im 7. Haus zeigt, dass der Fragesteller scharf auf den anderen
ist. Eine Ehe ist dann natürlich wahrscheinlicher, als wenn der Fragesteller
nicht scharf wäre; aber das zeigt uns nicht mehr als das. ◇

Ist der Fragesteller 80 Jahre alt, wäre ich vorsichtig, mit Ja zu deuten, ohne
einen direkten Aspekt zwischen Hauptsignifikatoren zu haben.
Starke negative Zeugnisse wären:

* ein geschwächter Saturn auf der Spitze 7 – außer Saturn ist Herr von 1
* ein geschwächter Saturn auf dem Aszendenten – außer Saturn ist Herr von 7
* der Herr von 7 verbrannt und auf dem Weg zur Sonne – es sei denn, der
Fragesteller ist männlich oder die Sonne ist Herr von 1.

Lautet die Frage „Werde ich jemals und wann?" und diese Zeugnisse sowie die
Standardoption reichen aus, um ein Ja zu erlauben, können Sie sehr flexibel mit
den üblichen Regeln der Zeitbestimmung verfahren. Sobald Sie wissen, dass
das Ereignis stattfinden wird, wissen Sie, dass die Zeitbestimmung irgendwo im
Horoskop vorhanden sein muss – und manchmal ist sie nicht so offensichtlich.
Mit der gewohnten Einschränkung, dass man einen Planeten nicht durch eine
Station hindurch- oder über eine Konjunktion mit der Sonne hinausschieben
kann, können Sie die anderen Verhinderungen vernachlässigen und sie stattdessen als Ereignisse entlang des Weges lesen. Verhindernde Aspekte werden nicht
verhindern, und Sie können einen Planeten auch in das nächste Zeichen hinübersetzen. Aber gebrauchen Sie Ihren gesunden Menschenverstand: Wenn Sie
den Signifikator drei Zeichen vorschieben müssen, um einen Aspekt zu finden,
haben Sie wahrscheinlich eine andere Möglichkeit übersehen.
Egal, was wen darstellt, eine applikative Sonne-Mond-Konjunktion ist ein
hervorragender Indikator für eine Ehe.

Wird sie halten?

Wird die Frage zu einer Eheschließung oder zum Beginn einer Beziehung gestellt,
sagt uns die Art des Aspekts, der das Ereignis anzeigt, *nichts* darüber, wie die
Ehe verlaufen wird. Ob es sich bei dem Aspekt zum Beispiel um ein Sextil oder
ein Quadrat handelt, zeigt uns lediglich, wie reibungslos das Paar zum Altar
gelangt; es sagt nichts darüber aus, was danach passiert. Ein Quadrat kann uns

die glücklichste Ehe bringen, aber es zeigt, dass es auf dem Weg zur Trauung ein paar unerwartete Hindernisse zu überwinden gilt. Vielleicht muss er sie mehr als ein Mal fragen. Vielleicht muss die Trauung warten, bis ihre Mutter dabei sein kann. Der einzige Aspekt, der das berührt, was danach passiert, ist die Opposition. Sie bringt die beiden Parteien mit Bedauern zueinander, was in unserer Gesellschaft im Allgemeinen in einer Scheidung mündet.

Um „Werden wir glücklich sein?" zu deuten, schauen Sie die Rezeptionen zwischen den Signifikatoren der beiden Personen an. Erwarten Sie nicht zu viel und lassen Sie sich nicht von einigen negativen unter den positiven Aspekten abschrecken: Wir befassen uns hier mit dem wahren Leben, nicht mit Märchen. Seien Sie wachsam bei starken Rezeptionen, die kurz davor stehen, durch einen Zeichenwechsel beendet zu werden. Schauen Sie sich auch den Punkt der Ehe und vor allem seinen Dispositor an. Prüfen Sie dessen essenzielle Stärke (die Glück anzeigt) und die Natur des Zeichens, in dem er sich befindet. Ein fixes Zeichen zeigt Ausdauer an, ein kardinales ein schnelles Aufflammen, das brennt und erstirbt, ein veränderliches Zeichen ein Kommen und Gehen. Aber lesen Sie das, wie immer, im Licht der anderen Zeugnisse.

◊ Rezeptionen zeigen Haltungen, und zwei Menschen, von denen keiner den anderen kennt, können keine Haltungen zueinander haben. Also können uns bei einer Frage wie „Wann werde ich den Mann treffen, den ich heirate?" Rezeptionen nur etwas über die Haltungen jetzt im Moment sagen und nichts darüber, wie das Paar nach der Heirat miteinander auskommen wird. Aber der Punkt der Ehe sagt uns etwas über die Beziehung zwischen dem Fragesteller und der 7. Haus-Person. Diese Beziehung gibt es erst, wenn sich beide getroffen haben, also kann uns der Punkt der Ehe bei Fragen wie dieser nur etwas über die Zukunft sagen, und die Angelegenheit des künftigen Glücks muss von ihm her gedeutet werden. ◊

Sie werden häufig „Gibt es eine Zukunft für diese Beziehung?" gefragt werden, kaum dass sich das Paar getroffen hat. Manche Horoskope zeigen ein klares Nein; gelegentlich gibt es ein Horoskop, das eine starke, langfristige Verbindung anzeigt; die meisten zeigen genug, um die Beziehung für eine Weile am Leben zu halten, aber nicht länger als das. Der Sinn dafür, eine solche Frage zu stellen, geht mir ziemlich ab, es sei denn, es ist eine Entscheidung zu fällen, ob man sich in einer gewissen Weise verpflichtet – etwa indem man eine gemeinsame Hypothek aufnimmt –, oder die andere Person ist ein Serienmörder. Wenn die

Fragestellerin jeden Mann, bei dem der Astrologe Nein sagt, sausenließe, würde sie niemals die emotionale Bildung erwerben, die nötig ist, um sich an Bord einer Beziehung zu begeben, zu welcher der Astrologe Ja sagen könnte.

Die gleiche Frage wird Ihnen oft bei Krisensituationen in bestehenden Beziehungen gestellt werden. Es ist immer klug nachzufragen, ob noch jemand anders im Spiel ist, wenn die Frage zum ersten Mal gestellt wird; wenn Sie das später bei der Übermittlung Ihrer Deutung tun, könnte der Fragesteller annehmen, dass Sie das im Horoskop gesehen haben, obwohl Sie tatsächlich nur versuchen, die Rolle eines Planeten zu klären, bei dem Sie sich nicht sicher sind. Die Deutung solcher Fragen beruht zum großen Teil auf den Rezeptionen und man kann mit ihnen Stresspunkte und Potenziale ausmachen – was sicherlich nützlicher ist als eine platte Vorhersage. Selbst wenn es kaum Rezeptionen zwischen den Ehepartnern gibt: Denken Sie daran, dass der Status quo fortbestehen wird, es sei denn, einer von beiden entscheidet sich, diesen zu beenden. Selbst wenn sie sich gegenseitig nicht ausstehen können: Wird einer von beiden etwas unternehmen? Schauen Sie nach Oppositionen und Planeten, die das Haus oder Zeichen wechseln. Derartige Wechsel können positiv sein, vor allem wenn sie eine Zunahme der Rezeptionen beinhalten, oder sie können auch nichts von Bedeutung anzeigen; aber der Herr von 7, der das 1. Haus verlässt, kann zum Beispiel anzeigen: „Ihre Frau ist dabei, Sie zu verlassen"; oder der Herr von 1 verlässt ein Zeichen, das durch den Dispositor des Punkts der Ehe beherrscht wird, was anzeigen kann: „Es sieht so aus, dass Sie am Punkt angelangt sind zu gehen."

Solche Horoskope werden häufig Möglichkeiten vorschlagen, wie die Beziehung verbessert werden könnte, oder ein Schlaglicht auf Verhalten werfen, die die Situation verschärfen – also lautet die Deutung oft: „Wenn Sie damit fortfahren, XYZ zu machen, wird er gehen" oder „Wenn Sie nicht ABC tun, wird sie sich von Ihnen trennen". Einige Beispiele: Nehmen wir an, wir haben einen männlichen Fragesteller und der Herr von 1 ist scharf auf den Herrn von 7, aber die Sonne hasst sie, während der Herr von 7 und Venus großes Interesse an der Sonne zeigen: „Wenn Sie ihr nicht ein bisschen körperliche Aufmerksamkeit zeigen...". Oder der Mond liebt den Herrn von 7, befindet sich aber in einem stummen Zeichen: „Wenn Sie ihr nicht sagen, dass Sie sie lieben...".

Seien Sie auf der Hut, Affären aufgrund von irgendwelchen Belegen anzukündigen, es sei denn es handelt sich um eine Konjunktion. Und seien Sie selbst dann noch vorsichtig, Affären anzukündigen: Sie mögen in der Lage sein, das zu erkennen; aber das heißt noch lange nicht, dass der Fragesteller es auch hören muss. Gegenseitige Rezeptionen, egal wie stark, mögen eine hohe gegenseitige

Zuneigung zwischen zwei Menschen anzeigen, aber sie sind für sich genommen noch kein Beweis für Untreue. Obwohl die Situation schwerlich befriedigend sein kann, wenn die Rezeptionen zeigen, dass die ganze Aufmerksamkeit des Ehepartners jemand anders gilt. Aber seien Sie vorsichtig: Sind Sie sicher, dass es sich um jemand anders handelt? Vielleicht gibt es eine mächtige gegenseitige Rezeption zwischen dem Herrn von 7 und einem anderen Planeten – aber vielleicht herrscht dieser Planet über das gedrehte 10. Haus und bildet damit ab, dass der Göttergatte durch seine Arbeit voll in Beschlag genommen ist. Liegt eine Konjunktion vor, brauchen Sie keinerlei Rezeptionen zwischen den beiden Planeten: Die Personen können sich glücklich vereinigen, ohne dass ihre Emotionen einbezogen sind. Unterschätzen Sie nicht die Macht der Schmeichelei: Steht der verdächtige Planet in der Erhöhung des Herrn von 7, hat der Herr von 7 vielleicht zwar seinen Kopf umgedreht, ohne aber die Gefühle zu erwidern. Vor allem wenn der verdächtige Planet gerade innerhalb des 7. Hauses steht. Ganz Ähnliches gilt, wenn eine Frau die Frage stellt und ein nicht identifizierter Planet verbrannt ist (die Sonne zeigt den Ehemann als animalischen Mann): Er hat jemanden, die sich ihm in die Arme wirft. Aber ohne eine enge Konjunktion fehlt ein belastbarer Beweis dafür, dass er darauf antwortet. Je mehr essenzielle Würden die Planeten des verdächtigten Ehepartners haben (und ihn oder sie damit als ehrbar darstellen) und je mehr Rezeptionen diese zu den Planeten des Fragestellers haben (und damit die Liebe für den Fragesteller oder die Fragestellerin anzeigen), desto weniger wahrscheinlich ist es, dass er oder sie fremdgeht.

Gelegentlich fragen Klienten, ob ihr Partner homosexuell ist. Wenn der Verdacht sich auf eine Affäre mit einer konkreten Person bezieht, behandeln Sie das genauso wie die Fragen zu Affären oben. Häufiger ist eine allgemeine Anfrage. Ist der Partner männlich, halten Sie Ausschau, ob seine Signifikatoren in starken Würden der Sonne stehen oder im Exil oder Fall von Venus, was eine Vorliebe für Männer oder Hass auf Frauen anzeigt. Ja, wenn die Sonne in starken Würden der Sonne steht, könnte das anzeigen, dass er voller normaler sexueller Gefühle ist, aber die Frage würde vermutlich nicht gestellt, wenn sie der Fragestellerin gälten. Denken Sie daran, dass die gestellte Frage die Wirklichkeit des Horoskops bestimmt. Die Sonne im gedrehten 12. Haus (dem radikalen 6. Haus) gibt Anlass zum Verdacht: Er scheint etwas in Bezug auf seine Sexualität zu verbergen – was aber nicht der Umstand sein muss, dass er homosexuell ist. Die Sonne im radikalen 12. Haus könnte anzeigen, dass er sich etwas widmet, das er vor der Fragestellerin gerne verheimlichen möchte, aber auch das muss nicht mit Homosexualität in Verbindung stehen. Stellt ein Mann die Frage zu seiner Partnerin, halten Sie

Ausschau nach ihren Signifikatoren in starken Venus-Würden, im Exil oder Fall der Sonne oder im gedrehten 12. Haus. Wichtig: Führen Sie diese Zeugnisse nicht bei Fragen ein, in denen dies nicht das Thema ist, um das es geht! Wenn Sie die Sonne in irgendeiner anderen Beziehungsfrage zum Beispiel in Skorpion sehen, heißt das nicht, dass der Mann homosexuell ist.

Wird er mich zurücknehmen?

Hier haben wir es mit einer Abweichung zu tun. Wenn eine Frau aus dem Haus ihres Ehemanns geworfen wurde und fragt, ob er ihr vergeben wird, gibt Lilly der Frau das 7. Haus, obwohl sie die Fragestellerin ist.[56] Zuerst habe ich das für eine historische Kuriosität gehalten, aber unter der verschwindend geringen Zahl von Horoskopen, die ich zu diesem Thema gedeutet habe, gab es mindestens eines, das mit diesem Ansatz offenbar sinnvoller zu deuten war. Ich kann keinen triftigen Grund dafür entdecken, hier von der üblichen Praxis abzuweichen – und empfehle Ihnen deshalb, derartige Fragen auf die gewohnte Weise anzugehen, aber Sie sollten sich dieses Punktes bewusst sein. Wenn es im Horoskop deutliche Belege dafür gibt, die Sie ermutigen, den Herrn von 7 für den Fragesteller zu nehmen (vielleicht gesteht der Fragesteller ein, dass er eine Affäre hat, und der Herr von 7 löst sich gerade aus einer Konjunktion mit einem Planeten, der nicht der Herr von 1 ist), dann könnten Sie, mit aller gebotenen Vorsicht, sich dafür entscheiden, Lilly zu folgen.

Lilly schrieb im 17. Jahrhundert, weshalb ihm der Gedanke, dass eine Frau ihren Mann aus dem Haus werfen könnte, aberwitzig vorgekommen wäre – weshalb er für diesen Fall keine Anweisungen gab.

◆ Erneut zu viel Ehrerbietung für Lilly. Er ist über die Vorurteile seiner Zeit gestolpert. In der Stundenastrologie wird dem Fragesteller das 1. Haus zugeteilt. Es gibt keine Begründung dafür, davon für Fragen zu diesem einen Thema eine Ausnahme zu machen. ◆

Beispielhoroskope zu Beziehungsfragen
Siehe Horoskope auf den Seiten 109 und 146.

---

[56] *Lilly*, S. 351.

GESCHÄFTSPARTNERSCHAFTEN

Siehe Kapitel 23, Seite 325.

SOLL ICH BLEIBEN ODER SOLL ICH GEHEN?

„Bin ich in London besser dran oder sollte ich wegziehen?" „Vielleicht sollte ich in meine Heimat zurückkehren?" „Sollte ich nach Frankreich ziehen?" „Sollte ich weiterarbeiten oder zum College zurückgehen?" Obwohl diese Fragen normalerweise als „Sollte ich X oder Y tun?" formuliert werden, sind sie selten eine so gleichrangige Wahl wie zum Beispiel, welche von zwei Straßen man nehmen sollte. Gewöhnlich lautet die Frage: „Soll ich diese Veränderung vornehmen oder soll ich alles so lassen, wie es ist?" Was uns das Horoskop zeigt, ist ein Blick voraus, als stünde der Fragesteller auf einer Anhöhe, blickt auf die Straßen, die sich in der Ferne verlieren, und denkt entweder „Oje, der Anblick von der hier gefällt mir gar nicht" oder „Mensch, die hier sieht einladend aus!"

In diesem Fall zeigen das 1. Haus und sein Herrscher Dinge, wie sie sind; das 7. Haus und sein Herrscher Dinge, wie sie sein werden, wenn die Veränderung vorgenommen wird. Also:

* Das 7. Haus ist besser als das 1. Haus: Gehen Sie. Wenn nicht, bleiben Sie.
* Der Herr von 7 ist stärker als der Herr von 1: Gehen Sie. Wenn nicht, bleiben Sie.
* Der Mond oder der Herr von 1 trennen sich aus einem Aspekt (egal welchem) zu einem Wohltäter und laufen auf einen Übeltäter zu: Bleiben Sie.
* Der Mond oder der Herr von 1 trennen sich aus einem Aspekt zu einem Übeltäter und laufen auf einen Wohltäter zu: Gehen Sie.

HINWEIS: Wenn Sie sich die Planeten anschauen, auf die sich der Mond und der Herr von 1 zu- oder von ihnen wegbewegen, denken Sie daran, dass JEDER Planet in starken essenziellen Würden gut und JEDER Planet in essenziellen Schwächen schlecht ist.

Einige Beispiele:

* Ein Planet in seinem Exil im 7. Haus, der Herr von 1 in seiner Erhöhung: Bleiben Sie an Ort und Stelle.

* Ein Planet in Würden im 1. Haus, der Mond löst sich von einem Planeten in Würden und läuft auf einen, der peregrin steht, zu: Bleiben Sie an Ort und Stelle.
* Der südliche Mondknoten im 1. Haus, der nördliche im 7. Haus: Gehen Sie.

„Aber was ist, wenn sich die Zeugnisse widersprechen?" Das wird häufig der Fall sein: Nur wenige Situationen sind eindeutig. Gewichten Sie die Zahl und die Stärke der verschiedenen Zeugnisse. In vielen derartigen Horoskopen sind Bleiben und Gehen gleich gut oder gleich schlecht: Wenn es das ist, was das Horoskop darlegt, ist das die Deutung. Fühlen Sie sich nicht genötigt, eine unzweideutige Antwort vorzulegen. Oft lautet die Antwort: „Es besteht kein großer Unterschied".

In diesen Fragen geht es um einen Wechsel, also wird der voraussichtliche Wechsel im Horoskop häufig durch einen baldigen Wechsel des Zeichens angezeigt. Der Herr von 1 und/oder der Mond werden sich am Ende eines Zeichens befinden, kurz davor ein neues Zeichen zu betreten. Lassen wir sie diesen Wechsel vollziehen oder lassen wir alles, wie es ist? Vielleicht gewinnen beide an Würden, indem sie die Zeichen wechseln: Gehen Sie! Oder sie laufen vielleicht in die Konjunktion mit einem geschwächten Saturn oder betreten die Verbrennung, sobald sie das Zeichen wechseln: Bleiben Sie! Oder der Wechsel bringt keine erhebliche Veränderung: Bleiben Sie oder gehen Sie, ganz wie Sie wollen. In solchen Fällen sagt das Horoskop: „Dies ist ihre voraussichtliche Zukunft. Möchten Sie sie annehmen, indem Sie Ihre Planeten da hineinbewegen, oder möchten Sie da bleiben, wo Sie sind?"

Wenn die Frage einen konkreten Ort für „da" angibt, können Sie die Planeten des Fragestellers nehmen und in dieses Haus setzen. Wenn etwa der Klient fragt: „Sollte ich mir eine Arbeit suchen oder zur Universität gehen?", stellen Sie sich vor, Sie nähmen den Herrn von 1 und setzten ihn unmittelbar in die Spitze des 10. Hauses. Wie geht es ihm dort, gemäß der essenziellen und akzidentiellen Würden? Dann stellen Sie sich vor, er stünde gerade innerhalb der Spitze 9. Wie geht es ihm dort? Das ermöglicht einen Vergleich zwischen Arbeit und Universität. Geht es dem Fragesteller vor allem um seine emotionale Zufriedenheit, machen Sie das mit dem Mond genauso wie mit dem oder anstatt des Herrn von 1. Hinweis: Wenn Sie den Fragesteller auf diese Weise „zur Arbeit schicken", können Sie natürlich nicht denken: „Der Herr von 1 ist im 10. Haus und deshalb stark", denn das wäre stets der Fall, egal um was für eine Arbeit es sich handelt. Sie können denken: „Wenn ich den Herrn von 1 in das 10. Haus setze, ist er in Konjunktion mit dem südlichen Mondknoten und in seinem Exil. Autsch!"

Das können sie NICHT mit einer allgemeinen „Bleiben oder gehen"- bzw. 1. versus 7. Haus-Frage machen, denn wenn Sie den Herrn von 1 in die Spitze des 7. Hauses setzen, wird er automatisch in sein Exil platziert.

Achten Sie auf Wechsel. Nehmen wir an, die Frage lautet: „Wie wird es am College mit mir weitergehen?", und wenn Sie den Herrn von 1 in die Spitze 9 setzen, platzieren Sie ihn in sein Exil. Aber die Spitze 9 befindet sich auf 27° ihres Zeichens, und wenn man den Herrn von 1 in das nächste Zeichen setzt, erhält er eine starke essenzielle Würde oder es bringt ihn in Konjunktion mit einem Jupiter in großen Würden: „Sie werden es langsam angehen lassen, aber wenn Sie erst mal Fuß gefasst haben, wird es Ihnen wundervoll ergehen".

Sie können das machen, wenn der Fragesteller ein Immigrant ist und fragt: „Sollte ich nach X zurückkehren?" Das 1. Haus wird anzeigen, wo er sich jetzt befindet, das 4. Haus wird die Heimat darstellen (selbst wenn es sich dabei um ein Heimatland seiner Vorfahren handelt, in das der Fragesteller nie einen Fuß gesetzt hat) und das 9. Haus wird ein fremdes Land anzeigen. Sie müssen den Klienten fragen: „Was nennen Sie Zuhause: das Land, in dem Sie jetzt leben, oder das Land Ihrer Wurzeln?" Das wird Ihnen sagen, ob das geplante Ziel das 4. (mein Heimatland) oder das 9. Haus (ein fremdes Land) ist.

Seien Sie bei allgemeinen „Bleiben oder gehen"-Fragen mit dem Herrn von 4 vorsichtig: Manchmal zeigt er das gegenwärtige Haus an, manchmal das potenzielle. Es ist besser, ihn aus der Deutung herauszuhalten, es sei denn, Sie können erkennen, welches von beiden es ist. Wenn der Herr von 1 beispielsweise auf den Herrn von 4 zuläuft, muss der Herr von 4 das potenzielle Haus sein.

◆ Hier muss ich klarstellen: Diese Methode, das 1. und das 7. Haus zu vergleichen, gilt *nur*, wenn der Fragesteller einen langfristigen physischen Ortswechsel erwägt: „Soll ich hier bleiben oder soll ich dort hingehen?" Sie eignet sich genauso wenig für kurzfristige Veränderungen, wie die Fahrt in den Urlaub, noch für andere vorgeschlagene Wechsel wie den des Arbeitsplatzes oder der Wohnung. Die Stelle, die ich überlege anzunehmen, mag auf der anderen Seite der Welt liegen, aber wenn sich die Frage darum dreht, ob ich die Stelle haben möchte, ist es keine Angelegenheit des 1. und 7. Hauses. Dazu wird sie nur, wenn das Augenmerk auf der Ortsveränderung liegt und die Stelle einfach nur eine Möglichkeit ist, diese umzusetzen. Analoges gilt für die Wohnung: Bei „Soll ich hier bleiben oder nach Frankreich ziehen?" geht es nicht um den Kauf dieser oder jener Immobilie, sondern um das Gesamtbild, ob es mir in Frankreich besser gehen würde.

Eine Frage wie „Soll ich weiter arbeiten oder zurück aufs College gehen?" ist keine Angelegenheit des 1. und 7. Hauses. Vergleichen Sie das 9. und das 10. Haus, um diese Frage zu deuten, wobei ein Teil davon sein wird, den Herrn von 1 in jedes der beiden Häuser zu setzen. Uns interessieren hier Dinge, die sich, ob gut oder schlecht, in diesen Häusern befinden; der Zustand der Häuserherrscher; ihre Rezeptionen mit dem Herrn von 1 und dem Mond. Achten Sie auf unmittelbar bevorstehende Veränderungen. Nehmen wir zum Beispiel an, der Herr von 10 ist Jupiter auf 28° Zwillinge. Die Arbeitsstelle ist in einem schlechten Zustand. Aber sie steht kurz davor, in ihren Würden gewaltig zu wachsen: „Bleiben Sie, wo Sie sind. Es wird nicht mehr lange dauern, bis Ihre Stelle sehr viel besser werden wird." ◈

SPORT UND WETTKÄMPFE

◈ Dieses Thema wird in meiner *Sportastrologie*, mit vielen Beispielhoroskopen, sehr viel detaillierter behandelt, als es der Raum in einem allgemeinen Lehrbuch zulässt. ◈

Werden wir gewinnen?

Egal ob diese Frage durch einen Anhänger oder durch jemand, der am Spiel teilnimmt, gestellt wird: Es ist Wir gegen Sie. Der Mannschaft, die der Fragesteller unterstützt, wird das 1. Haus gegeben – als Erweiterung der eigenen Person, in der gleichen Weise, wie der Fragesteller sagen würde: „Wir haben gewonnen", obwohl er nicht mitgespielt hat. Die unsäglichen Schlägertypen, mit denen sich seine Mannschaft auseinandersetzen muss, sind die offenen Feinde: 7. Haus. Seien Sie vorsichtig: Wenn es dem Fragesteller vor allem darum geht, auf das Spiel zu wetten, behandeln Sie das als eine Frage des finanziellen Gewinns (Kapitel 16).

Damit wir die Frage deuten können, muss der Fragesteller einiges Interesse am Ergebnis des Spiels für sich genommen haben. Mag seine Unterstützung für die Guten auch nur lauwarm sein, er muss eine gewisse Präferenz für die eine Mannschaft gegenüber der anderen haben. Spielt seine eigene Mannschaft nicht mit, ist es möglich, dass er eine herzliche Abneigung gegen eine der beteiligten Mannschaften hegt – vielleicht ist es der Lokalrivale seiner eigenen Mannschaft. In diesem Fall heißt die eigentliche Frage: „Wird mein Feind besiegt werden?", womit dem Feind das 7. Haus und seinen Gegnern – dem Feind des Feindes – das

1. Haus gegeben wird. Steht der Fragesteller beiden Mannschaften gleichgültig gegenüber, haben wir kein Kriterium, um zu entscheiden, wer das 1. und wer das 7. Haus erhält, folglich können wir das Horoskop nicht deuten. Widerstehen Sie der Versuchung, das 1. Haus der Heimmannschaft zu geben oder der Mannschaft, die der Fragesteller zuerst nennt: Was immer das sein mag, Stundenastrologie ist das nicht. Genauso wenig können wir ihnen das 7. Haus als „jeder x-beliebigen Person" geben, weil die Gleichgültigkeit des Fragestellers beide Mannschaften zu „jeder x-beliebigen Person" macht.

Diese Methode kann auch für Fragen zu Einzelsportarten angewandt werden, vorausgesetzt, der Fragesteller unterstützt den einen oder anderen Spieler oder lehnt einen von beiden ab. Es ist weiterhin: Wir gegen Sie, wie in „Wird der heroische Brite das Tennismatch gewinnen?" – worauf die Antwort „Nein" lautet.

◆ Bei Individualsportarten kann man diese Fragen nur selten stellen, weil der Fragesteller einen Einzelsportler nur selten als „wir" ansehen wird, wie er das mit einer Mannschaft tun könnte. Wenn der bevorzugte Tennisspieler gewinnt, wird der Fragesteller vermutlich sagen: „Er hat gewonnen" oder „Sie hat gewonnen", nicht „Wir haben gewonnen". Die übliche Ausnahme davon besteht, wenn der Spieler als Repräsentant des Landes angesehen wird. Zu denken, dass der Tennisspieler gut aussieht, reicht nicht aus! ◆

Obwohl wir die favorisierte Mannschaft als Erweiterung des Fragestellers ansehen, hat der Mond hier nicht seine übliche Rolle als Ko-Signifikator des Fragestellers. Zumindest hat er sie nur in Augenblicken schrecklichster Notlage, wenn uns nichts anderes im Horoskop mehr hilft. Seine Rolle ist in diesen Fragen üblicherweise eine kleinere, indem er gelegentlich die Funktion als „Fluss der Ereignisse" übernimmt.

Genauso wenig sollten Sie sich mit anderen Häusern als dem 1. und 7. Haus befassen. Zu viele Sport-Stundenhoroskope verschwinden in einem Nebel der Konfusion, weil der Astrologe versucht, die Fans der Mannschaft, ihre Spieler und ihr Bankkonto im Horoskop auszumachen. *Keep it Simple!* – Halten Sie es einfach! Alles, was uns interessiert, ist, wer gewinnen wird. Das wird durch das 1. und das 7. Haus angezeigt. Auch wenn der Trainer jeder Verlierermannschaft die Schuld für die Niederlage dem Schiedsrichter zuschieben mag, verhält sich das Stundenhoroskop weitaus fairer und hat keine Rolle für den Herrn von 10.

Lilly sagt uns, dass wir den Planeten, von dem der Mond sich kürzlich gelöst hat, in einem Wettkampfhoroskop als weiteren Signifikator für den Fragesteller nehmen sollen und denjenigen, auf den der Mond zuläuft, als einen weiteren Signifikator für den Feind. Machen Sie das nicht! Diese zusätzlichen Signifikatoren tun nichts weiter, als dass sie das Bild überladen.

Beginnen Sie mit der Einschätzung der Häuser selbst. Was, wenn überhaupt, befindet sich in ihnen? Wenn dort etwas ist: stärkt oder verletzt es das Haus? Denken Sie daran, dass je enger ein Planet zur Hausspitze steht, je größer seine Wirkung auf das Haus ist. Die Wirkung eines Planeten, der zwar im Haus steht, aber in einem anderen Zeichen als die Spitze, wird stark gemindert. Das ist so, egal wie nah der Planet der Spitze steht (z. B. die Spitze auf 29° Widder; der Planet auf 0° Stier: trotzdem ist die Wirkung stark reduziert). Ein Beispiel: Nehmen wir an, der Aszendent befindet sich auf 15° Fische, mit Saturn im 1. Haus auf 2° Widder. Die Gegenwart dieses geschwächten Saturns (in seinem Fall) ist eine ernste Verletzung der guten Jungs. Jupiter steht auf 17° Fische, also ist die Anwesenheit dieses Jupiters in starken Würden höchst wohltätig für die guten Jungs. Da Jupiter viel näher zum Aszendenten steht und, besonders wichtig, im selben Zeichen wie der Aszendent, ist der wohltätige Einfluss Jupiters viel stärker als der bösartige Saturns.

Die uns interessierenden Häuser liegen sich gegenüber, also vernachlässigen Sie Planeten, die Aspekte auf sie aussenden. Aspektiert ein Planet ein Haus, wird er auch das gegenüberliegende Haus mit einem Aspekt ähnlicher Qualität aspektieren.

Die Mondknoten können in diesen Horoskopen sehr einfach behandelt werden: der nördliche gut, der südliche schlecht. Sie treten als Paar auf, also wird, wenn der eine im Haus der guten Jungs ist, der andere in dem der bösen Jungs sein. Das heißt wir müssen uns nur einen von beiden anschauen – egal welchen. Steht der nördliche Mondknoten im 1. Haus, können wir deuten, dass das Haus gestärkt ist, oder wir können deuten, dass das 7. Haus durch die Anwesenheit des südlichen Mondknotens geschwächt ist. Zählen Sie das nicht als zwei Zeugnisse. In jeder astrologischen Deutung müssen wir auf der Hut vor allem sein, was sich automatisch ergibt.

Schauen Sie sich nun die Herren von 1 und 7 an. Welcher ist stärker? Die starken akzidentiellen Würden sind in diesen Fragen viel wichtiger als die essenziellen Würden. Die essenziellen Würden mögen uns sagen, wer den Sieg verdient hat; doch werden uns die akzidentiellen Würden sagen, wer tatsächlich gewinnt. Wenn aber alle anderen Zeugnisse mehr oder weniger gleich sind, kann ein großer

Unterschied in essenziellen Würden entscheidend sein. Die Ausnahme bei diesem Herunterspielen der essenziellen Würden ist die Erhöhung. Die Mannschaft, deren Signifikator sich in seiner eigenen Erhöhung befindet, wird in der Überzeugung auf das Feld laufen, dass sie eine Mannschaft von Göttern ist, die gegen bloße Sterbliche spielt. Eine solche Haltung macht es wahrscheinlicher zu gewinnen. In Wettkampfhoroskopen ist die Erhöhung stärker als die Zeichenherrschaft.

Rezeptionen zwischen den Herren von 1 und 7 sind wichtig. Natürlich nicht, weil sie zeigen, wer wen mag, sondern weil sie zeigen, wer in wessen Gewalt ist. Wieder ist die Erhöhung stärker als die Zeichenherrschaft: Wird der Herr von 1 durch den Herrn von 7 beherrscht und der Herr von 7 steht in der Erhöhung des Herrn von 1, ist es der Herr von 1, dem das nützt. Der Feind wird von unserer Mannschaft eingeschüchtert. Gegenseitige Rezeptionen mit anderen Planeten wirken sich nicht stärkend aus. Eine gegenseitige Rezeption ist wie eine Freundschaft. Doch egal was für gute Freunde der Fragesteller oder seine Mannschaft haben, sie werden nicht auf das Feld laufen, um das Siegtor zu erzielen.

Hausplatzierungen und Verbrennung sind in diesen Horoskopen die wichtigsten akzidentiellen Würden. Ein Planet in einem Eckhaus hat gegenüber einem in einem nachfolgenden oder einem fallenden Haus einen großen Vorteil. Je näher der Spitze, desto größer der Vorteil. Ein Planet in einem Haus, aber nicht im Zeichen der Spitze, wird gestärkt, aber in einem sehr viel geringeren Maß. Ein Signifikator in seinem eigenen Haus wird besonders gestärkt; ein Signifikator im Haus seines Gegners ist gewöhnlich ein schlüssiges Zeichen für eine Niederlage: Er befindet sich in der Hand des Feindes. Ein Signifikator auf, statt innerhalb der Spitze des Hauses des Feindes ist jedoch eine herausragend mächtige Stellung. Ein Planet in einem Haus wird von diesem kontrolliert; ein Planet auf einem Haus kontrolliert dieses Haus.

Da die Verbrennung die schwerwiegendste aller Verletzungen ist, zeigt ein verbrannter Signifikator, dass diese Mannschaft verlieren wird. Es müsste schon eine seltene Kombination des Schreckens sein, die das übertrumpfen könnte.

Ein enger Aspekt zu einem Wohltäter wird diesem Planeten helfen; ein enger Aspekt zu einem Übeltäter wird ihm schaden – wobei wir wie immer im Kopf behalten, dass jeder essenziell starke Planet hilfreich, jeder essenziell geschwächte Planet bösartig sein wird. Fünf Grad Abstand ist das absolute Maximum, mit dem wir uns befassen müssen; je enger, desto stärker.

Vernachlässigen Sie in Horoskopen, die erstellt wurden, um das Ergebnis eines Spiels zu bestimmen, die Zeichenwechsel. Ein Signifikator könnte kurz davor stehen, in sein eigenes Zeichen einzutreten, was ihm eine gewaltige Steigerung der essenziellen Stärke bescheren würde; doch wie immer nah er dem Wechsel auch stehen mag: Es wird für das Ergebnis eines einzelnen Spiels ohne Belang sein. Bezöge sich die Frage auf eine langfristige Angelegenheit, wie etwa „Wird meine Mannschaft in dieser Saison besser sein als die Mannschaft X?", wäre ein solcher Wechsel von größter Bedeutung: „Sie werden furchtbar schlecht anfangen, aber dann werden Sie richtig in Fahrt kommen".

Da der Mond den Fluss der Ereignisse darstellt, wäre sein Zulaufen auf einen Aspekt mit dem einen oder anderen Signifikator ein kleines Zeugnis zugunsten dieser Mannschaft. Es kann eine Waage im Gleichgewicht sich zu einer Seite neigen lassen, aber es wird keine anderen starken Zeugnisse übertrumpfen.

Arabische Punkte sind in diesen Horoskopen, nach meiner Erfahrung, wenig von Nutzen. Selbst der Glückspunkt und der Punkt des Sieges verschmähen es, sich einzumischen.

Wenn wir zuverlässige Deutungen haben möchten, müssen wir sorgfältig sein, aber es ist sinnlos Haare zu spalten. In den meisten Horoskopen wird das Verhältnis der Kräfte eindeutig sein. Wenn die Argumente für beide Teams gleich überzeugend sind, ist es unwahrscheinlich, dass wir durch eine mikroskopische Analyse der Zeugnisse den Sieger finden werden. In manchen Sportarten wird dieses austarierte Gleichgewicht die Deutung selbst sein: Das Spiel wird unentschieden ausgehen. Bei Spielen, in denen es einen Sieger geben muss, prüfen Sie, ob Sie etwas übersehen haben – Antiszien zum Beispiel. Folgen Sie anschließend William Lillys Empfehlung: „Wenn die Zeugnisse der Vor- und Nachteile ausgeglichen sind, vertagen Sie die Deutung. Es ist nicht möglich zu wissen, zu welcher Seite sich die Waage neigen wird".[57] Die Beachtung der Grenzen des Wissens, ob individuell oder kollektiv, ist kein Fehler.

◆ Ob die Geschwindigkeit eines Signifikators wichtig ist oder nicht, hängt von der Sportart ab. Gebrauchen Sie Ihren gesunden Menschenverstand. Geht es in der Frage um einen 100 Meter-Lauf, wird der Athlet, der durch einen stationären Planeten dargestellt wird, bestimmt nicht gewinnen. Aber bei einem Fußballspiel hat die Mannschaft, die schneller umherläuft, nicht notwendigerweise einen Vorteil: Es kann gut sein, dass ihre stationären Gegner, die sprichwörtlich einen Bus vor ihrem Tor geparkt haben[58], am Ende vorne liegen. ◆

---

57 *Lilly*, S. 150.
58 Englische Redewendung im Sinne von: Die Mannschaft steigt nicht mal aus dem Bus aus, der sie zum Stadion gebracht hat, und parken ihn stattdessen vor ihrem Tor. (Anmerkung des Übersetzers)

Die Ausnahme zur 1. Haus versus 7. Haus-Regel sind Wettkämpfe, bei denen das Königtum von Bedeutung ist, wie etwa bei Titelkämpfen im Boxen. Hier lautet die Frage: „Wird der König seine Krone behalten?" Diese Herangehensweise darf nicht auf andere Sportarten angewandt werden: Dass die Mannschaft A im vergangenen Jahr die Meisterschaft gewonnen hat, spielt für die heutige Begegnung keinerlei Rolle, denn am Beginn einer jeden neuen Saison starten alle Mannschaften als Gleiche. Bei einem Titelkampf im Boxen besteht der einzige Grund für den Kampf darin, dass der Herausforderer die Gelegenheit erhält, den Champion vom Thron zu stoßen.

Geben Sie dem Champion das 10. und dem Herausforderer das 4. Haus (das 7. vom 10. Haus). Wenn sie keins dieser Häuser beherrschen, können die Sonne, als natürlicher Herrscher für Könige, für den Champion und der Mond – natürlicher Herrscher der gewöhnlichen Leute – für den Herausforderer stehen. Die Deutung ist mehr oder weniger so wie oben – mit drei Variationen:

* Es lohnt sich, den Arabischen Punkt des Rücktritts und der Entlassung (Saturn + Jupiter – Sonne) zu beachten.
* Ein Wechsel der Würden kann für sich allein schon das Ergebnis anzeigen. Steht der Signifikator des Champions kurz davor, in das Zeichen seines Falls einzutreten, oder der des Herausforderers in das seiner Erhöhung, haben wir ein eindeutiges Zeugnis für den Sieg des einen oder anderen.
* Ein Mond void of course, welcher in den meisten Wettkampfhoroskopen vernachlässigt werden kann, weil wir wissen, dass etwas passieren wird – es wird ein Spiel geben, das ein Ergebnis haben wird –, ist ein starkes Zeugnis dafür, dass der Status quo erhalten bleibt. Es wird nichts passieren, also wird der Champion seine Krone behalten.

Die langfristige Vorhersage

„Wie wird es meiner Mannschaft in dieser Saison ergehen?", „Wird meine Mannschaft die Meisterschaft gewinnen?", „Wird sie absteigen?"

In Unterscheidung zu den Stundenhoroskopen über Eins-gegen-eins-Wettkämpfe oben, können diese Fragen zu einer Mannschaft oder einem Einzelspieler gestellt werden, denen der Fragesteller gleichgültig gegenübersteht: „Wie wird sich Mannschaft X in dieser Saison machen?" „Wird Venus Williams dieses Turnier gewinnen?" Das ist möglich, weil sich die Untersuchung nur auf eine Mannschaft bezieht, weshalb wir nicht auf das Problem stoßen, entscheiden zu müssen, welche Mannschaft welchem Haus zugewiesen werden sollte. Steht der

Fragesteller der Mannschaft oder dem Spieler gleichgültig gegenüber, werden sie als „x-beliebige Person" bezeichnet und erhalten folglich das 7. Haus.

Die Deutung ist normalerweise einfach – solange wir die Versuchung meiden, eine spektakuläre Antwort zu erzwingen. Das Ego erzählt uns, dass es viel besser sei, das Unwahrscheinliche vorherzusagen. Aber so ist es nicht: Es ist viel besser etwas vorherzusagen, das eintreffen wird. In den meisten Fällen passiert das Unwahrscheinliche nicht. „Wie wird es meiner Mannschaft in dieser Saison ergehen?" – in den meisten Fällen wird die Antwort darauf: „Unauffällig", lauten. Nur wenige Mannschaften gewinnen etwas; nur wenige steigen ab. Auch wenn auf „Wird meine Mannschaft die Meisterschaft gewinnen?" „Nein" nicht die erfreulichste Antwort des Beraters an seinen Klienten ist: Wenn es das ist, was passieren wird, ist es das, was passieren wird.

Die Mannschaft des Fragestellers wird durch den Herrscher des 1. Hauses angezeigt. Nehmen Sie nicht den Mond als Ko-Signifikator. Halten Sie Ausschau nach essenziellen Würden und Verbindungen zu passenden Häusern. In der Praxis wird alles, was eine Antwort anders als „Unauffällig" verdient, gewöhnlich ziemlich offensichtlich sein. Betritt ein Planet zum Beispiel seine eigene Grenze, ist das nichts, um sich daran zu begeistern. Betritt ein Planet das Zeichen seiner Erhöhung, schon.

Einige Beispiele: „Wie wird es meiner Mannschaft ergehen?" Die Signifikatoren betreten ihr eigenes Zeichen oder das ihrer Erhöhung: Sie wird aufsteigen. Die Signifikatoren betreten ihren Fall: Sie wird – ganz buchstäblich – absteigen. Der Signifikator steht in Konjunktion mit der Spitze 10 oder mit dem Herrn von 10: Sie wird die Meisterschaft erringen. Er betritt das 12. oder 8. Haus oder steht in Konjunktion mit einem der beiden Herrscher: Die Mannschaft wird absteigen. „Werden wir die Meisterschaft gewinnen?" und der Planet des Fragestellers auf dem Weg zur Konjunktion mit dem Herrn von 10: Ja. Findet die Konjunktion im nächsten Zeichen statt: „Nicht in dieser Saison, aber in der nächsten werden Sie Meister".

Eine Klientin fragte, ob ihre Mannschaft in dieser Saison irgendwas gewinnen werde; das Horoskop zeigte eine Konjunktion mit dem Herrn von 10, aber erst im nächsten Zeichen. Die Konjunktion fand in einem doppelten Zeichen statt: Ihre Mannschaft gewann in der nächsten Saison die beiden wichtigsten Wettbewerbe.

Das 8. Haus, das Haus des Todes, kann die Auslöschung eines Klubs anzeigen; aber wir müssen vorsichtig sein. Es ist wahrscheinlicher, dass seine Bedeutung aus den Annahmen der Frage hergeleitet werden kann, welche sich in der Regel nur auf Dinge beziehen, die auf dem Platz stattfinden. Selbst in einem Zusammenhang, in dem das Überleben des Vereins nicht garantiert ist, bräuchte es gravierende und im Horoskop offen zutage liegende 2. Haus- (finanzielle) -Probleme, bevor wir ein derart düsteres Schicksal vorhersagen.

Verbrennung und Cazimi sind wichtig. „Wird Venus Williams Wimbledon gewinnen?" Ihr Planet ist verbrannt: keine Chance. Ihr Planet steht in Cazimi: Keine andere hat eine Chance. Kontakte mit anderen Planeten als der Sonne oder den Herrschern der relevanten Häuser sind normalerweise unwichtig. Egal wie glückverheißend das Trigon eines Wohltäters auch sein mag, es wird nicht die Meisterschaft bringen; egal wie schwierig diese Saturn-Opposition auch sein mag, es wird nicht den Abstieg bedeuten. Solche Zeugnisse können der Deutung einige Genauigkeit hinzufügen. Nehmen wir an, der Signifikator ist sehr schwach, wird aber durch das Trigon eines starken Jupiters begünstigt: „Ihre Mannschaft wird sich die ganze Saison über abstrampeln müssen, doch sie wird nicht absteigen". Aber das ist nur eine Ausschmückung.

Die allgemeine Frage „Wer wird Meister?" zu beantworten, wäre einfach – würden die Mannschaften der Liga Jupiter, Mars und Venus heißen. Ich habe keine Methode gefunden, um die Planeten mit einem kompletten Teilnehmerfeld von Mannschaften zu verbinden. Zumindest keine, die funktioniert. Aber wenn uns das Horoskop einen Void-of-course-Mond präsentiert, kann diese Frage trotzdem beantwortet werden. Ein Void-of-course-Mond: Nichts wird sich ändern. Die Mannschaft, die im vergangenen Jahr gewonnen hat, wird erneut gewinnen.

◆ Wenn eine Person oder eine Mannschaft gegen das gesamte Teilnehmerfeld antritt, geht es normalerweise um einen Preis. Der Signifikator desjenigen, nach dem der Klient fragt, wird wie gewohnt ermittelt; der Herr von 10 stellt den Preis dar; jeder andere Planet außer den beiden wird einen Teilnehmer im Feld anzeigen. Zum Beispiel: „Wird das Team meiner Tochter das Schulturnier gewinnen?" Der Herr von 5 zeigte die Mannschaft der Tochter an. Der Herr von 10 löste sich aus einem Aspekt mit dem Herrn von 5. Sie hatten noch nicht gewonnen, also war dieses Auseinanderlaufen für sich genommen ein klares Nein. Das wurde durch den Herrn von 10 bestätigt, der auf einen anderen Planeten zulief: eine andere Mannschaft wird gewinnen. Es ist nicht nötig, zu versuchen herauszufinden, welche diese andere Mannschaft sein könnte.

Der Sieg wird durch den Herrn des radikalen 10. Hauses dargestellt, nicht des gedrehten 10. Hauses: Würde der Sieg bereits der Person, nach der gefragt wird, gehören, bräuchte die Frage nicht gestellt werden. Die Ausnahme dazu ist, wenn ich frage: „Wird Mama gewinnen?" Der radikale Herr von 10 ist schon in Gebrauch und stellt meine Mutter dar, folglich müssten wir das Horoskop drehen, um einen Signifikator für den Sieg zu finden. ◇

◆ Fragen nach Veranstaltungen wie Eistanz oder Talentshows, die durch Abstimmung und nicht durch das Erreichen objektiver Kriterien entschieden werden, sollten als Wahlen, nicht als Wettbewerbe behandelt werden. Siehe dazu die Seiten 299-301 unten. ◇

GERICHTSVERFAHREN

Ich befasse mich hier mit Zivilverfahren, die häufiger Gegenstand von Fragen sind als Strafsachen. Strafprozesse werden in Kapitel 25 behandelt.

Der Unterschied zwischen Prozessen und Wettkämpfen besteht darin, dass ein Wettkampf durch klare externe Kriterien entschieden wird: Sie erzielen mehr Punkte, Sie setzen mich schachmatt, Sie zwingen meinen Arm runter auf den Tisch. In einem Gerichtsverfahren wird die Entscheidung durch einen Richter getroffen, auf der Grundlage dessen, was er für richtig hält. Ja, in unserer Gesellschaft wird die Entscheidung gewöhnlich durch Geschworene getroffen, aber ich finde es einfacher, Lilly zu folgen und mich auf den Entscheider als „den Richter" zu beziehen. Das klärt den Denkprozess, wenn wir uns dem Horoskop zuwenden: „Guter Richter? Schlechter Richter?" *Keep it simple!* – Halten Sie es einfach! Aber denken Sie daran, dass, wenn wir uns auf „den Richter" beziehen, wir das „rechtliche Verfahren" meinen. Es ist nicht nötig, dass wir zwischen Richter und Geschworenen unterscheiden: Uns geht es um das Ergebnis, nicht um einen laufenden Kommentar über die Ereignisse während des Prozesses.

In einem Horoskop zu einem Prozess gibt es vier Schlüsselspieler: den Fragesteller (Herr von 1); den Feind (Herr von 7); den Richter, oder das „rechtliche Verfahren", wenn Sie es umständlich haben wollen (Herr von 10); das Urteil, welches, als „Ende der Sache", der Herr von 4 ist. Der Mond ist wie immer Ko-Signifikator des Fragestellers, wiewohl er, bei drei weiteren relevanten Häusern, stattdessen oft Herrscher eines dieser Häuser sein wird.

◆ Nein, verwenden Sie bei Fragen zu Gerichtsverfahren den Mond nicht als Ko-Signifikator des Fragestellers. Überlegen Sie mal: Das Hauptzeugnis für den Sieg ist ein Aspekt zwischen der einen oder anderen Partei und dem Herrn von 4. Wenn wir dem Fragesteller zwei und seinem Gegner nur einen Planeten geben, hat der Fragesteller die doppelte Chance zu gewinnen. Das mag erfreulich sein, aber es ist unwahrscheinlich, dass das die Wirklichkeit widerspiegelt. ⬥

Die zweiten Häuser des Fragestellers und des Feindes zeigen ihr jeweiliges Geld und/oder ihre Rechtsanwälte und Zeugen. Stellt der Rechtsanwalt die Frage, behandeln Sie die Angelegenheit als Wir gegen Sie, in der Sie das 1. Haus dem Rechtsanwalt und seinem Klienten und das 7. Haus sowohl dem Gegner als auch seinem Rechtsanwalt geben. Selbst wenn der Rechtsanwalt der Fragesteller ist, wird die Person, um die es in der Handlung geht, immer Vorrang haben: Es ist, als stellte der Rechtsanwalt die Frage als Sprachrohr dieser Person.

Schauen Sie sich zuerst den Zustand der Herren von 1 und 7 an. Essenzielle Würden neigen dazu, die Gerechtigkeit in diesem Fall zu zeigen, und haben bedauerlicherweise wenig damit zu tun, wer gewinnt. Rezeptionen können gleichwohl wichtig sein, vor allem wenn Aspekte die Möglichkeit anzeigen, sich außergerichtlich zu einigen. Angenommen der Herr von 7 steht in der Erhöhung des Herrn von 1: Tolle Neuigkeiten! Unser Fragesteller befindet sich in einer ausgezeichneten Position, um auf einen Vergleich zu drängen. Angenommen der Herr von 1 erhöht den Herrn von 7, aber weitere Untersuchungen zeigen, dass unser Fragesteller vor Gericht gewinnen wird: Wir müssen ihn dazu ermahnen, seinen Gefühlen, dass er nicht gewinnen kann, zu widerstehen, alle Vergleichsangebote abzulehnen und der Gerechtigkeit ihren Lauf zu lassen.

Akzidentielle Würden sagen mehr darüber aus, wer gewinnen wird, als essenzielle Würden. Der akzidentiell stärkere Protagonist wird gewinnen – *falls* ein Kontakt mit dem Richter oder dem Urteil nicht etwas anderes festlegt. Kontakte mit dem Richter oder dem Urteil bestimmen normalerweise etwas anderes.

Schauen Sie sich den Zustand des Herrn von 10 an. Viele essenzielle Würden: ein guter Richter. Im Exil oder im Fall: ein schlechter Richter. Aber denken Sie daran, dass der Richter den ganzen Prozess hindurch schlafen, das Urteil durch das Werfen einer Münze fällen und doch noch immer zu einem gerechten Urteil kommen kann. Sagen Sie BITTE nicht: „Der Herr von 10 steht akzidentiell stark, also hat der Richter beim Ergebnis ein gewichtiges Wort mitzureden". Natürlich hat er das; er ist der Richter.

Schauen Sie sich die Rezeptionen zwischen dem Richter und den Herren von 1 und 7 an. Mag der Richter eine Partei und lehnt die andere ab? Das kann entscheidend sein, vor allem bei einem applikativen Aspekt zwischen dem Richter und entweder der gemochten oder der abgelehnten Partei. Ein solcher Kontakt wird jedes Stärkeverhältnis zwischen den Herren von 1 und 7 überstimmen und das Urteil zugunsten desjenigen ausfallen lassen, den der Richter vorzieht. Noch einmal: Sagen Sie nicht: „Der Herr von 7 wird durch den Herrn von 10 beherrscht: Der Richter hat Macht über ihn". Selbstverständlich hat der Richter Macht über ihn: Er steht vor Gericht.

Der Herr von 10 ist also von großer Bedeutung. Aber noch wichtiger als der Herr von 10 ist der Herr von 4: das Urteil. Im gewöhnlichen Leben erhalten beide Parteien das Urteil: die eine mag es, die andere nicht. In einem stundenastrologischen Horoskop ist der Herr von 4 wie ein Preis: Wer zuerst zu ihm gelangt, gewinnt. Schauen Sie also nach einem applikativen Aspekt zwischen den Herren von 1 oder 7 und dem Herrn von 4.

◆ Zur Klarstellung: Ein Aspekt mit dem Herrn von 10 kann sowohl Sieg als auch Niederlage bedeuten, je nach den Rezeptionen des Herrn von 10. Mag mich der Herr von 10 und aspektiert er mich, gewinne ich; mag er mich nicht und aspektiert er mich, verliere ich. Ein Aspekt mit dem Herrn von 4 zeigt den Sieg an, egal wie die Rezeptionen des Herrn von 4 aussehen. Dies ist wegen der Realität der Situation so: Das Urteil ist keine autonome Sache. Es kann nicht selbst entscheiden: Es tut, was man ihm sagt. Also bedeutet ein Aspekt mit dem Herrn von 4, der in meinem Exil steht, nicht: „Das Urteil mag mich nicht, also werde ich verlieren", sondern: „Ich werde gewinnen, aber das Urteil wird mich nicht sehr begünstigen". Siehe das Beispielhoroskop unten. ◆

Laufen die Herren von 1 und 7 ihrerseits auf einen Aspekt zu? Wenn es sich um eine Konjunktion handelt, werden die Parteien sich einigen, bevor der Fall vor Gericht landet. Bei jedem anderen Aspekt werden sie sich einigen, nachdem der Fall eröffnet, aber bevor das Urteil gefällt worden ist. Das ist eine Gelegenheit für den Astrologen, einen nützlichen Ratschlag anzubieten: Sollte der Fragesteller einem Vergleich zustimmen oder die Sache besser ausfechten? Sollte er einen dürftigen Vergleich annehmen, weil er, wenn er das nicht tut, alles verlieren wird? Denken Sie an die Qualität der Zeichen: Befindet sich der Feind in einem fixen Zeichen, wird er sich nicht umstimmen lassen; steht er in einem kardinalen Zeichen, wird er bald aufgeben; in einem veränderlichen wird er flexibel sein.

◆ Ein kardinales Zeichen zeigt an, dass der Gegner keine lange Auseinandersetzung möchte, aber das heißt nicht notwendigerweise, dass er aufgeben wird. Ich mag keinen Marathon laufen wollen, aber das heißt nicht, dass ich nicht mein Äußerstes versuchen werde, die 100 Meter zu gewinnen. Alle anderen

Dinge gleichbleibend, macht diese Abneigung gegen eine lange Auseinandersetzung gleichwohl die Möglichkeit eines Vergleichs wahrscheinlicher.

Eine Entschuldigung oder das Eingeständnis von Fehlern können Teil eines Vergleichs sein. Der verbreitete Irrtum liegt hier darin zu glauben, dass ein solches Eingeständnis aus einer plötzlichen Aufwallung feinfühligen Gewissens herrührt, weshalb man nach einem entsprechenden Zeugnis sucht. Dies ist ein ordentliches Gericht, kein Beichtstuhl: Jedes derartige Eingeständnis wird abgegeben, weil es als die am wenigsten schlechte Option erscheint.

Erneut die Wirklichkeit der Sache: Wir brauchen keinen Aspekt zwischen dem Sieger und dem Geld der anderen Partei zu finden. Wir müssen nicht vorführen, dass der Sieger einiges Geld bekommt, denn das ist es, was vor Gericht passiert, selbst wenn es nur um einen lächerlichen 1 Cent-Schaden geht. Trotzdem kann, wenn es einen solchen Aspekt gibt, seine Art aufschlussreich sein. Ich habe mal eine Freundin vor Gericht begleitet. Im Vergleich wurden ihr 35.000 Pfund Schadensersatz zugesprochen. Woraufhin ihre Anwälte ihr eine Rechnung von 36.000 Pfund präsentierten. Hätte es ein Stundenhoroskop zu dieser Angelegenheit gegeben, hätte dieser Ausgang gut durch eine Opposition zwischen der Fragestellerin und dem Herrn von 8 angezeigt werden können: Das Ergebnis war die Sache nicht wert.

Wenn das Horoskop anzeigt, dass ich gewinnen werde, zeigt der Herr von 8 nicht an, wie viel Geld mein Gegner hat, sondern wie viel ich bekommen werde. Und zwar deshalb, weil sich die Frage auf den Ausgang des Gerichtsverfahrens bezieht, nicht auf die finanzielle Leistungsfähigkeit meines Gegners. Wenn ich die Mega AG verklage, zeigt der Herr von 8 im Exil nicht an, dass sie kein Geld haben, sondern dass nur sehr wenig davon zu mir fließen wird. ◈

Werden wir gewinnen?

Diese Frage wurde vom Anwalt gestellt, also zeigt der Herr von 1 „Uns", und der Herr von 7 „Sie".

Wie geht es den guten Jungs? Der Herr von 1 ist in seiner eigenen Grenze, was nahelegt, dass die Klientin des Anwalts ein gewisses Recht auf ihrer Seite hat; aber sie steht im 9. Haus, also nicht stark. „Aber das 9. Haus ist das des Rechts." Nein: Das 9. Haus umfasst nur das Recht als abstraktes Thema – höhere Bildung. Es hat nicht das Geringste mit dem Recht in Aktion, wie in einem Gerichtsfall, zu tun.

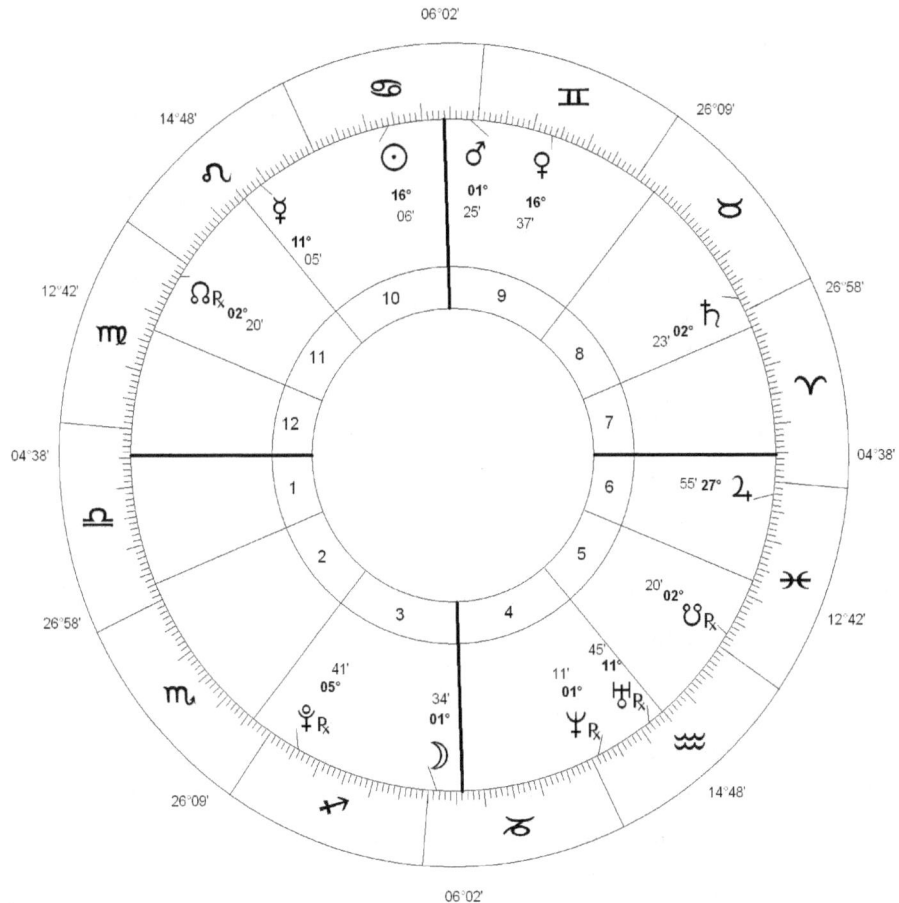

Werden wir gewinnen? 8. Juli 1998, 12.22 Uhr Britischer Sommerzeit, London.

Wie geht es den bösen Jungs? Der Herr von 7 steht in seinem Fall: Buh!! Ich finde es hilfreich, in derartigen Begriffen der *Pantomime*[59] zu denken, weil sie die Hauptlinie der Argumentation so deutlich machen. Er ist in seinem Fall: Ja, der Gegner ist ein echter Bösewicht. Aber er steht auch in seiner Triplizität und seiner Grenze. Und seine Stellung am MC ist machtvoll. Das stimmt mit dem überein, was der Fragesteller über ihn erzählt hat: Er sei ein bekannter Schurke, der äußerst geschickt darin sei, das Recht zu seinen Gunsten zu verdrehen. Gäbe

---

[59] Populäre britische Weihnachtsburleske, bei der die Zuschauer zum heftigen Parteinehmen und Mitmachen aufgefordert sind. (Anmerkung des Übersetzers)

es keine weiteren bedeutenden Zeugnisse, wäre diese Stellung ausreichend, um ihm den Sieg zu geben.

Wie geht es dem Richter? Der Herr von 10 steht in seinem Exil: ein schlechter Richter. Es gibt eine mächtige gegenseitige Rezeption zwischen den Herren von 7 und 10. Der Herr von 7 wird durch den Mond, den Richter, beherrscht. „Große Sache": Das wissen wir schon, weil er vor Gericht steht. Aber der Richter erhöht ihn: Das ist nicht gut.

Der Herr von 10 löst sich aus seinem Aspekt mit dem Herrn von 7. Das ist ein Rätsel. Was sollen wir damit anfangen? Ja, es könnte frühere Kontakte zwischen dem Bösewicht und dem Richter zeigen. Lilly gibt uns eine lange Liste von Zeugnissen, die anzeigen, dass der Richter bestochen worden ist:[60] Folgen Sie dieser Liste und Sie werden merken, dass sie so umfassend ist, dass Sie nie einen rechtmäßigen Gerichtsfall erleben werden. Ich rate Ihnen deshalb dringend, diese Möglichkeiten außer Acht zu lassen – es sei denn der Klient spricht sie in seiner Frage an. In diesem Fall wären solche vergangenen Kontakte, zumal mit derart schwerwiegenden gegenseitigen Rezeptionen und einem derartig geschwächten Herrn von 10, ein Beweis.

Dieser separative Kontakt mit derartigen gegenseitigen Rezeptionen könnte anzeigen, dass der Richter sich bereits entschieden hat. Möglicherweise ist der Fall schon eröffnet, das Urteil ist entscheiden und alles, was jetzt noch aussteht, ist die Verkündung der Entscheidung. Aber das war hier nicht der Fall: Das Verfahren war noch nicht eröffnet. Was also bedeutet dieser separative Aspekt?

Schauen Sie, was der Herr von 10 macht.

Er löst sich aus dem Aspekt mit dem Herrn von 7 und läuft auf einen Aspekt mit Saturn zu. Was ist Saturn? Der Herr von 4: das Urteil.

Das ist eine Übertragung des Lichts. Der Mond nimmt das Licht des Herrn von 7 auf und trägt es zum Herrn von 4, wodurch er die Herrn von 7 und 4 wirksam verbindet, den Bösewicht also zum Urteil bringt. Da der Herr von 4 als der Preis angesehen wird, kriegt ihn der Erste, der ihn erreicht: was bedeutet, dass der böse Junge gewinnt. Die Übertragung zeigt das auf vollkommene Weise: Der (schlechte) Richter bringt den (bösen) Feind zum Urteil.

Er gewinnt. Aber lassen Sie uns weiterschauen. Da gibt es einen schwachen Übeltäter, der durch seine Gegenwart das 8. Haus (das Geld des Feindes) verletzt. Was ist dieser schwache Übeltäter? Es ist der Herr von 4: das Urteil. Obwohl er gewinnt, schädigt das Urteil seine Brieftasche. Schauen Sie auf die Rezeptionen zwischen dem Urteil und dem Bösewicht. Mars steht im Exil von Saturn: Der

---

[60] *Lilly*, S. 408-409.

Bösewicht hasst das Urteil. Saturn steht im Exil von Mars: Das Urteil hasst oder schädigt den Bösewicht.

Wie kommt das? Schauen Sie auf den Herrn von 10. Der Richter erhöht den bösen Jungen. Aber in diesem Fall kann er das nur tun, indem er sich in seinem eigenen Exil befindet (der Mond, der Herr von 10, kann Mars, den Herrn von 7, nur erhöhen, indem er in Steinbock, seinem eigenen Exil, steht). Der Richter kann den Bösewicht nur erhöhen, indem er ein schlechter Richter ist. Der Herr von 10 steht auch in der Triplizität und der Grenze von Venus, der Herrin von 1. Der Richter mag unseren Fragesteller; aber diese Zuneigung ist schwächer als die übertriebene Schwärmerei, die in der Erhöhung liegt. Wir haben gesehen, dass es sich bei dem Feind wirklich um einen Bösewicht handelt, aber er hat das Gesetz auf seiner Seite.

Was haben wir hier also? Der Richter (= das Rechtssystem) muss aus der Sicht des Gesetzes zugunsten des Feindes entscheiden. Aber er kann (der Herr von 10 in bedeutenden Würden des Herrn von 1) trotzdem die Berechtigung der Position unseres Fragestellers erkennen. Obwohl also das Gesetz fordert, dass das Urteil zugunsten des Bösewichts ausfällt, ist das Urteil (der Herr von 4 verletzt das 2. Haus des Bösewichts) so gestaltet, dass es noch immer seiner Brieftasche schadet.

◆ Hinsichtlich meiner Bemerkungen über die „schwachen Übeltäter": siehe die Ergänzung auf Seite 63. Das Urteil ist nicht irgendwie bösartiger, weil es Saturn ist. Saturn ist der Schauspieler, nicht die Rolle. Es gibt einen peregrinen Planeten, der das 8. Haus schädigt. Dieser Planet stellt das Urteil dar. Es gibt eine gegenseitige Rezeption per Exil zwischen dem Urteil und dem Bösewicht. Es ist genau das, was uns zeigt, dass der Bösewicht mit dem Urteil nicht glücklich sein wird. ◆

POLITIK

Ich bespreche hier Wahlen, aber diese Richtlinien werden Sie in die Lage versetzen, jede andere übliche politische Frage zu deuten.

In einem Stundenhoroskop zu einer Wahl hängt die Entscheidung, welchem Kandidaten welches Haus gegeben wird, davon ab, wer die Frage stellt. Da ich das hier schreibe, ist George Bush gerade wiedergewählt worden, indem er sich gegen John Kerry durchgesetzt hat. Schauen wir uns die verschiedenen Fragen an, die vor der Wahl hätten gestellt werden können:

* Bush fragt: „Werde ich gewinnen?" Er ist 1. Haus; sein Gegner 7. Haus.
* Frau Bush fragt: „Wird George gewinnen?" Technisch gesehen würde George das 7. Haus gegeben werden, weil sie die Frage zu ihrem Ehemann stellt. Doch könnte die Frage vermutlich als „Werden wir gewinnen" verstanden werden, was Bush das 1. Haus gäbe, seinem Gegner das 7. Haus.
* Ein Republikaner fragt: „Werden wir gewinnen?" Wir gegen Sie: 1. versus 7. Haus.
* John Kerry fragt: „Werde ich gewinnen?" Lesen Sie das als: „Kann ich den König schlagen?", was Kerry das 1., Bush das 10. Haus zuweist. Ganz ähnlich, wenn ein Demokrat fragt: „Werden wir gewinnen?"
* Wäre Bush noch nicht an der Macht und Kerry fragte: „Werde ich gewinnen?", wäre kein König im Spiel. Kerry wäre das 1. Haus; Bush das 7. Haus.
* Ein unparteiischer Amerikaner fragt: „Wer wird gewinnen?" Geben Sie Bush das 10. Haus, weil er der König ist, Kerry das 4. Haus, weil er der Feind des Königs ist.
* Ich frage: „Wer wird gewinnen?" Bush ist der König eines fremden Landes: das 10. vom 9. = 6. Haus. Sein Feind ist das 7. vom 6. = 12. Haus.

Die genaue Situation wird je nach Verfassung des Landes variieren, aber wenn Sie den Grundregeln der Hausbedeutungen folgen, werden Sie in der Lage sein, die korrekten Häuser auszuwählen. Ignorieren Sie die Tatsache, dass in den meisten Ländern in der Theorie keiner an der Macht ist, wenn die Wahlen abgehalten werden: Die meisten Wahlen können als „der König gegen jemand anders" angesehen werden, egal ob der „König" eine Person oder eine Partei ist. Bei einer offenen Wahl mit verschiedenen Kandidaten, die sich um eine vakante Position bewerben, wird Cedric – bei der Frage „Wird Cedric gewinnen" – das 1. Haus (ich glaube, dass er wunderbar ist), das 7. Haus (entweder glaube ich, dass er furchtbar ist, oder es ist mir vollkommen egal) oder das 3. Haus (er ist mein Bruder) gegeben.

In Stundenhoroskopen zu Wahlen ist der Mond von extremer Bedeutung. Er ist der natürliche Herrscher über das Volk und stellt deshalb die Wählerschaft dar. Läuft der Mond auf einen Aspekt mit dem Signifikator eines der Kandidaten zu, wird dieser Kandidat gewinnen. Auch *trotz* seiner Rezeptionen. Selbst wenn sich der Mond im Fall von Cedrics Signifikator befindet: Läuft er auf einen Aspekt zu seinem Signifikator zu, wird Cedric gewinnen. Die Rezeptionen werden dann wichtig, wenn der Mond keinen der Signifikatoren aspektiert: Schauen Sie, welchen Kandidaten der Mond favorisiert. Dennoch kann es sein, dass die

Rezeptionen nicht den Ausschlag geben. Ein Void-of-course-Mond ist ein Zeugnis dafür, dass der Status quo erhalten bleibt.

Macht der Mond die Gefühle der Wählerschaft nicht klar, schauen Sie sich den Zustand der Hauptsignifikatoren an. Die essenziellen Würden sind nicht so wichtig: Ein böser Kerl zu sein, wird einen Kandidaten nicht daran hindern, gewählt zu werden. Unmittelbar bevorstehende Wechsel der Würden können jedoch, zum Guten oder Schlechten, entscheidend sein. Achten Sie vor allem auf die Hausstellungen (ein Signifikator, der das 10. Haus betritt ist positiv; ein Signifikator im Haus des Gegners ist äußerst negativ), Zeichenstellungen (der König in der Mitte eines fixen Zeichens wird vermutlich an der Macht bleiben; verlässt er ein fixes Zeichen, kann seine Regentschaft vorbei sein) sowie die wesentlichen akzidentiellen Qualitäten, vor allem die Verbrennung. Seien Sie vorsichtiger als sonst mit Cazimi: Der Kandidat will der König sein, also ist „auf dem Schoß des Königs zu sitzen" nicht genug; aber wenn andere Zeugnisse fehlen, kann Cazimi trotzdem den Sieg bringen.

Seien Sie auch vorsichtig, wenn ein Signifikator sein eigenes Haus betritt, ganz gleich ob sein mundanes Haus (= Haus) oder sein himmlisches Haus (= das Zeichen, das er beherrscht). Auch wenn es den Planeten stärker macht, kann das oft buchstäblich so verstanden werden, dass das zeigt, wie der Kandidat nach Hause geht. In vielen Situationen wird dies ein Zeugnis für eine Niederlage sein.

Wenn kein Kandidat König, und damit das 10. Haus unbesetzt, ist, wird ein Signifikator auf dem Weg zu einem Aspekt mit dem Herrn von 10 ein starkes Zeugnis dafür sein, dass dieser Kandidat König werden wird.

Ist einer der Kandidaten König, lohnt es sich, den Punkt des Rücktritts und der Entlassung zu berechnen. Ein Kontakt (hauptsächlich Konjunktion oder Opposition; andere Aspekte sind nur kleine Zeugnisse) mit diesem oder seinem Dispositor wird helfen, den König abzusetzen.

◆ Fragen zu nicht-politischen Angelegenheiten, die durch Abstimmung entschieden werden – wie Eistanzen oder Talentshows im Fernsehen –, sollten wie oben mit dem Mond gedeutet werden. Der erste Aspekt des Mondes zeigt den Sieg an – entweder mit der Person, die gefragt hat, oder mit irgendeiner anderen Person. Das wird die meisten Fragen beantworten. Macht der Mond keine Aspekte, deuten Sie mittels der Rezeptionen, welche die Präferenzen der Abstimmenden anzeigen. ◆

Wann wird sie stürzen?

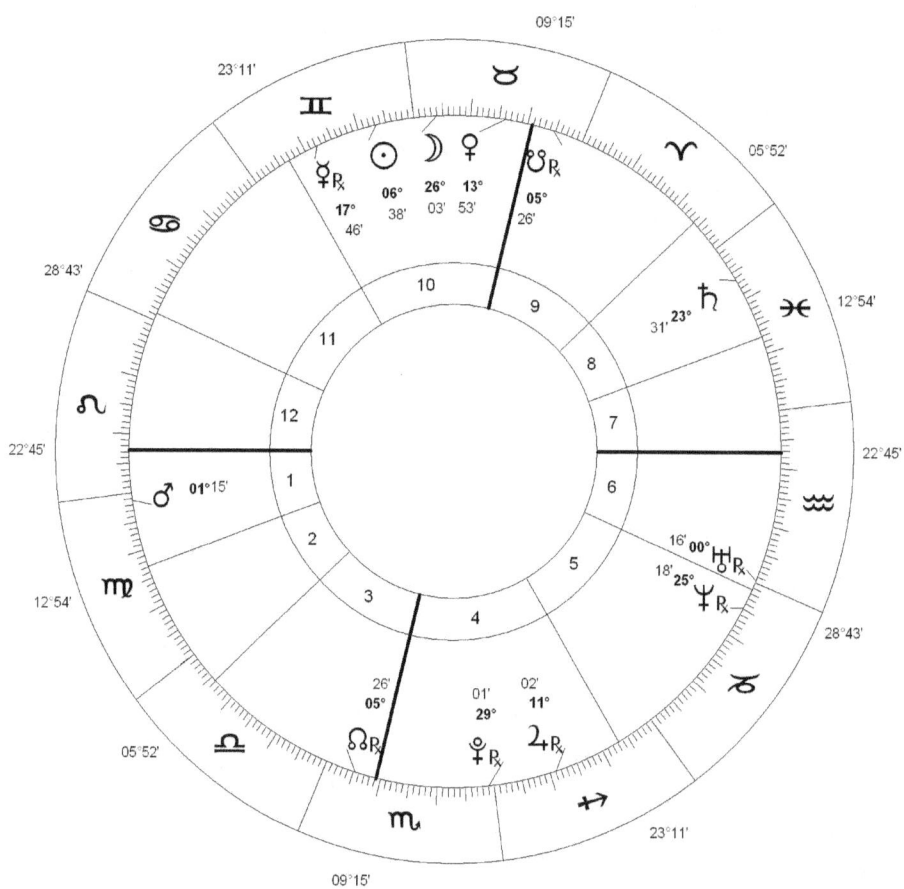

Wann wird sie stürzen? 28. Mai 1995, 11.06 Uhr Britischer Sommerzeit, London.

Der Fragesteller, der in einer guten Position war, um es zu wissen, erwartete, dass Benazir Bhutto jeden Moment die Macht verlieren würde. Er fragte: „Wann wird sie stürzen?"

Der Fragesteller ist Pakistani, also ist sie sein „König": 10. Haus. Die Herrin von 10, Venus, sitzt äußerst bequem mitten im eigenen, fixen Zeichen, gerade innerhalb des 10. Hauses. Was für Erwartungen der Fragesteller auch immer haben mag, Frau Bhuttos Position ist sicher.

Dass der Mond dabei ist, selbst das bisschen Licht, was er noch hat, zu verlieren, ist ein Hinweis, dass die Situation sich ihrem Ende nähert. Venus muss 17

Grad laufen, um ihr Zeichen zu verlassen. Sie steht in einem fixen Zeichen und in einem Eckhaus, was als Zeitbestimmung lang + lang ergibt. Da das Ereignis binnen Tagen erwartet wurde und der Mond so nah dem Ende seines Zyklusses stand – und damit bestätigte, dass es passieren würde –, schienen Monate die längste vernünftige Zeiteinheit. Dem Gang der Ereignisse wurde ein Toleranzbereich von ein paar Tagen eingeräumt, um der Astrologie zu folgen, und die Vorhersage lautete: im November des nächsten Jahres.

Der Fragesteller versicherte mir, dass das unmöglich sei, da sie sich nicht so lange an der Macht halten können würde. Das Ereignis trat wie vorhergesagt ein.

22

Fragen zum neunten Haus

WISSEN, REISEN UND TRÄUME

Werde ich von meinem Wissen finanziell profitieren?

Das ist die Methode für jene häufig gestellten Fragen zu „Kann ich vom Verdienst als Astrologe/Tarotberater/Hellseher meinen Lebensunterhalt bestreiten?" wie auch für Anfragen zu weniger geheimnisvollen Formen des Wissens, allesamt üblicherweise veranlasst durch die dringende Notwendigkeit, sein Geld verdienen zu müssen. Das Wissen selbst wird durch das 9. Haus dargestellt. Die möglichen Einnahmen daraus werden als das Geld des Wissens angesehen: das 2. vom 9. Haus, welches das 10. Haus ist.

Obwohl die Unterscheidung zwischen diesem und bestimmten 10. Haus-Fragen zur Karriere, abstrakt betrachtet, unscharf erscheinen mag, ist sie in der Praxis immer sehr klar. Wenn auch das Wissen, um das es geht, ein astrologisches ist, ist meine Frage: „Werde ich bezahlt, wenn ich für die Astrologen AG arbeite?", keine Angelegenheit des 9. Hauses: Es wäre eine des 10. Hauses im Bezug auf die Stelle und des 11. Hauses in Bezug auf die Entlohnung. Es besteht ein Unterschied zwischen der Arbeitsstelle (10. Haus) und dem Gebrauch meines Wissens (9. Haus).

Ich nehme an, dass es zulässig ist, wenn jemand fragt: „Werde ich aus meiner Fähigkeit, lesen und schreiben zu können, finanziellen Gewinn ziehen?", in welchem Fall das Wissen, als ein elementares, 3. Haus wäre und der Gewinn daraus 4. Haus.

Schauen Sie sich zunächst die Verfassung des Wissens an, über das der Fragesteller verfügt. Wie das Einkommen so vieler Astrologen zeigt, gibt es keine direkte Verbindung zwischen der Solidität des Wissens und dem Gewinn, der daraus erzielt werden kann. Es ist trotzdem hilfreich nachzuschauen, ob der Fragesteller überhaupt über irgendein Wissen verfügt oder nicht. Schauen Sie sich den Herrn von 9 und das 9. Haus selbst an.

Je mehr essenzielle Würden der Herr von 9 hat, desto besser ist das Wissen. Allgemein betrachtet, werden akzidentielle Stärken oder Schwächen das Wissen stärken oder schwächen, aber wie stets müssen wir die Zeugnisse vor dem Hintergrund des Kontextes lesen. Den Herrn von 9 in einem Eckhaus zu entdecken, würde das Wissen stärken, ihn in einem fallenden Haus zu sehen, würde es schwächen. Steht das Wissen jedoch in einer Beziehung zu großen Tieren, wäre der Umstand, den Herrn von 9 im 12. Haus zu entdecken, nur angemessen und könnte nicht als Schwächung angesehen werden. Oder: In einem Eckhaus zu sein, wäre ein Hinweis darauf, dass das Wissen leicht ausgedrückt werden kann, dass es sich in der Welt manifestieren kann. Steht der Herr von 9 jedoch im 1. Haus, vor allem wenn er zusätzlich auch noch in einem fixen Zeichen ist, könnte das Wissen innerhalb des Fragestellers festsitzen, unfähig sich auszudrücken.

Achten Sie auf andere akzidentielle Merkmale, wie etwa die Eigenart des Zeichens, in dem sich der Herr von 9 befindet. Ein stummes Zeichen verheißt zum Beispiel nichts Gutes für jegliches zum Ausdruck Bringen von Wissen. Vielleicht hat der Herr von 9 kürzlich seine Würden erhöht, indem er in ein fixes Zeichen eingetreten ist: Es gab jüngst eine Verbesserung im Wissen des Fragestellers, aber (fixe Zeichen bewegen sich langsam) es wird sich für lange Zeit nicht weiter verbessern. Erneut: Achten Sie darauf, was die Punkte, die Sie sich gerade anschauen, innerhalb des Zusammenhangs bedeuten. Ein rückläufiger Herr von 9 zum Beispiel, der normalerweise eine Schwäche wäre, kann als passende Beschreibung des Wissens – und als solches nicht als Schwäche – angesehen werden, wenn der Rückblick in die Vergangenheit Teil dieses Wissens ist.

Schauen Sie sich alle Aspekte zum Herrn von 9 an: Zeigen sie uns Hilfe oder Behinderung an? Wie immer müssen Sie sich die Rezeptionen anschauen, um die Wirkung des Aspekts ganz zu verstehen. Ein Beispiel: Der Herr von 9 wird vom Herrn von 5 ins Quadrat genommen. Besteht eine positive gegenseitige Rezeption zwischen beiden, fördern die Kinder, obwohl ihre Forderungen nach Aufmerksamkeit das Wissen des Fragestellers zu behindern scheinen, sein Wissen tatsächlich durch das, was er in seiner Interaktion mit ihnen lernt. Empfängt der Herr von 5 den Herrn von 9 in seinem Exil, könnte das gleiche Quadrat die Liebe des Fragestellers zu Bierschenken und Wirtshäusern anzeigen, die seinem Wissen schadet.

Planeten im 9. Haus werden dem Wissen helfen oder es behindern, gemäß ihrer Natur: Planeten in essenziellen Würden werden ihm helfen; essenziell geschwächte Planeten werden es behindern. Je näher zur Spitze, desto mächtiger die Wirkung.

Wir brauchen keinen Aspekt zwischen den Herren von 9 und 1, aber wenn wir einen haben, müssen wir uns seine Eigenart anschauen. Nehmen wir an, der Herr von 1 steht in Konjunktion mit dem Herrn von 9, welcher sich in seinem Fall befindet: Der Fragesteller leidet unter seinem mangelnden Wissen.

Der finanzielle Ertrag aus dem Wissen wird gedeutet, indem man das 10. Haus und seinen Herrscher betrachtet, ganz genauso, wie wir das Wissen des Fragestellers bewertet haben, indem wir uns das 9. Haus und seinen Herrscher angeschaut haben.

Hinweis: Wir benötigen keinen Aspekt zwischen dem Herrn von 10 und entweder dem Herrn von 1 (der Fragesteller) oder dem von 9 (sein Wissen) um anzuzeigen, dass der finanzielle Gewinn zum Fragesteller gelangt. Dass es der finanzielle Gewinn durch das Wissen ist, setzt voraus, dass dieser zum Fragesteller gelangt: Sonst wäre es kein Gewinn. Gibt es jedoch einen Aspekt, müssen wir uns seine Natur anschauen. Einige Beispiele:

* Der Herr von 10 in seinem Exil läuft auf ein Trigon zum Herrn von 1 zu: Der Gewinn ist gering, aber was anfällt, kommt leicht.
* Der Herr von 10 in seiner Erhöhung im Quadrat zum Herrn von 1: Ein beträchtlicher Gewinn, aber Sie werden darum kämpfen müssen.
* Der Herr von 10 in Opposition zum Herrn von 1: Egal wie hoch der Gewinn auch sein mag, er wird die Anstrengungen, ihn zu erzielen, nicht wert sein.

Da sie benachbart sind, haben die Häuser 9 und 10 oft den gleichen Planeten als Herrscher. Das ist kein Problem, weil wir keinen Aspekt zwischen ihren Herrschern brauchen. Es sagt uns, dass das Wissen und seine Entlohnung von gleicher Güte sind (solange den Häusern nichts widerfährt, was dem entgegensteht).

Wir müssen uns auch das 8. Haus anschauen. Als 2. vom 7. Haus ist es „das Geld anderer Leute" und andere Leute sind in diesem Zusammenhang die Kunden. Beschränkungen der Menge Geldes, über das die Kunden verfügen, werden den potenziellen Gewinn begrenzen.

Bewerten Sie das genauso wie beim 9. und 10. Haus oben – mit einer Ausnahme: Steht der Herr von 8 in seinem eigenen Zeichen, zeigt das, dass die Kunden über eine Menge Geld verfügen; steht er auch noch im 8. Haus, wird ihr Geld, obwohl es eine Menge ist, in ihren Taschen stecken bleiben. Das ist nicht gut für unseren Fragesteller! Steht der Herr von 8 auch noch in einem fixen Zeichen, wird das Geld umso entschlossener in ihren Taschen verbleiben.

Haben Sie das 8., 9. und 10. Haus gedeutet, schauen Sie sich den Fragesteller an. Wenn die Deutung bis hierher Schwierigkeiten angezeigt hat: Ist der Fragesteller in der Lage etwas zu unternehmen, um diese zu überwinden? Wenn der Herr von 1 andererseits schwer geschwächt ist, könnte der Fragesteller unfähig sein, sich dazu aufzuraffen, selbst aus den strahlendsten finanziellen Aussichten einen Vorteil zu ziehen.

◈ Das Geld des Kunden ist bei einer Frage wie dieser mehr als zweirangig. Ist der Gewinn gut, brauchen wir uns um den Herrn von 8 keine Gedanken zu machen, denn wenn das Geld des Kunden nicht hereinfließen würde, wäre der Gewinn nicht gut. Ist der Gewinn allerdings nicht gut, könnte ein Blick auf den Herrn von 8 das Problem ans Licht bringen: Vielleicht haben die Kunden kein Geld oder sie möchten sich von dem, das sie haben, nicht trennen. Möglicherweise kann der Fragesteller einiges dafür tun, etwa indem er sich an andere Kunden wendet oder sich um ein überzeugenderes Marketing bemüht.

Seien Sie realistisch: Der Herr von 10 könnte anzeigen, dass sich Licht am Ende des finanziellen Tunnels abzeichnet, aber wenn der Tunnel zu lang und zu dunkel ist, wird der Fragesteller es wahrscheinlich nicht erreichen. Realistisch auch im Bezug auf die Lesart der Rezeptionen des Herrn von 7, der Kunden. Erhöht der Herr von 7 zum Beispiel den von 1, könnte das anzeigen, dass die Kunden den Fragesteller großartig finden. Wahrscheinlicher ist, dass sie unrealistische Erwartungen bezüglich dessen haben, was der Fragesteller anzubieten hat. Wenn sie glauben, dass das astrologische Wissen des Fragestellers das Leben in Zuckerwatte verwandelt oder seine Massagefähigkeiten Tote zum Leben erwecken, werden sie enttäuscht sein und ihr Geld wird nicht herüberfließen. Derartige Erwartungen können unrealistisch sein, ganz gleich, wie groß das Wissen des Fragestellers tatsächlich ist. ◈

Prüfungen

„Werde ich das Examen bestehen?" ist eine spezielle Form einer Gewinn-durch-Wissen-Frage. Das Examen ist der Gewinn, wird also durch das 10. Haus angezeigt. Ein Aspekt zwischen dem Fragesteller und dem Examen ist hilfreich, aber wenn wir genügend Rezeptionen haben, können wir auch ohne Aspekt auskommen. Ein Quadrat wird das Bestehen anzeigen, es sei denn, die Rezeptionen sind schlecht; eine Opposition wird ein Scheitern anzeigen, es sei denn, die Rezeptionen sind besonders gut, was ein Bestehen mit einer enttäuschenden Note anzeigen kann.

Erinnern Sie den Fragesteller daran, dass es, egal wie positiv die Vorhersage sein mag, weiterhin notwendig ist, einige Arbeit zu investieren.

◆ Um eine Prüfung zu bestehen, brauchen wir nicht nur das nötige Wissen, sondern wir müssen auch zeigen, dass wir es haben: Wir müssen das Wissen sichtbar machen. Obwohl wir also auf den Herrn von 10 schauen können, um den Erfolg im Examen anzuzeigen, würde ich dem Herrn von 9 selbst den Vorzug geben. Er muss in einem ausreichend guten Zustand sein – je nachdem wie anspruchsvoll die Prüfung ist – und er muss sichtbar sein. Steht er nahe der Spitze des Horoskops (d. h. er steht hoch am Himmel, wo er gesehen werden kann), ist das ein wichtiges positives Zeugnis. Steht er versteckt am Grund des Horoskops, ist das ein sehr negatives Zeugnis. Ein Planet, der verbrannt ist, kann nicht gesehen werden, also ist eine Verbrennung ein Nein, selbst wenn der Planet über der Erde steht. Denken Sie daran, dass ein Planet, wenn er im eigenen Zeichen oder in der Erhöhung verbrannt steht, weiterhin verborgen ist, selbst wenn er sonst unverletzt ist. Wie viele Zeugnisse wir brauchen, hängt davon ab, wie anspruchsvoll das Examen ist. Ist es wie eine Fahrprüfung, die jeder, der einen gewissen Grundstandard erreicht, schafft, oder handelt es sich um ein selektives Examen, das nur die allerbesten Kandidaten bestehen?

Die meisten Prüfungen erfordern ein Wissen vom Typ des 9. Hauses, aber Fahrprüfungen, in denen die tägliche Routine des Lebens verhandelt wird, sind 3. Haus. Ähnliches gilt für einen einfachen Lesetest in der Muttersprache des Geborenen oder einfache Rechenaufgaben. Alles über diesem Niveau ist 9. Haus.

Ist die Prüfung unmittelbar damit verbunden, eine Arbeitsstelle zu bekommen, verliert die Prüfung selbst oft ihre Bedeutung. Bildet sie einen Großteil des Auswahlprozesses, ist die Frage üblicherweise nicht so sehr „Werde ich die Prüfung bestehen?" als vielmehr „Bekomme ich die Stelle?" (schauen Sie sich dafür das nächste Kapitel an). Wird zum Beispiel der Aspekt zwischen den Herren von 1 und 10, der anzeigen würde, dass der Fragesteller die Stelle bekommt, durch einen geschwächten Herrn von 9 verhindert, könnten wir deuten, dass der Grund für den Fehlschlag die schwache Vorstellung in der Prüfung ist; überträgt ein erhöhter Herr von 9 das Licht zwischen den Herren von 1 und 10, würde der herausragende Auftritt in der Prüfung dem Fragesteller die Stelle bescheren. ◆

Werde ich von der Reise finanziell profitieren?

Das wird genauso gedeutet wie die Wissensfragen oben: Das 9. Haus zeigt die Reise an und das 10. Haus ihren Gewinn. Wenn also Saturn im Quadrat zum Herrn von 9 steht, wird es einige Verzögerungen während der Reise geben; steht er im Quadrat zum Herrn von 10, gibt es Einschränkungen im Bezug auf den Gewinn. Venus im Trigon zum Herrn von 9, aber in Opposition zum Herrn von 10: Die Reise bringt jede Menge Spaß, aber sie wird sich nicht selbst tragen.

Das deckt auch Fragen ab wie:

* Wird dieser Lehrgang meine Ertragskraft steigern?
* Ist der Besuch dieser Handelsmesse eine gute Idee?

Spirituelle Angelegenheiten

◆ Von Zeit zu Zeit werde ich gebeten, Fragen wie „Werde ich in diesem Leben Erleuchtung erlangen?" oder „Ist XYZ in diesem Leben das Ergebnis von ABC in einem früheren Leben?" Ich bin sicher, dass sich viele Astrologen mit Freuden an solchen Fragen versuchen würden. Ich würde das nicht tun, weil Konzepte der „Erleuchtung" in diesem Sinne oder das eines früheren Lebens etwas sind, das außerhalb meines Verständnisses liegt. Das ist etwas ziemlich anderes als vom Gegenstand keine Ahnung zu haben: Ich weiß wenig darüber, wie Börsen funktionieren, aber ich bin mir der Tatsache bewusst, dass sie existieren. ◆

Traumdeutung

Ist der Traum prophetisch und bezieht sich die Frage auf seine Richtigkeit, benutzen Sie die Methode zur Feststellung, ob er wahr oder unwahr ist, die in Kapitel 17 beschrieben wird. Lautet die Frage: „Was sollte das alles bedeuten?", erstellen Sie das Horoskop wie üblich für die Zeit, zu der die Frage gestellt wird. Versuchen Sie nicht, die Zeit des Traums herzuleiten. Bestimmen Sie die Signifikatoren der Rollen im Traum nach ihren üblichen Häusern: Der Fragesteller, der den Traum träumt, wird das 1. Haus sein, selbst wenn er geträumt hat, er wäre Elvis; sein Bauernhof wird das 4. Haus sein; sein Hund das 6. Haus. Behandeln Sie den Traum im Kern genauso, als sei er ein Ereignis im täglichen Leben. Die Aspekte und Rezeptionen zwischen den Signifikatoren werden Sie in die Lage versetzen, die Bedeutung des Traums hervorzukitzeln.

Sie brauchen dem 9. Haus keine besondere Aufmerksamkeit zu schenken, wenn Sie das machen. Das ganze Horoskop handelt vom Traum, nicht nur das 9. Haus. Das 9. Haus würde in Anwendung kommen, wenn es im Traum zum Beispiel um einen Priester oder Lehrer oder eine Reise ginge oder wenn es einen Traum im Traum gäbe. Die Situation ist die gleiche wie in einem medizinischen Stundenhoroskop: In diesem handelt das gesamte Horoskop von der Krankheit, also ist die Krankheit nicht auf das 6. Haus begrenzt.

Eine Schule wählen

Eltern fragen nach der Schule ihrer Kinder. Die Grundschule ist 3. Haus; alles über diesem Niveau 9. Haus. Gibt es eine Unterscheidung zwischen höheren und niedrigeren Bildungsniveaus, kann dem niedrigeren stets das 3. Haus gegeben werden, dem höheren das 9. Haus („Wird es ihr auf der Universität besser gefallen als auf dem Gymnasium?"). Auch wenn das Kind in der Regel nicht der Fragesteller ist, drehen Sie nicht das Horoskop, um die Schule zu lokalisieren: Benutzen Sie die radikalen 9. und 3. Häuser, nicht das 9. oder 3. vom 5. Haus. Obwohl wir von „meiner Schule" sprechen, gehört die Schule nicht dem Kind.

„Wie wird es ihr an ihrer neuen Schule ergehen?" ist sehr einfach: Schauen Sie auf die Rezeptionen und alle applikativen Aspekte zwischen dem Herrn von 5 (dem Kind) und dem Herrn von 9 (der Schule). Bei einer Frage wie dieser brauchen wir keinen Aspekt, weil wir nicht danach fragen, ob etwas passieren wird; wir untersuchen den Stand der Dinge. Wenn es aber einen Aspekt gibt, müssen wir ihn beachten.

Schauen Sie sich den Zustand des Herrn von 9 an, um festzustellen, wie gut die Schule ist. Doch egal wie gut die Schule auch sein mag, sie muss nicht notwendigerweise zu diesem speziellen Kind passen, deshalb sind die Rezeptionen so wichtig. Der Herr von 9 in der Erhöhung des Herrn von 5: Die Schule glaubt, das Mädchen sei großartig und wird es favorisieren. Der Herr von 9 im Fall des Herrn von 5: Die Schule findet das Mädchen furchtbar und wird ihm schaden.

Nehmen Sie in Gedanken den Signifikator des Mädchens und setzen ihn in das 9. Haus. Wie geht es ihm dort? Schauen Sie sich sowohl die essenziellen als auch die akzidentiellen Zeugnisse an. Der Herr von 5 befindet sich dort in seiner Erhöhung: Dem Mädchen wird es dort gut gehen. In der Verbrennung: Ihm geht es schlecht. Vielleicht wechselt nach ein paar Graden innerhalb des 9. Hauses das Zeichen. Wenn man den Herrn von 5 genau innerhalb der Spitze platziert, stellt man ihn schwach, aber im nächsten Zeichen wird er stark sein: Das Mädchen legt einen wackeligen Start hin, wird aber schnell Fuß fassen.

Wie immer werden Wohl- und Übeltäter im 9. Haus die Güte des Hauses beeinflussen, mit direktem Bezug zum Kontext der Frage – welcher in diesem Fall darin besteht, wie es dem Mädchen ergehen wird. Jupiter in Fische im 9. Haus ist überaus vorteilhaft. Saturn in Widder sollte vermieden werden. Wie immer ist es die Menge an essenziellen Würden, die einen Planeten zu einem Wohltäter macht. Saturn in seinem eigenen Zeichen oder in seiner Erhöhung im 9. Haus wäre äußerst vorteilhaft. Er macht nicht so viel Spaß wie Jupiter oder Venus in Würden, aber trotzdem ist er vorteilhaft.

Geht es in der Frage um die Wahl zwischen dieser Schule oder jener Schule, erhält die vom Fragesteller favorisierte Option das 9. (oder 3.) Haus. Dann müssen wir einen Signifikator für die Alternative oder Alternativen finden. Lassen Sie den Fragesteller etwas von der Arbeit tun: Es ist Ihr gutes Recht zu fordern, dass er die Optionen auf eine engere Wahl reduziert. Werden Ihnen ein halbes Dutzend oder mehr Alternativen präsentiert, schicken Sie den Fragesteller noch mal fort, um ein bisschen mehr darüber nachzudenken.

Es gibt verschiedene Theorien darüber, wie man die Signifikatoren für die anderen Schulen finden kann. Eine populäre schlägt vor, das 3. vom 9. Haus zu nehmen. Machen Sie das nicht! Das ist eine falsche Extrapolation der Technik, nach der das 3. vom 3. Haus den Bruder meines Bruders zeigt (sprich meinen jüngeren Bruder). Die alternative Schule ist nicht die Schwester der ersten Schule.

Etwas stichhaltiger ist der Gedanke, das 7. vom 9. (das 3.) Haus zu nehmen, um die konkurrierende Schule anzuzeigen. Aber die alternativen Schulen sind nicht wirklich Rivalen in dem Sinne, wie es Bewerber um eine Arbeitsstelle oder Wettkämpfer in einem Spiel sind. Außerdem bleibt, wenn es mehr als eine Alternative gibt, das Problem, die anderen zu ermitteln.

Ich empfehle, den Klienten zu bitten, die verschiedenen Schulen zu beschreiben. Betonen Sie, dass diese Beschreibung kurz sein soll: nicht mehr als ein paar Worte. Wird die Beschreibung kurz gehalten, wird sich der Fragesteller auf die hervorstechendsten Unterscheidungsmerkmale konzentrieren. Dann können Sie die Signifikatoren nach den planetaren Eigenschaften auswählen. „Diese Schule ist sehr künstlerisch; die andere ist viel altmodischer": Die erste ist Venus, die zweite Saturn.

Sobald Sie die Signifikatoren ausgewählt haben, vergleichen Sie ihre Stärken und schauen Sie sich ihre Rezeptionen mit dem Herrn von 5 an. Denken Sie auch hier daran, dass die beste Schule (die meisten Würden) nicht diejenige sein könnte, die am besten zu dieser Person passt, also wägen Sie die Rezeptionen ab, wenn Sie die Deutung erstellen.

23

Fragen zum zehnten Haus

BERUFLICHE FRAGEN

Werde ich die Arbeitsstelle bekommen?

Der Fragesteller ist der Herr von 1 und der Mond; die Arbeitsstelle der Herr von 10. Gibt es einen applikativen Aspekt zwischen ihnen, alles andere gleichbleibend, wird der Fragesteller die Stelle bekommen. Die Art des Aspekts muss in der gewohnten Weise gedeutet werden: Ist es ein Trigon, bekommt er die Stelle leicht; ist es eine Opposition, wird er sie erhalten, sich aber wünschen, dass es nicht so gewesen wäre, oder er wird sie nicht für lange Zeit behalten. Schauen Sie wie stets nach Sammlungen oder Übertragungen des Lichts, vor allem wenn ein Vermittler, wie etwa ein Agent oder ein Headhunter, beteiligt ist.

Lilly sagt, dass ein Aspekt zur Sonne anstelle eines Aspekts zum Herrn von 10 funktionieren würde, aber das bezieht sich auf die Annahme, dass der Fragesteller sich um eine königliche Ernennung bemüht.

Den Signifikator des Fragestellers im 10. Haus zu finden, ist nur ein kleines Zeugnis für einen Erfolg. Es zeigt, dass der Fragesteller die Stelle haben möchte (oder, falls er nicht im selben Zeichen wie die Spitze 10 steht, dass er eine Stelle haben möchte) und ein Fragesteller, der die Stelle haben möchte, hat bessere Chancen, sie zu bekommen, als einer, der sie nicht haben möchte. Aber es zeigt nicht mehr als das. Wenn andere Zeugnisse bestätigen, dass der Fragesteller die Stelle erhält, kann das Zulaufen seines Signifikators auf die Spitze 10 die Zeitbestimmung anzeigen.

Es ist weitaus positiver, den Herrn von 10 im 1. Haus zu entdecken: Die Stelle ist in der Tasche des Fragestellers. Je näher der Herr von 10 zur Spitze steht, je stärker ist das Zeugnis. Aber wenn der Herr von 10 auf der Spitze steht, statt innerhalb des Hauses, zeigt das normalerweise nicht mehr, als dass der Gedanke, eine Stelle zu bekommen, auf dem Fragesteller lastet.

Selbst wenn es einen Aspekt gibt, sollten Sie darauf achten, wie stark der Signifikator des Fragestellers ist: Würden Sie einen rückläufigen Saturn in seinem Exil einstellen? Aller Wahrscheinlichkeit nach würde auch sonst niemand es tun. Je mehr Stärke der Planet des Fragestellers hat, desto begehrter wird der Fragesteller wahrscheinlich sein. In besonderen Fällen – vor allem, wenn der Fragesteller sich initiativ und nicht auf eine ausgeschriebene Stelle bewirbt – könnte die Stelle (welche als gleichbedeutend mit dem Unternehmen angesehen werden kann: der Herr von 10) zu schwach sein, um eine Anstellung anzubieten, selbst wenn die Rezeptionen zeigen, dass sie es gerne tun würde.

Steht der Planet des Fragestellers in Würden des Herrn von 10, möchte der Fragesteller die Stelle in dem wie immer gearteten Maße haben, das die Würden nahelegen: Steht er im Zeichen des Herrn von 10 – er möchte sie sehr haben; im Gesicht – er hat ein bisschen Interesse; in der Erhöhung des Herrn von 10 – er übertreibt die Qualität der Stelle. Die Erhöhung sagt uns nichts über die Arbeitsstelle selbst, aber sie zeigt an, dass der Fragesteller sie überbewertet: Also egal wie gut die Stelle sein mag, es ist unwahrscheinlich, dass sie die Erwartungen erfüllt.

Natürlich werden Menschen, die sich um Jobs bewerben, nicht immer von einem Enthusiasmus für den Job selbst angetrieben. Oft werden Sie ein großes Interesse der Planeten des Fragestellers für den Herrn von 2 feststellen, das Bankkonto des Fragestellers. In diesen Fällen ist der Herr von 2 gewöhnlich schwach: „Ich bin pleite – ich brauche einen Job!" Manchmal werden sie ein starkes Interesse am Herrn von 11 zeigen, dem 2. vom 10. Haus: Das Geld der Arbeitsstelle. Prüfen Sie den Zustand des Herrn von 11, um zu sehen, ob die Bezahlung gut sein wird. Nehmen wir an, der Herr von 11 läuft auf ein Trigon zum Fragesteller zu, ist selbst stark und befindet sich in der Erhöhung des Fragestellers: Er wird gut und ohne Verzögerungen bezahlt werden und er kann (er wird erhöht) Bonuszahlungen erwarten. Angenommen der Herr von 11 steht in seinem Fall und läuft auf ein Quadrat zum Fragesteller zu: Die Bezahlung ist miserabel, weniger als erwartet, und er wird um sie kämpfen müssen. Es lohnt sich auch, die Beziehung zwischen den Herren von 11 und 2 zu überprüfen: Lieben sich das Bankkonto des Fragestellers und die Lohnzahlungen gegenseitig (gegenseitige Rezeption), ist das ein positives Zeichen. Ein Aspekt zwischen dem Fragesteller und den Lohnzahlungen ist *kein* Zeugnis, dass er die Stelle bekommt.

◆ Obwohl das 11. Haus, als 2. vom 10. Haus, das Geld der Arbeitsstelle ist, zeigt es nicht, wie viel Geld das Unternehmen auf der Bank hat; es zeigt, wie viel mir das Unternehmen davon geben wird. Nur wenn die Zielrichtung der Frage eine andere ist – wie etwa „Wird das Unternehmen, für das ich arbeite, pleitegehen?" –, stellt das 11. Haus den Kontostand des Unternehmens dar. ◆

Mit der Ausnahme nur weniger Arbeitsstellen, können wir nicht erwarten, dass der Herr von 10 in irgendeiner Würde unseres Fragestellers steht. Mit der Ausnahme nur weniger Stellen, ist es diesen egal, ob die Arbeit von Tom, Dick oder Harry verrichtet wird. Nur bei Arbeitsstellen, die seltene Fähigkeiten erfordern oder sehr prominent sind – jene Art Stellen, für die jemand mittels eines Headhunters angeworben wird –, würden wir erwarten, dass der Herr von 10 ein starkes Interesse am Fragesteller hat. In den meisten Horoskopen zu diesem Thema ist es folglich ein positives Zeugnis, den Herrn von 10 auch nur in der Grenze oder dem Gesicht des Herrn von 1 zu finden: Die Stelle mag den Fragesteller. Dennoch brauchen wir noch immer einen Aspekt. Der Herr von 10 im Exil oder Fall des Herrn von 1 zeigt eine starke Abneigung, also ist es unwahrscheinlich, dass der Fragesteller die Stelle bekommt. Steht der Fragesteller ungewöhnlich stark, könnte die Stelle angesichts seiner Qualifikationen über ihre Abneigung hinwegsehen.

◆ Die Stärke des Herrn von 10 ist manchmal von Bedeutung. Wie oben angemerkt, ist der Fragesteller, wenn der Herr von 1 sich in einem schlechten Zustand befindet, kein erstklassiger Kandidat und könnte die Stelle trotz Aspekt nicht erhalten. Befindet sich jedoch der Herr von 10 in einem genauso armseligen Zustand, könnte das Unternehmen so verzweifelt sein, dass es jeden einstellt. Behalten Sie dabei auch die Realität der Situation im Auge: Bewirbt sich der Fragesteller darum, die Regale des Supermarkts aufzufüllen, eine Arbeit, für die das Unternehmen vermutlich so ziemlich jeden einstellen würde, wird die Schwäche des Herrn von 1 nicht wichtig sein. ◆

Der nördliche Mondknoten oder ein Planet in großen Würden im 10. Haus, vor allem wenn sie nahe der Spitze stehen, zeigen eine glückliche Hand in Angelegenheiten des 10. Hauses; der südliche Mondknoten oder ein geschwächter Planet an dieser Stelle zeigen Verlust. Das steht nicht notwendigerweise in direktem Zusammenhang mit einem Ja oder Nein zu „Werde ich die Stelle bekommen?" Wenn der südliche Mondknoten zum Beispiel im 10. Haus steht, könnten andere Zeugnisse zeigen, dass der Fragesteller die Stelle bekommt, aber es ist ein schrecklicher Job.

Wie in jeder Frage., in der ein Wechsel vonnöten ist, stellt ein Void-of-course-Mond einen starken negativen Hinweis dar, der nahelegt, dass die Angelegenheit zu nichts führen wird. Wie immer kann das durch andere, zwingendere Zeugnisse überstimmt werden.

Der Herr von 7 zeigt die offenen Feinde des Fragestellers: die Rivalen um die Position. Aspektiert der Herr von 10 zunächst den Herrn von 7, bevor er den Herrn von 1 erreicht, erhält der andere Bewerber die Stelle. Ist der Herr von 12 in die Handlung involviert, kann das einen geheimen Feind anzeigen: denjenigen, der den anonymen Brief schreibt, der die Bewerbung des Fragestellers in den Mülleimer wandern lässt.

Wenn der Klient nach jemand anders – normalerweise seinem Ehepartner oder Kind –, fragt, der oder das sich um eine Stelle bewirbt: Benutzen Sie das 10. Haus. Die Stelle ist etwas Externes im Bezug auf die Person, folglich nehmen wir das radikale 10. Haus in der gleichen Weise, wie „Wird es meine Tochter auf die Universität schaffen?" durch das radikale 9. Haus angezeigt würde. Arbeiten Sie mit dem gedrehten 10. Haus, um eine Frage zur Karriere dieser Person, ihrem Chef oder der Stelle, die sie bereits hat, zu deuten. Bezieht sich die Frage auf eine 10. Haus-Person („Wird Mama die Stelle bekommen?"), müssen wir das gedrehte 10. Haus für die Stelle nehmen.

◊ Haben Sie bei Stellen im öffentlichen Sektor ein wachsames Auge auf separative Aspekte zwischen den Herren von 10 und 7. Es kommt häufig vor, dass die Arbeitgeber gesetzlich verpflichtet sind, die Position auszuschreiben, obwohl die Entscheidung, wer sie bekleiden wird, bereits gefallen ist. Folglich würde der separative Aspekt anzeigen, dass die Stelle bereits an jemand anders gegangen ist.

Seien Sie sich, wie immer, darüber im Klaren, was gefragt wird. Beispielsweise ist eine Frage wie „Wird mein Buch veröffentlicht?" nicht das Gleiche wie „Werde ich die Stelle bekommen?" und die Verleger werden nicht durch das 10. Haus dargestellt. Sie würden nur dann als Arbeitgeber angesehen, wenn der Fragesteller sich um eine Stelle als fester Autor bewerben würde. Die Verleger wären Leute, mit denen der Fragesteller ein Geschäft abschließt: 7. Haus. Gegenstand des Geschäfts ist die Schöpfung des Fragestellers: 5. Haus. Faktisch lautet die Frage: „Werden sie mein Baby kaufen?" Ein Ja würde durch einen bevorstehenden Aspekt entweder zwischen dem Herrn von 1 oder dem Mond und dem Herrn von 7 oder zwischen den Herren von 5 und 7 angezeigt. ◊

Menschen am Arbeitsplatz

Bezieht sich eine Frage direkt auf den Chef („Werde ich mit meinem neuen Chef gut auskommen?"), wird der Chef durch das 10. Haus und den Herrn von 10 dargestellt. Alle meine Vorgesetzten, selbst der unterste von ihnen, werden durch das 10. Haus vertreten, sofern diese Person Gegenstand der Frage ist. Wenn wir zwischen verschiedenen Leitungsebenen über mir unterscheiden müssen, können wir die Herrscher der verschiedenen Würden nehmen, in denen sich mein Signifikator befindet. Ein Beispiel: Angenommen die Frage lautet: „Bei welcher Managementebene sollte ich meine Beschwerde vorbringen?", und mein Signifikator steht auf 12° Schütze in einem Tageshoroskop. Er wird von Jupiter beherrscht, steht in der Triplizität der Sonne, in der Grenze von Venus und dem Gesicht des Mondes. Jupiter befindet sich in Löwe, dem Exil von Saturn, also werde ich von meinem obersten Chef nicht die geringsten Sympathien erwarten können. Die Sonne steht in Stier, also wird die nächste Managementebene neutral sein. Der Mond, der Herrscher meines Gesichts, befindet sich in Krebs, also kann mich mein direkter Vorgesetzter auch nicht leiden. Aber Venus steht in Steinbock: Wenn ich mich an die nächst höhere Ebene wende, wird mich ein freundliches Ohr erwarten. Stünde Venus akzidentiell stark, um so besser: Dieser Vorgesetzte kann etwas in meiner Angelegenheit tun.

Müssen wir in einer Frage zur Arbeitsstelle den Chef ausmachen („Werde ich diese Stelle bekommen und wie werde ich mit meinem Chef auskommen?"), können wir dem Chef nicht das 10. Haus geben, das bereits in Gebrauch ist, um die Stelle anzuzeigen. Manchmal können wir das Horoskop drehen und das 10. vom 10. Haus (das radikale 7. Haus) als „Chef meiner Stelle" nehmen. Aber in vielen Fragen ist das 7. Haus bereits beschäftigt und zeigt entweder die Rivalen um die Position oder die Kollegen an. In diesem Fall können wir den Dispositor des Herrn von 10 nehmen, welcher buchstäblich der Herrscher der Stelle ist.

Hieße die Frage: „Werde ich mit meinem neuen Chef auskommen?", wären die Rezeptionen zwischen den Signifikatoren die erste Überlegung. Hier brauchen wir keinen Aspekt, weil wir eine Situation analysieren und nicht nach einem Ereignis schauen; aber wenn es einen Aspekt zwischen den Signifikatoren gibt, müssen wir beachten, was für einer es ist. Schauen Sie auch danach, welcher Planet Einfluss per Disposition auf den Chef hat. Ein Beispiel: Angenommen mein Signifikator ist Saturn und der des Chefs ist Venus. Venus steht in Steinbock: So weit, so gut – der Chef mag mich sehr. Aber in Steinbock erhöht Venus auch Mars, und wenn ich auf Mars schaue, dann sehe ich, dass er in Löwe steht, das Zeichen, wo Saturn (ich) in seinem Exil steht. Das ist nicht so gut: Obwohl er mich mag, nimmt der Chef übertrieben (Erhöhung) Rücksicht auf jemand anders (Mars), der mich hasst (er steht in dem Zeichen, in dem mein Planet im Exil ist).

Meine Kollegen sind 7. Haus. Sie sind meinesgleichen, Menschen, die auf der gleichen Ebene arbeiten wie ich. Meine Kollegen sind nicht 11. Haus: Sie sind meine Kollegen, nicht meine Freunde. Bin ich mit einem unter ihnen befreundet, wird dieser zu einer 11. Haus-Person, obwohl er im Zusammenhang der meisten Fragen, die ich zu meiner Arbeit stelle, 7. Haus bleibt. Es ist, als wären wir Mitglieder einer Schauspieler-Truppe. Dass ich mich über die Gesellschaft dieses Schauspielers abseits der Bühne freue, hat für die Rollen, die wir in den Drama spielen, keine Bedeutung.

Meine Untergebenen, jene, die in der Hackordnung unter mir stehen, sind 6. Haus: meine Diener.

Werde ich die Stelle behalten?

Das Erste, wonach wir schauen, ist die fixe Qualität. Die Achsen, der Herr von 1 oder der von 10 in einem fixen Zeichen sind starke Argumente dafür, dass die Situation so bleibt, wie sie ist, also behält der Fragesteller seine Stelle. Der Void-of-course-Mond besagt das Gleiche.

◆ Wie überall sonst ist auch hier die Art des Zeichens an einer Achse oder Hausspitze ohne jede Bedeutung. Ignorieren Sie die Bemerkung dazu, dass die Achsen fix sind. Ein Void-of-course-Mond ist kein starkes Zeugnis und kann leicht überstimmt werden – es sei denn, er ist Herr von 1 oder 10: In diesem Fall wäre die Tatsache, dass er nirgendwo hin geht, ein klares Ja. ◆

Der Herr von 1 oder der von 10 kurz davor, ein Zeichen zu verlassen, ist ein starkes Argument dafür, dass es einen Wechsel geben wird, also wird die Stelle verloren gehen. Das gilt sogar dann, wenn das Zeichen, das verlassen wird, ein fixes ist. Wenn der Planet, indem er sich fortbewegt, auch noch Würden verliert oder sein Exil betritt, ist das sogar ein noch stärkeres Zeugnis. Ich würde dem Mond keine große Bedeutung zuschreiben, wenn er der Ko-Signifikator des Fragestellers ist und sein Zeichen verlässt: So was zeigt wahrscheinlich eher die Sorgen an, die zu der Frage geführt haben.

Wir brauchen keinen Aspekt, um zu erkennen, dass der Fragesteller seine Stelle entweder behält oder loswird. Falls es einen Aspekt gibt, kann er gleichwohl von einiger Bedeutung sein. Schauen Sie sich auch alle vergangenen Aspekte zwischen den Herren von 1 und 10 an: Haben sie sich in einer Opposition getroffen, wird der Fragesteller nicht auf dem Arbeitsplatz bleiben. Das sagt uns jedoch nicht, dass der Fragesteller ihn jetzt verlassen wird: Wir brauchen einen anderen Indikator, der uns anzeigt, wann das sein wird. Ein Beispiel: Vielleicht treffen sich die Herren von 1 und 10 in einer Opposition, bei gleichzeitiger gegenseitiger Rezeption per Zeichen. Die Opposition besagt, dass der Arbeitsplatz nicht von Dauer sein wird. Wechselt der Herr von 1 oder 10 das Zeichen, und beendet damit die gegenseitige Rezeption, wäre das ein geeigneter Indikator für die Zeitbestimmung.

Rezeptionen zwischen der Stelle und dem Fragesteller können ein wichtiges Zeugnis sein: Mag die Stelle den Fragesteller, ist es wahrscheinlicher, dass er weiterbeschäftigt wird. Aber das kann durch die Punkte oben überstimmt werden. Geht es um eine Situation „er oder ich", ist der andere Kandidat der Herr von 7. Und egal wie schlimm die Position des Fragestellers ist: Ist der Herr von 7 in einer schlechteren Position, wird es der Fragesteller sein, der überlebt. Aber seien Sie bereit für die Möglichkeit, dass die Firma ihre Meinung ändern könnte und keinen oder beide feuert.

Es lohnt sich, den Punkt des Rücktritts und der Entlassung zu berechnen, um zu schauen, ob er irgendwas beitragen kann. Der Herr von 1 kurz vor einer Konjunktion mit oder Opposition zu diesem Punkt wäre ein starkes Zeugnis, dass die Stelle verloren geht. Der Aszendent, die Spitze 10 oder die Herren von 1 oder 10 auf Antares, dem Stern, der Zyklen beendet, legen das Gleiche nahe.

Halten Sie nicht das, was das Unternehmen dem Fragesteller gesagt hat, für die Wahrheit! Die Wahrheit steht im Horoskop.

Bekomme ich meine Stelle zurück?

Ein gewöhnliches Zeugnis ist in diesem Fall Herr von 1 oder 10, der rückläufig ist oder sich nun vorwärts bewegt, nachdem er kürzlich noch rückläufig war. In beiden Fällen läuft der Planet in die entgegengesetzte Richtung zu jener, die er vor Kurzem noch innehatte. Wenn jene ihn also die Stelle gekostet hat, wird ihn die Umkehr wieder zurück auf die Stelle bringen. Der Herr von 1, der entweder erneut das 10. Haus, das Zeichen an der Spitze 10 oder das andere, vom Herrn von 10 beherrschte Zeichen betritt, wäre ein schlüssiges Zeugnis für die Wiedereinstellung. Beachten Sie, dass bei „Bekomme ich die Stelle?" der Herr von 1, der das 10. Haus betritt, uns kein Ja gibt; bei „Werde ich die Stelle zurückbekommen?" wird sein erneutes Betreten des Hauses ein Ja ergeben, weil es einen konkreten Zusammenhang dafür gibt, dass er schon einmal im 10. Haus war: Er hatte die Stelle (10. Haus), verließ sie (bewegte sich aus dem Haus heraus) und ist nun dabei, sie wieder einzunehmen (Wiedereintritt in das Haus).

Der Herr von 10 im 1. Haus ist ein starkes positives Zeugnis, genauso wie ein applikativer Aspekt zwischen den Herren von 1 und 10.

Wie wird die Stelle sein?

„Sollte ich diese Stelle annehmen?" und „Werde ich die Stelle bekommen?" sind nicht die gleiche Frage. Die erste Frage unterstellt, dass die Stelle, zumindest potenziell, verfügbar ist. Wir müssen nicht nach einem Aspekt schauen, obgleich wir, wenn es einen Aspekt zwischen Stelle und Fragendem gibt, dessen Wesen einbeziehen müssen. Handelt es sich zum Beispiel um eine Opposition, wird der Fragesteller bereuen, die Stelle angenommen zu haben, oder sie nicht lange behalten.

Schauen Sie sich den Herrn von 10 an und untersuchen Sie seine Stärke, sowohl essenziell als auch akzidentiell. Ein essenziell starker Herr von 10, der akzidentiell geschwächt ist, kann eine in ihrer Essenz gute Stelle anzeigen, die wegen äußerer Beschränkungen weniger in der Lage ist, jene tolle Gelegenheit zu sein, die sie tatsächlich ist. Die Art der Schwächung kann uns oft helfen zu bestimmen, was das Problem ist. Vielleicht ist der Herr von 10 in seiner ersten Station: Die Geschäfte steht kurz vor einem Abschwung. Die Herren von 7 und 10 stehen im Exil des jeweils anderen: Es gibt einen Konflikt zwischen dem Unternehmen und den vermeintlichen Kollegen des Fragestellers. Eine bevorstehende Opposition zwischen den Herren von 10 und 5 (welches das 8. vom 10. Haus ist): Das Unternehmen steht kurz vor der Pleite (der Begegnung mit seinem Tod). Beachten Sie auch die Auswirkung eines jeden Planeten im 10. Haus, vor allem wenn er nahe bei der Spitze steht: Der südliche Mondknoten oder ein Übeltäter dort sind Warnungen vor Ärger; ein starker Jupiter verspricht Gewinn.

Seien Sie nicht unrealistisch darin, was Sie zu finden erwarten: Es kann immer noch eine nette Stelle sein, auch ohne dass das Unternehmen Marktführer ist, und „passabel" ist hier häufiger die Antwort als „wundervoll". Genauso wenig sollten Sie erwarten, dass der Herr von 10 den Fragesteller in irgendeiner Form per Rezeption mag (siehe oben). Wenn er das tut, ist das ein Bonus.

Achten Sie besonders auf den Zustand des Herrn von 11, der Bezahlung. Versuchen Sie, alle Verletzungen zu bestimmen, die dem Herrn von 1 durch die oben genannte Liste von Büropersonal zugefügt werden – zum Beispiel eine Opposition mit dem Herrn von 7: „Sie werden kein gutes Verhältnis zu Ihren Arbeitskollegen haben".

Sie können in Ihrer Vorstellung den Signifikator des Fragestellers nehmen und ihn innerhalb der Spitze 10 platzieren, ihn also quasi zur Arbeit schicken. Wie fühlt er sich dort? Befindet er sich in großen essenziellen Würden, ist er glücklich; ist er dort geschwächt, ist er es nicht. Auch akzidentielle Würden oder Schwächen können wichtig sein. Vielleicht ist er dort in Cazimi: „Sie werden der Liebling des Chefs sein" (Cazimi: „wie ein Mensch, der erhoben wird, um an der Seite des Königs zu sitzen"). Vielleicht steht er in Konjunktion mit einem schwachen Saturn: Es wird Probleme geben, die Sie identifizieren können, indem Sie darauf schauen, wofür Saturn in diesem Horoskop steht. Da „Sollte ich diese Stelle annehmen?" häufig eine ebenso emotionale wie rationale Entscheidung ist, ist es oft wichtiger, den Mond ins 10. Haus zu setzen und die Emotionen des Fragestellers zur Arbeit zu schicken. Seien Sie vorsichtig: Wenn Sie das machen, können Sie nicht sagen: „Er steht im 10. Haus, also ist er stark". Das würde für jede Stelle gelten.

◆ Wie stets: Seien Sie vorsichtig mit Annahmen. Wir könnten meinen, dass der geringe Lohn, angezeigt durch den geschwächten Herrn von 11, abstoßend wirkt – aber es könnte sein, dass das Geld gar nicht so wichtig ist: Vielleicht ist der Fragesteller mehr daran interessiert, seinen Lebenslauf aufzupolieren, oder er mag die Vorstellung, in einem Wildpark zu arbeiten. Fragen Sie den Klienten und prüfen Sie die Beweislage im Horoskop. Wenn der Herr von 1 zum Beispiel den von 2 erhöht, ist Geld ein wichtiger Punkt – also wird der Fragesteller mit einer Stelle, die nichts abwirft, nicht glücklich sein. ◆

Die nächste Stelle

„Sollte ich diesen Job an den Nagel hängen und künftig für Soundso arbeiten?" Bei dieser und ähnlichen Fragen müssen wir zwischen der gegenwärtigen und der möglichen künftigen Arbeitsstelle unterscheiden. In den meisten Fällen können wir das Zeichen an der Spitze des 10. Hauses und seinen Herrscher für die gegenwärtige Stelle und das nächste Zeichen in der Ordnung des Tierkreises (entgegen dem Uhrzeigersinn) und seinen Herrscher für die nächste Stelle nehmen. Bewerten Sie sie genauso wie oben bei „Wie wird die Stelle sein".

Seien Sie flexibel! Angenommen der MC steht auf 2° Zwillinge und der Fragesteller hat die gegenwärtige Stelle seit Jahren inne. Die lange Zeit auf dieser Stelle passt nicht zu den gerade mal 2 Grad dieses Zeichens, die den MC passiert haben. In diesem Fall wäre es sinnvoll, Stier als die gegenwärtige Stelle zu betrachten und Zwillinge als die nächste, als säße der Fragesteller in seiner Vorstellung bereits auf dieser Stelle. Seien Sie immer offen dafür, was das Horoskop versucht Ihnen zu sagen.

Steht der Herr von 1 unmittelbar vor einem Zeichenwechsel, wird das den geplanten Stellenwechsel anzeigen, selbst wenn weder das gegenwärtige noch das künftige Zeichen irgendeine Verbindung zum 10. Haus hat. Dieses Horoskop zeigt uns einen Wechsel; der Wechsel, um den es hier geht, ist ein Stellenwechsel: Das muss der Wechsel sein, den das Horoskop anzeigt. Ist der Planet im nächsten Zeichen stärker oder schwächer? Das wird gewöhnlich durch essenzielle Würden entschieden, aber manchmal spielen auch akzidentielle Würden eine Rolle. Nehmen wir an, dass der Signifikator, sobald er das neue Zeichen betritt, verbrannt sein wird: „Bleiben Sie, wo Sie sind!"

Steht das Unternehmen, für das ich arbeite, vor der Pleite?
Übersetzt lautet die Frage: „Wird das Unternehmen sterben?", und sollte demgemäß gedeutet werden. Behandeln Sie das Unternehmen genauso, als sei es eine Person und folgen Sie der Methode, die in Kapitel 20 beschrieben wurde.

Berufliche Fragen
Ich rate Ihnen dringend, solche Fragen nicht zu akzeptieren, ohne dass der Fragesteller mit einigen Optionen aufwartet. Die Bandbreite der Berufe ist so groß, dass, falls Sie das nicht tun, Ihre wie immer geartete Antwort mehr über die Grenzen Ihrer Vorstellungskraft als über die beruflichen Fähigkeiten des Fragestellers aussagen wird. Manchmal wird die Frage als „Ich möchte Filmstar werden, aber vielleicht sollte ich lieber bei der Buchhaltung bleiben?" gestellt werden; selbst wenn dem nicht so ist: Wenn der Fragesteller uns einige Hinweise gibt, können wir das Horoskop mit Möglichkeiten füttern, um zu schauen, welche davon die besten Aussichten hat.

Sobald Sie ein paar Optionen haben, schauen Sie auf das Horoskop und bestimmen Sie die Planeten, die sie darstellen, indem Sie mit Häuser- und natürlichen Herrschaften der Planeten arbeiten. Die Schauspielerkarriere würde zum Beispiel durch den Herrn von 5 dargestellt werden, die Buchhaltung durch Merkur. „Aber was ist, wenn Merkur der Herr von 5 ist?" Das Horoskop ist auf die Frage zugeschnitten, also wird Merkur vermutlich nicht der Herr von 5 sein. Ist er es doch, wird das Horoskop einen anderen offensichtlichen Indikator bereitstellen. Haben Sie Vertrauen; es funktioniert.

Sobald Sie die Signifikatoren haben, vergleichen Sie sie, indem Sie ihre eigenen Würden anschauen (essenzielle und akzidentielle) sowie ihre Rezeptionen mit dem Herrn von 1 und dem Mond (der Mond hier als Ko-Signifikator des Fragestellers mit besonderem Bezug zu seinen Emotionen). Seien Sie vorsichtig, wenn Sie die Würden bewerten: Ist ein Zeugnis anschaulich beschreibend, behandeln Sie es als solches und betrachten Sie es nicht als Schwächung. Nehmen wir an, der Fragesteller möchte Schmied werden: Saturn in Widder wäre eine vorzügliche astrologische Stellenbeschreibung, also würden wir hier vernachlässigen, dass Saturn in seinem Fall steht. Ein rückläufiger Saturn wäre gleichwohl ein Problem – es sei denn, der Fragesteller würde beabsichtigen, seine verlorenen Fähigkeiten im Schmiedehandwerk wiederzubeleben, oder er hätte ein anderes Ziel (vielleicht die Wiederauferstehung eines Geschäfts seiner Vorfahren), das durch die Rückläufigkeit vollkommen angemessen wiedergeben würde.

Schenken Sie den Rezeptionen zwischen den Signifikatoren der Stelle und des Fragestellers große Aufmerksamkeit. Geht es in der Frage darum Geld zu verdienen und nicht darum, wie passend die Stelle ist, brauchen wir uns nicht mit der Vereinbarkeit von Fragendem und Arbeitsstelle zu befassen. Gewöhnlich beziehen sich diese Fragen darauf, wie passend die Stelle ist, also gilt: Je größer die gegenseitigen Rezeptionen zwischen Fragendem und Stelle, desto besser.

„Aber wo bleibt hier das Geld?" Wenn Sie für die Stelle einen Signifikator auswählen, weil er der geeignete Häuserherrscher ist (zum Beispiel den Herrn von 5 für die Schauspielerei), dann nehmen Sie das jeweils 2. Haus von diesem Haus, um den Lohn anzuzeigen. Wählen Sie einen Planeten wegen seiner eigenen Merkmale (Merkur für die Buchhaltung, Saturn für Totengräber), dann nehmen Sie das zweite Zeichen von jenem, in dem sich der Planet befindet. Wenn der Fragesteller also Couturier werden möchte (Venus) und Venus in Schütze steht, nehmen Sie das zweite Zeichen von dort (das erste Zeichen, von Schütze aus gesehen, ist Schütze; das zweite ist Steinbock) und seinen Herrscher, um den Lohn anzuzeigen.

Handelt es sich um allgemeine Fragen, ohne vom Fragesteller vorgeschlagene mögliche Berufe, schauen Sie sich Merkur, Venus und Mars an und nehmen Sie den stärksten Planeten unter ihnen, um den Beruf anzuzeigen. Grob gesagt steht Merkur für die Arbeit des Gehirns, Mars arbeitet mit den Muskeln, Venus mit Charme und Ästhetik. Leiten Sie weitere Beschreibungen von Zeichen, Haus und engen Aspekten ab. Akzidentielle Schwächen stehen häufig eher für

Beschreibungen als für Nachteile. Zum Beispiel ein starker Mars im 7. Haus (offene Feinde): Werden Sie Soldat. Im 6. Haus (Krankheit): Werden Sie Chirurg. Im 12. Haus (große Tiere): Gehen Sie zur Kavallerie. Mars in Opposition zu Saturn (Gebäude): Werden Sie Abbrucharbeiter.

Vor allem dann, wenn Sie aus dem oben Genannten keine klare Antwort erhalten, kann es sich lohnen, den Punkt der Berufung zu berechnen. Schauen Sie sich den Punkt selbst und, vor allem, seinen Dispositor an.

Haben Sie das Offensichtliche im Hinterkopf: Manche Karrieren sind mit 20 möglich, mit 50 nicht. Lesen Sie das Horoskop unter diesem Blickwinkel.

Manchmal werden wir zur Karriere von jemand anders gefragt. Das ist normalerweise eine Unterfrage zu „Wann werde ich den Mann treffen, den ich heirate?" Nehmen Sie in diesem Fall das gedrehte 10. Haus und seinen Herrscher.

Wir können nicht den Hauptsignifikator der Person nehmen, um den Beruf zu beschreiben, weil der Hauptsignifikator diese Person beschreibt. Das würde sonst zum Beispiel bedeuten, dass jeder, der wie ein Soldat gebaut ist, auch Soldat wird. Genauso wenig können wir den stärksten Planeten unter Merkur, Venus und Mars nehmen, denn er würde sowohl für die andere Person als auch für den Fragesteller gelten. Beachten Sie, dass wir nicht auf den Herrn von 10 geschaut haben, als wir den Beruf des Fragestellers gesucht haben. Und zwar deshalb, weil das 10. Haus eher zeigt, was die Person tatsächlich tut, als das, was sie tun sollte. Im Fall von „Was wird mein künftiger Ehemann tun, um seinen Lebensunterhalt zu verdienen?" ist es das, was er tut, das uns interessiert.

Folgen Sie den üblichen Hinweisen, um den Planeten mit dem Beruf zu verbinden. Halten Sie Ihre Deutungen allgemein: Genauigkeit hat ihren Platz in der Stundenastrologie, aber der ist nicht hier. „Irgendwas Künstlerisches" ist eine bessere Antwort auf diese Frage als „die zweite Bratsche im London Symphony Orchestra".

Auch wenn wir den Hauptsignifikator der Person nicht für den Beruf nehmen können, können wir mit ihm doch Möglichkeiten ausschließen. Wenn wir, mittels des Herrn von 7, entschieden haben, dass der künftige Ehemann ein schmächtiger, kleiner Kerl sein wird, wird er nicht als Schmied arbeiten. Falls sein Herr von 10 solches dennoch nahelegt, müssen wir überlegen, welcher andere Beruf dadurch beschrieben sein könnte.

◆ Wenn der Fragesteller sich zwischen konkreten Stellenangeboten entscheidet, kann es manchmal so einfach sein wie oben beschrieben: „Soll ich die Stelle als Bankangestellter oder die als Schaufensterdekorateur annehmen?" offeriert uns die Wahl zwischen Merkur und Venus. Häufiger wählt der Fragesteller zwischen verschiedenen Firmen, die ähnliche Stellen anbieten. Indem Sie den Klienten fragen, worin sich die Stellen unterscheiden, werden Sie herausfinden, welche Planeten die verschiedenen Stellen anzeigen. Die Wahl zwischen dem großen Unternehmen und der Hightech-Firma wäre zum Beispiel eine Wahl zwischen Jupiter und Merkur. Das ist genauso wie die Unterscheidung zwischen verschiedenen Immobilien (Seite 234 oben). ◇

Geschäftspartnerschaften

◆ Zur Frage: „Sollte ich diese Person als Partner in mein Geschäft holen?" Nehmen Sie den Herrn von 1 und den Mond für den Fragesteller, den Herrn von 7 für den künftigen Partner, den Herrn von 10 für das Geschäft und den Herrn von 11 für den Gewinn aus dem Geschäft. Die Frage bezieht sich darauf, ob es eine gute Idee ist, nicht darauf, ob es passieren wird, also brauchen wir keinen Aspekt. Gibt es allerdings einen Aspekt zwischen dem Fragesteller und dem Herrn von 7, muss seine Natur angeschaut werden. Egal wie vielversprechend andere Zeugnisse sein mögen: Eine Opposition wird nichts Gutes verheißen.

Obwohl ich immer noch auf das Horoskop zu diesem Thema warte, bei dem andere Zeugnisse auch nur das Geringste versprechen. Es scheint geradezu zwangsläufig zu sein, dass der Fragesteller den Partner erhöht, und für den Zustand des Herrn von 7, dass er anzeigt, dass der Partner nicht im Entferntesten in der Lage ist, die hohen Erwartungen zu erfüllen. Für sich genommen ist diese Erhöhung nicht unbedingt ein Problem. Der Fragesteller mag denken, dass der Partner über Superkräfte verfügt, aber wenn das Geschäft derartige Superkräfte gar nicht verlangt, mag ihr Fehlen gar nicht auffallen. Nichtsdestotrotz ist diese unrealistische Einschätzung der anderen Person – vollkommen normal am Beginn einer romantischen Beziehung – keine solide Grundlage für eine Arbeitspartnerschaft. Achten Sie auf das Kräftegleichgewicht, nicht nur wie es sich in den Rezeptionen zwischen dem Fragesteller und dem Herrn von 7 zeigt, sondern auch in der Stellung und den Rezeptionen des Herrn von 10. Nehmen wir an, der Herr von 10 sitzt gerade innerhalb der Spitze des 7. Hauses, er ist vollkommen unter der Kontrolle des Partners. Das kann eventuell akzeptabel sein, wenn der Fragesteller beabsichtigt, sich etwas zurückzuziehen und dem Partner die Leitung des Geschäfts zu überlassen – aber nur dann. Prüfen Sie anschließend die Rezeptionen zwischen dem Herrn von 7 und sowohl dem Herrn von 10 als auch jenem von 11. Wir würden hoffen Anzeichen zu entdecken, dass der Partner beide begünstigt: indem er in guten Würden von ihnen steht und selbst ausreichend Stärke besitzt, um in der Lage zu sein zu helfen. Aber ich warte immer noch darauf, so etwas zu sehen. ◈

24

Fragen zum elften Haus

WIRD MEIN WUNSCH IN ERFÜLLUNG GEHEN?

Unsere Vorfahren haben viel Tinte dem Problem gewidmet, was wir tun sollten, wenn sich der Klient weigert, seine Frage zu präzisieren, und stattdessen auf „Werde ich das, worüber ich Ihnen jetzt nichts erzählen werde, bekommen?" insistiert. Ich rate dringend dazu, dass die Antwort lauten muss: „Wenn Sie mir nicht die Frage sagen, werde ich das Horoskop erstellen, Ihnen aber nicht die Antwort sagen". Denken Sie immer daran, dass es für Sie einfacher ist, einen anderen Klienten zu finden, als für den Klienten, einen anderen guten Astrologen.

Sobald Sie eine bestimmte Anzahl von Stundenhoroskopen auf Ihrem Konto haben, werden Sie anfangen zu erkennen, wie Horoskope zu bestimmten Themen aussehen. Vor allem werden Sie in der Lage sein, die Liebesfrage zu erkennen, die sich als etwas anderes verkleidet hat. Bei Fragen über einen Umzug oder das berufliche Fortkommen ist es nicht ungewöhnlich, dass ihr wirkliches Thema in so einfache Worte gefasst werden kann wie: „Liebt er mich?" Wenn die Klientin nicht fragt, sollten wir nach meiner Meinung auch keine Antwort geben; gleichwohl können wir sie sanft anstupsen, um zu sehen, ob sie die Angelegenheit offenbaren möchte.

WIE HOCH IST MEIN STEUERBESCHEID?

Die Regierung ist 10. Haus, ihre Geldsäckel sind 11. Haus. Diese Horoskope werden normalerweise einen applikativen Aspekt zwischen dem Herrn von 2 (das Geld des Fragestellers) und entweder dem Herrn von 10 oder 11 zeigen. Schauen Sie sich die Rezeptionen an und prüfen Sie, was die Herren von 10 und 11 – mit besonderem Augenmerk auf demjenigen, der den Aspekt zum Herrn von 2 machen wird – über das Geld des Fragestellers denken. Je mehr das Finanzamt es liebt, desto mehr wird es davon haben wollen. Erhöht es den Herrn von 2, ist das ein Zeichen dafür, dass es das, was der Fragesteller hat oder zumindest was er schuldig ist, überschätzt. Ist die Feststellung, dass die Regierung oder ihre Geldsäckel das Geld des Fragestellers lieben (sich im Zeichen des Herrn von 2 befinden) eine schlechte Nachricht, ist die Feststellung, dass diese Liebe auf Gegenseitigkeit beruht, ermutigend. Eine starke gegenseitige Rezeption zwischen ihnen wird den Steuerbescheid reduzieren. Es ist wie in den Filmen, in denen der Held sie liebt, sie aber auf galante Weise zu jemand anders zurückschickt: Die gegenseitige Rezeption zeigt, dass, obwohl das Finanzamt das Geld haben möchte, es seine Forderungen senken wird.

Schauen Sie auch nach allen künftigen Verletzungen des Herrn von 2 und der Stärke des Herrn von 2: Es wird Ihnen zeigen, bis zu welchem Grad der Geldbeutel des Fragestellers in der Lage ist, die Raubzüge des Finanzamts zu überstehen (derartige Fragen werden gewöhnlich *in höchster Not* gestellt!).

VISEN UND GENEHMIGUNGEN

◆ Als das 2. vom 10. Haus, zeigt das 11. Haus die Besitztümer des Königs und damit „das Geschenk des Königs": Den Schatz, von dem Sie sich wünschen, dass er Ihnen gewährt würde. Als solches ist es das Haus für Fragen zu Einreisevisen und Aufenthaltsgenehmigungen.

„Wessen König?" Befindet sich der Fragesteller bereits in diesem Land, ist der König der König dieses Landes und damit 10. Haus. Das gilt unabhängig von der Nationalität, Staatsangehörigkeit oder dem Status des Fragestellers. Befindet sich der Fragesteller noch nicht in diesem Land, ist der König, um den es geht, der eines fremden Landes. Das fremde Land ist 9. Haus, sein König also das radikale 6. Haus (das 10. vom 9. = 6. Haus). In diesem Fall wäre das Geschenk des Königs das 2. Haus von dort aus gerechnet, also das radikale 7. Haus. Beantragt der Fragesteller die Einreise in ein Land, das mit seinem eigenen eine Grenze teilt, könnte man argumentieren, dass dieses Land, als sein Nachbar, 3. Haus wäre. Das wäre, wie ich glaube, etwas sehr fantasievoll gedacht; bleiben Sie beim 9. Haus.

Was wir zu sehen hoffen, ist ein bevorstehender Aspekt zwischen dem Herrn von 1 oder dem Mond und dem Signifikator des Geschenks. Ein Aspekt mit dem König selbst ist weniger überzeugend, wird aber im Allgemeinen funktionieren, solange es sich nicht um eine Opposition handelt. Die Umstände der Situation legen nahe, dass die Rezeptionen des Königs wahrscheinlich keine Bedeutung haben. Wenn es nicht wesentliche und bekannte Probleme gibt – der Fragesteller ist ein berüchtigter Gangster oder hat erst kürzlich die Katze des Königs getreten –, wird er nur ein weiterer unbekannter Name sein, zu dem der König keine Haltung hat. Die Umstände werden uns auch sagen, ob der Antrag eine bloße Formalie ist, zu der eine Ablehnung die Ausnahme wäre, oder ein Gral, den nur wenige erreichen. Handelt es sich nur um eine Formalität, wäre die bloße Abwesenheit von negativen Zeugnissen (wie etwa ein applikativer, aber verhinderter Aspekt zwischen dem Fragesteller und dem Geschenk) ausreichend, um mit Ja zu deuten. Handelt es sich um den Gral, würden wir nicht nur einen Aspekt, sondern auch einige Rezeptionen benötigen, die uns klarmachen, warum der Fragesteller anderen vorgezogen worden ist.

In vielen derartigen Horoskopen wird ein Aspekt zum Geschenk jedoch nicht gebraucht. Wenn wir zeigen können, dass der Fragesteller die Reise machen wird (ein Aspekt zum Herrn von 9), wird das gewöhnlich einschließen, dass das Visum gewährt worden ist. Wenn wir zeigen können, dass der Fragesteller an Ort und Stelle in dem Land bleibt, in dem er wohnen möchte, wird das gewöhnlich einschließen, dass ihm die Aufenthaltserlaubnis gewährt worden ist. „Gewöhnlich", denn es gibt auch andere Möglichkeiten. Aber wenn der Fragesteller über diese Möglichkeiten nachdenken würde, wäre es unwahrscheinlich, dass er die Frage gestellt hätte. ◈

25

Fragen zum zwölften Haus

HEXEREI UND GEFANGENSCHAFT

Bin ich verhext?

Obwohl das eine Frage zu sein scheint, die nur in alten, staubigen Büchern aus längst vergangenen Zeiten vorkommt, wird sie gestellt, und zwar nicht selten. Manchmal von Klienten, deren Kultur einen anderen Blick auf die Hexerei hat als unsere eigene; manchmal von jenen, die in Gewässern jenseits ihrer eigenen Tiefe herumplanschen; sehr häufig in einem modernem Gewand: „Werde ich von übernatürlichen Kräften angegriffen?" oder „Kontrolliert er meine Gedanken?", die übliche zeitgenössische Form dessen, was im Kern dieselbe Frage ist.

Wir müssen dabei immer offen sein für die Weltsicht des Fragestellers, egal wie merkwürdig sie uns erscheinen mag. Wenn auch jener Astrologe, der nicht erkennt, dass „es zwischen Himmel und Erde mehr Dinge gibt", als seine Vorurteile zulassen, ein armseliger Astrologe ist, gibt es doch eine Trennlinie zwischen jenen Klienten mit unterschiedlichen Sichtweisen und jenen, die verrückt sind und nur nach jemandem Ausschau halten, bei dem sie andocken können. Es ist gut, eine Nase für diese Menschen zu entwickeln, denn haben sie einmal Eintritt in Ihr Arbeitsleben erhalten, kann es einen unverhältnismäßig großen Zeitaufwand erfordern, sie wieder zum Ausgang hinauszukomplimentieren.

Es ist die Art des Überfalls, die ihn zu einer Angelegenheit des 12. Hauses macht, nicht ob der Fragesteller den Namen des mutmaßlichen Angreifers kennt. Lautet die Frage: „Greift mich Albert mit übernatürlichen Kräften an?", ist es eine 12. Haus-Angelegenheit. Denken Sie daran: In der Vergangenheit wäre Klienten – wenn sie gefragt hätten: „Bin ich verhext?" – normalerweise die Identität der Dorfhexe, die angeblich ihr Vieh verflucht hat, bekannt gewesen. In bestimmten konkreten Umständen, wenn der Beschuldigte eine besondere Beziehung zum Fragesteller hat, werden Sie dieses Haus prüfen müssen („Hat mich meine Ex-Geliebte mit einem Zauber belegt?"). Normalerweise können wir jedoch direkt zum 12. Haus gehen.

Die Hauptzeugnisse für Zauberei sind:
* derselbe Planet herrscht über das 1. und 12. Haus
* ein enger Kontakt zwischen den Herren von 1 und 12.

Schauen Sie auf die Rezeptionen, in ihnen wird wie immer der Schlüssel liegen. Wird der Herr von 12 vom Herrn von 1 beherrscht, ist der Fragesteller nicht verzaubert: Er hat Macht über die angebliche Hexe. Herrscht der Herr von 12 über den von 1, denken Sie daran, dass die bloße Vermutung der Zauberei ausreichen kann, um einer Person Macht über den Geborenen zu geben, ohne dass der Verdächtige irgendwas getan hat. Ein Kontakt mit dem Herrn von 12 ist weitaus überzeugender. Ein applikativer Aspekt zwischen den Herren von 1 und 12 ist kein Beweis. Ein applikativer Aspekt zeigt etwas in der Zukunft und die Frage lautet nicht: „Werde ich verzaubert werden?".

◆ Übergehen Sie den Punkt über denselben Planeten, der sowohl das 1. als auch das 12. Haus regiert. Bei keiner anderen Art von Fragen hat der Umstand, dass derselbe Planet die beiden relevanten Häuser regiert, irgendeine Bedeutung; und genauso wenig ist das hier von Bedeutung. Diese Vorstellung ist von Astrologen erdacht worden, die versucht haben, einige Zeugnisse in Horoskopen zu Fragen, die ihrer Natur nach ungewöhnlich dunkel daherkommen, zusammenzuklauben. Jener Astrologe, der mit dem Fragesteller darin übereinstimmt, dass Hexerei eine wahrscheinliche Erklärung für die gestorbene Kuh ist, wird natürlich dazu neigen, nach Zeugnissen zu forschen, die diese Erklärung unterstützen könnten. ◆

Schade ich mir selbst?

Das 12. Haus ist das Haus des Selbstruins und somit das zuständige Haus für Fragen für Süchte und andere schädliche Praktiken. Wenn der Klient zum Beispiel fragt: „Schadet mir meine Trinkerei und wie schadet sie mir?", ist das eine Angelegenheit des 12. Hauses. Jeder Gedanke daran, dass dies eine Angelegenheit des 5. Hauses (Vergnügen) sein könnte, wird durch die Art der Frage aufgelöst. Schauen Sie sich den Herrn von 12 an: Ist er nett oder bösartig? Denken Sie daran, dass selbst wohltätige Planeten im Exil oder Fall bösartig sind. Was ist seine Beziehung zum Herrn von 1? Ein schwacher Planet mit Macht über den Herrn von 1 (zum Beispiel der Herr von 1 im Zeichen des Herrn von 12) ist ein Zeugnis dafür, dass das Laster Macht über den Fragesteller hat. Je stärker die

Rezeption, desto mehr Macht (zum Beispiel der Herr von 1 in einem Gesicht, das vom Herrn von 12 beherrscht wird: die Macht ist klein).

Die Qualität des Zeichens wird zeigen, wie widerspenstig das Problem sein wird: Ein fixes Zeichen zeigt, dass es sich um eine langfristige Angelegenheit handelt; ein veränderliches, dass sie kommen und gehen wird; ein kardinales, dass sie im Moment ein Problem sein mag, dass sie es aber nicht für lange sein wird. Wohin bewegt sich der Herr von 1? Verlässt er ein fixes Zeichen, wo er vom Herrn von 12 beherrscht wird, und geht in ein veränderliches Zeichen, wo das nicht der Fall ist: Der Fragesteller findet einen Ausweg aus diesem Problem. Verlässt er ein kardinales Zeichen, in dem er in einer kleinen Herrschaft des Herrn von 12 ist (Grenze oder Gesicht vielleicht), um in ein fixes Zeichen zu gehen, wo er in einer der großen Würden des Herrn von 12 sein wird: Der Fragesteller denkt, dass er das Problem unter Kontrolle hat, gerät aber immer ernster in dessen Würgegriff.

◆ Ich würde dringend zur Vorsicht in solchen Fragen raten, vor allem wenn der Klient über jemand anders fragt. Gehen Sie nicht davon aus, dass das eine Angelegenheit des 12. Hauses ist. Überlegen Sie mal: Eine Klientin fragte: „Ist mein Ehemann Alkoholiker?" Die Formulierung ist nicht sehr hilfreich, weil uns der Gebrauch eines Etiketts statt einer Beschreibung direkt auf das 12. Haus verweist. Wäre die Angelegenheit derart eindeutig, wäre es unwahrscheinlich, dass die Frage gestellt worden wäre, zumindest so formuliert wie hier.

Nehmen wir an, die Fragestellerin meint, dass ihr Göttergatte mehr isst, als es ihm gut tut. Es ist unwahrscheinlich, dass sie in ihrer Frage etikettierende Wörter benutzt hätte. Vielmehr hätte sie gefragt: „Isst er zu viel?" In welchem Fall wir nicht auf das 12., sondern auf das 2. Haus (der Rachen und das, was in ihn hineingeht) geschaut hätten. Wäre der Göttergatte seit drei Jahren zu den Anonymen Alkoholikern gegangen und sie würde jetzt Verdacht schöpfen, dass er rückfällig geworden ist, gäbe es einen bekannten Sachverhalt und die Frage wäre begründeterweise so formuliert, wie sie gestellt wurde. Genauso wie sie – wenn er sich mit Kuchen vollstopft, um sich dann selbst zum Erbrechen zu bringen – fragen könnte: „Ist er bulimisch?" Das wäre eine Angelegenheit des 12. Hauses. Häufiger geht man besser an die Frage heran mit: „Ist das, was er sich in den Rachen schiebt, schädlich für ihn?", was 2. Haus ist (das gedrehte 2. Haus natürlich, sobald die Frage über jemand anders gestellt wird). Hier sind die Rezeptionen des Herrn von 2 von besonderer Bedeutung. Der Herr von 7 wird vom Herrn von 8 beherrscht, welcher im Exil des Herrn von 7 steht: „Ja, das was Ihr Ehemann trinkt, schadet ihm ganz sicherlich".

Die Frage dreht sich nicht notwendigerweise um einen Exzess, also hüten Sie sich davor, so etwas vorschnell anzunehmen. Ist der Fragesteller zum Beispiel aus medizinischen Gründen vor Alkohol gewarnt worden, könnte er sich fragen, ob ihm ein Glas Wein zu seinem Samstagabendessen wirklich so viel schaden würde.

Das Problem, hier das richtige Haus zu wählen, bringt die Grenzen der Metapher des Horoskops als Theater ans Licht. In jedem Horoskop wird es einen Herrn von 12 geben, egal ob er im Drama mitspielt oder nicht. Wenn wir uns *Romeo und Julia* anschauen, sehen wir im Bühnenhintergrund nicht Macbeth herumlungern, für den Fall, dass er Gelegenheit bekommt mitzuspielen. Wir laufen hier Gefahr, die Antwort durch unser Herangehen an die Frage vorwegzunehmen. ◊

Gefangenschaft

Fragen dazu, ob jemand ins Gefängnis gehen muss oder aus diesem freikommt, sind gewöhnlich einfach. Denken Sie daran, dass wir, wenn der Klient eine Frage zu jemand anders stellt, uns sowohl das gedrehte als auch das radikale 12. Haus anschauen müssen. Es ist wichtig, dass Sie wissen, ob die Person bereits im Gefängnis ist oder nicht.

Gefangenschaft wird oft sehr einfach dargestellt: Der Signifikator der Person auf der Spitze des 12. (oder des gedrehten 12.) Hauses. Der Planet, dabei in das Haus der Gefangenschaft einzutreten, ist ein unwiderstehliches Zeugnis dafür, dass die Person dem Beispiel folgen und das Gleiche tun wird. Wird der Planet rückläufig, bevor er in das Haus eintritt, zeigt das, dass die Person nicht ins Gefängnis gehen wird, egal wie sicher die Gefangenschaft scheinen mag.

Befindet sich die Person in Untersuchungshaft, ist es normal, ihren Signifikator bereits im 12. Haus zu entdecken. Steht sein Zustand kurz davor sich zu verschlechtern – vielleicht durch den Aspekt eines Übeltäters oder weil er essenzielle Würden verliert –, wird er ins Gefängnis gehen müssen. Das Horoskop zeigt, dass sich der Zustand der Person verschlechtert, und zwar auf eine Weise, die zum Kontext der Frage passt. Wir könnten ähnlich deuten, wenn sich der Signifikator innerhalb des 12. Hauses von einem kardinalen in ein fixes Zeichen bewegt.

Ein bevorstehender Aspekt mit dem Herrn von 12 oder dem Herrn des gedrehten 12. Hauses würde das Gleiche anzeigen. Ein anderes übliches Zeugnis ist der Signifikator, der in das Zeichen seines Falls eintritt: Er geht ins Gefängnis.

Je mehr essenzielle Würden der Planet hat, desto wahrscheinlicher ist die Person unschuldig.

Geht es in der Frage darum, ob jemand freigelassen wird, sind die erwünschten Zeugnisse die umgekehrten der oben genannten.

Wird Deirdre ins Gefängnis geschickt?

Um sich die langen Abende zu vertreiben, hätte William Lilly einen Diener „zum Spaß" gebeten, etwas zu verstecken, um dann ein Horoskop zu erstellen, um es wiederzufinden. Ich habe nie seine Vorliebe für Fragen zu verloren gegangenen Gegenständen entwickelt; mein bevorzugtes stundenastrologisches Vergnügen besteht in der Vorhersage der Handlung in Seifenopern.

In der britischen Fernsehserie *Coronation Street* saß Deirdre auf der Anklagebank und sah sich einer Anklage wegen Betrugs gegenüber, nachdem sie einem ebenso charmanten wie skrupellosen Hochstapler in die Hände gefallen war. Als der Sprecher der Geschworenen aufstand, um das Urteil zu verkünden, begann der Abspann zu laufen. Statt drei Tage auf das Ergebnis zu warten, erstellte ich das Horoskop.

Ich hatte kein besonderes Interesse an Deirdre, also ist sie eine „x-beliebige Person": 7. Haus. Hätte ich mich stark mit ihr identifiziert – vielleicht weil ich selbst etwas Ähnliches erlebt hatte –, wäre ihr das 1. Haus zugewiesen worden, als hieße die Frage: „Werden wir ins Gefängnis geschickt?" Wäre ich total in sie verknallt gewesen, wäre sie noch immer 7. Haus, in diesem Fall als Objekt meiner Zuneigung.

Deirdre befand sich bereits im Gefängnis, da eine Kaution für sie abgelehnt worden war. Der Herr von 7, Mars, zeigt das: Er steht im gedrehten 12. Haus (das 12. vom 7. = 6. Haus). Er befindet sich in seinem eigenen Zeichen: jede Menge Würden, also ist Deirdre unschuldig. Aber er steht auch kurz vor einer Konjunktion mit Saturn, der in seinem Fall steht und deshalb sehr bösartig ist. Saturn ist außerdem der natürliche Herrscher der Gefangenschaft. Deirdre wird etwas Furchtbares passieren: Sie wird schuldig gesprochen und zu einer Gefängnisstrafe verurteilt.

Das passiert jedoch alles in einem kardinalen Zeichen, was nahelegt, dass die Sache schnell vorüber sein wird. Sobald er Saturn passiert haben wird, hat Mars nicht mehr weit zu laufen, um Deirdres 1. Haus betreten. Sie betritt ihr eigenes Haus. Das kann, wie so oft in der Stundenastrologie, wörtlich genommen werden: Sie wird bald wieder nach Hause kommen. Bevor Mars nach Hause kommt, trifft er auf Merkur, der rückläufig ist: Was gesagt wurde (Merkur), wird sich verändern

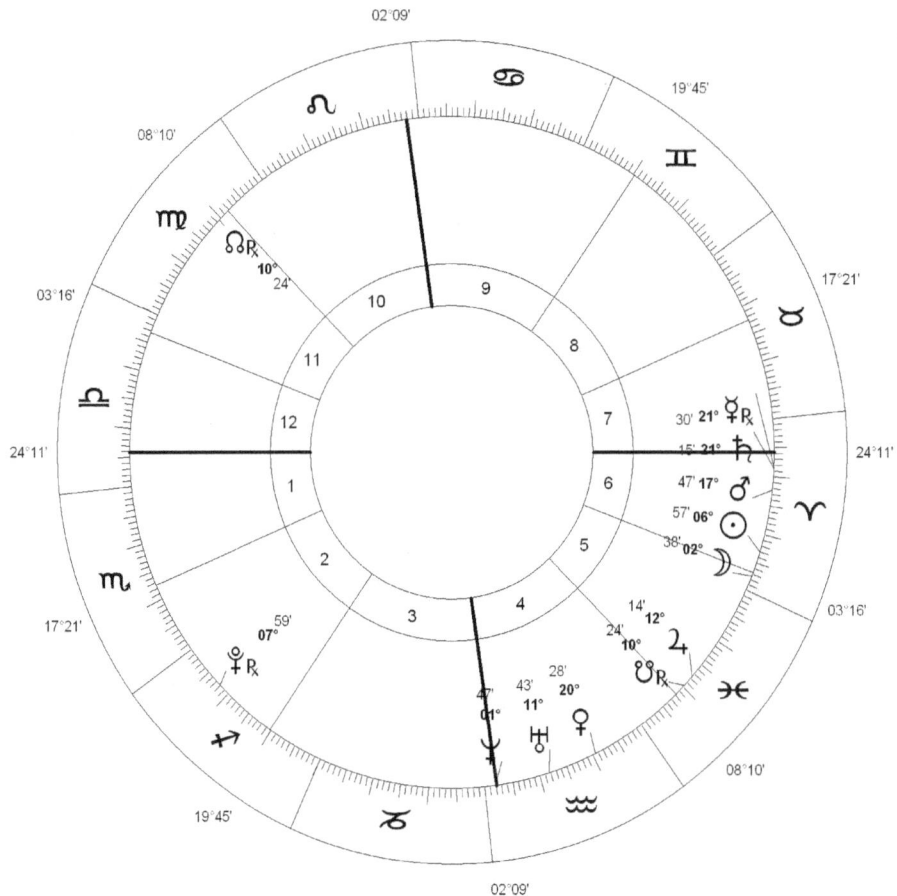

Wird Deirdre ins Gefängnis geschickt? 27. März 1998, 19.58 Uhr GMT, London.

(rückläufig). Jemandes Geschichte wird sich ändern, woraufhin Deirdre als Resultat freigelassen wird.

Der südliche Mondknoten nahe der Spitze des gedrehten 11. Hauses (das 11. vom 7. = das radikale 5. Haus) zeigt, wo Deirdre verletzt werden wird: durch ihre Freunde. Obwohl es eine mäßig starke gegenseitige Rezeption zwischen Mars und Jupiter, dem Herrscher dieses Hauses, gibt (beide stehen in der Triplizität des jeweils anderen), stehen sie per Antiszie in Opposition zueinander. Es war die Zeugenaussage eines Freundes, die für ihre Verurteilung entscheidend war. Aber die Freunde (Jupiter in einem doppelten Zeichen, also gibt es mehr als einen) sind ehrlich (starke essenzielle Würde), also muss die falsche Aussage aufgrund eines Irrtums erfolgt sein. Da Jupiter ein Wohltäter in großen Würden ist, werden sie im besten Sinne handeln wollen, und die gegenseitige Rezeption zeigt, dass die Freunde helfen.

Beachten Sie, dass wir hier ein Beispiel für diesen wichtigen Aspekt bei gegenseitigen Rezeptionen haben: Sie können nur in dem Maße funktionieren, als beide Planeten Stärke haben. Hier sind beide Planeten stark, also sind die Freunde in der Lage zu helfen und Deirdre ist in der Lage Hilfe anzunehmen.

Um die Gemüter bei jenen zu besänftigen, die mit Abscheu auf das Stellen einer so „banalen" Frage schauen – Vergnügen ist auf einigen Außenposten der gegenwärtigen Stundenastrologie verboten –, sollte ich hinzufügen, dass Deirdres Gefängnisstrafe zu Überschriften auf den Titelseiten der nationalen Presse und zu Anfragen im Parlament führte. Vielleicht doch nicht so banal! Die Geschichte lief so ab, wie es das Horoskop angezeigt hatte.

26

Das Wetter

Fragen zum Wetter gehören zu den einfachsten Stundenhoroskopen. Zur Deutung werden einige der grundlegenden Bausteine der Astrologie herangezogen: heiß, kalt, feucht und trocken. Mit diesen und etwas Wind haben wir alles, was wir für eine genaue Wettervorhersage brauchen. Also verkomplizieren Sie die Sache nicht!

Benutzen Sie das 1. Haus, wenn es sich um eine allgemeine Frage zum Wetter in dieser Gegend handelt: „Werden wir in diesem Jahr einen heißen Sommer haben?" Wann wird diese Regenperiode zu Ende gehen?" Bezieht sich die Frage auf ein konkretes Ereignis, benutzen Sie das Haus, das das Ereignis darstellt: „Morgen werde ich Golf spielen: Wie wird das Wetter sein?" (5. Haus); „Ich werde bei meinem Freund übernachten; muss ich warme Sachen mitnehmen?" (11. Haus: „Wie ist das Wetter am Haus meines Freundes?"). Solche Fragen werden oft zu Segeltörns gestellt: Handelt es sich um eine lange Reise, schauen Sie auf das 9. Haus; geht es mehr um ein „Herumkrebsen mit dem Boot" oder ein zielloses Umhersegeln, schauen Sie auf das 5. Haus; handelt es sich um eine Fähre, die Sie jeden Tag zur Arbeit nehmen, ist das eine Routinereise und damit 3. Haus.

◆ Bezüglich weiterer Hinweise zur Wahl des Hauses, siehe die hinzugefügte Diskussion am Ende dieses Kapitels. ◆

Obwohl Sie allgemeine Fragen zum Wetter an dem Ort, an dem Sie sich befinden, stellen können, können Sie das nicht routinemäßig mit der Erwartung machen, eine zutreffende Antwort zu erhalten. Sie können nicht jeden Morgen, wenn Sie aufwachen, mechanisch wiederholen: „Wie wird das Wetter heute?"

Sobald Sie das zuständige Haus ausgewählt haben, zeigt der Herrscher dieses Hauses das Ereignis, um das es geht (die Party, die Reise), selbst wenn es sich um eine 1. Haus-Angelegenheit handelt und das Ereignis nur ein vages „hier" ist. Der Herrscher des Hauses *ist* das Ereignis: Er ist nicht das Wetter zu diesem Ereignis. Wird das Haus von Saturn beherrscht, heißt das nicht, dass das Wetter kalt und trocken sein wird; wir müssen schauen, was mit Saturn passiert.

Planeten sind Dinge; Zeichen beschreiben sie. Planeten sind Substantive; Zeichen sind Adjektive. Das Zeichen beschreibt den Planeten innerhalb des Zusammenhangs, den die Frage festlegt; bei einer Wetterfrage wird das Zeichen den Hausherrscher wettermäßig beschreiben: Es wird heiß, kalt, feucht oder trocken sein. Ist der Hausherrscher in einem Erdzeichen, welches kalt und trocken ist, wird das Wetter beim Ereignis kalt und trocken sein; ist er in einem Luftzeichen (heiß und feucht), wird das Wetter heiß und feucht sein. Ja, so einfach ist das.

Für weitere Angaben darüber, wie kalt und trocken es laut diesem Erdzeichen genau sein wird, schauen Sie auf den Herrscher dieses Zeichens. Das Beispielhoroskop unten wird das klarer machen. Beachten Sie weiter alle engen Aspekte zum Signifikator. Ein Aspekt durch einen feuchten Planeten in einem feuchten Zeichen wird Regen bringen; ein Sextil könnte einen leichten Schauer anzeigen; eine Opposition einen verheerenden Wolkenbruch. Präzisieren Sie Ihre Deutung durch die Jahreszeit: „Heiß" mitten im Winter wird nicht dasselbe sein wie „heiß" mitten im Sommer. Kalte Feuchte im Winter könnte Schnee bedeuten, je nachdem, wo Sie sich befinden.

Jupiter, der Große Wohltäter, ist natürlicher Herrscher des Regens. Die Astrologie teilt eher die Sichtweise des Bauern als des Urlaubers darüber, was ein gutes Wetter ist. Merkur herrscht über den Wind, folglich werden Aspekte von Merkur anzeigen, ob der Wind unterstützend oder hinderlich für Ihre Reise sein wird. Der Zustand von Merkur wird zeigen, wie stark der Wind sein wird. Im größeren Maßstab ist Merkur auch der Herrscher der Erdbeben, die als Wind in der Erde angesehen werden.

◊ Denken Sie daran, dass es so etwas wie gutes oder schlechtes Wetter nicht gibt. Wir können es so nennen, aber das ist nur unsere Meinung darüber. Wetter ist einfach. Ein Orkan ist beispielsweise genauso wenig ein sich in irgendeiner Weise schlecht verhaltendes oder mangelhaftes Wetter, wie er in irgendeiner Weise wettergemäßer ist als eine sanfte Brise: Es ist ein Wetter, das macht, was Wetter macht. In diesem Sinne können die essenziellen Würden in diesen Deutungen außer Acht gelassen werden. Der Mond in Krebs ist ein kalt-feuchter Planet in einem kalt-feuchten Zeichen. Das Gleiche gilt für den Mond in Skorpion. Beide werden ein kalt-feuchtes Wetter anzeigen. Dass das eine essenziell in Würden steht und das andere essenziell geschwächt ist, bedeutet nicht, dass das eine Wetter mehr zu unserer Vorstellung davon passt, was angenehm ist, als das andere. ◊

Das Wetter

Wie wird das Wetter auf meiner Party sein?

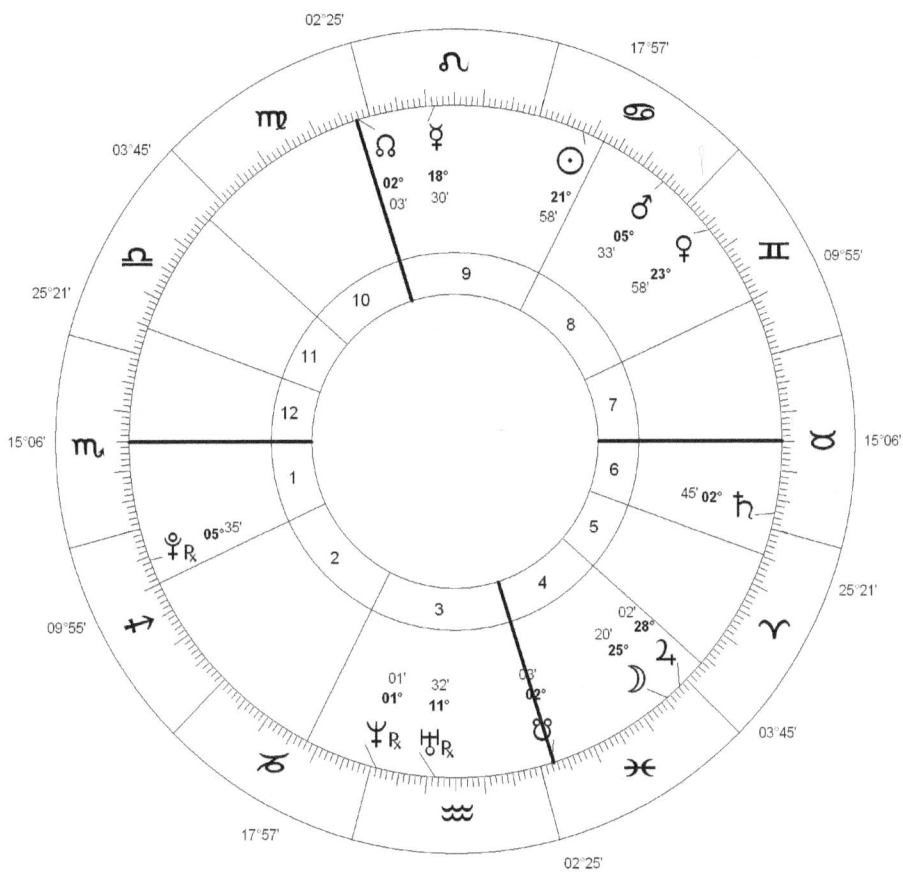

Wie wird das Wetter sein? 14. Juli 1998, 15.49 Uhr Britischer Sommerzeit, London.

Die Fragestellerin veranstaltete jedes Jahr ein Grillfest mit einer riesigen Zahl von Gästen, also war das Wetter an dem ausgewählten Tag von einiger Bedeutung.

Es geht um eine Party, schauen Sie also auf das 5. Haus. Das Zeichen an der Spitze des 5. Hauses beschreibt die Party sehr gut: Es ist eine heiße und trockene Art von Party: ein Grillfest. Das beschreibt die Party, nicht das Wetter. Genauso wenig hat Mars, der dieses Haus beherrscht, irgendeinen Einfluss auf das Wetter. Mars *ist* die Party; wir schauen danach, was Mars beeinflusst.

Mars stellt das Grillfest dar. Was für eine Art Grillfest? Er steht in einem kalten/feuchten Zeichen: eine nasse Art von Grillfest.

Welche Art Nässe? Der Mond (Herrscher des Zeichens, das uns gesagt hat, dass es nass ist) stellt die Nässe dar. Er befindet sich in Fische, einem weiteren Wasserzeichen: Es wird eine nasse Form von Nässe sein. Der Mond steht in Konjunktion mit Jupiter: eine enorm nasse Form von Nässe. In Konjunktion mit Jupiter in Fische: eine überaus enorm nasse Form von Nässe.

Es goss in Strömen vom Morgen bis in die Nacht.

◆ Obwohl die Deutung funktioniert hat, würde ich das Horoskop heute nicht mehr auf diese Weise angehen. Die Party sollte im Garten der Fragestellerin stattfinden, ihrem „hier". Also solches sollte das Horoskop nach meiner Meinung vom 1. Haus aus gedeutet werden, nicht vom 5. Haus aus. Die Party ist nicht wichtig: Das Wetter „hier" wäre dasselbe gewesen, ob sie eine Party geschmissen oder im Garten gegraben hätte. Schauen Sie auf das Horoskop: Wenn wir vom 1. Haus aus arbeiten, erhalten wir exakt die gleiche Deutung. Der Herr von 1 ist erneut Mars, der diesmal „hier" anzeigt. In einem Wasserzeichen, also ist es eine nasse Art von hier, und so weiter. Ähnlich würde es – wenn ich frage: „Wird das Wetter für mich gut genug sein, um mit meinem Computer im Garten arbeiten zu können?" – nicht zu einer Angelegenheit des 10. Hauses, weil ich übers Arbeiten nachdenke. Noch würde sich das Wetter ändern, wenn ich mich faul fühlen und deshalb entschließen würde, auf einem Liegestuhl zu dösen. Es wäre immer noch das grundsätzliche „hier", wo ich lebe: 1. Haus.

Gebrauchen Sie bei anderen Orten Ihren gesunden Menschenverstand. Wohnt der Freund, den Sie besuchen, in der nächsten Straße, wird das Wetter dort genauso sein wie in Ihrem eigenen „hier": 1. Haus. Lebt der Freund in einem anderen Land, schauen Sei auf das 11. Haus. Liegt der Golfplatz, auf dem Sie spielen werden, in der Nähe Ihrer Wohnung, wird es „hier" sein; ist er 100 Kilometer weit entfernt, schauen Sie auf das 5. Haus. ◆

27

Terminwahl mit der Stundenastrologie

Die Elektionsastrologie wählt den optimalen Zeitpunkt aus, zu dem man handeln sollte. Das ist ein zeitraubendes Geschäft, weshalb es, wenn es von einem Profi ausgeführt wird, teuer ist. Eine Terminwahl kann nicht ohne das Studium des Geburtshoroskops durchgeführt werden. Für jene Klienten, für die – sei es mangels bekannter Geburtsdaten oder aus finanziellen Gründen – eine vollständige Elektion nicht möglich ist, oder für jene, die für ihre Terminwahl keine Genauigkeit benötigen, können wir die Zeit zu handeln mit einem Stundenhoroskop auswählen.

Das wird uns die Zeit nicht, wie bei einer vollständigen Elektion, auf die Minute genau geben, aber es versorgt uns mit der für viele Zwecke vollkommen ausreichenden Genauigkeit.

Auch das ist sehr einfach. Verkomplizieren Sie es nicht! Alles, was Sie tun müssen, ist, den zutreffenden Planeten zu bestimmen, welcher der Herrscher des in Frage stehenden Hauses ist. „Wann ist der beste Tag, um meine Party zu veranstalten?": der Herr von 5. „Wann ist der beste Tag, um das Arbeitsprojekt vom Stapel zu lassen?": der Herr von 10. In vielen Fällen lässt sich das auf „Wann ist für mich der beste Tag?" herunterkochen: Nehmen Sie den Herrn von 1.

Haben Sie den Planeten bestimmt, schauen Sie sich seine Bewegung an. Was wird er tun? Was wird ihm passieren? Ganz egal wie düster seine Position im Moment sein mag, früher oder später wird er in einer stärkeren Position sein. Fragen Sie sich selbst: „Was ist in der nahen Zukunft die beste Situation für den Planeten?" Sobald Sie die bestimmt haben, nehmen Sie die Entfernung von dort, wo sich der Planet jetzt befindet, zu dem Punkt, wo er diese Situation erreicht haben wird, und bestimmen Sie die Zeit in der gewohnten Weise.

Bei vielen Fragen dieser Art gibt es erhebliche Zeitbeschränkungen: „Soll ich das Geschäft am Montag oder Dienstag abschließen?"

In solchen Fällen können die Transite zum Stundenhoroskop an den speziellen Tagen aussagekräftig sein. Nehmen wir an, die Frage lautet: „Für das Bewerbungsgespräch für die Aufnahme in das College habe ich den 20. oder den 30. Juni zur Auswahl; welcher Termin ist der beste?", und die Ephemeride zeigt, dass am

20. Juni der Herr von 1 (der Fragesteller) in Konjunktion mit der Spitze des 9. Hauses (das College) steht, wo er erhöht sein wird. „Gehen Sie am 20. hin: Die werden große Stücke auf Sie halten!" Oder vielleicht wechselt der Herrscher des 9. Hauses (das College) zwischen dem 20. und 30. Juni das Zeichen und tritt in Würden des Herrn von 1 (der Fragesteller) ein: „Gehen Sie am 30. hin, denn die werden Sie dann mehr mögen".

Normalerweise können wir uns jedoch auf die Aufgabe konzentrieren, unseren einen Signifikator so stark wie möglich zu machen. Ein Beispiel: Angenommen die Frage lautet: „Wann ist der beste Tag, um mein Meisterwerk bei einem Verlag einzureichen?" Ihr Meisterwerk ist ihr Baby: 5. Haus. Angenommen Mars herrscht über das 5. Haus und wird in 3 Grad in Konjunktion mit dem nördlichen Mondknoten stehen. Das wird Mars stärker machen, was das ist, was wir wollen, und die 3 Grad werden uns die Zeit geben: 3 Tage, Wochen oder Monate, je nachdem in welchem Zeichen und Haus Mars steht. Diese Fragen tragen üblicherweise ihre eigenen Zeitbegrenzungen in sich, was die Wahl der Zeiteinheit vereinfacht („Wann sollte ich diese Sache innerhalb der nächsten 14 Tage tun?"). Oder nehmen wir an, Mars steht auf 26° Schütze. In 4 Grad wird er den Steinbock betreten, wo er erhöht sein wird. Also könnte die Antwort lauten: „Warten Sie noch vier Tage und dann machen Sie es, wann Sie wollen".

Sehr wichtig: Machen Sie nichts, was das Erstellen eines neuen Horoskops für die ausgewählte Zeit erfordert. Wenn Sie das machen, sind Sie dabei, eine vollständige Elektion zu beginnen, und diese kann nicht ohne das Studium des Geburtshoroskops erfolgen. Mit einem Stundenhoroskop haben Sie nicht die dafür erforderlichen Informationen – also versuchen Sie so was erst gar nicht. Beispiele dafür wären: „Mars wird in vier Tagen stark und an diesem Tag ist der Mond im 10. Haus" oder „Und an jenem Tag wird Venus im Trigon zu Saturn stehen". Genauso wenig sollten Sie in einer stundenastrologischen Terminwahl nach Präzision streben. Es ist selten, dass eine Antwort genauer ist als, bestenfalls, ein bestimmter Tag. Sie können mit einer Terminwahl wie dieser keine Zeit bestimmen, also versuchen Sie es nicht. Häufig wird die Antwort sein: „Nach diesem Datum" oder „Sobald wie möglich".

◆ Ich kann nicht länger irgendeine Stichhaltigkeit in der Elektionsastrologie, so wie sie normalerweise betrieben wird, erkennen. Sie ist nicht mehr als ein Mittel, um den Geldtransfer vom Klienten an den Astrologen zu erleichtern, indem das Wunschdenken des Klienten getätschelt wird. Die Vorstellung, dass ich mit diesem oder jenem Erfolg haben werde, weil ich handle, wenn Mars oder Venus sich an einem bestimmten Ort am Himmel aufhalten, ist ganz genauso haltlos wie die Vorstellung, dass ich Erfolg haben werde, wenn ich das richtige Aftershave auflege oder den richtigen Kaugummi kaue. Die Elektion mittels der Stundenastrologie ist etwas durchaus anderes. Sie geht nicht von der Vorstellung aus, dass ich Erfolg haben werde, weil ein sich bestimmter Planet an einem bestimmten Ort aufhält. Die Diskussion der beiden Zugänge und warum der eine gültig ist und der andere nicht, ist zu lang, um in ein allgemeines Lehrbuch aufgenommen zu werden. Sie können sie auf meiner Website finden: www.johnfrawley.com ◈

28

Astrologe und Klient

William Lilly arbeitete im 17. Jahrhundert. Gelegentlich beriet er auf postalischem Weg, aber die meisten seiner Klienten saßen ihm gegenüber, während er die Horoskope zu ihren Fragen deutete. Viele von ihnen befanden sich in einem kummervollen Zustand, ob wegen ihrer medizinischen Probleme, ihren ehelichen Aussichten oder der verschwundenen Kuh, von deren Wiedererlangung ihre finanzielle Zukunft abhing. Der moderne Astrologe wird die Mehrzahl seiner Beratungen wahrscheinlich per Telefon, Post oder Email vornehmen. Bei einer solchen Entfernung zwischen Astrologe und Klient kann man leicht vergessen, dass es sich bei diesen Horoskopen nicht um abstrakte Geistesübungen, sondern um die Leben von Menschen handelt. Wir haben es hier mit Fleisch, Blut und empfindsamen Herzen zu tun, nicht mit einer Ansammlung von Symbolen auf dem Papier.

Dass er bei der Deutung des Horoskops anwesend ist, hat für den Fragesteller Vor- und Nachteile. Der wesentliche Vorteil liegt – neben der Tatsache, dass er uns daran erinnert, dass wir es mit einem Menschen zu tun haben – darin, dass wir nach Informationen zu Punkten, die uns im Horoskop verwirren, einfach fragen können. Aber in der Praxis ist das seltener erforderlich, als man meinen könnte. Wenn es nötig ist, können wir den Fragesteller kontaktieren.

Der Hauptnachteil liegt darin, dass uns die Gegenwart des Fragestellers ablenkt. Ich ziehe es vor, meine ganze Aufmerksamkeit der Astrologie zu widmen, wenn ich ein Horoskop deute, als dass ich meine ganze Aufmerksamkeit dem Klienten widme, während ich meine Deutung übermittle. Lillys Zeitgenossen haben sich gewohnheitsmäßig gegenseitig beschuldigt, die Deutungen zu verdrehen, um an das Geld des Klienten zu gelangen. Das Bewusstsein der finanziellen Transaktion ist ein Problem, aber gravierender ist das Gewahrsein des emotionalen Zustands des Klienten. Es gibt einen natürlichen menschlichen Wunsch, andere zufriedenzustellen, der sogar Stundenastrologen eigen ist; die Hoffnungen und Ängste des Klienten während der Deutung auf sich lasten zu fühlen, kann Sie in die Irre führen. Die Gefahr dafür ist weitaus größer, wenn Ihnen der Klient dabei gegenübersitzt. Ich vermute, dass in Lillys Tagen mehr Verzerrungen der

Deutungen dadurch verursacht wurden als durch finanziell motivierte, absichtliche Täuschung.

Vorausgesetzt, der Astrologe hat die finanziellen Bedingungen mit dem Klienten so geklärt, dass es kein „Lassen Sie noch ein paar Scheine rüberwachsen und ich erzähle Ihnen mehr" gibt, taucht das Geldproblem nur bei Fragen wie „Sollte ich in ... investieren?" und „Sollte ich ... einstellen?" auf. In diesem Fall wird dem Astrologen bewusst sein, dass die Antwort „Nein" mit einiger Wahrscheinlichkeit eine weitere Frage nach der künftigen Geldanlage oder dem künftigen Angestellten – und damit ein weiteres Honorar – zur Folge haben kann. Und dem Astrologen wird bewusst sein, dass der Klient das auch weiß. Das kann ein Spiel „Ich denke, dass er denkt, dass ich denke..." auslösen. Darauf gibt es keine Antwort, außer sich darum zu bemühen, jede Deutung mit einem klaren Bewusstsein zu geben und auf die Fehler in der inneren Einstellung hinzuweisen, die das Horoskop nahelegen könnte: „Sie möchten etwas bei Ihrem Anlagekapital ändern, weil Sie das Gefühl haben, dass Sie etwas tun sollten, aber Ihr Geld ist da, wo es ist, gut angelegt"; „Versuchen Sie, die Angestellte auszuwählen, weil sie ihren Job kann, nicht weil Sie scharf auf sie sind".

Selbst wenn Sie den persönlichen Umgang mit Klienten vorziehen, wird es Ihnen die moderne Wirklichkeit normalerweise nicht gestatten. Egal wie gut Sie in der Stundenastrologie werden, es ist unwahrscheinlich, dass sich vor Ihrer Tür eine Warteschlange von Fragestellern bildet. Viele stundenastrologische Fragen haben eine, aus einem Wort bestehende Antwort; diese ist vollkommen zufriedenstellend mit einem Anruf zu übermitteln und weit weniger zufriedenstellend, wenn der Klient ein paar Stunden gefahren ist, um zu Ihnen zu gelangen – egal wie wertvoll das eine Wort sein mag.

Eine Ein-Wort-Antwort ist häufig alles, was nötig ist. Wenn das alles ist, ist das alles; verwandeln Sie es nicht in eine Beratungssitzung, weil Sie das Gefühl haben, Sie müssen die Zeit füllen. Sie haben Ihre Arbeit getan.

Widerstehen Sie der Versuchung, jede Deutung zu einer Wahl zwischen Schwarz und Weiß zu machen. In vielen Situationen ist Mittelmaß alles, was im Angebot ist. Wenn Mittelmaß also das ist, was das Horoskop zeigt, dann ist das die Antwort. Die Fragen werden häufig in der Hoffnung auf das Wunderbare – den perfekten Partner, den idealen Arbeitsplatz – gestellt, aber die Deutung zu solchen Fragen lautet oft: „Es könnte Ihnen weitaus schlechter gehen", „Es ist okay" oder „Es ist ziemlich egal, was Sie wählen". Das ist eine gültige Antwort.

Manchmal werden Sie sich in Ihrem Urteil sicher fühlen; manchmal nicht. Es gibt keinen Grund, etwas anderes vorzuspiegeln. Es ist zulässig zu sagen: „Das

Horoskop ist ganz eindeutig. Ich bin zwar fehlbar, aber sehr sicher, dass XYZ passieren wird" oder „Dieses Horoskop ist wirklich ein Rätsel. Ich *glaube*, ich lese es richtig, woraus folgt, dass...".

Sie werden bei manchen Fragen danebenliegen, und das wird ihnen auch weiterhin passieren, egal wie viel Wissen und Erfahrung Sie sammeln. Manche Fragen gestatten Ihnen einen zweiten Versuch: Wenn der vermisste Gegenstand zum Beispiel nicht da ist, wo er nach Ihrer Deutung hätte liegen müssen, können Sie sich das Horoskop noch mal vornehmen, um eine andere Interpretation der Zeugnisse zu finden. Manche Fragen erlauben keinen zweiten Versuch, weil die Zeit dafür vorüber ist. Das ist unglücklicherweise so, und „Sie haben mir das und das gesagt, aber..." tut im gleichen Maße weh wie „Ich haben Ihnen gesagt, dass Ihre Vorhersage unmöglich zutreffen kann, aber..." gut tut. Das heißt nicht, dass Sie in Sack und Asche gehen müssen. Studieren Sie das Horoskop, auf dass Sie aus Ihren Fehlern lernen, aber machen Sie sich nicht vor ihrem Klienten runter: Dass Sie perfekt sein müssen, ist nicht Teil des Vertrages.

Sie werden mit den Worten „Was wäre wenn?" vertraut werden. Sie haben gerade die Frage Ihrer Klientin beantwortet und ihr gesagt, dass das Objekt Ihrer Zuneigung sie nicht liebt. „Aber was, wenn ich Julia Roberts wäre?, fragt sie darauf, „Dann hätten Sie mir vielleicht eine andere Antwort gegeben".

„Aber Sie sind nicht Julia Roberts."

„Aber wenn ich es wäre?"

Ich habe nie ein derartiges Gespräch mit einem Klienten gehabt, aber häufig einen Austausch, der mit „Aber was wäre, wenn ich Ihnen die Frage zu einer anderen Zeit gestellt hätte? Dann hätten Sie vielleicht eine andere Antwort gegeben." beginnt.

„Aber das haben Sie nicht getan."

„Aber was, wenn ich es getan hätte?"

Die vielleicht größte Lehre der Stundenastrologie ist, dass es ein „Was wäre wenn?" nicht gibt. Was ist, ist; was nicht ist, ist nicht. Die Annahme der Stundenastrologie ist, dass die Frage ein Produkt der Person in der Wirklichkeit des Lebens dieser Person ist. Sie wird gestellt, wenn sie gestellt wird, weil der Fragesteller der ist, der der Fragesteller ist. Nur wenn der Fragesteller zu jemand anders werden kann, kann die Frage zu einem anderen Zeitpunkt gestellt werden.

Im Umgang mit Klienten gibt es viele Gruben, in die der Unachtsame fallen kann. Es ist gut, sich der geläufigeren unter ihnen bewusst zu sein, da es weitaus einfacher ist, sie zu vermeiden als aus ihnen herauszuklettern. Sie sollten sich eine Strategie zu verschiedenen Dingen, mit denen Sie die Klienten konfrontieren werden, zurechtlegen. Keine Bange: Diese Strategie muss nicht in Stein gemeißelt sein. Wenn Situationen Ihnen zeigen, dass Sie falschgelegen haben, werden Sie die Strategie ändern, während Sie gleichzeitig feststellen, dass es zu den meisten der von Ihnen aufgestellten Regeln Ausnahmen gibt. Sie könnten sich zum Beispiel dafür entscheiden, von einem Freund oder langjährigen Klienten eine Frage anzunehmen, die Sie von einem Erstklienten nicht akzeptieren würden. Denken Sie daran, dass Sie von der Frage, ist sie einmal angenommen, nur selten zurücktreten können. Wenn Sie das machen, wird der Fragesteller in der Regel annehmen – egal was Sie ihm für eine Erklärung geben –, dass Sie auf das Horoskop geschaut und etwas so Furchtbares gesehen haben, dass Sie es nicht schaffen, es ihm zu sagen. Es lohnt also, sich zu überlegen, was Sie in schwierigen Situationen tun werden, bevor diese Situationen auftauchen.

Die meisten Fragen beziehen auch andere Personen als den Fragesteller mit ein, wo werden Sie also die Grenze zwischen legitimer Untersuchung und unbefugtem Eindringen ziehen?

Werden Sie Fragen zum Tod annehmen? Oder zu ernsten Krankheiten? Aber keine Sorge, wenn Sie einen empfindlichen Punkt haben, werden ihn Ihre Klienten finden! Was ist mit Fragen, die tief in Ihnen verwurzelte Glaubenssätze berühren? Vielleicht sind Sie beispielsweise Katholik und werden gefragt: „Sollte ich abtreiben?" Es mag verführerisch sein, diesen Dingen aus dem Wege zu gehen, indem Sie Fragen von solcher Bedeutung nicht akzeptieren. Aber selbst die vermeintlich harmlosesten Fragen können eine gewaltige emotionale Ladung in sich bergen: Vermeiden Sie bedeutende Fragen und Sie werden alle Fragen vermeiden.

Ich empfehle dringend, dass die Basis unserer Beratung sein muss, dass wir es als Erwachsene mit Erwachsenen zu tun haben. Viele der Vorbehalte, die im Allgemeinen gegenüber der Beantwortung bestimmter Fragen geäußert werden, sind extrem bevormundend und ihr Grundthema lautet: „Ich kann das nicht sagen, weil ich den armen, kleinen Klienten sonst durcheinanderbringe". Außer Sie haben vor, einen Zettel an Ihren Stand anzubringen mit der Aufschrift: „Stundenastrologe – nur angenehme Antworten", müssen wir nach Erwachsenenregeln arbeiten: Sie stellen die Frage, Sie erhalten die Antwort. Aber Sie haben das Recht, Fragen zurückzuweisen, und Sie haben das Recht, Klienten zurückzuweisen.

Auch wenn wir mit Erwachsenenregeln arbeiten, gibt es Deutungen, die nicht einfach zu geben sind. Im Folgenden meine Antwort an einen Schüler, der fragte, wie er damit umgehen soll, sowie William Lillys eigener Brief an den Schüler der Astrologie:

„Ich kann es nicht besser als Lilly sagen, wenn er uns rät, ‚den Fragesteller nicht mit einer harschen Deutung zu quälen'. Wir müssen die Wahrheit sagen, und wenn sie die Frage gestellt haben, müssen sie die Antwort erhalten, egal wie unangenehm sie ist: Die größte Gefahr besteht darin, dass wir so viel Zucker darüberschütten, dass die Antwort selbst verloren geht. Aber wir können Umsicht walten lassen bei dem, was wir sagen: Wir müssen nicht alles erzählen, was wir sehen, nur weil wir es sehen – damit mögen wir uns schlau vorkommen, aber es nutzt dem Klienten nicht.

Wir müssen klar machen, dass wir nicht unfehlbar sind: Das lässt Raum für Hoffnung, den wir in keinem Fall zerstören dürfen. Vor allem wenn wir den Tod vorhersagen, ist es wichtig, den Klienten daran zu erinnern, das alles in Gottes Händen liegt. Beten ist immer hilfreich. Oder wenn wir sagen, dass es keine Zukunft mit Prinz Charme gibt: ‚Beweisen Sie mir ruhig das Gegenteil, aber ich kann es wirklich nicht erkennen'.

Streben Sie danach, etwas Positives zu finden – aber nur, wenn es etwas gibt. Ein häufiges Szenario ist: ‚Nein, es gibt keine Zukunft mit X, aber wie es scheint, sind Sie nur in dieser Beziehung, weil Sie sich an einem Tiefpunkt befinden. Ab Herbst sollten Sie sich selbstbewusster fühlen und bereit sein für die Art von Beziehung, die Sie verdienen.' Oder Dinge, für die man im Moment noch nicht bereit ist, als sei etwa Ihre Fähigkeit, eine liebevolle Beziehung zu finden, noch nicht ganz ausgereift. Das scheint wie eine Beruhigungspille zu klingen, aber solche Sachen werden oft im Horoskop angezeigt.

Sie werden überrascht sein, wie leicht Menschen Dinge aufnehmen, die Sie für die schlimmste aller möglichen Nachrichten halten: Es ist oft wie eine Erleichterung oder wie eine Bestätigung dessen, was nach ihrem Gefühl passieren würde. Sagen Sie das, was Sie zu sagen haben, nur schnell, einfach und deutlich. Es gibt ein arabisches Sprichwort, wonach wir immer freundlich sein sollen – aber manchmal bedeutet freundlich zu sein, ein Körperteil mit einem Hieb abzuhacken. Daran herumzusägen, würde nur die Schmerzen verlängern.

Und wie Polonius sagt: Sei dir selbst treu. Sagen Sie die Sachen, wie Sie sie sagen würden: Wenn Sie versuchen, einen Stil zu übernehmen, der nicht der Ihre ist, wird die Falschheit darin quietschen. Die Deutungen, die ich bedauere, sind nicht die, bei denen ich falschlag – was immer zulässig ist –, sondern jene, wo der Ton, in dem ich die Deutung übermittelte, nicht angemessen war. Das ist nicht zulässig!"

An den Studenten der Astrologie[61]

Mein Freund, wer immer Du bist, der Du mit so viel Leichtigkeit die Früchte meiner harten Studien erhalten wirst und die Absicht hast, in diesem himmlischen Wissen über die Sterne fortzufahren, in welchem sich die großartigen und bewunderungswürdigen Werke des unsichtbaren und allerherrlichsten Gottes so offensichtlich verwirklichen. Zu allererst erschaue und bewundere deinen Schöpfer und sei ihm dankbar. Sei demütig und lasse kein natürliches Wissen, wie immer fundiert und hervorragend es auch sei, deinen Verstand dazu verleiten, diese göttliche Vorsehung zu missachten, durch deren alles sehende Ordnung und Bestimmung alle himmlischen und irdischen Dinge ihre fortwährende Bewegung erhalten; sondern preise, je mehr sich dein Wissen vergrößert, je mehr die Macht und Weisheit des Allmächtigen, und strebe danach, dir seine Gunst zu erhalten, und vertraue darauf, dass je heiliger deine Kunst ist und je näher zu Gott, desto reiner wird die Deutung sein, die du gibst. Hüte dich vor Stolz und Verblendung und denke daran, dass vor langen Zeiten kein unvernünftiges Geschöpf es gewagt hat, den Menschen anzugreifen, den Mikrokosmos, sondern ihm getreulich gedient und gehorcht hat, solange er Herr seiner eigenen Vernunft und Leidenschaften war oder bis er seinen Willen dem unvernünftigen Teil unterworfen hat. Doch ach!, als Frevel sichtbar wurde und der Mensch die Zügel seinen eigenen Bestrebungen überantwortete und seine Vernunft beiseiteschob, wurden alle wilden Tiere, Wesen und äußeren schädlichen Dinge rebellisch und verweigerten seiner Weisung die Gefolgschaft. Stehe fest, oh Mensch!, zu deinem Gott und den gesicherten Grundsätzen. Dann bedenke das Edle in dir und wie alle geschaffenen Dinge, die gegenwärtigen wie die künftigen, um deinetwillen geschaffen wurden; und nicht nur das, deinetwegen wurde Gott sogar Mensch. Du bist das Geschöpf, das, vertraut mit Christus, über den Himmeln lebt und regiert und über aller Macht und Autorität sitzt. Wie viel Vorrangstellungen, Privilegien und Vorteile hat Gott dir gewährt? Durch Kontemplation reichst Du bis jenseits der Himmel und erfasst die Bewegung und Größe der Sterne; Du sprichst mit den Engeln, ja mit Gott selbst; Du hast alle Geschöpfe unter deiner Herrschaft und hältst die Teufel unterworfen. Verunstalte also nicht schändlicherweise deine Natur oder mache dich nicht selbst unwert für solche Geschenke oder entziehe dir selbst diese große Macht, diesen Ruhm und Segen, den dir Gott beschieden hat, indem Du die Ehrfurcht vor ihm für den Besitz von ein paar unvollkommenen Freuden zur Seite wirfst.

---

[61] *Lilly*, einleitende Seiten. Interpunktion modernisiert.

Nachdem Du über Gott nachgedacht hast und darüber, wer Du selbst bist als Diener Gottes, erhältst Du nun die Einweisung, wie Du dich in deiner Praxis nach meinem Wunsch verhalten sollst. Wie Du täglich die Himmel studierst, so führe und forme deinen Verstand gemäß dem Bild des Göttlichen. Lerne alle Zierden der Tugend; sei ausreichend unterwiesen darin. Sei menschenfreundlich, höflich, ungezwungen mit jedem und einfach anzusprechen. Verletze die Unglücklichen nicht durch den Schrecken einer schroffen Deutung. Lass sie in solchen Fällen ihr hartes Schicksal Stück für Stück erkennen; empfehle ihnen Gott anzurufen, auf dass er sein bevorstehendes Urteil über sie ändere. Sei mäßig; sei vertraut mit den gebildeten, anständigen und ernsthaften Menschen; begehre keinen Besitz; sei den Armen gegenüber freigiebig, bezüglich des Geldes und der Deutung. Lass nicht zu, dass weltlicher Reichtum eine falsche Deutung aus dir hervorlocke oder Dinge, welche die Kunst oder diese göttliche Wissenschaft entehren. Liebe gute Menschen; wertschätze jene ehrbaren Menschen, die diese Kunst aufrichtig studieren. Sei sparsam darin Deutungen zu geben, die sich gegen das Gemeinwesen richten, in dem Du lebst. Gib keine Deutung über den Tod deines Fürsten – obwohl ich aus Erfahrung weiß, dass *Reges subjacent legibus stellarum.*[62] Heirate eine Frau für dich; erfreue dich an der Zahl deiner Freunde; vermeide das Gesetz und den Streit. Sei in deinen Studien *totus in illis*[63], dass Du *singulus in arte* bist. Sei nicht zügellos oder begierig, jede Wissenschaft zu studieren; sei nicht *aliquid in omnibus.*[64] Sei vertraulich, beharrlich und verrate niemandes Geheimnisse; nein, nein, ich verlange von dir – verrate niemals das Vertrauen, ob von Freund oder Feind, in deine Vertraulichkeit. Leite alle Menschen an, anständig zu leben; sei selbst ein gutes Beispiel; vermeide die Mode der Zeit; liebe das Land deiner Geburt; bringe keine Schande über einen Menschen, nicht mal über einen Feind; sei nicht bestürzt, wenn schlecht von dir gesprochen wird, *Conscientia mille textes;*[65] Gott lässt keine Sünde ungestraft, keine Lüge ungerächt.

William Lilly

---

[62] Könige sind dem Gesetz der Sterne unterworfen.
[63] Sei ganz darauf ausgerichtet, ohne Vergleich zu sein.
[64] Ein Hansdampf in allen Gassen.
[65] Ein gutes Gewissen ist wie tausend Zeugen.

ANHANG 1

Horoskopberechnung

Sie benötigen: die Zeit der Fragestellung; die Breite und Länge des Ortes. Eine Ephemeride. Eine Tabelle der Häuser.

Tabellen für Regiomontanus-Häuser sind, so weit ich weiß, nicht erhältlich, also benutzen Sie Placidus-Häuser. Auch wenn ich Regiomontanus empfehle – wenn Sie mit einem anderen gültigen System ernsthaft arbeiten, werden Sie feststellen, dass es funktioniert: Sie werden die richtigen Fragen zu den richtigen Zeiten gestellt bekommen, die zum dem Häusersystem, das Sie benutzen, passen.

Es gibt eine Tabelle für Placidus-Häuser in *Raphael's Ephemeris*. Wenn Sie eine Ephemeride benutzen, die eine solche Tabelle nicht enthält, kaufen Sie sich ein Exemplar von *Raphael's*. Sie brauchen nur eine der jährlichen Ausgaben, weil die Tabelle Jahr für Jahr die gleiche ist.

Rechnen Sie die Ortszeit in *Greenwich Mean Time* (GMT) um.
A: Errechnen Sie, wie viele Stunden und Minuten seit der vorherigen GMT-Mittagszeit vergangen sind.
B: Addieren Sie 4 Minuten für jeden Grad östlich von Greenwich; subtrahieren Sie 4 Minuten je Grad westlich davon.
C: Addieren Sie 10 Sekunden pro Stunde GMT seit der vorherigen Mittagzeit.
D: Addieren Sie A + B + C.

Schauen Sie in die Ephemeride nach der siderischen Zeit der vorhergehenden Mittagsstunde.
Addieren Sie die Summe aus D hinzu.
Jetzt haben Sie die siderische Ortszeit. (Möglicherweise müssen Sie 24 Stunden abziehen, um eine Zahl geringer als 24 zu erhalten.)

Schauen Sie in der Häuser-Tabelle nach Ihrer Länge.
Finden Sie die von Ihnen errechnete siderische Ortszeit in der Tabelle.
Notieren Sie sich die Hausspitzen. Sechs werden angegeben: die anderen sechs stehen diesen gegenüber.
Jetzt haben Sie die Zeichen in Ihrem Horoskop bestimmt.

Schauen Sie in die Ephemeride, um die Planeten für diese Zeit an diesem Tag zu verorten.

Die Ephemeride wird Ihnen die Positionen der Planeten für jeden Mittag angeben: Sie müssen die genauen Positionen im Verhältnis dazu berechnen. Seien Sie dabei nicht zu pingelig!

Was immer andere Bücher behaupten mögen: Sie benötigen keine Logarithmen. Logarithmen sind eine vergleichsweise neue Entdeckung: Die meiste Zeit in der langen Geschichte der Astrologie sind Astrologen bestens ohne sie zurechtgekommen. Das können Sie auch.

Normalerweise werden Sie die Planetenpositionen nicht exakt errechnen müssen. Die einzigen Fälle, bei denen Sie Exaktheit brauchen, sind:

* wenn Sie wissen müssen, ob sich dieser Aspekt vor jenem Aspekt ereignet
* wenn Sie wissen müssen, ob dieser Aspekt sich vor oder nach dem Zeichenwechsel des Planeten ereignet.

Wenn Sie mit *Raphael's* arbeiten, finden Sie diese Information im hinteren Teil der Ephemeride, also müssen Sie das nicht selbst errechnen.

Üben Sie das, indem Sie die in diesem Buch abgedruckten Horoskope errechnen. Denken Sie daran, dass Sie ein anderes Häusersystem benutzen, weshalb die Hausspitzen ein paar Grad abweichen können. Solange sie ungefähr übereinstimmen, ist Ihre Rechnung vermutlich richtig.

ANHANG 2

Hausbedeutungen

Das Kaninchen Ihres Sohns
Ihr Sohn ist 5. Haus; Kaninchen sind Tiere kleiner als Ziegen, also 6. Haus. Das 6. vom 5. ist das 10. Haus. Zählen Sie die Häuser im Horoskop ab, um sicherzustellen, dass Sie, wenn Sie das 6. vom 5, Haus zählen, im 10. Haus und nicht im 11. Haus landen. Zählen Sie stets das Haus, mit dem Sie starten, als 1. Haus – also ist das 1. vom 5. das 5. Haus, das 2. vom 5. das 6. Haus usw.

Das Haus Ihres Vaters
Ihr Vater ist 4. Haus; Häuser sind 4. Haus: Das 4. vom 4. Haus, welches das 7. Haus ist. ABER: Obwohl das theoretisch stimmt, wird das Haus eines Anderen in der Praxis gewöhnlich durch dessen 1. Haus dargestellt. Das ist buchstäblich „sein Haus". Ganz genauso wie im Kater-Horoskop auf Seite 2: Der Kater ist im 1. Haus des Katers: Er befindet sich im Haus des Katers.
 Das 4. Haus der Person (in diesem Beispiel das 4. vom 4. Haus) müssen wir nur dann nehmen, wenn wir zwischen Haus und Person unterscheiden müssen, wie bei „Wird mein Vater sein Haus in diesem Jahr verkaufen".

Ihre schwangere Schwester
Ihre Schwester ist 3. Haus. Ob schwanger oder nicht, sie ist immer noch Ihre Schwester; sie ist weiterhin 3. Haus.

Ihr neues Auto
Ihr beweglicher Besitz: 2. Haus.

Ihre Fahrt zur Arbeit
Eine Routinefahrt: 3. Haus. Selbst wenn Sie diese Fahrt mit dem eigenen Auto machen, ist das Auto nicht Ihre Fahrt, also ist das Auto niemals Ihr 3. Haus.

Ihr Chef
10. Haus.

Der Typ, mit dem Sie das Büro teilen
Ein Kollege: 7. Haus.

Der Traum, von dem Ihnen Ihr Freund erzählt
Ihr Freund ist 11. Haus; Träume sind 9. Haus. Sein Traum ist das 9. vom 11. Haus, welches das radikale 7. Haus ist.

Ihre Brüder
3. Haus.

Ihr jüngerer Bruder im Gegensatz zu Ihrem älteren Bruder
Alle Ihre Brüder und jeder einzelne Ihrer Brüder können durch das 3. Haus dargestellt werden. Wenn Sie zwischen verschiedenen Brüdern unterscheiden müssen, können Sie das Horoskop drehen. Der ältere Bruder würde durch das 3. Haus angezeigt; ein jüngerer Bruder würde als sein Bruder angesehen, also das 3. vom 3. Haus, welches das radikale 5. Haus ist.

Wenn Sie die Frage speziell bezüglich Ihres jüngeren Bruders gestellt haben, wird ihm das 3. Haus gegeben. Wenn Sie dann Ihren älteren Bruder in die Deutung einbeziehen müssten, würde dieser durch das 3. vom 3. Haus dargestellt.

Dieses Hinzuziehen des 3. vom 3. Haus, um einen weiteren Bruder darzustellen, hat eine ganze Brut von Fehlern zur Welt gebracht. Ihre erste Ehefrau mag das 7. Haus sein, aber Ihre zweite Frau ist nicht das 3. vom 7. Haus, außer Sie haben vor, die Schwester Ihrer ersten Frau zu heiraten. Genauso wenig ist Ihre nächste Arbeitsstelle das 3. vom 10. Haus (der Bruder Ihrer Stelle). Das 3. von einem anderen Haus zeigt nicht „eine weitere Sache der gleichen Art". Es zeigt die Geschwister der Sache.

Dass das 3. vom 3. Haus den Bruder meines Bruders zeigt, hat viele dazu verleitet, andere Repräsentanten eines Hauses dadurch zu finden, dass sie die Ziffer des Hauses wiederholen und behaupten, dass, wenn zum Beispiel ihre gegenwärtige Arbeitsstelle das 10. Haus ist, Ihre nächste Stelle das 10. vom 10. Haus sein wird oder dass Ihr zweiter Ehepartner das 7. vom 7. Haus sein wird. Das 10. vom 10. Haus wäre die Stelle Ihrer Stelle oder der Chef Ihrer Stelle (das ist eine Möglichkeit, den Chef in einer Frage zu einer Arbeitsstelle auszumachen). Das 7. vom 7. Haus wäre der Partner Ihres Partners (Sie). Es ist nicht ein zweiter Partner, es sei denn Sie heiraten sich selbst.

Ihre Kinder
5. Haus.

Ihr jüngeres Kind im Gegensatz zu Ihrem älteren Kind
In diesem Fall ist das 3. Haus eine gültige Möglichkeit: Ihr jüngeres Kind wird als das Geschwister des älteren angesehen. Das 3. vom 5. = 7. Haus. Das Gleiche träfe zu, wenn Sie eine Frage speziell zu Ihrem jüngeren Kind stellen: Das ältere würde als das Geschwister des jüngeren angesehen werden. Erneut das 3. vom 5. Haus.
  Es ist nicht das 5. vom 5. Haus. Das ist das Kind Ihres Kindes, Ihr Enkel.

Ihr Ex-Partner
Wenn Sie konkret nach dieser Person fragen (Wird mein Ex auf der Party auftauchen?"), benutzen Sie das 7. Haus. Fragen Sie nach Ihrem gegenwärtigen Partner, ist dieser das 7. Haus und Sie können einen anderen Signifikator für den Ex suchen. In Kapitel 21 erfahren mehr darüber, wie Sie das im Einzelnen machen.

Der örtliche Pfarrer
9. Haus. Ob Sie seiner Konfession anhängen oder nicht, selbst wenn er sich seine Weihe im Internet gekauft hat, ist er noch immer 9. Haus.

Der Bruder des Pfarrers
Das 3. vom 9. = 11. Haus.

Die Schwägerin des Pfarrers
Der Bruder des Pfarrers ist 11. Haus. Seine Frau ist das 7. vom 11. = 5. Haus.

Der Nachbar der Schwägerin des Pfarrers
Die Schwägerin ist 5. Haus, also ist ihr Nachbar das 3. vom 5. = 7. Haus.

Der spanische König
Wenn Sie in Spanien leben, ist er Ihr König: 10. Haus. Wenn nicht, ist er der König eines fremden Landes: das 10. vom 9. = 6. Haus. Gebrauchen Sie bei Menschen, die im Ausland leben, Ihren gesunden Menschenverstand, wenn Sie entscheiden, mit welchem Haus Sie arbeiten – abhängig vom Kontext der Frage.

Die Leber Ihres Vaters
Die Leber ist 5. Haus. Das 5. vom 4. = 8. Haus.

Das Paket Reis, das Sie heute Morgen gekauft haben
Ihr beweglicher Besitz: 2. Haus.

Das Tütchen Kokain, das Sie heute Morgen gekauft haben
Ihr beweglicher Besitz: 2. Haus. Es ist nicht 12. Haus: Das Kokain ist nicht Ihr Selbstruin; dass Sie es nehmen, ist Ihr Selbstruin. Das ist erneut die wichtige Unterscheidung zwischen Funktion und Objekt.

Das Buch, das Sie in der Bibliothek ausgeliehen haben
2. Haus. Es ist, wenn auch nur vorübergehend, Ihr Buch. Genauso ist das Geld, das Sie anderen Menschen geliehen haben, nicht Ihr, sondern deren 2. Haus.

Das Buch, das Sie geschrieben haben
Ihr Baby: 5. Haus.

Die Person, die der Polizei von Ihrem geheimen Leben als kriminelles Superhirn erzählt hat
Denunziant: 12. Haus. Ob Sie ein kriminelles Superhirn sind oder nicht, die Person denunziert Sie, also ist sie 12. Haus.

Ihr Butler
6. Haus. Jeeves' Beziehung zu Wooster[66] ist 2. Haus: Er ist weniger ein Diener als ein Berater; aber das ist eine Ausnahme. Die Aufgaben meines Butlers sind auf die Überwachung des anderen Personals und das Dekantieren des Portweins beschränkt: Er ist mein Diener, also 6. Haus.

Ihre Stelle als Butler
10. Haus. Welches immer Ihre Arbeitsstelle ist. Wenn wir mit unserer Arbeit nicht jemandem auf gewisse Weise dienen würden, bekämen wir dafür nie einen Lohn bezahlt.

---

[66] Figuren aus den Erzählungen des amerikanischen Schriftstellers P. G. Wodehouse (1881-1975) sowie der darauf basierenden britischen TV-Comedy-Serie *Jeeves and Wooster*. Reginald Jeeves ist der persönliche Diener von Bertram „Bertie" Wooster, der seinen Dienstherren immer wieder aus prekären Situationen befreit. (Anmerkung des Übersetzers)

Bergwerke
4. Haus. Der Boden des Horoskops.

Der Mann, der erscheint, um Ihre Rohrleitung zu reparieren
Ihr Diener: 6. Haus.

Der Mann, der Ihnen gerade einen heißen Tipp für das nächste Pferderennen ins Ohr geflüstert hat
Ihr Berater: 2. Haus. Oder, wenn er weiß, dass Sie zu den Anonymen Spielern gehen, und Sie vom rechten Weg abbringen will, 12. Haus (Ihr geheimer Feind).

Ihre Universität
9. Haus.

Die Universität Ihrer Tochter
9. Haus. Obwohl wir sagen, dass es „ihre" ist, ist es nicht ihre Universität: Sie geht nur dahin. Es sei denn, wir müssen unterscheiden, wie bei „Ist meine Universität besser als ihre?". In diesem Fall würden wir ihrer Universität das 9. vom 5. = 1. Haus geben.

Die Universität Ihres Lehrers
Hier müssen wir unterscheiden, weil der Lehrer selbst 9. Haus ist, also können wir das 9. Haus nicht für die Universität nehmen. Das 9. vom 9. = das 5. Haus.

Astrologie
Höheres Wissen: 9. Haus.

Teilchenphysik
Höheres Wissen: 9. Haus.

Die Deutsche Dogge des Bruders Ihrer Geliebten
Ihre Geliebte ist 7. Haus. Deren Bruder ist das 3. vom 7. = 9. Haus. Deutsche Doggen mögen größer als die meisten Ziegen sein, aber Hunde sind als Gattung kleiner als Ziegen, also ist sie 6. Haus. Das 6. vom 9. = 2. Haus.

Die Kreuzfahrt, die Sie erwägen zu machen
Eine besondere Reise: 9. Haus.

Das Schiff, auf dem Sie sie machen werden
Das Schiff, in dem Sie segeln: 1. Haus.

Der Ball Ihrer Hündin
Es ist der Besitz Ihrer Hündin: 2. vom 6. = 7. Haus. Es ist nicht ihr 5. Haus. Das Spiel, das sie damit spielt, mag ihr 5. Haus sein, aber nicht der Ball selbst. Erneut Funktion und Objekt.

Das Kind der Freundin Ihrer Mutter
Ihre Mutter ist 10. Haus, also ist ihre Freundin das 11. vom 10. = 8. Haus. Deren Kind ist das 5. vom 8. = 12. Haus.

ANHANG 3

Wie man einen Aspekt erkennt

Ja, das ganze himmlische System ist in Bewegung! Was wir im Horoskop vor uns haben, ist ein Standbild eines sich kontinuierlich bewegenden Dings, genauso als hätten wir bei einer DVD die Pause-Taste gedrückt. Das Horoskop sagt uns, da es stillsteht, nicht mehr über den Ausgang der Geschichte als ein Standbild aus einem Film. Der Schurke hat eine Pistole in seiner Hand; wird er feuern? Mars steht irgendwo in der Nähe von Saturn; werden sie sich begegnen? Aus dem Standbild allein können wir das nicht schließen.

Sie müssen in der Lage sein herauszubekommen, *ob* ein bestimmter Aspekt sich ereignen wird und häufig auch *wann* dieser Aspekt sich ereignen wird. Die erste Regel lautet: Die schnelleren Planeten holen die langsameren ein. Also müssen Sie die gewöhnliche Abfolge der Geschwindigkeiten lernen. Vom schnellsten bis zum langsamsten Planeten sind dies:

    Mond   Merkur   Venus   Sonne   Mars   Jupiter   Saturn

Doch, wie im Haupttext diskutiert, die Planeten bewegen sich nicht immer mit der gleichen Geschwindigkeit. Mein Ferrari mag schneller als sein Traktor sein, aber wenn ich in eine Tankstelle einbiege, könnte er in diesem Moment schneller fahren als ich. Der Mond ist immer der mit Abstand Schnellste. Mit Ausnahme der Sonne, deren Geschwindigkeit sich nie wesentlich ändert, können alle anderen bis auf Null abbremsen und dann in den Rückwärtsgang schalten.

Aspekte in der Ephemeride finden

Das ist einfach. Schlagen Sie Ihre Ephemeride für irgendeinen Monat auf. Dort werden Sie in der Kopfzeile die Planeten angegeben finden und in der Spalte darunter ihre täglichen Positionen. Das Zeichen, in dem sich jeder Planet befindet, ist oben in der Spalte angegeben sowie anderswo darunter, wenn der Planet das Zeichen wechselt.

In den meisten Spalten werden Sie feststellen, dass die Zahlen steigen, je weiter sie in der Spalte nach unten gehen. Sinken die Zahlen in der Spalte, muss der

Planet rückläufig sein. Es sei denn, die Zahl springt von 29 auf 0, was passiert, wenn der Planet in ein neues Zeichen geht.

Sehen Sie sich zwei beliebige Planeten an. Sie möchten wissen, ob die beiden in diesem Monat einen Aspekt machen. Folgen Sie den Spalten mit den Augen nach unten und schauen Sie, ob die Zahlen einen Punkt erreichen, wo sie übereinstimmen. Ein Beispiel: Vielleicht sehen Sie Saturns tägliche Positionen als 9.02, 9.07, 9.12, 9.17 angegeben. Merkurs Positionen an den gleichen Tagen lauten: 7.13, 8.41, 10.09, 11.35. Zunächst waren Merkurs Zahlen niedriger als die von Saturn; dann lagen sie über diesen. Es muss einen Punkt gegeben haben, bei dem sie übereinstimmten – als Merkur auf 9 Grad und ein bisschen war.

Dieser Punkt der Übereinstimmung könnte ein Aspekt sein. Gibt es keinen Punkt der Übereinstimmung, kann es keinen Aspekt geben. Aber nicht alle dieser Übereinstimmungen sind Aspekte. Das hängt davon ab, in welchen Zeichen sich die Planeten befinden. Also prüfen Sie deren Zeichen:

gleiches Zeichen:	Konjunktion
benachbarte Zeichen:	kein Aspekt
an die benachbarten angrenzende Zeichen:	Sextil
die nächsten:	Quadrat
die nächsten:	Trigon
gegenüberliegende Zeichen:	Opposition
an das gegenüberliegende angrenzende Zeichen:	kein Aspekt.

HINWEIS: Das hier sind ZEICHEN, keine HÄUSER.

Haben Sie das gemacht? Gut. Nun wissen Sie, wie Sie einen Aspekt in der Ephemeride erkennen. Aber diese Spalten für alle möglichen Planetenpaare zu prüfen, wäre mühselig. Sie müssen wissen, wie man das macht, aber Sie können sich den Großteil dieser Arbeit sparen, indem Sie im Horoskop selbst nach Aspekten schauen.

Aspekte im Horoskop finden

Ob Sie es glauben oder nicht: Nach einer Weile werden Sie auf das Horoskop schauen und alle Aspekt erkennen, ohne einen Gedanken darauf zu verschwenden. Ziemlich so, wie ein Mechaniker dem Auto für einen Moment lauschen wird, um anschließend genau zu wissen, was ihm fehlt – nicht indem er in seinem

Wie man einen Aspekt erkennt   361

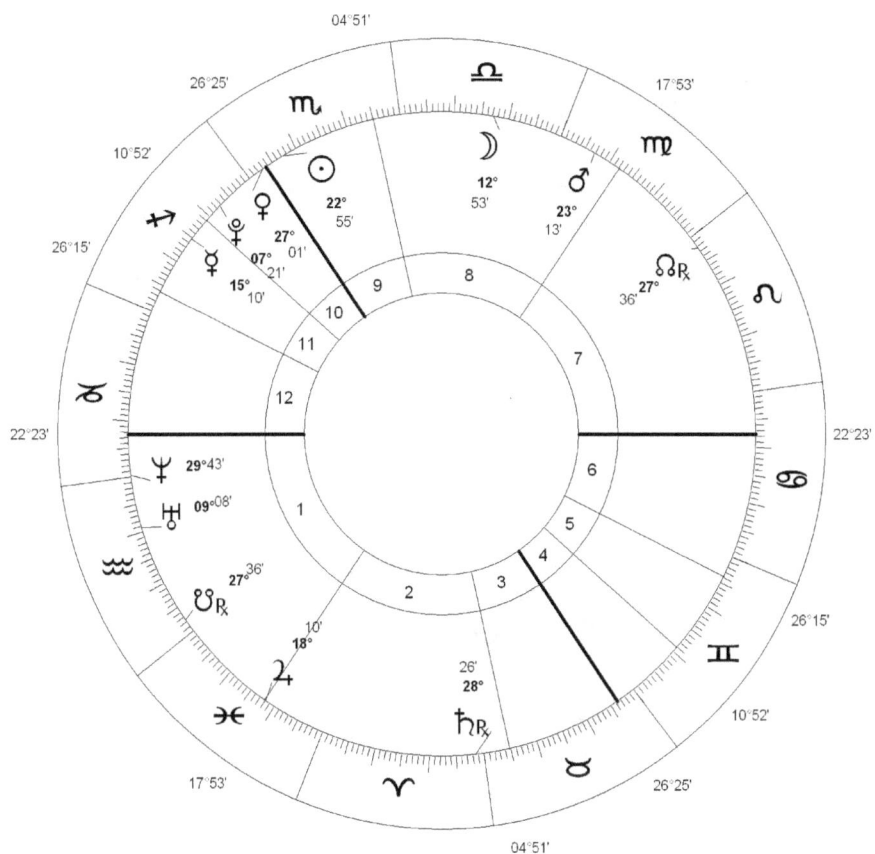

15. November 1998, 12.00 Uhr GMT, London.

Kopf eine Liste von Möglichkeiten durchgeht, sondern weil er es hören kann und Bescheid weiß.

Wenn Sie ein Stundenhoroskop deuten, werden Sie gewöhnlich nur mit einigen wenigen Planeten und ihren Aspekten befasst sein. Aber lassen Sie uns, als ein Beispiel, auf dieses Horoskop schauen und alle Aspekte darin prüfen.

Fangen Sie mit dem schnellsten Planeten an, dem Mond.
Auf welchem Grad ist er jetzt? 12°53'.
Wenn er sich weiterbewegt, wird er in Grade von schrittweise höherer Zahl laufen.
Welcher Planet befindet sich auf der niedrigsten Zahl von Graden, die höher als 12°53' ist?

Merkur auf 15°10'.
Der Mond bewegt sich so schnell, dass er bald 15 Grad seines eigenen Zeichens erreichen wird, währenddessen sich Merkur kaum fortbewegt haben wird. Dann wird der Mond die gleiche Zahl an Graden erreichen wie Merkur. ASPEKTALARM! Wir haben eine Übereinstimmung der Grade. Ist das ein Aspekt?
Merkur ist nicht in einem nächsten Zeichen zum Mond, aber in einem übernächsten Zeichen.
Ja, es ist ein Aspekt: ein Sextil.
 Was passiert dem Mond als Nächstes?
Der Planet mit der nächst niedrigen Gradzahl ist Jupiter auf 18°10'.
Damit haben wir eine weitere Übereinstimmung. Aber der Mond befindet sich in Waage; das gegenüberliegende Zeichen ist Widder. Jupiter ist in Fische, einem Nachbarzeichen von Widder. Es kann keinen Aspekt geben.
 Und was jetzt?
Sonne, Mars und Venus stehen alle in Graden, die der Mond erreichen wird. Aber alle stehen in Nachbarzeichen von Waage, in dem sich der Mond befindet. Der Mond kann zu ihnen keinen Aspekt machen.
 Sonst noch was?
Saturn ist auf 28°26' seines Zeichens. Der Mond läuft so schnell, dass er Saturn erreichen muss, bevor der das Zeichen wechselt.
Befindet sich Saturn in einem aspektierbaren Zeichen?
Ja: Er steht in Widder, dem gegenüberliegenden Zeichen zu dem des Mondes. Es gibt eine Opposition.

Soweit der Mond. Nun zum nächstschnellsten Planeten, zu Merkur. Merkur steht auf 15°10' seines Zeichens.
Wohin geht er?
Merkur läuft schnell. Er muss Jupiter auf 18°10' einholen.
Gut – hier haben wir einen Aspekt. Aber nur potenziell. Als wir auf den Mond geschaut haben, wussten wir, dass er seine Richtung nicht ändern, sondern weiter vorwärts durch den Tierkreis rauschen wird. Auch die Sonne trottet beständig ihren Weg entlang. Aber alle anderen Planeten können ihre Richtung ändern.
Ja, es sieht so aus, als ob Merkur einen Aspekt zu Jupiter machen würde und dann zu Mars und dann zu Saturn. Aber das wird nicht passieren. Merkur steht kurz davor, rückläufig zu werden. Obwohl die 3 Grad, die er noch zu laufen hat, um Jupiter auf 18° Fische zu aspektieren, keine große Distanz sind, wird er das nicht schaffen. Es gibt hier keinen Aspekt.

„Woher weiß ich, dass Merkur rückläufig werden wird, bevor er Jupiter aspektiert?" Das wissen Sie nicht. An dieser Stelle ist es Zeit, Ihre Ephemeride so zu konsultieren, wie es oben beschrieben wurde. Das wird Ihnen sagen, ob sich der Aspekt ereignen wird.

Es gibt einen Hinweis im Horoskop. Merkur ist der Sonne um fast ein ganzes Zeichen voraus: Er muss bald rückläufig werden.

Venus steht auf 27° ihres Zeichens und wird bald 28° erreichen, was sie zu dem gleichen Grad wie Saturn bringt. Aber Saturn befindet sich in einem Nachbarzeichen zur Opposition zu Venus, also gibt es keinen Aspekt.

Die Sonne ist auf 22°. Mars ist auf 23°. Die Sonne wird niemals rückläufig oder bedeutend langsamer, also wird sie Mars bald einholen. Mars befindet sich im übernächsten Zeichen zur Sonne, also gibt es einen Aspekt: ein Sextil.

Mars steht auf 23° seines Zeichens. Venus auf 27°. Aber Venus läuft schneller als Mars, also wird es keinen Aspekt geben. Gleichwohl lohnt es sich, die Ephemeride zu konsultieren um sicherzustellen, dass Venus nicht rückläufig wird oder sich so langsam bewegt, dass Mars sie einholen könnte. Mit Venus so nahe bei der Sonne wird das jedoch nicht passieren.

Jupiter ist auf 18°, Saturn auf 28°. Sie befinden sich in benachbarten Zeichen, also ist kein Aspekt möglich.

ANHANG 4

Wie man ein quadratisches Horoskop liest

Moderne Astrologiebücher, einschließlich diesem, drucken Horoskope üblicherweise im Kreisformat ab. Ältere Bücher drucken sie in der Regel als Quadrate. Ich hoffe, dass dieses Buch Sie dazu inspirieren wird, einige der alten Texte zu studieren, allen voran Lillys *Christliche Astrologie*. Sich im quadratischen Horoskop zurechtzufinden, ist nicht schwer.

Dieses Beispiel ist ein Horoskop, das Lilly erstellte, um seine eigene Frage über die Wiedererlangung von etwas Fisch, den er bestellt hatte, der aber aus dem Lager gestohlen worden war, bevor er ihn erreichte.[67]

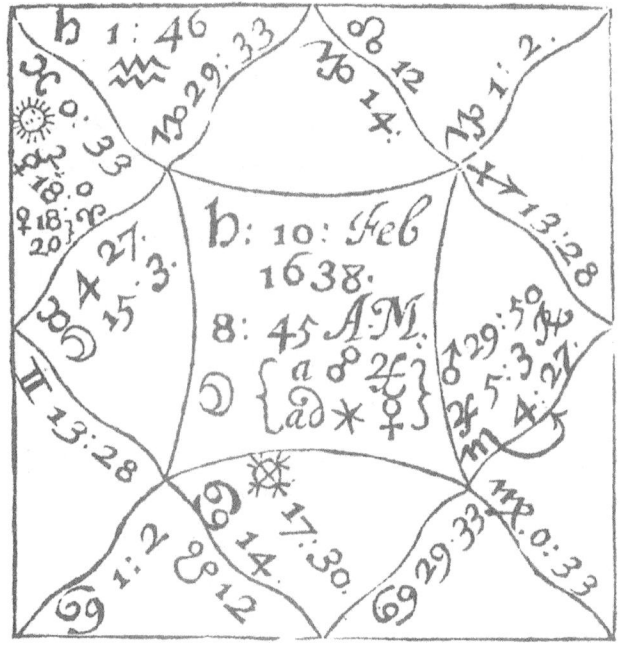

Wo ist mein Fisch?

Beginnen Sie mit dem Kasten in der Mitte des Horoskops. Das Saturn-Symbol in der oberen linken Ecke des zentralen Kastens zeigt den Tag der Woche: Samstag.

[67] *Lilly*, S. 437.

Manchmal ist das mit *dies*, lateinisch für Tag, gekennzeichnet. Oft gibt es dort ein weiteres Symbol, das mit *hor*, Abkürzung für *hora*, lateinisch für Stunde, gekennzeichnet ist. Das sind die Planeten, die über diesen Tag und diese Stunde dieses Tages herrschen. Ich habe jede Erwähnung von ihnen in diesem Buch weggelassen, da ich nach Jahren verschwendeter Zeit festgestellt habe, dass sie absolut nichts zum Zweck der Stundenastrologie beitragen.

Dann kommt die Zeit, für die das Horoskop erstellt wurde, in diesem Fall der 10. Februar 1638. Wenn Sie das Horoskop auf Ihrem Computer nachzeichnen wollen, müssen Sie sowohl Zeit als auch Datum anpassen.

Lillys England lebte noch immer nach dem Julianischen Kalender; seine Daten sind im Englischen als *Old Style* bekannt. Um sie in den *New Style* (oder Gregorianischen Kalender – der Übersetzer), den wir heute benutzen, umzurechnen, müssen Sie 10 Tage hinzuaddieren. Die meisten Softwareprogramme werden das nicht für Sie tun, also müssen Sie es selbst machen. Lillys Datum 10. Februar wird zum 20. Februar (Gregorianischer Kalender). Die Anpassung variiert je nach Jahrhundert: 10 Tage ist für die 1600er Jahre zutreffend. Prüfen Sie die Positionen von Sonne und Mond, um sicherzugehen, dass Sie den richtigen Tag haben.

Manchmal wurde das Jahr mit dem 1. März begonnen, also könnte, was Lilly als den Februar 1638 bezeichnete, der Februar 1639 nach unserer Zeitrechnung sein (d. h. er könnte den Februar als letzten Monat des Jahres 1638 und nicht als zweiten Monat des Jahres 1639 angesehen haben). Die Anwendung war nie einheitlich, also seien Sie achtsam: Prüfen Sie für Daten im Januar oder Februar die Positionen der äußeren Planeten, um sicherzugehen, dass Sie das richtige Jahr haben. In diesem Fall ist Lillys 1638 auch unser 1638.

Der Tag wurde häufig so angesehen, dass er am Mittag anfing, nicht um Mitternacht. Daraus ergab sich, dass die Stunden am Morgen im Englischen als „p.m." angegeben wurden. Auch hier war der Gebrauch nicht einheitlich: Lilly benutzt manchmal den einen Stil, manchmal den anderen. Schauen Sie auf die Position der Sonne und denken Sie daran, dass sie bei Aufgang auf dem Aszendenten steht, am Mittag in der Nähe des MC und bei Sonnenuntergang auf dem Deszendenten. In diesem Horoskop ist die Sonne vor Kurzem aufgegangen und läuft auf den MC zu: Es muss der Morgen sein. An einem anderen Tag hätte Lilly das genauso gut als „8.45 pm"[68] bezeichnen können.

---

[68] In angelsächsischen Staaten gebräuchliche Schreibweise der Zeit, in der die 12 Stunden von Mitternacht bis Mittag als „am" (ante meridiem = vor Mittag) und die 12 Stunden von Mittag bis Mitternacht als „pm" (post meridiem = nach Mittag) gekennzeichnet werden. Folglich entspricht 8.45 pm 20.45 Uhr deutscher Schreibweise. (Anmerkung des Übersetzers)

Er gebrauchte keinerlei Zeitzone, die von unserem Computer anerkannt wird. Er hatte keine Obsession für die Genauigkeit der Zeit und benutzte eine Annäherung an die örtliche Zeit. Das ist nicht das Gleiche wie *Local Mean Time* (LMT – die mittlere Ortszeit). Fangen Sie an, indem Sie die Zeit, die Lilly gibt, als LMT eingeben und schütteln Sie dann die Zeit so lange, bis Sie jene finden, die dem Horoskop, das Lilly angibt, am nächsten kommt. Erwarten Sie nicht, dass Sie genau das gleiche erstellen können.

Unter der Zeit hat Lilly den letzten und den nächsten Aspekt des Mondes notiert. Er trennt sich gerade (*a* steht im Lateinischen für „von") aus einer Opposition zu Jupiter und läuft auf ein Sextil zu Merkur zu (*ad* steht im Lateinischen für „zu").

Die vier Dreiecke, die eine Seite mit dem zentralen Kasten gemeinsam haben, sind die Eckhäuser in ihrer üblichen Anordnung: das 1. Haus auf der, vom Leser aus gesehen, linken Seite, das 10. Haus oben. Der Aszendent ist die obere Seite des 1. Hauses, also ist der Aszendent in unserem Fall auf 4°27' Stier. Die Spitze 2 ist auf 13°28' Zwillinge, die Spitze 3 auf 1°02' Krebs, die Spitze 4 auf 14° Krebs usw.

Normalerweise wird das Symbol für das Zeichen, in dem ein Planet steht, nicht angegeben. Das Zeichen wird durch die Platzierung des Planeten im Haus angezeigt. Der Mond ist parallel zum Aszendenten aufgeführt, steht also auf 15°03' Stier. Hätte er in den ersten Graden Zwillinge gestanden, wäre er parallel zur Spitze 2 platziert worden, die sich in Zwillinge befindet. Im 12. Haus befinden sich sowohl die Sonne als auch Merkur in Fische, was dadurch angezeigt wird, dass sie parallel zur Hausspitze notiert sind, die in Fische liegt.

Eingeschlossene Planeten, wie in diesem Horoskop Saturn und Venus, werden zu keiner Spitze parallel gedruckt und tragen meistens auch das Symbol ihres Zeichens mit sich.

Register

Es werden nur substantivische Verweise aufgeführt

Absolute Länge, 157-159
Adoption, 248
Aktien und Wertpapiere, 214-215
Akzidentielle Würden, 61, 74-98, im gesamten 2. Teil
   Hausplatzierung, 76-77
Alcyone, 150-151
Aldebaran, 150-151, 153
Algol, 15, 94-95, 150-151
Alkoholismus, 332
Almuten, 44, 70-71
Alter, 52
Anblicken, sich, 135
Antares, 150, 153, 259, 319
Antiszie, 132, 139-148, 203, 220-221, 240-241, 335
   Aspekte zu, 142-143
   Berechnung, 139-142
   Fixsterne, 144
   Grenzen, 144
   Hausspitzen, 144-145
   Würden, 144
Arabische Punkte, 138, 156-171
   Aspekte, 161
   Berechnung, 157-160
   Dispositor, 163-166
   Gedrehte Horoskope, 162
   Glückspunkt, 156, 162-163, 200
   Punkt der Berufung, 168-169
   Punkt der Ehe, 163-166, 270-271, 278
   Punkt des Ehepartners, 166
   Punkt der Ehe von Männern, von Frauen, 166
   Punkt der Krankheit, 170
   Punkt der Operation, 169-170
   Punkt der Scheidung, 166-167
   Punkt des Rücktritts und der Entlassung, 167-168, 290, 301, 319
   Punkt des Ruhms, 168-169
   Punkt des Todes, 161, 169, 256-257
   Punkte für Massenwaren, 170-171, 215
   Rezeptionen der, 166
   Software, 156
Arbeitgeber, geht pleite, 320, 322
Arbeitsblatt, 14-16
Arbeitsstellen, 313-326
   behalte ich?, 318-319
   bekomme ich?, 313-316
   bekomme ich zurück?, 319-320
   Kollegen, 318, 320
   Konkurrenten um, 316
   Lohn, 314
   nächste, 321-322
   Qualität der, 320-321
   Untergebene, 318
   von jemand anders, 324
   wählen zwischen, 324-325
Ärzte, 27, 263-265
Aspekte, 61, 116-138, im gesamten 2. Teil
   als akzidentielle Würde, 87-88
   als Auslöser, 114
   applikative, 116
   Art der, 120

erkennen, 359-363
Hauptaspekte, 116
nächstes Zeichen, 291
Nebenaspekte, 117
partile, 120
Perfektion von, 119-120
plaktische, 120
ptolemäische, 116
rechte und linke, 125
rückläufige, 135-136
separative, 116, 136, 203
und Zeichen, 117
wer läuft auf wen zu?, 125
Auslöser, 114
Äußere Planeten, 42, 53-54
Azimene Grade, 98

Bauernhof, mieten? 236-237
Bedienstete, 265-266
Behandlung, medizinische, 263-265
Belagerung, 86-87
    durch Aspekte, 87
Bellatrix, 153
Berufung, 168-169, 322-325
    10. Haus als, 324
Besucher, 225-227
Bewegliche Zeichen, 57
Bhutto, Benazir, 302-303
Bleiben oder gehen?, 282-285
    Herr von 4 in, 284
    Nach Hause gehen?, 284
Boten, 26, 52
Breite, 97
Briefe, 23-24, 75, 184, 225-227
Brüder, unterscheiden, 354
Bücher, Veröffentlichung der, 316

Caput Agol, *siehe* Algol
Cardan, Jerome, 5
Cazimi, 85, 292, 301, 321
Chef, 30, 316-317
    Leitungsebenen, 317

Dekumbitur, 250
Deutung, Leitfaden für, 344-350
Deutungseinschränkungen, 190-191
Diebstahl, 202-204, 208-211
Dispositor, 71
Doppelte Zeichen, 57, 58, 179, 200, 236, 242, 247, 291

Eckhäuser, in gedrehten Horoskopen, 242
Ehe, 163-166
Eingeschlossene Häuser, 20
Ekliptik, 97
Elektion mit der Stundenastrologie, *siehe* Terminwahl
Ende der Angelegenheit, 24-25
Erbschaften, 28, 200
Erdzeichen, 56, 231
Erhöhung, Grad der, 66
Erscheinung, körperliche, 193-197
Essenzielle Würden, 61-73, im gesamten 2. Teil
    akzidentielle, im Vergleich zu, 287-288, 291
    Erhöhung, 62, 65-66, 209, 225, 273, 287
    Exil, 68-69
    Fall, 69
    Gesicht, 68
    Grenze, 67-68
    Herrschaft, über Zeichen, 64-65

peregrin, 69-70
Triplizität, 66-67
Widersprüche, 72-73
wie viele Würden?, 72
Examen, *siehe* Prüfungen

Falschliegen, mit der Antwort, 17, 346
Feuerzeichen, 56, 206, 211, 213, 231
Fixe Zeichen, 56
Fixsterne, 15, 94-95, 149-155
    Aspekte, 150
    Augen, 155
Frage, 185-191
    banal, 186-188
    ergänzend, 188-189
    Standardfrage, 185
    wichtig, 186-189
    wiederholt, 187-188
    zusätzlich, 188-189
Fragen
    1. Haus, 192-197
    2. Haus, 198-222
    3. Haus, 223-227
    4. Haus, 228-238
    5. Haus, 239-248
    6. Haus, 249-266
    7. Haus, 267-303
    8. Haus, 254-262
    9. Haus, 304-312
    10. Haus, 313-325
    11. Haus, 326-328
    12. Haus, 329-335
    Elektion, *siehe* Terminwahl
    in Verkleidung, 326
    Terminwahl, 341-343
    Wetter, 337-340

Fragesteller, 9
    als Sprachrohr, 185-186
    im Gespräch, 186
    7. Haus, 281
    während der Deutung anwesend, 344-345
Freude, 78
Fruchtbarkeitsbehandlung, 242-244
Fünf-Grad-Regel, 20

Ganzzeichenhäuser, 19
Geburtshoroskop, 182
Gefängnis, 333-336
Gefragtes, 9
Gegenantiszie, 142
Geld, 213-222
    des Partners, 219
    des Staates, 219-220
Genehmigungen, 228-229
Gerichtsverfahren, zivile, 293-299
    Anwalt stellt Frage, 294
    Richter, Geschworene, 293-295
    Urteil, Herr von 4 als, 293-296
    Verbrecher, 333-336
    Vergleich in, 295-296
Geschenk des Königs, 219
Geschwindigkeit, 80-82
Gleichwertige Zeugnisse, 289
Glückspunkt, *siehe* Arabische Punkte
Glücksspiel, 217-218

Halb, 96
Handelsmessen, 309
Handwerker, *siehe* Bedienstete
Hausbedeutungen, 21-33, 353-358
Häuser, 18-39

himmlische, 18
irdische, 18
Häuserherrscher, 40-42
Häusersysteme, 18-19
Hausspitzen
   als Leuchtstift, 145
   Planeten auf/ innerhalb, 21, 228-229
   späte Grade/ bewegen sich nicht, 21
Hayz, 96-97
Hexerei, 330-331
Himmlische Länge, 19, 157
Himmelsrichtungen, 207-208
Hinreichende Begründung, 78
Homosexualität, 280-281
Horoskop drehen, 33-39, 241-242
   per Zeichen, 323
   und der Mond, 257
Horoskop
   Berechnung, 351-352
   Ort des, 11
   quadratisches, 364-366
   Wirklichkeit/Realität des, 8
   Zeit des, 9-10
Horoskope
   Hat er mich wirklich geliebt?, 108-115
   Soll ich Silber kaufen?, 220-222
   Wann wird sie stürzen?, 302-303
   Warum ruft er nicht an?, 145-148
   Werde ich gewinnen, wenn ich X unterstütze?, 220-222
   Werden wir gewinnen?, 296-299
   Wie wird das Wetter auf meiner Party sein?, 337-340
   Wird Deirdre ins Gefängnis geschickt?, 334-336
   Wird meine Freundin leben?, 260-262
   Wo ist der Kater?, 1-3
   Wo ist mein Schal?, 211-213

Ibn Ezra, Abraham, 69
Immobiliengeschäfte, 228-238
   Gewinn, 235-236
   Preis, 231-235
   Vermietung, 235-236
   Wahl zwischen, 234-235
   Zustand, 231-235

Jobs, *siehe* Arbeitsstellen
Jupiter, 49

Kardinale Zeichen, 56
Karriere, von jemand anders, 324
Kinder, unterscheiden, 355
Klempner, wann?, 266
Klienten, 344-350
Koma, 257-260
Königtum, 290
Konjunktion, 120-121
   Beziehungen, 274, 279-280
   kein Aspekt, 116
Kontrolle der Gedanken, 330-331

Lahme Grade, 98
Leere Grade, 98
Lehrgänge, 309
Leihen, 216
Liebe, 267-281
   Affären, 268-270, 279-280
   hält sie?, 277-281
   Signifikatoren, 268-271

Wann?, 275-276
Werde ich jemals?, 276-277
Wird er mich zurücknehmen?, 281
Wo?, 276
Lilly, William, 5, 7, 17, 93, 210, 211, 281-296, 334, 344, 349-350
    An den Studenten, 349-350
    äußere Erscheinung deuten, 196-197
    Diebstahlshoroskope, 163, 209-210
    Meister B's Haus, 83
Linke Aspekte, 125
Lospunkte, *siehe* Arabische Punkte
Lotterien, 218
Luftzeichen, 56, 213

Mars, 50, 268, 271, 274
    und Verbrennung, 83-84
Medizinische Fragen, 249-265
    Diagnose, 249-250
    Mahnung zur Vorsicht, 254, 263
    Prognose, 252-262
    Signifikatoren, 249-252
Merkur, 51-52, 225, 265
Mieter, 235
Mitarbeiter einstellen, 265-266
Mitherrscher, 41
Moitié, 134-135
Mond, 44-45, 52
    gedrehte Horoskope, 257
    gewöhnliche Leute, 290, 300
    Lauf der Ereignisse, 289
    Leerlauf, *siehe* void of course
    Stärke des, 91-93, 221-222
    Via Combusta, 94
    void of course, 92-93, 205, 223, 290, 292, 301, 315, 318
    wild, 77
    Zyklus, 303
Mondknoten, 88-91, 287

Nachbarn, 233
Nachthoroskop, 49, 66-67
Nachtplaneten, 48
Neptun, 42, 53

Operation, 169-170, 263-265
Opposition, 122-123, 218, 228, 235, 318-319, 320
Orben, 133-135
Oriental, 95-96
Oxidental, 95-96

Partnerschaft, geschäftliche, 325-326
Pension, 219
Peregrin, 69-70
    und gegenseitige Rezeption, 108
Perfektion von Aspekten, 117-119
Pferde, 217-218
Placidus, 19
Planeten, 40-54
    akzidentielle Herrschaft, 47
    Freunde und Feinde, 54
    Geschwindigkeit, 117-118
    in ein anderes Haus versetzen, 283-284
    männliche und weibliche, 96-97
    natürliche Herrschaft, 47-48
    Substantive, 212, 338
    superior und inferior, 54
    tägliche Bewegung, 80-82
Planetenstunden/-tage, 364-365

Platzierung, 136-138, 288
Pluto, 42, 53
Politik, 299-303
Primäre Bewegung, 259
Privatsphäre, 347
Prüfungen, 307-308

Quadrat, 121
    wird zum Trigon, 123-124
Quadratisches Horoskop, 364-366
Quantitäten, 216

Radikales Horoskop, 34
    deutungsfähig, 190-191
Rauchige Grade, 98
Rechte Aspekte, 125
Regiomontanus, 18-19
Regulus, 15, 94-95, 149-150, 152
Reise, Gewinn durch, 309
Rektaszension, 19-20
Rezeption, 61, 99-115, 145-147, 271-273,
    im gesamten 2. Teil
    Beispiel, 105-106
    Erhöhung, 101-102
    Exil, 103
    Fall, 103
    gegenseitige, 106-108, 259, 327-328, 336
    Gesicht, 103
    Grenze, 103
    Macht, Dominanz, 104
    Triplizität, 102
    Zeichen, 101
    zwiespältige, 104
Robson, Vivian, 153-155

Rückläufigkeit, 1, 78-79, 130, 135-136, 179, 305, 319

Sammlung des Lichts, 127-128, 244
Saturn, 48-49
    schwach, wenn schnell, 82
Saunders, Richard, 249-250, 261-262
Scheidung, 166-167
Schiff, in dem ich segle, 192-193
Schule, Wahl der, 310-312
Schwangerschaft, 239-248
    Anzahl, 246-247
    Bin ich schwanger?, 239-241
    Fehlgeburt, 241
    Geburt wann?, 248
    Geschlecht, 246-247
    Ist sie schwanger?, 241-242
    Werde ich schwanger?, 242-245
Selbstruin, *siehe* Selbstschädigung
Selbstschädigung, 331-333
Selbstsicherheit, 345-346
Seminare, *siehe* Lehrgänge
Sextil, 121
Signifikator, 40
    verschiedene Facetten, 270-271
Software, 11-12
Sonne, 50
    Herrin des Lebens, 256
    König, 290
    Opposition zur, 86
Sonnenstrahlen, 85-86
Sozialhilfe, 219
Spica, 15, 94-95, 150, 152
Spirituelle Angelegenheiten, 309
Sport, 285-293
    langfristige Vorhersagen, 290-293

Meisterschaft gewinnen?, 291-292
Titelkämpfe, 290
Städte, 25
Standardoption, 189, 245, 276-277
Station, 79-80, 147, 253
Stellen, *siehe* Arbeitsstellen
Steuern, 327-328
    Nachlass, 219
Stipendium, 183, 219
Stundenherrscher, 365
Sub radiis, 85-86

Tagesherrscher, 364-365
Tageshoroskop, 49, 66-67
Tagesplanet, 48, 96
Telefonanrufe, 225-227
Terminwahl mit der Stundenastrologie, 85, 341-343
Tiefe Grade, 98
Tod, 169, 254-257
    wann?, 255-257
    Werde ich sterben?, 257-260
Transite, 181-182
Traumanalyse, 309-310
    wahr?, 224
Trigon, 121

Übeltäter, 62-63
Übernatürlicher Angriff, 330-331
Übertragung des Lichts, 126-127, 132-133, 220, 244, 262, 298
Unter den Strahlen, 85-86
Untergang eines Planeten, 259
Unterlassung, 130
Uranus, 42, 53, 271

Venus, 50-51
Veränderliche Zeichen, 56
Verbrennung, 83-84, 182, 201, 221-222, 243, 258, 273, 288, 292
    im eigenen Zeichen eines Planeten, 84
    mit der Sonne als Signifikator, 84
    Opposition zur Sonne, 86
Vereitelung, 125, 129
Verhinderung, 128-129, 131-132, 147-148, 220
    beseitigen, 131-132
Verkaufsfragen, 238
Verlorene Gegenstände, 198-213
    beschädigt, 202
    draußen, 207-208
    gestohlen?, 202-204
    im Haus, 205-207
    im Haus oder außerhalb?, 204-205
    Verbrennung, 182
    Verortung, 204-205
    Wiedererlangung, 201-202
Vertrauen, 225, 237
Via Combusta, 94
Vindemiatrix, 150, 152
Visen, 328-329
Void of course, *siehe* Mond
Vorhersage, unwahrscheinlich, 291
Vorhersage, wahr?, 224

Wachsende Zahl, 98
Wahr oder falsch?, 223-224
Was wäre wenn?, 346
Wasserzeichen, 56, 213
Website, 24
Wechsel, Fragen zum, 283
Wetter, 337-340

Wettkämpfe, 285-293
Wissen, profitieren vom, 304-307
Wohltäter, 62
   geschwächt, 235
Wünsche, 32, 327

Wille, 176-177
Zeichen und Haus, 173-177
Zeitbegrenzungen, 183-184
Zeiteinheiten, 174-175, 183-184
zwei Zeugnisse, 178

Zahlungen, 215-217
Zauberkraft, *siehe* Hexerei
Zeichen, 55-60
   Adjektive, 212, 338
   Elemente, 56
   fruchtbare und unfruchtbare, 58
   Körperteile, 59
   Kreuze, 56-57, 295-296
   männlich und weiblich, 56
   menschliche und tierische, 58
   Qualitäten, *siehe* Kreuze
   stimmhafte und stumme, 58
   Tag und Nacht, 64-65
   verstümmelte, 59
   wilde, 58
Zeichenherrscher, 42
Zeitbestimmung, 2, 138, 148, 172-184, 225-227, 262, 302-303, 319
   anpassen, 178-179
   Bogenminuten, 226
   durch die Zeichen hindurch, 180-181
   Echtzeit, 180-182
   erwähntes Datum, 182-183
   notwendige Genauigkeit, 178-180
   nur Zeichen, 178
   Station, 255
   still stehende Planeten, 178
   Verbrennung, 182
   vergangene Ereignisse, 173
   verlorene Gegenstände, 202

WEITERE BÜCHER VON JOHN FRAWLEY
als englische Originalausgaben

veröffentlicht bei
APPRENTICE BOOKS

HORARY PRACTICE

Praxis der Stundenastrologie, der Begleitband zu *Das Lehrbuch der Stundenastrologie*. Die Techniken haben Sie gelernt. Gönnen Sie nun diesen astrologischen Muskeln eine intensive Trainingseinheit, in der Sie John Frawley Schritt für Schritt durch eine lange Reihe von Horoskopdeutungen zu einer enormen Vielfalt von Fragen führt. Das ist Ihre Gelegenheit, einem Meisterastrologen bei der Arbeit über die Schulter zu schauen und sich dabei den Denkprozess anzueignen, der Sie zur Meisterschaft im Handwerk der Stundenastrologie führen wird.

Horary Practice, der Begleitband zu dem vorliegenden Buch, dessen Veröffentlichung in der Erstausgabe des *Lehrbuchs* für 2005 angekündigt worden war, wird eines Tages folgen.

THE REAL ASTROLOGY
(unter dem Titel *Die wahre Astrologie* auch auf Deutsch erschienen)

Die wahre Astrologie, Gewinner des Spica Awards als Internationales Buch des Jahres, bietet eine eindringliche und oft höchst amüsante Kritik der modernen Astrologie sowie eine detaillierte Einführung in das traditionelle Handwerk. Das Buch beinhaltet eine klar verständliche Darstellung des kosmologischen Hintergrunds und eine schrittweise Einführung in die Methode, verständlich für jene ohne Vorwissen über den Gegenstand und gleichzeitig ausreichend tiefgehend, um dem Studenten und Praktiker als *Vademecum* zu dienen.

Philosophisch reich – urkomisch – geschrieben von einem Meister des Fachs und gefüllt mit unschätzbaren praktischen Hinweisen. – *The Mountain Astrologer*

Geistreich, philosophisch und von einer überaus bemerkenswerten Tiefe der Forschung. Ich werde John Frawley für dieses Juwel von einem Buch auf ewig dankbar sein. – *AFI Journal*

Pflichtlektüre für alle Astrologen. – *Prediction*

THE REAL ASTROLOGY APPLIED
(unter dem Titel *Die wahre Astrologie angewandt* auch auf Deutsch erschienen)

Diese Sammlung von Notizen und Essays behandelt in größerer Tiefe Themen, die in *Die wahre Astrologie* aufgeworfen wurden. Sie erhellt sowohl technische Fragen als auch wichtige Aspekte der Philosophie, welche die Grundlage des praktischen Handwerks bilden.

Ein großartiges Buch. Es sollte von allen, die sich Astrologe nennen möchten, wieder und wieder gelesen werden. – *Considerations*

Äußerst lesenswert – geradezu eine sprudelnde Quelle der Wissens und der Techniken, die das komplexeste astrologische Material hinuntergleiten lässt wie einen Cognacschwenker voll des süffigsten bernsteingelben Zaubertranks. – *The Mountain Astrologer*

SPORTS ASTROLOGY
(unter dem Titel *Sportastrologie* auch auf Deutsch erschienen)

Es gibt viele Methoden, um Sportergebnisse mit Hilfe der Astrologie vorherzusagen. Hier sind einige, die funktionieren.

Begleiten Sie einen Schüler auf seiner Reise zum Wissen zu Füßen eines Meisterastrologen. Der Meister führt ihn – und Sie – Schritt für Schritt durch die Analyse von mehr als 60 Horoskopen, einschließlich 38 Stundenhoroskopen. Diese detaillierte Beschäftigung mit der Praxis der Horoskopdeutung, die versucht, alle Fragen zu beantworten, die ein Schüler dem Lehrer stellen könnte, aber normalerweise ein Buch nicht fragen kann, ist einzigartig in der astrologischen Literatur. Das macht dieses Buch unverzichtbar, nicht nur für den Sportfan, sondern für jeden, der sich für die astrologische Vorhersage interessiert.

MITSCHNITTE VON LEHRVERANSTALTUNGEN

Die Mitschnitte (in englischer Sprache) der von John auf der *Real Astrology Conference 2010* gehaltenen Lehrveranstaltungen (8 CDs) sowie des Intensivseminars über die Fixsterne (13 CDs) sind nun erhältlich. Sowohl ihr Inhalt als auch die Herstellung wurden mit glühender Begeisterung aufgenommen. Alle Details finden Sie auf der Website: www.johnfrawley.com.

THE ASTROLOGER'S APPRENTICE

Diese, in unregelmäßigen Abständen erschienene Zeitschrift von John Frawley blühte von 1996 bis 2005. Wie es ihr Titel verkündete, repräsentierte sie „die lebendige Tradition". Zum Inhalt zählten astrologische Untersuchungen über geschichtliche und kulturelle Themen; Artikel zum philosophischen Hintergrund; Übungseinheiten – und sogar Fußballergebnisse. Alle 22 Ausgaben können nun als PDF-Dateien kostenlos aus dem Netz heruntergeladen werden.
Weitere Einzelheiten finden Sie hier: www.johnfrawley.com

BÜCHER, MITSCHNITTE, LEHRVERANSTALTUNGEN

Wenn Sie über künftige Veröffentlichungen, Mitschnitte und den Veranstaltungskalender von John auf dem Laufenden gehalten werden möchten, schreiben Sie bitte an: j@johnfrawley.com

www.ingramcontent.com/pod-product-compliance
Lightning Source LLC
Chambersburg PA
CBHW081143230426
43664CB00018B/2785